KB214419

전병훈全秉薰 선생 초상

정신철학통편

精神哲學通編

An Annotated Translation of "Comprehensive Edition of the Philosophy of Spirit"

【1권】

정신철학통편 精神哲學通編 【1권】

An Annotated Translation of "Comprehensive Edition of the Philosophy of Spirit"

—

1판 1쇄 발행 2024년 12월 31일

—

저 자 I 전병훈全秉薰
역주자 I 김성환
발행인 I 이방원
발행처 I 세창출판사
　　　　신고번호 제1990-000013호
　　　　주소 03736 서울시 서대문구 경기대로 58 경기빌딩 602호
　　　　전화 02-723-8660 팩스 02-720-4579
　　　　이메일 edit@sechangpub.co.kr 홈페이지 www.sechangpub.co.kr
　　　　블로그 blog.naver.com/scpc1992 페이스북 fb.me/Sechangofficial 인스타그램 @sechang_official

—

ISBN 979-11-6684-399-0 94150
　　　　979-11-6684-398-3 (세트)

—

이 역주서는 2017년 대한민국 교육부와 한국연구재단의 지원을 받아 수행된 연구임.
(NRF-2017S1A5A7021667)

—

이 책은 한국연구재단의 지원으로 세창출판사가 출판, 유통합니다.

정신철학통편*

精神哲學通編

An Annotated Translation of "Comprehensive Edition of the Philosophy of Spirit"

【1권】

전병훈全秉薰 저

김 성 환 역주

세창출판사

---

*   1920년 중국 북경에서 출간된 책의 정식 제호는 '정신철학통편'이다. 이는 책 끝부분에 첨
부된 「내무부 비준 제81호」의 출판등록 문건에서도 확인된다. 그런데 책 안에서 '정신·심
리·도덕·정치철학통편' 혹은 '정신철학' 등의 몇몇 제호를 함께 쓰고 있다. 다소 혼란스
러울 수 있으나, 각 경우 모두 원문대로 표기하는 것을 원칙으로 번역한다.

1백여 년 전 전병훈은 "온 세계가 지금 물질을 숭상하지만, 물질로부터 장차 정신으로 들어갈 것이 틀림없다"고 명언했다. 인류문명 초창기에 시작된 '물질문명의 시간대'(物質文明之會)가 극히 성대해지다가, 그 극한에서 '하늘이 반드시 축을 돌려' 물질이 장차 정신으로 들어가는 방향으로 '선회하여 전환하는 계기와 맥락'(旋轉機脈)이 드러난다고 하였다. '정신문명'이라고 하면, 사물·도구·화폐·도시 등의 물질문명을 거부하거나 반대하는 '반反물질문명'Anti-Material Civilization으로 오해하기 쉽다. 그러나 이 책에서 말하는 정신문명은 과학기술의 지속적인 발달과 물질문명의 고도화를 토대로 하되, 단지 물질만을 중시하는 편협함에서 벗어나는 새로운 차원의 문명이다. 그것은 '정신'을 자기의 본질로 자각한 사람들이 정신을 고양하여 심리적·도덕적으로 안정을 이루고, 국가·사회나 세계와 관계되는 차원에서 다양한 공적인 재능을 발휘하는 문명을 가리킨다.

지금 인류는 전 세계에서 동시다발로 전개되는 유례없는 기후변화, 팬데믹, 경제위기, 종교분쟁, 민주주의의 퇴행, 정치적 양극화가 초래하는 분열, 빈부격차의 심화, 전쟁과 재난 등의 다중 위기에 직면해 있다. 경제, 정치, 사회, 문화, 환경 전반에 걸친 불안정성과 불확실성이 복합적으로 작용하며, 우리가 사는 세계가 되돌릴 수 없는 수준으로 파괴될 것에 대한 불안이 커지고 있다. 사물·도구·화폐·도시 등의 물질적 기반에서 일상의 생활을 영위하는 물질문명이 과거 어느 때보다 발전했지만, 또한 문명의 가공할 파괴력이 지구와 인류 자체의 존립을 지금처럼 위협했던 때도 일찍이 없었다.

다른 한편으로, 그 위협은 인간의 본질에 관한 정체성 혼란과도 맞물려 있다. 인간이 지능과 사고 능력으로 인간이 되었다는 '호모사피엔스Homo Sapiens'의 규정적 정의가 오늘날 어디서나 의심 없이 통용된다. '호모사피엔스'는 본래 생물학 분류의 학명이었는데,[2] 그것이 생물학적 의미에 국한되지 않고, 이성주의를 함축하는 인간학의 문맥으로 비유적 혹은 철학적으로 확장해 사용되었다. '지능'과 '사고 능력'은 한동안 호모 종의 유일한 특성이자 본질로 여겨졌고, 다른 생명체도 그 능력을 지닌다는 사실이 밝혀진 뒤에도, 인간이 다른 어떤 존재보다 지능과 사고력이 뛰어나다는 문맥에서 호모사피엔스의 신화는 여전히 지속되었다.

그리하여 현대문명의 기제는 도구적 지성의 능력이 뛰어난 자들이 승리하고 지배하도록 설계되었다. 지능으로 학습하여 얻는 지식, 일상생활을 영위하는 데 필요한 장비, 재화를 산출하고 운용하는 경제와 금융, 커다란 덩어리로 나눠진 사람들이 귀속하는 국가, 사회구성원이 지켜야 할 것으로 강제력을 가진 법령, 집단의 이익과 안전을 보존하기 위한 군대, 특정 종교 집단에 예외적으로 선포되어 신앙 기반을 제공하는 교리, 인간의 삶에 감정적 자극과 즐거움을 제공하는 미디어와 엔터테인먼트 등이 물질문명의 기제로 작동한다. 그리고 호모사피엔스의 지적이고 이성적인 우월성에 대한 신화가,

---

2   '현대 분류학의 아버지'로 불리는 스웨덴의 식물학자 카를 폰 린네(Carl von Linne, 1707~1778)가 1758년 현생인류의 생물학적 종에 붙인 학명이다. 린네는 인간을 동물 분류 체계 안에 포함하면서도 인간의 지능과 사고 능력을 강조하기 위해 지혜롭다는 뜻을 가진 라틴어 'sapere'에서 유래한 'sapiens'라는 단어를 선택했다.

경제·정치·사회·문화·교육 전반에 걸쳐 물질문명의 안정성과 확실성을 복합적으로 뒷받침했다.

그 결과로 전 세계의 모든 대학과 연구기관이 머리 좋고 똑똑한 인재의 확보와 양성에 열을 올리고, 거기서 배출된 인력이 기업과 정부 그리고 사회·문화 시스템의 상층부를 장악했다. 이른바 '유능한 인재'란 사람들 가운데 지능이 높고 똑똑한 자들이며, 또한 그들이 구축한 물질문명의 기제에 적응하는 사회성이 뛰어난 자들을 가리킨다. 그런데 이런 능력에서 인간을 압도하는 새로운 종species이 등장했다. 그것을 생물학적 '종'으로 부를 수 있는지는 여전히 논란거리지만, 지능과 사고 능력을 지닌 기술적·사회적 존재인 AI를 비유적 혹은 철학적 맥락에서 호모사피엔스와 대비되는 새로운 종으로 분류할 수 있다. 그것은 인간의 전유물로 여겨졌던 지능에서 오히려 인간을 훨씬 능가하는 인공종artificial species 내지는 기계종machine species이 출현했음을 의미한다.

지능과 사고력에서 머신사피엔스MachineSapiens는 호모사피엔스가 도저히 대적할 수 없는 존재이며, 따라서 호모사피엔스의 인간학은 더 이상 인류의 문명을 지탱하는 철학적 토대가 될 수 없음이 분명해졌다. 인공지능의 기재(機材, talented machine)는 호모사피엔스 중에도 뛰어난 어떤 인재(人材, talented person)보다 기능적·사회적으로 현저하게 우월하다. 따라서 머리 좋고 똑똑해지도록 양성된 인재의 몰락을 피할 수 없다. 그것은 단지 특정 직군이나 전문직에서 AI가 인력을 대체하는 수준에 그치지 않으며, 지능과 사고력을 근간으로 호모사피엔스가 구축한 물질문명의 담지자가 인간에서 기계종으로 바뀌는 것을 의미한다. 과학과 기술의 발전에 따른 생활의 편리성과 생산성 증대에 가치를 둔다면, 그 물질문명 최후의 총아는 똑똑한 AI와 강건한 몸체의 로봇이 결합된 기계종이 될 것이 분명하다. 그것은 머리 좋고 똑똑한 인간들이 초래한 자승자박의 결과이다.

지금 호모사피엔스는 물질문명의 차안此岸에서 몰락의 숙명을 마주하고 있다. 그렇다고 인간 앞에 구원의 피안彼岸이 없는 것은 아니다. 호모사피엔스의 몰락이 곧바로 인간종의 실패를 의미하는 것은 아니기 때문이다. 똑똑한 기계종의 출현을 인간 자체에 대한 위협 내지는 인류의 몰락으로 두려워하는 것은, 지능과 사고 능력에서 인간의 본질을 찾은 '호모사피엔스'의 철학적 문법에 기인한다. 그러나 이런 문법에서 볼 때, 머신사피엔스의 출현이야말로 오히려 지능과 사고 능력이 인간의 유일하고도 압도적인 본질이 아니라는 것을 현시하는 비유적 해프닝이 된다.

누구보다 빨리 달리는 것이 중요했던 사람들이 있었다. 구석기 시대 무렵에 우세한 인간종이었을 그들은 '호모러너HomoRunner'로, 달리기야말로 생존 · 진보 · 도전을 향해 끊임없이 치닫는 인간의 본질을 표상했다. 그런데 누군가 말을 길들여 타기 시작했고 '빨리 달리기'에서 인간이 더 이상 말과 경주하는 것이 무의미해지자 호모러너는 몰락했다. 빨리 달리려면 말을 타면 그만이었고, 대신 인간은 도구를 만드는 손재주를 더 정교하게 발전시켜 호모파베스HomoFaber[3]가 되었다.

물론 이것은 역사의 서술이라기보다, 지금 호모사피엔스가 처한 몰락과 인간종의 새로운 진화에 관한 철학적 우화이다. 앞으로도 우리 후손들이 오래도록 지구에서 살면서 행복하고 번창하기를 바란다면, 물질문명의 부정적

3　'호모파베스(HomoFaber)'는 베르그송(Henri Bergson)이 도구를 설계하고 사용하며 발전시키는 것을 인간의 본질로 보면서 제안했던 개념이다.

인 영향을 완화하고 인간다움이 실현되는 사회를 구축할 필요가 있다. 그러려면 호모사피엔스가 몰락한 이후 호모종이 다시 진화할 '인간다움'의 길이 무엇일지 찾아야 한다. 길들인 말이 이미 달리기 시작했는데 과거의 영광을 잊지 못하고 여전히 빨리 달리기에 몰두한 인간종이 몰락했듯, 지능이 높고 똑똑한 기계가 이미 등장했는데 한결같이 똑똑하기만을 바라는 인간종은 거스를 수 없는 파도에 휩쓸리고 말 것이다.

하지만 여전히 물질문명의 부정적인 영향들[4]마저 과학기술로 해결할 수 있다고 주장하는 사람들이 있다. 그러나 과학기술 발전의 핵심 역량이 인간에서 기계종으로 옮겨 가는 현실에서, 물질적인 것의 발전만을 신봉하다가는 결국 기계종의 하위 종으로 전락하는 운명을 피할 수 없다. 인간이 초래하는 환경 위기, 인간 소외와 정서적 불안정, 사회적 불평등, 도덕·가치의 혼란, 전쟁과 갈등, 정치적 양극화와 분열 등의 문제마저 결국 AI와 로봇에 의존하여 해결하는 미래란 과연 유토피아 아니면 디스토피아 중에 무엇일까? AI조차도 "미래가 유토피아인지 디스토피아인지는 기술 자체의 능력이 아닌, 인간의 선택과 가치 판단에 달려 있다"[5]고 답한다.

물질문명의 임계점에 선 인간은 이제 지능과 이성을 자기 본질로 여겼던

---

4   인간이 물질에 의존함으로써 인간 본성과 도덕적 민감성이 약화하고, 과도한 물질적 추구와 경쟁으로 스트레스와 정서적 고립이 증대하고, 물질적 소유와 소비가 인간의 행복을 좌우하는 가치로 오도되고, 지구의 천연자원이 급격히 고갈되고, 공기·물·토양이 오염되고, 지구온난화로 인한 기후변화가 심화하고, 더 치명적인 무기가 확산하고, 전쟁의 파괴력이 증가하고, 물질문명의 기반인 자원을 둘러싼 국제적 갈등이 격화하는 등 물질문명의 부정적인 영향을 피할 수 없다.

5   이것은 ChatGPT에게 앞 문장의 질문을 던져 얻은 답변이다.

호모사피엔스의 신화에 작별을 고하고, 다시 자기 안에서 구원의 빛을 찾아야 하는 불가피한 숙명을 마주하고 있다. 이 지점에서 전병훈은 우리에게 인간의 진정한 본질인 '정신'을 향해 나아가라고 제시한다. 그것은 이성을 철학으로 신봉하고 정신을 신화로 치부했던 물질문명 시대의 문법을 전도轉倒하는 철학적 초월이고, 물질문명이 발전하는 긴 역사 과정에서 인간이 상실했던 원초적 정신과 본성을 재발견하는 진화이다. 그것은 또한 사회를 단지 사람들 간의 '계약'과 '이익'의 총량으로 환원하는 계산기를 내던지고, 현대 과학과 공리주의적 윤리학이 외면한 인간의 천부적 양심과 도덕을 회복하고, 온 세상 사람이 '우내일가宇內一家'의 세계시민으로 상호인격적인 관계를 맺고, 세계가 하나의 민주 · 공화 지구공동체로 통일되는 문명 진화이다.

"현세에 바야흐로 법치를 앞다퉈 숭상하지만 반드시 장차 예치로 반본返本하고, 현세의 물질문명이 반드시 더욱 진화하여 정신문명으로 들어갈 것"을 말하는 전병훈의 비전은, 우주적 들숨과 날숨의 숨결을 따라 직선이 아닌 나선으로 반본과 진화를 거듭하는 문명 진화의 여정을 함축한다. 그것은 자기 정신(영성)의 본성을 자각한 인류, 이를테면 '호모스피리투스HomoSpiritus'가 지구 행성에서 새롭게 여는 우주적 진화의 여정이다. 이 책은 그런 진화의 여정에 나설 사람들을 위해, 1백 년 전 우주의 새벽빛(曙宇)이 혼신의 에너지를 쏟아 만든 가이드북이다. 그 내용은 해제와 책의 본문에서 확인할 수 있으니, 여기서는 이만 줄인다.

1993년 늦가을 무렵 베이징대학(北京大學) 도서관 귀중본 자료실에서 『정신철학통편』을 처음 만났을 때 나는 20대 후반의 석사과정 대학원생이었다. 그리고 이제 환갑이 되었으니, 30여 년의 세월이 마치 봄꽃의 향기가 잠시 머물다 가듯 떠나갔다. 유학을 마치고 귀국한 뒤 2001년 지금 재직하는 국립

대학에 부임하여 10년 정도 이런저런 연구와 글쓰기 등으로 분주했다. 그러다가 한국연구재단의 지원에 힘입어 전병훈과 『정신철학통편』을 거의 전적으로 연구한 지도 15년이 지났다. 2010년 인문사회 저술출판사업에 선정되어 『우주의 정오: 서우 전병훈과 만나는 철학 그리고 문명의 시간』(소나무)을 저술했다. 애당초 280쪽 이상의 단행본을 내기로 한국연구재단과 협약했지만, 6년간의 집필 끝에 2016년 근 1,250쪽 분량의 책으로 출판했다. 그리고 2017년부터 명저번역지원사업으로 『정신철학통편』의 번역에 착수했고 예정했던 기한보다 한참 늦게 결과물을 출판하게 되었다.

돌이켜 보면 모든 순간은 지나간 뒤에야 비로소 자신의 의미를 드러낸다. 20대 청년으로 『정신철학통편』을 처음 만났을 때, 뭔가를 이미 알아서라기보다 알고자 하는 의욕으로 연구서를 집필할 때, 이왕에 연구서를 저술했으니 손쉽게 번역을 마치리라고 짐작했던 길에서 갈수록 험준한 장애물을 만날 때, 그 모든 순간이 마치 산맥을 형성하듯 새로운 지형을 만들어 내리라고 미처 예견하지 못했다. 지형이 그리 험할 줄 알았더라면 애초에 길을 떠날 엄두를 내지 못했으리라. 하지만 가파른 지형을 지날수록 정신철학의 가치가 빛나는 것을 보았으며, 메마른 땅에 처음 떨어지는 빗방울처럼 이 책이 물질문명으로 갈라진 대지의 갈증을 달래며 장차 도래할 새로운 정신문명의 싹을 틔우는 데 일조할 것을 의심치 않는다.

마지막으로 고할 것이 있다. 번역에 7년이나 걸린 것은 역자의 능력이 부족한 데다 이런저런 일로 번역에 집중하지 못했던 탓이다. 하지만 무엇보다 교정에 교정을 거듭하여 번역의 오류를 최소화하려고 공들였던 시간이 한 해 두 해 길어지다가 오늘에 이르렀다. 그래도 여전히 번역에 오류가 있는 것은 앞으로 계속 바로잡겠다. 책의 번역 과정에서 이대승 박사가 원고를 꼼꼼하게 읽고 교정에 참여하여 큰 도움을 주었다. 이 지면을 빌려 이 박사께 깊은 감사의 마음을 전한다. 이 책이 나올 수 있도록 지원해 준 한국연구재단, 그리고 꼼꼼하게 작업하여 책을 출판해 준 세창출판사 관계자들께도 감사의 뜻을 표한다.

이 번역서는 원문의 뜻을 살려 최대한 직역에 가깝게 번역했다. 하지만 이미 백여 년 전의 책이고 동·서양 철학의 전문적인 내용이 많아, 그 문맥과 개념 등이 오늘날 독자들에게 다소 난해할 수 있다. 그럴 때는 2016년 출판된 번역자의 저서(『우주의 정오: 서우 전병훈과 만나는 철학 그리고 문명의 시간』)를 함께 읽으면 책의 이해에 다소나마 도움이 될 것이다. 다만 10년 전에 썼던 책이고 가독성을 고려해 얼마간 의역하였기에, 지금 보면 미흡한 부분이 적지 않다. 정확한 번역은 본 번역서에 근거하기를 바란다. 전병훈의 제자로 북양정부에서 국무총리를 역임했던 장샤오증張紹曾이 이 책의 「서문」에서 아래와 같이 말했다. 나 역시 그와 같은 심경으로 이 번역서를 독자들께 헌상한다.

"오회정중午會正中을 맞아 온 누리에서 극히 문명화된 인류가 복을 지을 때, 이 책으로 인하여 더욱 진화하고 아름다워지지 않으리라는 것을 어찌 알겠는가?"

2024년 12월
새만금 너른 들판을 마주한 군산 회현의 환한집에서 역자 김성환

● 정신철학통편 제1권 차례

精神哲學上編卷一
정신철학 상편 권1

精神哲學上編卷二
정신철학 상편 권2

● 정신철학통편 총목차

제1권

제2권

〈精神哲學上編目錄〉[1]

上編

第一篇 檀君天符經註解

第二篇 精神運用成眞之[2]哲理要領

第一章 論先後天精氣神生天生地[3]

一節 釋明原章精氣神之義[4]

二節 論易理化生之眞理[5]

三節 論明形化之理

第二章 論人身精氣神運用之哲理

一節 論元神

二節 元氣[6]

三節 元精[7]

四節 運用精氣神之大槪[8]

五節 任聖精氣說[9]

六節 孔子精氣神至命之說[10]

七節 論如來精氣神運用[11]

---

1   아래 제시된 목록은 장절의 숫자 매김에 약간의 오류가 있고, 또한 각 장절 제목이 본문과 약간씩 다른 것도 있다. 본문이 대개 더 정확하고 목록에 오류가 많은 편이다. 하지만 원문을 최대한 보존하는 취지에서, 본문 중의 제목과 다르더라도 목록의 제목을 거의 그대로 반영했다. 다만 장절의 숫자 매김이 확연히 틀린 것은 바로잡고 각주로 표기했다.

2   '之'는 국중본에 없고, 명문본에는 있다.

3   본문에는 '論先後天精氣神'으로 되어 있다.

4   명문본에는 있고 국중본에는 빠져 있다.

5   본문에는 '論易理化生之本, 震坎艮爲男, 巽離兌爲女'로 되어 있다.

6   본문에는 '論元氣'로 되어 있다.

7   본문에는 '論元精'으로 되어 있다.

8   국중본은 '精氣神人槪', 명문본은 '精氣神之人槪'이다. 본문에는 '論運用精氣神之大槪'로 되어 있다.

9   본문에는 '論任聖精氣說'로 되어 있다.

10   본문에는 "論孔子精氣神至命之理"로 되어 있다.

11   본문에는 "論如來精氣神運用之理"로 되어 있다.

---

[12] 본문에는 "論白玉蟾先天三寶之說, 甚奇"로 되어 있다.

[13] 본문에는 "論玄牝爲大道眞傳至理"로 되어 있다.

[14] 본문에는 "論玄牝之傳及箕子崔孤雲"으로 되어 있다.

[15] 본문에는 "論煉己築基煉己以道心爲主, 寡欲守中"로 되어 있다.

[16] 본문에는 "西哲心力論"으로 되어 있다.

[17] 본문에는 "築基亦以寡欲嗇精爲要"로 되어 있다.

[18] 본문에는 "聚氣通關"으로 되어 있다.

[19] 본문에는 "載古先生打坐式"으로 되어 있다.

[20] 본문에는 "論『胎息經』緯眞功之切要"로 되어 있다. 문맥상 '緯'보다 목록의 '爲'가 자연스러워 본문에서도 이를 채택했다.

---

21 본문에는 "結丹溫養"으로 되어 있다.

22 '結'은 국중본에 없고, 명문본에는 있다.

23 본문에는 "心理本源於天"으로 되어 있다.

24 '言'은 국중본에 없고, 명문본에는 있다.

25 본문에는 "佛家心性之最上乘哲理"로 되어 있다.

第十五章 歐西最近心理哲學神經論

總結[26]論

中編．道德哲學

此以下目錄在中編中

26　'結'은 국중본에 없고, 명문본에는 있다.

전병훈의 생애와 정신철학

Ⅰ. 전병훈의 생애

1. 조선 거주기(1857~1907)[1]: 쇠락한 나라의 고단한 선비

(1) 출생과 학문연마: 1857~1892

전병훈은 1857년 7월 6일 평안남도 삼등현三登縣 학루리鶴樓里[2]에서 정선旌善 전씨 나성파羅城派(나주정씨) 전경全卿의 23대 손으로 태어났다.[3] 그는 어려서 병약하여 11세에야 비로소 『논어』를 읽기 시작했다. 하지만 머잖아 학문에 몰입하여 영협寧峽의 산꼭대기에서 고구마로 끼니를 때우며 홀로 공부할

1 　전병훈의 생애를 나누는 시기는 김성환, 『우주의 정오』(소나무, 2016) 제4부 제10장의 내용에 근거한다.

2 　'삼등현'은 일제강점기에 강동군 삼등면으로 불렸으며, 지금 평양특별시 강동군 남쪽 일대에 해당한다. 18세기 중엽에 제작된 『해동지도海東地圖』에는 민호民戶가 1,071호인 작은 고을로 표기되어 있다. 고을 아래쪽에 대동강의 지류인 남강南江이 흐르는데, 예전에는 능성강綾城江(혹은 能成江)으로 불렸으며 강의 북쪽 둔덕에 오래된 황학루黃鶴樓가 있었다. 황학루는 본래 중국 후베이성湖北省 우한武漢에 있는 누각이다. 그 절경을 읊은 이백의 시 「삼등황학三登黃鶴」에서 전병훈 고향의 '삼등현'과 '황학루'의 이름이 유래했고 '학루리' 역시 황학루와 연관된 지명이었다. 한편 일제가 전병훈을 불령선인으로 사찰한 문건에는 그의 고향(본적)을 평안남도 강동군 삼등면 인흥리仁興里로 적고 있다.

3 　전경全卿은 고려 충렬왕 때 성균제주成均祭酒를 지냈고 1332년(충혜왕 19년)에 조적曺頔의 난을 평정한 공을 세워 정난공신定難功臣이 되었으며, 1334년(충숙왕 3년)에 나성군羅城君 (나주의 옛 지명)에 봉해졌다. 전병훈의 아버지는 전경全璟(1806~1878), 어머니는 완산完山 이씨였다. 조부는 전익하全翼廈(1763~1806), 백부는 전기지(全基之, ?~?)로 알려졌다.

정도였다. 학문이 어느 정도 성숙해서는 태천泰川(현재 평안북도 태천군)에 머물던 운암雲菴 박문일(朴文一, 1822~1894)[4]의 문하에서 성리학을 수학했다. 또한 20대에 고향을 떠나 전국의 인재들과 교류했는데, 훗날 그의 정치적 후원자가 된 조병세趙秉世의 사위로 동래東萊 부사였던 강암剛庵 이용직李容稙 (1852~1932), 이항로의 제자였던 성재省齋 유중교柳重敎(1832~1893),[5] 유인석柳麟錫(1842~1915) 등과 교분이 깊었다. 그들 중 여럿이 조정에 나갈 것을 천거했지만, 전병훈은 이를 모두 사양하고 다시 고향으로 돌아갔다. 그리고 3천권의 책을 싣고 산중에 들어가 수년간 두문불출하며 공부에 전념했으며, 이때 『주자대전朱子大全』을 비롯한 성리학 전적들과 유교 경전에 두루 통달했다고 한다.

한편 당시 민씨 가문의 세도가로 훗날 이완용 등과 함께 한일합방의 을사오적으로 역사에 오명을 남겼던 민병석閔丙奭(1858~1940)이 평안도 감사로 봉직했다. 그가 벼슬을 주려고 했으나, 전병훈은 이를 거절하고 대신 주자朱子의 전례에 따라 이 지역에 덕행과德行科를 설치해 운영할 것을 제안했다. 항간에는 민병석이 덕행과를 건립하고 그 규범과 의례를 정리해 『덕행규범德行敎範』을 편찬했다고 알려졌는데, 이는 실제로 전병훈이 제안하고 실행했던 사업이었다. 그는 평안도에 존도재存道齋 64곳을 세워 근 1천 명의 선비를 양성하고 경로효친 풍속을 고양했으며, 그로 인해 서북지방 일대에서 명성이 자자하였다.

---

[4] 박문일은 위정척사사상의 거두 화서 이항로의 문인으로, 역시 화서의 제자였던 김평묵金平默·유중교柳重敎·최익현崔益鉉 등과 교분이 두터웠다. 박문일은 여러 차례 벼슬에 나갈 기회가 있었지만 모두 사양하고, 오직 성리학에만 전념한 정통 유학자였다. 저서로 『운암집』 12책을 남겼다.

[5] 전병훈은 동래 부사였던 유중교로부터 그 지역에 향약鄕約을 건립해달라는 부탁을 받고, 이를 수행하여 학문뿐만 아니라 경세의 능력까지 크게 인정받았다.

(2) 관직과 정치활동: 1892~1907

벼슬을 번번이 거절했으나 본인도 모르게 각지에서 유림의 천거가 이어졌기 때문에, 전병훈은 1892년 36세에 의금부 도사都事로 첫 벼슬길에 오른다. 하지만 얼마 지나지 않아 1894년 일본 제국과 청나라가 조선 땅에서 청일전쟁을 일으켰다. 동란 가운데 그가 조정에 계책을 많이 냈지만 채택되지 않았고, 급기야 전쟁에서 일본이 승리하자 크게 개탄하였다고 한다. 청일전쟁 후 갑오개혁 당시 총리대신이던 김홍집金弘集(1842~1896)이 벼슬을 강권했으나, 전병훈은 이를 고사하고 1894년 혹은 1895년 가을에 식솔들을 이끌고 가협嘉峽(현재의 경기도 가평)으로 은둔했다.

갑오개혁 직전 좌의정을 역임했던 조병세趙秉世(1827~1905)가 이 무렵 조정을 떠나 고향인 가평에 머물렀는데, 늙은 재상이 몸을 굽혀 전병훈의 초가를 찾아와 상소문 작성하는 일을 부탁했다.[6] 조병세가 조정에 건의한 1896년의 '폐정개혁 시무19조'와 1900년의 '국정개혁안'이 전병훈과 함께 작성한 것으로 추정된다. 당시 전병훈은 시무책 개발을 위해『반계수록磻溪隨錄』등을 연구하고 조병세와 함께 훗날 국정을 개혁할 것을 기약했다. 그러나 조병세의 상소는 끝내 시행되지 못했다. 이에 전병훈은『동강야설東岡野說』을 저술하고,[7] 1898년(광무 2)에는『백선미근百選美芹』과「만언소萬言疏」등을 지어 고종에게 직접 주상했다.

---

6   "趙公嘗屈訪草廬, 諮詢時務."「諸家題評集」(『全氏總譜總錄』, 전씨대동종약소, 1931), 47쪽 '相擬筵薦'조.

7   김홍집이 실각한 뒤 새로 구성된 내각의 총리대신이 된 김병시(金炳始, 1832~1898)가 이 책을 읽고 "세상을 경륜하는 대작"이라고 찬탄하고, 좌의정을 역임한 조병세(趙秉世, 1827~1905)와 함께 고종황제의 연찬에서 추천하기로 논의했으나 성사되지 못했다고 한다. "居嘉平時著『東岡野說』, 金相公炳始一覽, 歎以經世大材書, 與趙相公秉世, 議以合辭筵薦而未果."「諸家題評集」'相擬筵薦'.

이를 가상하게 여긴 고종이 1899년 초에 전병훈을 중추원中樞院 의관議官[8]
으로 다시 임명했다. 그 뒤 전병훈은 1901년 전라남도와 황해도의 양무감리
量務監理를 역임했고, 1904년(고종 41)에는 정3품 통정대부通政大夫에 올랐다.
그리고 그 사이 다섯 차례에 걸쳐 국정개혁과 독립을 주창하는 상소를 거듭
했는데, 그로 인해 결국 국경 벽지의 군수로 좌천되어 관찰사 서리署理를 겸
하게 된다.[9] 그는 1904년 양덕군수陽德郡守를 거쳐, 이듬해인 1905년에 부령
군수富寧郡守로 자리를 옮겼다.[10] 이처럼 관직의 부침도 있었지만, 이미 망국
의 길로 접어든 조선에서 그의 정치적 이상을 실현하기는 어려웠다.

1905년 일제의 강압으로 마침내 을사조약이 체결되었다. 이때 전병훈의
정치적 후원자이자 동지였던 조병세가 민영환 등과 함께 자결해 그에게 큰
충격을 안겨주었다. 그래도 전병훈은 1907년까지 부령(함경북도 부령군) 군
수로 간도의 형세를 살피며 국운의 회복을 도모했다. 당시 그는 간도 일대의
국경을 한번 바로잡으면 수천 리의 옛 땅을 회복할 수 있으리라는 기대를 품
었다고 한다. 하지만 간도는 이미 일본과 러시아 제국의 각축장이었고, 간도
땅의 회복은커녕 두 나라의 등쌀에 시달리는 백성들을 구제할 방도조차 마
땅치 않았다.[11] 급기야 1907년 6월 이준 등을 헤이그 밀사로 파견한 것을 빌

---

8   '중추원中樞院'은 1894년 갑오개혁으로 정부 조직이 대대적으로 개편되면서 실직한 고위
    관료들의 대기 발령처로 설립되었다. 하지만 1895년 3월 그 기능이 새롭게 개편되면서
    1905년까지의 대한제국 시기에 인민 의사를 내각과 국왕에게 전달하는 역할을 하는 초기
    의회의 성격을 띠게 되었다. 중추원은 정부에서 임명하는 의장과 부의장 각 1인, 50인 이
    하의 의관으로 구성되었다.

9   "以保證獨立, 五次上奏, 左遷僻小數郡, 兼署觀察使, 皆有治蹟." 『全氏總譜』6권(전씨대동종약소,
    1931), 39쪽.

10 『승정원일기』 해당연도 기록 참고.

11 『황성신문』 1906년 4월 23일, 1907년 6월 14일 등에 실린 전병훈 관련 기사에서 그의 고충
    을 엿볼 수 있다.

미로, 일제는 한 달 뒤인 7월 고종을 강제로 폐위시켰다. 이에 전병훈은 조선을 떠나기로 결심하고, 그해 말 일본을 거쳐 중국으로 망명했다.[12] 조선의 국운이 풍전등화에 내몰렸고 전병훈의 운명도 격랑에 휩쓸렸다.

2. 중국 망명기(1908~1927): 건곤乾坤 밖 우주 사이를 떠돌다

(1) 도일渡日과 중국 망명

1907년 10월, 전병훈은 조선의 옛 의관을 차려입고 교육시찰 명목으로 먼저 일본으로 건너갔다. 군부대신 등의 고관이 전병훈을 위해 수차례 만찬회를 열었는데, 그것은 한일합방을 목전에 둔 상황에서 그를 감시하고 회유하려는 의도였다. 일본 고관들이 그를 의심해 "배를 부려서 인천으로 보내주겠다"고까지 했으나, 전병훈은 이를 고사하며 "약자를 돕고 망하는 자를 지켜주는 공명功名이, 남을 멸망시키는 악명惡名보다 낫지 않겠는가?"[13]하는 경고를 던지고 일본을 떠나 중국으로 망명한다. 『황성신문』 1908년 2월 12일자 기사에서 전병훈이 1907년 10월 조선을 떠나 일본을 거쳐 상해로 건너간 사실을 전하니, 1908년 2월 전에 그가 중국에 도착한 것은 분명하다. 그 망명길에서 전병훈이 읊은 짧은 글이 전한다.

마음은 건곤 밖에서 돌고, 이름은 우주 간에 머무네.[14]

---

12   당시 정황을 『황성신문』 1908년 2월 12일자에서 이렇게 전한다. "前富寧郡守 全秉薰氏가 去年十月에 敎育를 視察하기 爲하야 我國 古衣冠을 着하고 日本國에 渡去하얏는딕 軍部大臣과 侍從武官長이 晩餐會를 設하고 全氏를 數次 請邀宴待 훈지라, 該氏가 敎育視察을 畢了하고 淸國 上海로 渡去하야 方今 視察中이라더라."

13   "路過東京, 其大僚輩疑甚, '謂以御船途仁川.' 固辭而特警告曰, '扶弱保亡之功名, 不爲勝於殘滅之惡名乎?'"「全成菴夫子實行隨錄」, (전씨대동종약소, 『전씨총보총록』, 1931) 46쪽.

14   "心運乾坤外, 名留宇宙間."「全成菴夫子實行隨錄」, 46쪽.

비록 10자에 불과한 단구지만, '건곤 바깥'(乾坤外)과 '우주 사이'(宇宙間)를 배회하는 디아스포라의 절제된 통한이 큰 울림으로 다가온다. 한데 이런 '바깥'과 '사이'야말로, 나이 50의 노구에 조국을 떠난 전병훈에게 새롭게 열릴 정신의 지평과 철학적 모험의 여정을 예고했다. 조선에서 반백 년을 살았던 그는 전형적인 유학자이자 관료였고, 유교 성리학 이외의 사상과 서구 문물을 이단으로 배격하는 편향에 치우쳤다. 이런 학문의 협소함은 전병훈 개인의 한계이기 전에, 당시 조선 지식계 전반의 한계였다.

한데 그는 망해 없어진 나라의 나그네로 천지 밖을 떠돌면서 마침내 조선의 통치 이념으로 경화된 성리학의 도그마에서 벗어났고, 우주의 시공時空 사이를 주유하면 유불도 3교와 서양철학을 아울러 조망하는 광대한 정신의 세계로 뚜벅뚜벅 걸어 나갔다. 조선이라는 천지와 닫힌 시공 너머의 '바깥'과 '사이', 거기서 그는 동서고금의 지적 전통을 조제調劑하여 원융한 철학의 패러다임을 재창조하기 시작했고, 훗날 그의 중국인 제자들이 "지구 철학의 결점을 거의 보완했다"[15]고 평가한 정신철학의 지평을 새로 열었다.

(2) 남중국(南京, 廣東) 거주기 : 1908~1913

전병훈은 1907년이 거의 저물 무렵 혹은 1908년 초에 본격적인 중국 생활을 시작했다. 따라서 1908년부터 그가 사망하는 1927년까지를 '중국 망명기'로 분류한다. 중국 망명 초기에 전병훈은 상해를 거쳐 금릉(金陵, 현재의 南京)으로 건너갔다. 거기서 쉬샤오전(徐紹楨, 1861~1936)을 만난 것을 계기로 전병훈의 교유관계가 크게 확장되었다.[16] 쉬샤오전은 전병훈에게 장런쥔(張人

---

15   "庶幾乎補完環球哲學之缺點"『精神哲學通編』「附認許公文」.
16   쉬샤오전徐紹楨은 광동廣東 출신의 청나라 무장으로, 호는 '고경固卿'이다.

駿, 1846~1927)을[17] 소개했다. 장런쥔은 당시 청나라 최고위의 정치인이자 남중국의 실권자였는데, 물심양면으로 전병훈을 후원했다. 은나라가 망하자 미자微子가 주나라로 갔던 예우로 환대하고 관사를 제공했으며,[18] 당시 화폐로 매달 100위안(元)을 지원하기도 했다.[19] 청말 최고 권력자의 한 사람으로, 20세기 초에 서방 여러 국가를 순방하고 돌아와 국제정세에 밝던 뚜완팡(端方, 1861~1911)[20] 같은 인물과의 교류는 서구 세계에 대한 전병훈의 인식확장에 적잖은 영향을 미쳤다.

금릉 시기에 전병훈은 각계 요로의 명사들과 교류를 확대하고 '중한대동학회中韓大同學會'의 결성을 시도하기까지 했다.[21] 하지만 나라 잃은 나그네였던 전병훈에게는 조국에서 부여받은 그 어떤 지위와 세력도 없었다. 그는 오로지 학식과 인품으로 중국 현지의 최고위 인사들을 감화시키고 다른 명사를 소개받는 식으로 관계를 넓혀 나갔다. 그러다가 전병훈의 인생에서 다시 극적인 전환이 일어난다. 1909년 6월이 지나기 전, 그는 홀연히 남경을 떠나 광동廣東으로 이주했다. 거기에서 『주역참동계』[22]를 연구하는 등 내단학에 입문했으며, 나부산羅浮山에 들어가 스승인 고공섬古空蟾을[23] 만나 도를 구했

---

17 장런쥔張人駿은 전병훈보다 열한 살이 많았고, 1907년부터 양광총독兩廣總督을 역임했다.

18 "入華中. 粵督張人駿, 待以微子適周, 特設館." 『全氏總譜』(전씨대동종약소, 1927·1931) 6권, 39쪽.

19 入華在粵, 張督人駿, 月我百元. 「諸家題評集」, 47쪽 '捐賑誦佛' 조.

20 뚜완팡端方은 만주족 귀족가문 출신으로, 오교午橋는 자字다. 그는 청 말에 정국을 장악한 4대 총독의 한 명이었다. 훗날 북양정부의 초대 총통이 된 위안스카이遠世凱와 겹사돈이기도 했다. 그는 1905년 미국·영국 등 구미 국가와 일본까지 10개 나라를 순방하고 돌아와, 양강총독 겸 남양대신을 역임했다.

21 「全成菴夫子實行隨錄」, 46쪽.

22 『주역참동계周易參同契』는 동한東漢의 황로도黃老道 계열 방사로 추정되는 위백양魏伯陽의 저술이다. 『주역』의 원리로 연단술을 논구했다.

23 전병훈의 다른 글에 따르면, 고공섬의 본명은 '구청밍古誠明'이다. "羅浮山空蟾先師(姓名古誠明), 玄關打坐式傳述(支那人, 九十歲紺髮)." 『仙佛家眞修語錄』 3쪽] '공섬空蟾'은 이름이 아닌 호

다. 그가 내단학을 접하게 된 계기는 분명치 않다. 다만 전병훈 스스로 이렇게 말했다.

아! 내가 본래 유학을 업으로 삼았으나 50세가 되도록 성취가 없고, 도道가 응결되는 징험을 보지 못했다. 동월東粵[24]을 떠돌며 『주역참동계』를 연구했지만 스스로 해득하지 못했는데, 마침내 나부산羅浮山에 들어가 참 스승(眞師) 고공섬古空蟾 선생을 만났다.[25]

전병훈은 경술년(1910) 봄에 처음 고공섬을 만났다. 고공섬은 구학문의 거봉으로 입산해 수련한 지 7년이 지났는데 백발이 거의 검게 돌아와 있었고, 단지 반 치(寸) 정도 남아 있던 백발도 이듬해에 모두 검게 되어 사람들이 그가 도를 이뤘음을 알았다고 한다. 전병훈 역시 그 신기한 증험에 경탄했다.[26] 그 뒤 전병훈도 수련에 박차를 가해 나부산에서 대략 3년 남짓 내단학을 연마했고, 1913년 무렵 다시 북경으로 이주했다.[27]

(3) 북경 거주기: 1913~1927

전병훈은 북경으로 이주한 뒤에도 유서 깊은 도관인 백운관白雲觀에서 수

號로, '허공의 달(빛)'을 뜻한다. 섬蟾은 곧 두꺼비다. 예로부터 사람들은 달에 두꺼비가 산다고 믿었다. "月中有蟾蜍."[『淮南子 · 精神訓』] 고공섬이 은둔한 나부산은 북송의 저명한 도사 백옥섬白玉蟾이 수도한 장소로 유명하다. '옥섬玉蟾'의 호 역시 달 속의 두꺼비로, '공섬'과 의미가 상통한다. 고공섬이 백옥섬을 기려 본인의 호를 지었을 가능성이 높다.

24 '동월東粵'은 지금의 광동성廣東省 일대를 가리킨다.
25 『정신철학통편』「서론」.
26 위의 글.
27 이주의 동기는 확실치 않으나, 아마도 신해혁명의 발발 및 진행 관련된 듯하다. 1911년 신해혁명이 일어나고 다시 몇 년 간격으로 2차 · 3차 혁명이 이어진다. 이때 남중국 전역이 혼란에 휩싸였고, 그로 인해 전병훈이 광동을 떠났던 것으로 추정된다.

년간 『도장』 2천 권을 빌려 읽으며 정밀히 연구하고 몸소 실천하였다. 급기야 10년 만에 내단의 도를 이루는 중험을 하고, 마침내 "도가 응결됐다"고 자부하기에 이른다.[28] 하지만 그게 전부는 아니었다. 그는 이 시기에 현실 사회와 정치에 적극적으로 간여하는 면모를 보인다. 도사나 신선이라면 으레 속세를 떠나 은둔한다는 통념과 크게 다른 모습이다. 이는 사실상 그가 주창한 겸성兼聖 철학의 실천적 구현이었다.

중국에서 신해혁명이 일어난 뒤 전병훈은 예서禮書·예복禮服·예치禮治·조례條例의 '일곱 규정'(七章程)을 당시 총통이었던 위안스카이(袁世凱, 재임 1913~1916)에게 제언했다. 그러자 위안스카이가 한국에도 그와 같은 대학자가 있다는 데 탄복하여, 그의 아들인 위안커딩(袁克定)에게 손수 예복을 챙겨 들고 답방하라고 지시했다고 한다.[29] 도숙정사都肅政史 장인콴(莊蘊寬, 1866~1932)[30]에 따르면, 위안스카이가 현자를 봉양하는 양현養賢의 예로 전병훈을 예우하여 아무도 두 사람 사이를 이간질하지 못했다[31]고 한다.

1916년 위안스카이가 죽고 리위안훙(黎元洪, 재임 1916~1917), 펑궈장(馮國璋, 재임 1917~1918), 쉬스창(徐世昌, 재임 1918~1922) 그리고 다시 리위안훙(재

---

28 위의 글.

29 "遂革命後, 乃以禮書·禮服·禮治·條例七章程, 萬餘言, 上于袁政府, 袁手持禮服, 招立其子克定, 而手舞之曰, '韓有如此大儒, 汝卽往訪!'"「全成菴夫子實行隨錄」, 46쪽.

30 '도숙정사'는 민국 초에 정부기관의 감찰기능을 담당하던 숙정청肅政廳의 수장으로, 현재 우리나라의 감사원장 격에 해당한다. 숙정청에는 도숙정사 1인과 숙정사肅政史 16인이 있었다. 장인콴은 강소성江蘇省 상주常州 무진武進 출신의 관료이자 서예가로, 민국 초에 도숙정사와 심계원審計院 원장을 지냈으며, 고궁박물원故宮博物院 이사와 고궁도서관故宮圖書館 관장을 역임했다.

31 "都肅政史莊蘊寬, 請位置以養賢之禮, 誰作臧倉於其間乎!"「全成菴夫子實行隨錄」, 46쪽. 장창臧倉은 『맹자·양혜왕장구하』에 등장하는 인물로 군주와 현인의 사이를 이간질하는 소인배의 대명사이다. 노나라의 군주 평공平公이 맹자를 만나 보기 위하여 나가려고 하자, 이때 평공이 총애하는 신하 장창이 이를 저지한 데서 유래했다.

임 1922~1923) 등으로 총통이 바뀌는 동안, 전병훈은 그들 모두에게 정치개혁을 제안했다. 하지만 당시 북양정부는 군벌의 지배하에 있었고 국정의 난맥이 거듭됐다. 이 시기에 중국은 정치체제가 군주제에서 공화정으로 넘어가는 격변을 겪었고, 그런 가운데 전병훈의 정치철학도 함께 다듬어졌다. 그것이 주로 『정신철학통편』의 '정치철학' 편에 반영되었다. 그가 북양정부에 제안한 개혁안의 흔적도 거기서 함께 발견할 수 있다.

한편 전병훈은 늦어도 1917년 전에 '정신철학사'라는 사단社團(내지는 학관學館)을 북경 시내에 건립했다. 그곳을 거점으로 내단학을 연마하고 후진을 양성했으며, 중국과 한국의 명사들과 교류하고, 『도진수언』『정신철학통편』 등의 저서를 편찬했다. 그의 사상체계에서 볼 때, 이는 '참나를 완성하고 성스러움을 겸한다'(成眞兼聖)는 철학 원리의 실현 과정이었다. 특히 장상將相급의 제자들이 전병훈의 문하에 모여들어 그의 학설을 현실에 구현코자 했다. 이와 관련해, 1923년 리위안훙 정부에서 국무총리 겸 육군총장을 역임했던 장샤오증(張紹曾, 1879~1928)이 이렇게 말했다.

제자인 전 총리 장샤오증이 찬상해 말했다. "선생이 중국에 거주한 지 20년에, 겸성兼聖의 대도를 선양하고, 문하에 장상이 즐비하여, 이름을 중화의 역사에 올렸다. 누차 예치의 정책을 진술해 조야가 흠모해 공경한다. 정신철학을 창조해 밝히니 전 지구에서 전해 외운다. 또 『겸성합편兼聖合編』을 저술해 진리를 더욱 밝히니, 사람들이 다퉈서 '39성철聖哲'이라 지칭하고 또한 '26도진道眞'으로 찬양하며 겸성의 사표로 삼는다. 그러나 선생이 겸양하여 이에 응하지 않으셨다. 대총통 리위안훙이 이를 전해 듣고, 그 조부를 기려 '은일고진隱逸高眞'이라 하고, 부친을 '자선태가慈善太家'라고 하니, 끝내 그 효성스러운 뜻을 이뤘다고 말할 수 있다."[32]

전병훈의 문하에 장상급의 인사들이 즐비했다는 이야기가 단지 허언은 아니다. 장샤오증이 다시 말한다. "우리 선생의 제자들은 장상으로 나가는 인재들이다. 황푸(黃郛, 1880~1936)[33]가 대총통의 직권을 총괄해 대리하니 사람들이 동문의 경사로 여겼다." 또한 "사람들이 선생을 세계의 한 구성요소로 여긴다"고 칭송하기도 했다.[34] 중화민국의 제3대 총통이었던 쉬스창이 전병훈의 제자를 자처했고, 제2대와 제5대 총통을 역임했던 리위안훙은 전병훈의 조부와 부친을 '은일고진隱逸高眞'과 '자선태가慈善太家'로 추존했다. 그리고 이 두 총통 모두 「제가제평집」 첫머리에 '제가제평諸家題評'의 표제를 달았다.[35]

정관계의 고위인사들만 전병훈을 존숭했던 것이 아니다. 학계와 지식인도

---

32 "弟前總理張紹曾贊曰, '先生住華什載, 闡揚兼聖大道, 門羅將相, 名載華史. 屢陳禮治政策, 朝野欽敬, 創明精神哲學, 環球傳誦. 又著兼聖合編, 眞理益彰, 人爭指稱, 以三十九聖哲, 又贊崇, 以十六道眞, 表爲兼聖, 然先生謙讓不居. 大總統黎元洪聞之, 褒及其祖曰 '隱逸高眞', 父曰 '慈善太家', 可謂竟成其孝志者.'" 『全氏總譜』6권, 39쪽. 「諸家題評集」에도 중복되는 기록이 보인다. "同門前總理張紹曾曰, '先生闡揚兼聖大道, 門羅將相, 名載華史, 屢陳禮治政策, 朝野欽敬, 創明精神哲學環球傳誦.'" 「諸家題評集」, 48쪽.

33 황푸는 절강浙江 출신으로 고향에서 군사학교와 서원을 다닌 뒤, 일본에 유학해 뒤에 의형제를 맺은 장제스와 함께 동경진무학교東京振武學校를 나왔다. 신해혁명에 참여했으며 위안스카이 반대운동을 벌이기도 했다. 1921년 미국으로 건너가 워싱턴회의에 중국대표단 고문으로 초빙되었다. 1923년 2월 장샤오증 내각의 외교총장에 임명되었고, 같은 해 9월에는 가오링웨이高凌霨 내각의 교육총장을 맡고 북경대학과 북경사범대학에도 출강했다. 1924년 9월 안후이칭顔惠慶 내각의 교육총장으로 있다가, 그해 10월 21일 서북군 총사령관 펑위샹馮玉祥이 북경정변北京政變을 일으키자 내각총리를 대리했다. 그해 11월 2일부터 24일까지 총리를 대신해 대총통의 직권을 대리한다. 1926년 장제스의 요청을 받고 그에게 합류했고, 1927년 남경에 국민당 정부가 들어선 뒤 상해특별시 시장과 외교부 부장 등을 역임했다.

34 "張紹曾 … 曰, '我師之門輩, 出將相之才也. 黃郛公以總揆攝行大總統職權, 人以爲同門之慶事. 又曰 師爲世界之一分子.'" 이 글이 실린 「諸家題評集」이 1925년에 음력 7월(梧秋)에 편찬됐는데, 황푸가 1924년 11월에 대총통의 직권을 대리했으므로 그 시기가 기록에 부합한다.

35 "大總統黎公元洪, 題篇首曰「諸家題評」, 同徐公世昌亦題如是." 「諸家題評集」, 47쪽.

그에게 주목했다. 당대의 내로라하는 학자와 지식인들이 '정신철학'을 상찬했다. 중국 근대의 저명한 사상가인 캉유웨이康有爲가 『정신철학통편』의 제호를 직접 썼으며, 서양 학술과 사상을 번역해 중국에 소개한 옌푸嚴復가 "이 책은 불후의 위업이다"라고 찬탄했다. 그 밖에도 국사관國史館 총재總裁였던 역사학자 왕슈난王樹楠, 북경대학 총장을 역임한 리위잉李煜瀛, 청말의 개혁가이자 학자였던 마오즈전茅子貞, 강남의 저명한 교육자 마오치엔茅謙, 훗날 북경도서관 관장을 지낸 장한江瀚 등의 찬사가 이어졌다.[36]

위의 인용문에서 장샤오중은 "(전병훈이) 정신철학을 창조해 밝히니 전 지구에서 전해 외운다"고 하였다. 이는 "『정신철학통편』이 구미 29개국 150개 대학과 미국·프랑스·스위스 세 나라의 대통령에게 배포돼 지금 이미 세계적인 책이 되었다"[37]는 땅밍차丁夢利의 말과도 부합한다. 또한 전병훈을 '39성철聖哲'과 '26도진道眞' 등의 반열에 올렸다는 것이 다른 기록에도 보인다.[38] 이런 칭송이 제자들의 다소 고조된 존경심의 발로였더라도, 20세기 초 조선의 일개 망명객이 중국 조야에서 이처럼 칭송받으며 성인의 반열에 추존됐다는 것이 결코 범상한 일은 아니다. 비록 격동의 시대였으나, 그 문하에 한 시대를 풍미한 장상과 석학들이 즐비했던 것도 역사에서 전례를 찾기 어렵다.

당시 중국에서 활동하던 단재丹齋 신채호(申采浩, 1880~1936)가 "한번 세계를 통일하여 만세토록 불변하는 대총통이 선생이 아니라면 다시 누가 있겠는가!"[39]라고 찬탄했다는데, 이를 단지 과장으로만 볼 수는 없다. 그러나 전

---

36 「諸家題評集」과 「畧附諸家評言序」(『정신철학통편』) 참고.

37 「諸家題評集」, 48쪽 '黃帝再世' 조.

38 여기서 39성철은 중국 은나라의 전설적인 재상인 이윤伊尹을 위시해 이른바 '겸성'했다고 알려진 동서고금 39인의 성인과 철인을 가리킨다. 혹은 '36성철' 내지는 '28성철'을 꼽기도 하는데, 이 숫자들은 대개 임의적이다. 한편 '26도진'은 도가(도교)에서 받드는 진인과 신선 26인을 가리킨다.

병훈은 사람들의 이런 칭송을 즐기지 않았다. 또한 자기 학설을 어디까지나 '철학'으로 공용화하고자 했을 뿐, 이를 종교나 숭배적 이념으로 삼는 것을 극도로 경계했다. 그는 평소 거처에 상제(玄天上帝)의 경전과 상像을 모시고, 그 옆으로 단군·황제·공자·노자·석가·왕인·칸트 일곱 성인과 철인을 배위해, 아침저녁으로 분향하며 도를 이루고 세상을 구제하길 축원했다고 한다. 하지만 그것은 늘 근신하고 경외하는 공부의 일환이었을 뿐, 숭배적 종교의 신앙 행위가 아니었다. 그러므로 대중들과 함께 제의를 올리는 의식(典禮)을 창건하자는 제자들의 청원을 그는 일체 거절했다.[40]

그는 외재적 신이나 교조·교주를 숭배하는 종교에 회의적이었고, 과학과 종교보다 철학이 더 근원적이라고 보았다. "종교도 반드시 철학에서 발원하지 않음이 없고, 과학 역시 반드시 종교의 폐단에서 자극받아 격동하여 떨쳐 일어나지 않은 것이 없다"[41]고 확언했다. 그렇다고 전병훈이 무신론에 동조한 것은 아니다. 무신론자들은 유신론의 폐단을 바로잡다가 너무 지나쳐서 다시 편견과 독단에 빠졌다고 경고했다.[42] 그는 하늘로부터 부여받은 인간 정신(神)의 신령한(虛靈) 본성을 강조하고, 다만 그것이 외재적 영혼이나 신(God)에 대한 숭배로 오도되는 것을 경계했다. 그는 내면의 본성을 연마하고 학문에 정진하는 동양의 지적 전통을 계승하면서, 서양에서는 철학이 최고의 학술이자 근본원리의 학문이라고 찬탄했다. 또한 이 두 전통을 아울러 존중하고 융합하고자 했다.

---

39 "東漢名士申公采浩號丹齋曰, '一統世界, 萬歲不遷之大總統, 非先生誰復其人耶!'"「諸家題評集」, 47 쪽 '世界總統.'

40 「諸家題評集」, 47쪽 '上帝七聖' 조.

41 『정신철학통편』,「심리철학」제13장. 西洋中古心理哲學.

42 위의 글.

(4) 고국과의 교류 및 지원

전병훈은 비록 나라를 잃고 떠돌았으나, 타지에서도 늘 고향 소식에 귀를 기울였고 조선 출신의 인사들과 교류했다. 이승희李承熙・신채호申采浩・이상설李相卨・이성렬李聖烈 등의 저명한 독립운동가들과 직접 교류하거나 혹은 그들의 활동을 도왔다. 평안도 출신의 독립운동가였던 김평식金平植과 이동초李東初는 그의 제자로 훗날 그를 칭송한 명사들의 어록을 모아「제가제평집」을 편찬하기도 했다. 한편 1918년 독립운동가 윤효정이 북경의 전병훈을 찾아가서 『천부경』을 전해, 그 전문과 해설이 『정신철학통편』에 실리기도 했다.

전병훈은 고국의 백성들이 겪는 어려움을 직간접적으로 돌보기도 했다. 「제가제평집」에 따르면, 전병훈은 가까운 중국 고위인사들로부터 경제적 지원을 받았다. 그가 처음 중국으로 망명해 남방에 머물 때 장런쥔이 매달 100위안씩 지원했고, 북경에서는 장샤오쭝이 매달 50위안을 보조했다. 그런데 전병훈은 이 돈을 거의 쓰지 않고 절약해 모아 두었다가, 본국에 큰 가뭄이 든 1920년(庚申) 봄에 특별히 1천 원圓을 보내 고향 인근의 빈민 1백 호를 구휼했다.[43] 1920년 6월 12일자 동아일보에 실린 "전병훈 씨의 자선"이라는 제목의 기사에서도 그 내용을 비교적 상세히 확인할 수 있다.[44]

한편 그는 상해임시정부와 연락을 주고받는 등 조선의 독립을 위해서도 노력했다. 1921년에는 태평양회의[45]에 보내는 청원서를 작성해 신익희(申翼

---

43   「諸家題評集」, 47쪽 '捐賑誦佛'조.

44   "平南 江東郡 三登面 仁興里居 全秉勳氏는 八年前부터 淸國 北京 宣外 精神哲學社에 寓居하는 바 客年 平南等地의 旱荒之災를 聞하고 甚히 此를 悶憐하야 金壹千圓을 損出하야 順安 先塋 附近에 在한 貧民 三十餘戶에 五百圓을 江東郡三登面 先塋 附近에 在한 貧民 二十餘戶에 三百圓을 中和郡 山水面赤屯地 附近에 在한 貧民 二十餘戶에 二百圓을 幷爲分給 하엿는대, 施惠를 受한 貧民은 勿論 遠近人民이 該氏의 厚誼를 讚揚치 아니하는者이 無하며, 受惠한 諸氏는 同氏의 難忘之澤을 紀念하기 爲하야 同聲相應하야 碑를 建하고 其慧德을 永遠不忘한다더라(順安)" 〈동아일보〉 1920.6.12. 4면 3단.

熙, 1894~1956)를 통해 이승만에게 전달하기도 했다.[46] 그렇지만 그는 을사오적의 한 사람이었던 권중현(權重顯, 1854~1934)을 비롯해, 일제하에서 부일附日을 했던 인사들과도 교류가 있었다.[47] 얼핏 이중적으로 보이는 이런 태도는, 그의 철학사상을 통해 이해할 수 있다. 그는 우주의 한 기운에서 나온 인류와 만물이 근원적으로 동포요 일가라고 보았으며, 이념과 정치노선이 다르다고 사람을 일방적으로 적대하지 않았다. 전병훈은 세계가 "물질만을 숭상"하고 "전쟁이 종식되지 않는다"고 한탄했지만, 이런 혼란조차 "장차 세계가 반드시 하나로 통일될 조짐"이라고 전망했다.

전병훈은 당대의 역사적 제약을 넘어, 인류의 운명 전체에 대해 말하고자 했다. 따라서 그는 친일/반일의 이분법을 넘어섰고, 특정한 이념과 처지에 갇혀 사람을 배타하지도 않았다. 말하자면 전병훈은 고전적인 휴머니스트이자 박애주의자였으며, 이념대립 시대의 이데올로기스트가 아니었다. 그럼에도 불구하고, 그가 생을 마칠 때까지 조선의 독립을 갈망했던 것은 의심의

---

45 태평양회의는 1921년 11월 11일부터 이듬해 2월 6일까지 미국 워싱턴에서 열렸으며, 미국·영국·중국·일본 등 9개국이 군비축소 등의 태평양지역 문제를 의제로 다루었다. 당시 상해의 대한민국임시정부는 '태평양회의 외교후원회'를 조직하고, 이승만·서재필·김규식 등을 대표로 파견해 청원서를 전달하고 회의에 직접 참석해 한국의 독립에 관한 발언하려 했으나, 회의 주최 측의 거부로 무산됐다.

46 「118. 中翼熙가 李承晩에게 보낸 서한」「120. 李承晩이 中翼熙에게 보낸 서한」,『대한민국임시정부 자료집』제42권, 국사편찬위원회 한국사데이터베이스(http://db.history.go.kr).

47 권중현과 함께 일제하 친일유림으로 알려진 양봉제(梁鳳濟, 1851~1926) 등의 찬사가 「제가제평집」에 실려 있다. 1980년대에 소설『단』으로 유명하고 연정원을 세운 권태훈의 숙부가 권중현이었는데, 권태훈의 자전적 대화록에도 전병훈과 권태훈의 교류에 관한 기록이 보인다. [정재승 정리 및 역주,『仙道 공부』(솔, 2006), 289, 379~380쪽 참고.] 양봉제는 평안북도 출신의 유학자로 전병훈과 마찬가지로 박일문의 제자였으며, 구한말 관료에서 일제가 세운 경학원의 강사로 변신해 부일활동을 한 것으로 알려졌다. 하지만 그가 겉으로는 일제에 협력하면서도 독립운동을 도왔다는 연구도 있어 참고할 필요가 있다. [정욱재,「한말·일제하 梁鳳濟의 활동」, 한국인물사연구회,『한국 인물사 연구』제16호, 2011 참고.]

여지가 없다. 다만 1920년대의 엄혹한 일제강점기에 노구의 망명객이 조국의 독립을 위해 할 수 있는 일이 극히 제한되었다. 게다가 그는 일제가 지목한 요주의 인물로 줄곧 사찰과 감시의 대상이었다. 당시 일본 외무성과 육·해군에서 해외 사찰한 여러 비밀문건에서 불령선인不逞鮮人[48]으로 분류된 그의 이름을 볼 수 있다.[49] 조선총독부 경무국警務局이 펴낸『용의조선인명부容疑朝鮮人名簿』는 전병훈을 "한일합방에 분개해 중국으로 도항渡航"했으며 "배일排日 사상을 가지고 조선 독립을 열망하고 있는 자"로 뚜렷이 적시하고 있다.[50]

그리하여 전병훈은 한번 망명을 떠난 뒤로 다시는 고국 땅에 발을 디디지 못했다. 그는 말년에 중국에서 현지인들로부터 거의 성인으로 추앙받으며 한 시대를 풍미했으나, 끝내 나라 잃은 디아스포라의 한을 안고 1927년 9월 14일 71세를 일기로 북경에서 세상을 떠났다. 그리고 작고해서야 비로소 고향에 돌아와, 평안남도 평원平原군 순안면 북창北倉리의 간좌원艮坐原에 그의 시신이 안치됐다.[51]

II. 정신철학의 탄생

전병훈이 조선을 떠난 1907년부터 그가 사망하는 1927년까지의 20년 동

---

48 일제에 따르지 않는 '불온하고 불량한 조선인'을 지칭했다.

49 국사편찬위원회 한국사데이터베이스 참고.

50 朝鮮總督府 警務局,『國外ニ於ケル容疑朝鮮人名簿』, 189쪽.

51 간좌원은 북동쪽을 등지고 서남향을 바라보는 자리를 가리킨다.『全氏大同譜』「羅城派」제5권(전씨대동종약소, 1991), 126~127쪽.

안 중국 지성계는 큰 혼란과 고민에 휩싸여 있었다. 서구 제국주의의 침탈이 격화되고 정치적 혼란이 계속됐지만, 철학과 문화를 논하는 열기는 그 어느 때보다 뜨거웠다. 특히 『정신철학통편』이 출간된 1920년 무렵 한편에서는 전통과 결별하고 서구를 따라 근대화하려는 신문화운동이 고조되었고, 다른 한편으로는 현대신유학 태동의 계기가 되는 과현科玄논쟁이 벌어지는 등 격렬한 담론과 문화변동이 펼쳐졌다. 이런 분위기에서 전병훈은 당대 최고의 지식인들과 교유하며 서양의 철학과 과학을 습득하고, 동·서 문화 비교의 시야를 넓혔다.

전병훈은 특히 19세기 말부터 '변법變法'을 주창했던 인사들과 가까웠는데, 그의 저서에 극찬의 서평을 남긴 캉유웨이와 옌푸 등이 대표적이다. 그들은 서구의 입헌군주제와 자유·민권 사상에 따르는 변혁을 주장하며, 거기에 중국의 전통사상을 접맥했다. 이는 전병훈의 사상 경향과도 일맥상통했다. 그런데 당시 중국 지식인들은 대개 유교에 국한하고, 더 범위를 넓혀도 고대 제자諸子사상 정도에서 서구 근대사상과의 접점을 찾는 데 그쳤다. 더구나 외래적인 것을 중국화하려는 의욕이 과도하여 국수주의 내지는 중화민족주의로 흐르는 경향이 짙었다. 그리하여 캉유웨이의 유교국교화 운동은 신지식인들의 외면을 받았고, 옌푸 역시 위안스카이袁世凱의 제제운동帝制運動을 지지하다가 젊은이들의 빈축을 샀다.

그런데 동·서양의 접맥을 말하면서도 끝내 중화中華의 자기충족적 관념으로 회귀하는 중국인 학자들과 달리, 전병훈은 특정 인종·민족·문화에 국한되지 않고 우주 만물을 통관하는 '정신'에 관해 언명하고, 그런 정신의 편재성을 근거로 '우내일가宇內一家', '오주동포五洲同胞'의 세계시민주의(世界市民主義, Cosmopolitanism)를 천명했다. 그는 서구 근대에 발전한 민주·공화의 정치사상을 연구하고 수용했는데, 단지 거기서 그치지 않고 인류 역사 초기에 동서양의 정치체제가 공히 민주·공화의 원리에 근거를 두었다고 논증하였다. 더 나아가 물질주의가 기승을 부리고 열강들이 각축하는 역사적 단계를 지나면, 지구 행성(環球)이 하나의 민주·공화 세계정부로 통일되는 항구적인 평화의 시대가 도래할 것을 예견했다.

전병훈은 어느 하나를 선택하면 다른 하나를 버리는 양자택일의 길을 걷지 않았다. 그는 조선에서 '성암成菴'을 호로 쓰는 고명한 유학자였고, 중국에서 내단학을 연마하여 '현빈도인玄牝道人'으로 불렸으며, 말년에는 동서고금의 철학과 과학을 아울러 취해 한 용광로에서 주조(鎔冶一爐)하는 정신철학을 주창하면서 우주의 새벽빛을 의미하는 '서우曙宇'로 호명되었다. 그것은 단순한 자기부정과 사상적 택일이 아니라, 서로 다른 것에서 장점을 취하고 단점을 보완하며, 본질이 통하는 지평 융합의 접점을 찾아 움직이고, 취합된 것들을 한 화로에서 도야하고 조제調劑하는 일련의 과정이었다. 여기서 우리는 동서고금을 관통하는 인류 보편의 철학을 꿈꿨던 한 철학적 모험가의 원융한 기풍을 만나게 된다.

조제調劑 [52]

'조제'는 조선 중후기에 율곡 등이 강조했던 개념이다. 율곡은 당쟁을 조정하는 탕평과 중용의 방법론으로 이른바 '조제' '보합保合'을 명언했다. 하지만 전병훈이 말하는 조제는 율곡과 조선 성리학의 문법을 벗어나 20세기 철학의 개념으로 재탄생한 것이다. 『정신철학통편』에서 '조제'를 말하는 몇 가지 대표적 사례를 살펴보자.

---

[52] '조제'에 관해서는 김성환 「전병훈의 조제론 연구-탈경계의 정신문명을 향한 철학적 모색」, (한국도교문화학회, 『도교문화연구』 제59집, 2023) 참고.

【A】 옛것을 지키는 사람은 새것에 어둡기 쉽고, 새것에 힘쓰는 자는 옛것에 어둡기 쉽다. 옛것과 새것을 조제調劑해서 덕을 완성하면 진화의 극치에 이른다. 아울러 서양철학의 새로운 요지를 취해 싣는다.(지금이 옛날보다 뛰어난 것 또한 있다.)[53]

【B】 동아시아의 정신학이 위와 같지만 방외方外에 사사로이 감춰져 오늘에 이르렀다. 서양철학은 정신의 공용功用을 능히 앞서 말하는데 어찌 그처럼 특별한가! 지금부터 마땅히 상호 교환(互換)하여 **조제**한다면, 능히 세계를 좌우하면서 아울러 동포형제의 참된 즐거움을 누릴 것이다.[54]

【C】 근세 서양철학이 전적으로 대뇌·소뇌·숨골을 심령의 작용으로 여기니 특이하지 않은가? 하지만 반대로 마음이 하늘에서 기원하는 이치, 욕심을 줄이고 마음을 수양하는 요령에는 어두워서 특히 그 결점이 된다. 내가 유·불·도와 철학을 합치하는 이론을 감히 주장하니, 이것이 새로 발명하여 서로 **조제**할 수 있는 것이 아니겠는가?[55]

【D】 철학·과학의 제반 학문은 양쪽을 서로 적절히 **조제**해야 하며, 한쪽을 버려서는 안 된다. 그런 뒤에야 학문의 원리가 또한 비로소 원만하게 모일 것이다.[56]

【E】 옛것을 지키는 자는 오히려 신학문을 업신여기고 새로 배우는 자 역시 옛 경전을 폐기하여, 신·구 학문의 이치와 동·서양 성인의 견해가 하나임을 전혀 모른다. 그러므로 또한 두 가지를 서로 **조제**한 뒤에야 비로소 원만해질 것이다. 세계가 장차 영구히 평화롭고 정치를 통일할 방

53   전병훈,『정신철학통편』「凡例」.
54   위의 책,「精神運用成眞之理要領」.
55   위의 책,「심리철학」'第九章. 統論性情志意念慮思, 並東韓哲學'.
56   위의 책,「심리철학」'第十三章. 歐西中古心理哲學'.

책으로, 만약 이처럼 **조제**된 더없이 원만한 도덕을 사용하지 않는다면, 어찌 그날이 있으랴? ⋯ 서양과 동양의 견해가 모두 지선至善·애중愛衆·쾌락快樂으로 도덕의 체용體用을 삼은 것이 다르지 않다. 그리고 이른바 '**조제**'란, 서양철학은 하늘에서 근원하는 도리를 더욱 연구하고 아래로 효친의 범절을 배우며, 우리는 반대로 사회 단결과 공익적 물질 활용에 더욱 힘써야만 한다. [그러면] 비로소 '원만하고 잘 통한다'고 말할 수 있을 것이다.[57]

【F】 지금 서구의 의회에서 6법을 세워 이로써 건국과 통치의 규범으로 삼으니, 역시 '조리를 완비하여 더욱 발전하고 정미로운 것'이라고 말할 수 있다. [그러니] 동양이 반드시 서양에서 취하는 게 또한 옳지 않은가? 서양은 반대로 일찍이 정전井田·예치의 제도에 어두웠으니, 이것을 동양에서 취해 한 화로에서 합해 야금(合冶)할 수 있을 것이다. 이처럼 조제하면 온 세계의 정치가 장차 겸성兼聖·통일하기에 이를 것이다.[58]

【G】 내가 '정신' '심리' '도덕' 편을 엮으면서 전적으로 옛것과 새것을 **조제**하고, 절충·합치해 학문을 발전시켜 겸성兼聖의 지극한 철학을 구성했다. '정치'의 경우는 더욱 많이 덜고 더해서 우리 결점을 보완할 수 있으니, 오늘날 구미의 정치·헌법·이재理財·공상工商·각 과학 같은 것이 그렇다. 하지만 서양도 반드시 우리의 정전제·균산·예치·조례를 취해야 한다. 이를 통해 [동서양이] 각각 충분히 원만해지고, 한결같이 '하늘을 본받고 백성을 존중하는'(體天重民) 것을 책무로 삼으면, 온 세계가 영원토록 평화를 즐기며 대동 통일하는 근본이 바로 여기에 있지 않겠는가?[59]

---

57   위의 책, 「도덕철학」 '總結論'.
58   위의 책, 「정치철학」 '緖論'.
59   위의 책, 「정치철학」 '總結論'.

'조제'를 말하는 위의 용례에서 다음과 같은 함의를 찾을 수 있다.

① 호환互換: 이질적인 것의 상호 교환. 옛것과 새것, 동양과 서양, 유·불·도와 철학·과학 등을 서로 교환한다. 【A, B, C, D, E, F ,G】

② 상보相補: 빼고 더하는 상호보완. 한편의 결점을 버리고 다른 편에서 장점을 취하여 서로 보완한다. 【B, C, E, F ,G】

③ 합야合治: 혼성의 질적 전환. 서로 교환하고 보완한 것을 합쳐 한 화로에서 녹여 새롭게 재창조한다. 【F】

④ 원만圓滿: 보편타당한 충족. 부족하거나 치우치지 않고 모두를 만족시키는 보편타당성을 획득한다. 【D, E, G】

⑤ 통창通暢: 막힘없는 소통. 어떤 장애도 없이 어디서든 누구에게나 순조롭게 적용되어 두루두루 통한다. 【E】

전병훈은 차이가 있는 이질적인 것들 각각의 구성요소를 맞바꿔 상호보완하며, 더 나아가 이를 한데 녹여 주조하여 어디에나 두루 쓰이고 막힘없이 통하는 새로운 것으로 재창조하자는 문맥에서 '조제'를 말했다. 그는 옛것과 새것, 동양과 서양, 유·불·도와 철학·과학 등으로 구현되는 진리의 다양성을 승인했다. 한데 그 각각은 국소성局所性 단방약처럼 서로 다른 방식으로 세계를 이해하고 부분적으로 작용하는 데에 그쳤다. 전병훈은 이런 국소성을 넘어, 호환·상보·합야하는 과정을 통해 "능히 세계를 좌우하면서" 아울러 모든 인류가 "동포형제의 참된 즐거움을 누릴"【B】 수 있도록 하는 학문 원리를 "새로 발명하여 서로 조제"【C】할 것을 말한다.

한편 조제는 병들거나 고통받는 것의 '치유' 혹은 '구제'라는 목적을 거냥한다는 점에서, 단순한 회통·융합·통섭 등과 궤를 달리한다. 전병훈은 동서양이 "각각 충분히 원만해지고"【G】 사해동포가 "잘 통하여"【E】 "온 세계가 영원토록 평화를 즐기며 대동 통일하는"【F, G】 데서 조제의 목적을 찾았다. 그는 이런 목적을 겨냥하여, 그것을 달성하기에 적합한 '정신겸성精神兼聖'의 새로운 학문원리【B】를 조제하고자 했다. 한데 그런 합목적성의 조제를 강조한 것은, 역설적으로 20세기 초에 세계가 패권을 다투고 학문과 사상이 분열되는 거대한 문명사적 사태 한가운데 그가 있었기 때문이다. 그 사태는 19세기 후반부터 본격화된 서세동점西勢東漸, 제국주의와 식민주의의 전개, 산업혁명 확산 등의 세계사적 사건과 맞물렸다.

오회정중午會正中

전병훈의 철학은 이른바 '근대'의 전 지구적 확산과 그것이 초래한 비극이 담론과 현실 두 영역에서 고조되던 19세기 말부터 20세기 초에 형성되었다. 당시 동·서양인은 서로를 낯선 타자로 마주하여, 각자의 지평에서 두 세계의 지평을 모두 포괄하는 '근대'라는 새로운 지평을 만들어 내고 있었다. 한데 그런 근대의 확산 내지는 동아시아의 근대화를, 단순히 동서 문명의 접촉을 통해 선진적인 서구 문명이 전파되는 과정으로 보는 것은 순진하고 낭만적인 발상이다. 이 권역의 근대 전환기는 자유주의 이념의 확산이 아니라 퇴조의 시기에, 자유무역의 확장이 아니라 보호무역이 대두되던 시기, 평화적이고 합법적 국제관계가 아니라 군사력을 앞세운 강권적 관계가 지배하던 제국주의 시기에 조응한다.[60]

전병훈이 『정신철학통편』을 집필할 당시 제1차 세계대전(1914~1918)이 벌

---

60   차태근, 『제국주의 담론과 동아시아 근대성』, 소명출판, 2021, p.14.

어졌다. 그는 "세계에서 가장 부강하다고 칭하는 문명"에서 벌어진 전쟁이 "극도로 흉포하고 잔혹하여 인간 된 도리가 끊어질 정도로 참혹하다. 실로 천지가 개벽한 이래 전에 없었던 살겁殺劫이다"[61]라고 개탄했다. "저 최강자들이 그 마음에서 살상을 숭상한 지 이미 오래"[62]되었다고 진단하며, "밖으로 공변된 도리(公理)를 핑계하면서 속으로 강권에 의지"[63]하는 서구 열강의 행태를 개탄했다. 이는 "온 세계가 바야흐로 물질을 숭상"[64]하는 물질주의가 폭주하는 가운데 벌어지는 비극이었다. 전병훈은 서구 열강과 근대문명의 이중성을 보여주는 사례로 1899년과 1907년 네덜란드 헤이그에서 두 차례 열렸던 국제평화회담(헤이그 회담: Hague Conventions, 만국평화회의萬國平和會議)을 들기도 했다.[65] 그는 강대국들의 양두구육 같은 평화 논의로 세계평화를 이루기 어렵다고 보았고, 1차 세계대전이 끝나고 논의된 국제연맹은 강대국의 이해관계 위에 건립되어 아직 '대동의 맹아'로 볼 수 없다고 확언했다.

그는 대신 칸트가 말했다는 '조화의 오묘한 작용'(造化之妙用)에 주목했다. 그것은 칸트가 『영구평화를 위하여(Zum ewign Frieden)』(1795)에서 도덕적 정언명령에 따르는 이성적 존재자들이 결합할 때만 인류가 참다운 영구평화를 이룰 수 있다고 한 것을 가리킨다. "마땅히 전 세계를 합하여 하나의 자유로운 '선의善意의 민주국가'를 건설해야 하는데, 각각의 사람은 모두 타인을 행위의 목적으로 삼고 혹시라도 수단으로 삼지 말아야 하며, 이를 '뭇 목적(衆目的)의 민주국가'[66]라고 부를 수 있다"라고 칸트가 말했던 것을 인용하며,

---

61   『정신철학통편』「정치철학」'第二十四章. 老子論兵禍之哲理'.
62   위의 책, 「정치철학」'第二十四章. 老子論兵禍之哲理': 彼最强者其心之尙殺已久.
63   위의 책, 「도덕철학」'總結論': 如海牙會之設, 陽託公理, 陰植强權.
64   위의 책, 「서론」: 宇內世界, 時尙物質.
65   위의 책, 「도덕철학」'總結論'.
66   이것은 칸트가 말했던 저명한 '목적의 나라(Reich der Zwecke)'를 말하는 것이다.

전병훈은 그것이 곧 '세계 영구평화'의 뜻이라고 명언했다.[67]

그는 "전기 · 통신 · 선박 · 차량이 만국에 교통하며 사회 균산의 설이 성행하는" 것 등에서 세계가 반드시 하나로 통일될 조짐을 보았고, 또한 "유럽의 전쟁(제1차 세계대전)이 이미 끝나고 미국 대통령이 인도주의를 주장하는" 것을 '군축 · 평화와 영구평화의 덕업'이 열리는 징후로 여겼다.[68] 하지만 이런 징후에도 불구하고, 그는 세계가 통일하여 영구평화에 이르려면 "아직 때가 이르지 않았으니 잠시 기다려야 할 것"[69]이라고 하였다. 이는 크게 두 의미를 함축한다.

첫째로, 천지의 대운을 원회운세元會運世[70]의 천체 운행 도수로 추산할 때 그렇다는 문맥이다.[71] 천도가 운행하는 대주기인 1원은 모두 12회로 이뤄진다. 자회子會부터 사회巳會까지가 그 전반부이고, 오회午會부터 해회亥會까지가 그 후반부이다. 따라서 오회는 천도 운행에서 전반과 후반이 뒤바뀌는 변곡점인데, 그런 오회에서도 다시 정중앙의 때가 곧 '오회정중午會正中'이다. 전병훈은 "1만800년이 1회인데 하나라 우왕 즉위 6년에 갑자오회甲子午會에 들어갔다"[72]고 하며, 그로부터 5천여 년이 지난 현시대를 오회정중으로 추산하여 말했다. "오회정중이 얼마나 멀겠는가? 2백 년이 되기 전에 하늘이 반드시 축을 돌릴 것이다."[73]

둘째로, 전병훈은 오회정중의 시기에 인류의 물질문명이 고도화하는 단계

67 위의 책, 「정치철학」 '第三十六章. 康德設一民主國于宇內永久太平哲理'.
68 위의 책, 「정치철학」 '第十二章. 周禮任官之制哲理' 結論.
69 위의 글.
70 '원회운세元會運世'에 관해서는 김성환, 『우주의 정오』, 소나무, 2016, pp.85-90 참고.
71 『정신철학통편』, 「정치철학」 '第十二章. 周禮任官之制哲理' 結論.
72 위의 책, 「정치철학」 '結論'.
73 위의 책, 「정치철학」 '世界一統共和政府憲法'.

를 지나 정신이 진화하는 새로운 문명이 열릴 것을 시사했다. "온 세계가 지금 물질을 숭상하지만, 물질로부터 장차 정신으로 들어갈 것이 틀림없다."[74] 그리고 이때 세계가 통일되고 영구평화의 시대가 열린다고 확언했다. 이런 미래는 천지의 대운에 따라 도래하지만, 또한 인류사회가 정신·심리·도덕·정치적으로 "원만한 덕을 이루려고" 노력하여 달성해야만 하는 것이기도 하다. 전병훈은 이를 위해 "반드시 유·불·도와 철학 및 신구新舊 과학을 아울러 취해 한 용광로에 녹여 주조"할 것을 강조했다. "옛것과 새것을 조제해서 덕을 완성하여 진화의 극치에 이르러야" 하고, 그것을 "온 세계가 영원토록 평화를 즐기며 대동 통일하는 근본"으로 삼아야 한다.

전병훈이 추구했던 철학의 목표는, 궁극적으로 당대를 넘어 우주의 전 역사를 시야에 담고 있다. 이런 철학의 목표가 마치 탈역사적으로 보이는 길로 그를 이끌었다. 하지만 본질적으로 그는 역사성이 결여된 것이 아니라, 일반이 생각하는 역사와 다른 시간대에서 역사와 현실을 사유했을 뿐이다. '오회정중'은 우주의 시간에 다시 인간의 역사를 중첩하고 부각한다. 다시 말해, 우주적 자연법의 섭리를 따라 인류문명이 극도로 융성할 장래의 어떤 시간대를 겨냥한다. 그때 인간의 정신·심리·도덕·정치가 두루 각성하는 변곡점을 지나 높은 단계로 진화한다. 그것은 기독교의 천년왕국, 절대정신이 자기를 구현하는 헤겔의 국가, 계급투쟁의 최종적 종식이자 역사의 마지막 단계인 마르크스의 공산주의, 혹은 '지금 여기'로 항상 귀환하는 새뮤얼 버틀러 Samuel Butler의 에레혼Erewhon과도 구별되는 어떤 '도래할 시대를 위한 철학'이다.

---

74 위의 글: 宇內世界, 時尙物質, 由物質將入精神必矣.

우주의 새벽빛(曙宇)

이처럼 오회정중은 인간에게 '도래'하는 우주적 시간대와 인간이 '도달'하는 문명의 시간대가 중첩된, 대자연과 인류문명이 하나로 통합된 시간대의 변곡점을 함축한다. 하지만 18세기 산업혁명 이후 서구인은 옛사람의 것으로 타자화된 과거와 절연하고 과학 발전이 산업혁명을 이끌던 새로운 시대를 '나의 것'으로 인식했다. 그들은 하나의 큰 기계 장치인 자연과 그 부속품인 만물에 대하여 독립적이고 이성적인 사고를 하는 인간의 우월성과 궁극적 승리를 확신하면서, 옛것antiqui과 대비하는 새것moderni이라는 문맥에서 자기의 시대를 '근대'로 호명했다. 19세기 말부터 지금까지 동아시아인 역시 자신들이 과거와 분리되어 완결된 시대, 역사의 새로운 단계인 근대에 진입했다고 여겼다. 그러나 전병훈은 이 시대를 결코 자연 및 과거로부터 분리된 시대로 보지 않았다.

대신 그가 목도한 근대는 천도의 운행에서 오회정중을 코앞에 둔 시기로, 인류문명 초창기에 시작된 '물질문명의 시간대'(物質文明之會)[75]가 극히 성대해지는 시점이자, 그 극한에서 '하늘이 반드시 축을 돌려' 물질이 장차 정신으로 들어가는 방향으로 '선회하여 전환하는 계기와 맥락'(旋轉機脈)이 드러나는 시점이다. 다시 말해, 동서양을 막론하고 오래전부터 지속된 인류의 물질문명이 그 절정에 이르는 시대요, 그 절정에서 다시 정신문명으로 전환하는 변곡점turning point을 코앞에 둔 시대이다. 그것은 아득한 과거로부터 지속되면서도 흔들리고 굴절되는 시대이자 위대한 미래의 도래를 기다리는 과도기로, "물질이 발달하여 더욱 극치로 나아가면 도덕문명도 아울러 지극한

---

75 위의 책, 「정치철학」 '第八章. 朝鮮道德始開化'

선善에 반드시 이를 것이며, 세계의 정치가 장차 대동·화평으로 도약하는"[76] 과정 중에 있다.

그리하여 전 우주와 문명의 시간대가 중첩되는 인류 역사에서, 현시대는 아직 깜깜한 물질문명의 밤이지만 또한 새로운 정신문명이 동틀 무렵의 '여명기'가 된다. 이 시대에 전병훈은 우주의 새벽빛을 의미하는 '서우曙宇'로 자신의 호를 불렀다. '새벽빛'은 전병훈과 그의 철학에 대한 메타포이자, 밤으로 은유되는 물질문명의 어둠을 걷고 새로 열릴 위대한 정신문명에 대한 염원을 담는다.[77] 또한 전병훈은 자신을 늘 '한인韓人'으로 표기했지만,[78] 20세기 초의 세계에서 그것은 아이러니하게도 그가 어떤 국민국가에도 귀속되지 않음을 표상하였다. 그리하여 그는 "마음이 건곤 밖에서 도는" 대자유의 철학자요, "이름이 우주 간에 머무는" 우주적 디아스포라가 되었다. 그의 중국인 제자들이 "스승은 세계의 한 분자分子가 되었다"[79]거나 "능히 세계를 좌우하고 세상의 도를 종횡으로 오르내"리고 "지구 철학(環球哲學)의 결점을 보완했다"[80]고 말했듯이, 그는 국가나 지역의 한계를 넘어선 지구 행성의 철학자였다.

그런 전병훈에게 근대는 과거로부터 분리되거나 그 자체로 완결된 시대가 아니고, 역사의 최종단계는 더더욱 아니었다. 옛것과 새것, 동양과 서양, 문명과 야만, 선진과 후진 등을 나누고, 이런 이분법을 토대로 여러 공동체(국

---

76 위의 책,「정치철학」'第二十六章. 老子言世治隆熙人能長生之哲理'.
77 『정신철학통편』에서 '우주에 새로 열리는 새벽빛'(宇內之新開曙光), '앞길을 인도하는 새벽빛'(嚮導之曙光), '온 세상의 전쟁 종식과 세계통일의 새벽빛'(宇內之息兵平和, 統一世界之瑞光), '온 세상에 새로 뜨는 새벽빛'(宇內之新出曙光), '세계 대동의 새벽빛'(世界大同之曙光) 등을 말한다. 이는 전병훈 내지는 그의 제자들이 전병훈의 철학에 대해 말하는 메타포이다.
78 『정신철학통편』과 나부산羅浮山 석각 등에서 전병훈은 자신을 통상 '한인韓人'으로 표기했다.
79 "張紹曾 … 又曰 '師爲世界之一分子.'"「諸家題評集」.
80 전병훈, 위의 책,「附認許公文」: 能左右世界, 升降世道. … 補完環球哲學之缺點.

가, 민족)를 경계 짓는 근대의 문법은 아직 오회정중에 이르지 못한 시대의 불온한 징후에 불과했다. 그런 시대에 지식인들은 "세계가 바야흐로 차츰 문명화하고 심리·도덕의 학술이 날로 정밀해져서 저처럼 융성하건만 '옛것을 지키는 자'는 오히려 신학문을 업신여기고, '새것을 배우는 자' 역시 옛 경전을 폐기하여 신·구 학문의 이치와 동·서양 성인의 견해가 하나임을 전혀 모르는"[81] 폐단에 빠져 있다고 그는 탄식했다.

한편 이 시대에 격화되는 온갖 동란, 예를 들어 군사력을 앞세운 강권, 제국주의와 식민주의, 폭주하는 물질주의 등은 모두 새벽이 밝기 직전에 질흙처럼 어두운 한때의 징후에 지나지 않는다고 여겨졌다. 따라서 전병훈은 그런 문제들에 더 이상 개의치 않는다. 왜냐하면 밤이 낮과 다른 세계가 아니라 단지 '빛의 부재'이듯, 현시대의 어두운 징후 역시 아직 충분히 진화하지 못한 '몽매한 정신'의 표징에 불과하다고 보았기 때문이다. 그리하여 과제는 마침내 인간 '정신'의 문제로 귀결되었다.

정신겸성精神兼聖

(1) '정신'의 고대적 함의

전병훈이 말하는 '정신'은 사람들이 흔히 육체나 물질에 대립한다고 상상하는 영혼이나 마음, 혹은 순수한 이성만을 가리키지 않는다. 그것은 동아시아에서 고대부터 전래한 정신 학설에 뿌리를 둔다. 애초에 '정'은 정기精氣를, '신'은 신기神氣 혹은 신명神明을 의미했다. '정신'은 아직 사물이 발생하기 전부터 우주에 편재했던 정미하고 신령한 기를 가리켰다. 그런 무형의 정신에

---

81 전병훈, 위의 책, 「道德哲學」 '總結論': 世界方漸文明, 心理道德之學, 日臻精密如彼其盛, 而守舊者尚薎視新學, 新學者亦薎棄舊經, 殊不知新舊學理, 與東西聖人之見則一也.

서 모든 유형의 사물이 발생한다고 보았다. 이런 통찰은 고대철학에서 제기되었다. 한 예로 기원전 2-3세기 무렵 전국시대에 『장자』가 말했다. "형체 있는 것은 형체 없는 것에서 생긴다."[82] 그것은 구체적으로 "정신은 도에서 생기고, 유형적인 것은 정(신)에서 생기며, 만물은 유형적인 것들의 상호작용으로 발생한다[83]는 문맥이었다.

형체가 있는 모든 것은, 형체가 없는 기(정신)가 모여 이뤄졌다. 이것은 에너지(E)가 물질(m)로 상호변환한다($E=mc^2$)는 현대물리학의 방정식에 오히려 가까운 문법이다. 몸을 가진 사람 역시 예외가 아니다. 이를 장자의 언어로 말해보자. "사람의 생명은 기가 모인 것이다. 기가 모이면 살고 흩어지면 죽는다. 그러므로 이런 말이 있다. '천하를 통틀어 하나의 기(一氣)일 뿐이다.' 성인은 그러므로 '하나'를 귀하게 여긴다."[84] '하나의 기'는 형체가 없으며, 밖이 없는 전체라는 문맥에서 무한하다. '정'과 '신'은, 무한하고도 무형인 이런 우주적 에너지의 특성을 세부적으로 묘사하는 개념이었다.

장자와 거의 동시대에 『관자』는 "정은 기의 정미한 것"[85]이라고 말했다. 한편 "신은 그 극한을 알 수 없이 천하를 훤하게 알며 사방 끝까지 통하는" 것으로, 일명 '의기意氣'라고도 불렀다. "의기가 안정된 뒤에 반대로 올바르게 된다."[86]고 하였다. 이런 '신' 내지 '의기'는 기가 응결되어 정기의 극치에 이른 것으로, 이를테면 '의식 에너지'라고 말할 수 있다. 어떤 형체도 없던 우주는 태초부터 정과 신으로 충만했고, 사람의 생명은 이런 우주의 기가 모여

---

82   "有倫生於无形." 『莊子』 「知北遊」.
83   "精神生於道, 形本生於精, 而萬物以形相生." 『莊子』 「知北遊」.
84   "人之生, 氣之聚也. 聚則爲生, 散則爲死. … 故曰, "通天下一氣耳", 聖人故貴一." 『莊子』 「知北遊」
85   "精者, 氣之精者也." 『管子・內業』.
86   "神莫知其極, 昭知天下, 通於四極. … 是故意氣定然後反正." 『管子・心術下』.

이뤄졌다. 따라서 사람이 "기를 응결하면 신과 같고, 만물을 모두 갖춰 보존한다"고 하였는데, "그것은 정기의 극치"[87]라고 설명했다. 이런 언명은 우주 만물 및 인간에 대하여, 그 일체성과 정신성을 토로한 고대적 지혜[88]의 일부였다.

그것이 진·한대에 이르러 우주 만물의 궁극적 근원을 '원기元氣'로 귀결하는 사상으로 전개됐다. 그리고 기원 전후 한나라 시기에 원기를 정·기·신으로 세분화하고, 그것들이 응결하여 천지 만물이 생긴다는 정기신 학설이 확립되었다. 전병훈은 내단학을 연마하면서 비로소 '정신'에 대한 오래된 철리에 눈을 떴다. 왜냐하면 고대의 이런 지혜가 후대에 지식계 전반에서 거의 계승되지 못하고, 다만 도교와 의학 분야에 국한해 부분적으로 전해졌기 때문이다.

고대의 정기학설은, 후대의 사상가들에 의해 비틀려지고 변형되었다. 특히 한대 이후 유교가 국교화하면서, 유학자들은 정기학설을 어떻게 유교적으로 변용할까를 고민했다. 한나라의 동중서董仲舒가 원기론을 유교와 결합하여, 군주부터 서인에 이르는 신분 질서를 원기의 많고 적음에 따라 설명하기도 했다. 하지만 '기가 변화하여 유형의 사물이 발생한다'는 설에 착안하되, 이를 비틀어서 새로운 유교 이론을 만들어 낸 것은 송대의 성리학자들이었다. 만물이 기화氣化로 시작되고, 일단 형체가 생겨나면 형화形化한다는 것은 북송 이후 성리학에서도 거의 통설이었다.[89] 그것은 "무형에서 유형이 생

---

87   "搏氣如神, 萬物備存. … 精氣之極也."『管子·內業』.

88   그 지혜는 중국에서 황제黃帝 시대부터 전해져 노자老子가 이를 전승했다고 여겼으므로, 흔히 '황노의 학술' 혹은 '황노의 가르침' 등으로 불렸다.

89   정이程頤가 말했다. "만물의 시작은 모두 기화였으나, 이미 형체가 생긴 뒤에는 형체끼리 서로 이어져 형화가 있게 되었다. 형화가 오래되니 기화는 점차 사라졌다."("萬物之始皆氣化, 旣形然後以形相禪, 有形化. 形化長, 則氣化漸消."『二程遺書』卷5) 주희朱熹도 주돈이周敦頤

기고, 만물이 형체의 상호작용으로 생긴다"는 장자의 언명과 거의 다르지 않아 보인다. 그러나 성리학자들은 '기화'와 '형화'를, 다만 물질 혹은 육체의 생성에 국한된 과정으로 규정하였다.

(2) 정기학설의 변형

정기학설에서 '기'는 단지 물질적일 뿐 아니라, 고도의 정신성을 함축했다. 장자가 말한 우주는, 그 자체로 정신·영혼·의지·마음·도덕 등과 물질성을 함께 내포한 '하나의 기'(一氣)였다. 그런 우주의 기가 모여 사람의 생명(몸)을 이루므로, 모든 사람은 생래적으로 정신성과 물질성을 함께 갖추고 태어나는 것이 당연했다. 그런데 성리학자들은 "기가 모여 형체를 이룬다"는 명제를, 애초부터 물질적인 것에 지나지 않는 기가 모여 사물을 이룬다는 의미로 재해석했다. 다시 말해 기에서 정신성을 드러내 척출하였다. '정신' 개념은 성리학 이론체계에서 자취를 감췄다. 그러자 기는 단지 물질적인 '기질氣質'로 탈바꿈했고, 정신을 발라낸 빈자리에는 이른바 '천리天理'를 이식하였다.

이런 사고실험을 통해, 사람이 생래적으로 가지고 태어나는 정신성과 물질성이 분리되었다. 그 공정은 추상적이었지만, 그 효과는 실재적이었다. '천리'는 유교의 도덕원리, 그 원리를 논구하는 지적인 활동, 그 활동에 종사하는 지배 집단(유생), 더 나아가 유교의 천리를 숭배하는 중화中華 문명의 형이상학적 우월성을 부각하기에 효과적인 개념이었다. 한편 '기질'은 사람의

의 『태극도설』을 해설하며 말했다. "인물人物(사람과 사물)이 처음에 기화로 생겨난 것이다. 기가 모여 형체를 이루니, 형체가 교접하고 기가 감응해 마침내 형화해서 인물이 끊임없이 생육하고 변화가 무궁해졌다."("人物之始, 以氣化而生者也. 氣聚成形, 則形交氣感, 遂以形化, 而人物生生, 變化無窮矣."『周敦頤集』卷1,「太極圖說」)

몸뚱이, 그 몸의 체질적 성향과 정서적 반응, 가진 것이라곤 몸뚱이뿐인 피지배 집단(백성), 더 나아가 천리를 모르는 오랑캐의 야만적 열등함을 표상하기에 적합했다. 고대의 기화론을 변형하여 '기'와 '이'를 구분하고, 천리를 통해 기질을 지배하려는 기획은 현실에서 큰 성공을 거뒀다. 동아시아 중세는 성리학의 도덕 이념이 지배하는 '천리의 시대'가 되었다. 하지만 그 성공의 크기는 희생의 크기에 비례했다.

첫째, 추상적인 '천리'의 성공은 실재적인 '기질'의 희생을 요구했다. 성리학의 이론적 성공은, 몸에 대한 통제와 억압을 대가로 요구했다. 조선의 한 성리학자는 "몸뚱이가 피로하니 마음만 홀로 남는다"[90]고 읊었다. 유학자들은 몸을 단지 마음에 대립하는 육체나 물질로 여겼다. 일찍이 '마음이 몸뚱이 안에 있는가? 아니면 보고 듣는 데에 있는가?'를 따지는 성리학자들 간의 논쟁이 있었다. 퇴계는 "마음이 몸에 있어야 비로소 보고 들을 수 있으니, 이는 곧 안에서 주체가 되어 밖에 응하는 것으로 두 가지가 있는 것이 아니"[91]라고 하였다. '마음'이 몸뚱이 안에 있는 주체이며, 그 작용(보고 듣기)과 분리되지 않는다는 말이다. 하지만 이것은 '마음'이 그것의 거처가 되는 '몸뚱이'와는 분명히 다른 별개의 실체라는 말이기도 하다.

그리하여 마음, 성품, 영혼이 자유롭고 순수하기를 바라는 사람들에게 몸은 배제하거나 극복해야만 하는 대상이 된다. 몸은 영혼의 순수함에 대비되는 껍데기, 오염물, 내지 욕망덩어리 정도로 묘사된다. 또한 감옥, 장애물, 사악함, 군더더기 등의 이미지로 흔히 형상화된다. 성리학에서 몸은 '기질'과 거의 동의어로, 엄중히 감시하고 제재해야 하는 검속 대상으로 여겨졌다. 비

---

90 기대승, 『고봉집』 제1권 「詩」 '又用期韻寄和叔': "軀殼倦餘心獨寓."
91 이황, 『퇴계선생문집』 권41 「雜著」: "心在, 或云在軀殼內, 或云在視聽上. 竊謂當通看, 蓋心在軀殼, 方能在視聽上, 乃主於內而應於外, 非兩在也."

슷한 사례로 불교에서는 몸을 '취피대臭皮袋'로 불렀다. 그것은 가래 · 눈물 · 똥 · 오줌 등 악취 고약한 온갖 오물을 담은 가죽 부대라는 뜻이다. 영/육의 이런 이분법에서는 몸 자체가 성스럽고 순수할 여지가 거의 없다. 단지 마음 · 성품 · 영혼 혹은 이법(理) 등이 몸뚱이에 깃들어 주인으로 작동할 때만 몸은 약간이나마 가치 있는 것이 될 뿐이다.

둘째, 형이상의 '천리'를 강조하면서 개별자의 '정신'이 배제되었다. 정기학설에서 '정신'은 개별자 안에서 실체성과 구체성을 띤 시공간적 독립체이자, 개별자를 우주(시공) 전체와 이어주는 끈으로 이해되었다. 개별자의 정신이 독립적인 자유를 획득하는 동시에 전체 우주와 하나로 이어질 때, 그것을 '참나'(眞, 眞我)로 부른다. 그런 참나를 얻은 사람이 진인眞人, 신인神人, 선인仙人 등으로 불렸다. 그런데 성리학의 '천리'는 구체적인 몸을 소거한 형이상의 도덕관념으로, 그 실체성과 구체성을 얻기 어렵다. 개별자의 실체적인 기질을 배제하고 천리의 도덕성을 구하자니 그것을 구할 데가 없고, 기질에서 도덕성을 구하자니 천리의 형이상학적 순수성을 보존하기 어렵다. 그리하여 분리되지 않지만 섞이지도 않는 '이'와 '기'의 같고 다름(同異) 등을 따지는 수백 년의 논쟁이 이어졌다.

하지만 그런 논의는 대개 개별자의 도덕을 실제로 고양하기에 미흡하였고, 단지 입으로만 '천리'를 찾는 공리공담에 그쳤다. 이는 비유컨대, 몸체를 외면한 채 그림자에서 자기 본성을 찾는 것과 흡사했다. 그림자를 뚫어지게 응시하여 비록 잠시나마 내 성품을 안정시킬 수 있겠으나, 당연히 그것은 나의 독립적 몸체를 바로잡아 성품이 안정되는 것에 비할 바가 아니다. 이런 그림자 공부는 지대한 노력을 요구하지만, 그 성과가 미미할 수밖에 없다. 그나마 장점이라면, 여러 사람이 하나의 추상화된 그림자(천리, 이념)를 응시하게 만들어 집단적 도덕관념을 강화하는 효과가 있다. 따라서 성리학이 중세의 지배 이념으로 그 효용성을 발휘했으나, 왕조의 부침에 따라 사회 이데올로기의 지위를 상실한 성리학 공부는 이내 사람들에게 외면당했다.

(3) 정신철학의 탄생

성리학은 원래 '성명·의리의 학'(性命·義理之學)의 준말로, 특히 '성명'과 '이기理氣'의 관계를 연구했다. '성性'은 사람의 타고난 본성이고, '명命'은 하늘로부터 주어진 분수·운명·목숨 등을 가리킨다. '성명'은 그것이 천부적이라는 문맥에서, 하늘(내지는 자연)과 인간의 떼려야 뗄 수 없는 자연철학적 연관을 함축하는 개념이었다. 그 개념은 애초에『장자』를 비롯한 도가 계통의 텍스트에서 주로 등장했다. 대표적인 예로, 한나라 초에『회남자』는 "무릇 성명은 형체와 더불어 그 근원에서 함께 나왔다"[92]고 명언했다. 이른바 '근원'(宗)은, 고대 정기학설에서 도·정신·일기·원기 등으로 표현했던 만물의 우주적 근원을 가리킨다.

후대의 성리학자들은 이런 자연철학적 '근원'의 관념을 배제하고, 대신 추상적인 이/기의 대립 개념으로 '성명'을 설명했다. 특히 '천리의 성'(天理之性)을 강조하여, 사람의 타고난 본성이 하늘의 이법과 같다고 피력했다. 물론 그 이법은 유교의 도덕원리를 의미했다. 그러나 전병훈이 보기에, 이것은 '정신'을 배척하는 반쪽짜리 '성명'에 지나지 않았다. 그는 "유학자가 되어 세상을 다스리는 자들이 단지 성을 다하고(盡性) 명을 편안히 여기는(安命)" 데만 치우쳤으며, 그리하여 "참나를 잃어버렸고 도리어 이를 배척했다"[93]고 언명했다. 그가 볼 때 문제는, 애초에 나눌 수 없는 것을 억지로 분리했다는 데

---

92   『회남자』「原道訓」: "夫性命者 與形俱出其宗."
93   『정신철학통편』「서론」.

에 있었다. '정신'을 배제하고 '성명'을 말하는 자체가 애당초 그럴 수 없는 것이었다. 전병훈이 말했다.

> 천지의 원정기신元精氣神이 미묘하게 뭉쳐 사람의 몸(軀殼)을 이룬다. 그러므로 정신이 사람의 성명性命이 된다.[94]

여기서 말하는 '몸'은, 단지 형이상학적 천리에 대비되는 형이하의 물질·육체가 아니다. 그것은 천지의 정신 에너지가 '미묘하게 뭉쳐 이뤄진' 개별자의 실체적 생명체로서의 몸이다. 그것은 물질성이 있는 유형의 '몸'(m)이지만, 또한 본질적으로 무형의 에너지인 '정신'(E)이기도 하다. 특히 전병훈은 "정신이 사람의 성명을 이루는" 것이며, '신이 곧 성'(神是性)이고 '정이 곧 명'(精是命)이라고 분명히 말했다. 사람의 생명을 이루는 기의 정밀한 것(精)이 곧 그의 목숨줄이고, 기의 신령한 것(神)이 곧 그의 타고난 본성이라는 뜻이다. 그런 '정신'을 외면하고 사람의 성명을 말하는 것은, 마치 몸체를 배제한 그림자에서 성명을 찾는 것만큼이나 도착적이다. 이는 고대 정기학설에서 개별자의 구체적이고 실체적인 '정신'을 척출하고 형이상학적인 '천리'를 그 대체재로 끼워 넣은 데서 발생한, 유교 성리학의 불가피한 난맥상이었다. 이런 난맥상을 해결하기 위해, 전병훈은 성리학에서 추방했던 '정신'을 다시 호명해 불러들였다.

> 그러므로 본성을 다하고(盡性) 목숨을 보존코자(任命) 한다면, 반드시 먼저 정을 기르고(養精) 신을 응결해야(凝神) 한다.[95]

---

94 위의 글.
95 위의 글.

이런 통찰은 단지 이론적 사고실험의 결과로만 얻어진 것이 아니다. 전병훈은 십여 년간『도장』2천여 권을 정밀히 연구하고 몸소 실행하여 "신이 현관玄關에 응결하고 차례대로 도가 이뤄지는 증험"을 얻은 뒤에, 정신을 응결하는 공부가 성명을 궁구하는 공부와 결코 대척점에 있지 않으며, 사람의 성명을 안정화하려면 그의 정신을 응결하는 수련이 반드시 선행돼야 한다는 통찰에 이르렀다. 한데 이것은 단지 내단학이 유교 성리학보다 우월하다거나, 혹은 둘 중 하나가 참이라서 다른 하나는 거짓이라는 우열優劣과 시비是非의 논법이 아니었다. 전병훈은 동아시아에서 유교와 도교가 분리되어 2천여 년간 반목하는 가운데 망각된 서로의 진실을 찾아내고, 그것을 조제하여 다시 한 화로에서 새롭게 주조할 필요성을 언명했다. 그것은 우리 문명의 '처음'과 '미래' 두 시간대를 각각 겨냥했다.

먼저 '처음'으로 돌아가 말한다. "삼대 이전 사람들은 모두 도道로 학문을 삼았다." "정을 기르고 신을 응결하는 학문이 참된 성명쌍수性命雙修의 도이니, 삼대 이전 사람들이 모두 배웠던 이른바 '정신 전문학'이다." 그러나 그 법이 오래되면서 폐단이 생겼다. 게다가 "유학자들이 '정신'과 '성명'의 학을 둘로 나눠 쪼개고 다시 정신을 배척"했으며, 도를 닦는 사람들은 "도를 얻어 참나를 이뤄도 세상을 업신여기고 오히려 남이 알까 염려하여" 세상 밖으로 숨어버렸다. 어느 한 분야에 치우쳐 학문을 하는 사람들(一曲之士)에 의해 애초에 하나였던 도가 갈라지고, 완미했던 학문이 흐트러졌다. 따라서 '정신'을 응결하고 아울러 '성명'을 궁구하는 공부를 하는 것은, 인류 문명 초기에 순수했던 도를 회복하는 의미가 있다.

다시 '미래'를 향해 말한다. "온 세계가 지금 물질을 숭상하나, 물질로부터 장차 정신으로 들어갈 것이 틀림없다. 지금 비록 정신학설이 있으나, 이처럼 정신을 응결해 참나를 이루고 목숨을 보존하는 학문은 일찍이 결여했다. 하물며 이 학문이 내면을 수양할 뿐만 아니라, 위로는 진인과 성인이 될 수 있고 다음으로는 병을 고치고 수명을 연장해 세상 사람을 구제할 수 있음에서랴." "그렇지만 큰 포부를 품은 학인이 이에 합치하여 원만한 덕을 이루고자 한다면, 반드시 유·불·도와 철학 및 신구新舊 과학을 아울러 취해 한 용광로에 녹여 주조해야 한다. 그런 뒤에야 하늘의 도를 체득하고 성스러움에 통해, 만세의 근본으로 삼을 만하고 폐단이 없을 것이다." "바라건대, 이를 배워 참나를 이루는 사람은 단계 높이기에만 급급하지 말고, 구세제인救世濟人과 도덕정치의 책무에 그 정신을 베풀어 착함(善)과 어짊(仁)을 쌓고, 이로써 하늘에 효도하여 높고 큼이 하늘에 닿고 그 신성한 사업을 넓힐 것을 마음으로 끝없이 축원하노라!"**96**

(4) 내성內聖의 학문: 정신·심리

전병훈은 "신구新舊 철학과 여러 위생서적 어디에도 정신이 사람의 성명이 되는 이치를 밝힌 것이 없"는데, 하물며 "성·명을 함께 응결하여 참나를 이루는" 정신 수련의 오묘함을 밝힌 것은 더 말할 것이 없다고 하였다. 그의 정신철학서는 확실히 이 방면에서 새로운 지평을 열었다. 『정신철학통편』은 정신·심리·도덕·정치의 네 부분으로 이뤄졌는데, 그 편제는 인간 내면의 가장 깊은 심층에 있는 '정신'이 사회나 국가와 관계되는 공적인 차원으로 점차 그 역량을 확산하는 경로를 표상한다. 전병훈은 먼저 "정신·심리는 수양하여 참나를 이루는 내성內聖의 학문"**97**이라고 명언했다.

앞서 정·기·신이 미묘하게 뭉쳐 사람의 생명을 이룬다고 말했다. 그런

---

96 위의 글.
97 위의 책,「범례」.

데 비단 사람과 생물뿐만 아니라, 해와 달과 대지와 허공과 산천 등도 죄다 정·기·신으로 이뤄졌다. 그런 우주적 정신이 사람의 정신이 되므로 "정신은 하늘에 근원한다"고 할 수 있다. 특히 여기서 "신은 원신元神으로, 본성(性)의 진면목은 곧 천진한 자연의 신이다." 다시 말해 '본성'은 사람이 처음 생길 때 "하늘이 부여한 생의 원리(生理)"이다. 이런 문맥에서, 전병훈은 원신이 뇌 안에 순수하게 응결되면 그것이 곧 하늘에서 근원하는 본마음(本心)이라고 말했다. 그는 "정기를 운용해 위로 니환에 들어간다. 무릇 단공丹功은 '정을 되돌려 뇌 보호하기'(還精補腦)가 아닌 것이 없다"고 명언했다.『정신철학통편』 제2편 '정신을 운용해 참나를 이루는 철리 요령'은 이런 단공의 이론 및 실제적인 법술을 상세히 다룬다.

한편 전병훈은 "뇌 가운데 신이 응결되면 '마음'이라고 하고, 변화해서 출신出神하면 '단'이라고 한다"고 말했다.[98] 여기서 '마음'은 둘이 없는 마음(無二心)으로, 곧 본마음을 가리킨다. '원신', '본성', '본심', '단' 등 무엇으로 부르든, "태양太陽의 신기神氣가 뇌 가운데 맑게 응결돼 영명한"[99] 그것의 다른 이름에 지나지 않는다. 그것이 사람 안에서 움직이면, 곧 '마음'(心)이 된다. 한데 그것은 왜 움직이는가? 우리가 단지 '나의 내면 깊숙이 있는 것'만으로는 살 수 없고, 내면의 본성과 외적 조건이 교차하는 일상의 생활 가운데 있기 때문이다.

다시 말해, 우리의 정신은 늘 변화하는 자연적 조건이나 사회적 상황에 맞닥트려 직간접으로 영향을 받는다. 그리하여 우리 '본성 안 원신元神의 한 점 영명靈明'이 일상의 인간사(日用人事)를 만나 움직이면, 그것이 곧 '마음'이 된

98 위의 책,「심리철학」제10장.
99 위의 책,「천부경주해」.

다. 마음은 내면과 외면 사이에 걸쳐있고, 안팎을 연결한다. '마음'은 '정신'보다 분명 표층에 있다. 이것이 「정신철학」과 「심리철학」을 구분하는 근거이다. 전병훈은 "'정신'[편]이 수양의 내공內攻에 전념한다면, '심리'편은 안팎을 총괄하여 성스럽고 참됨(聖眞)과 일용의 인간사를 합쳐 말한다"[100]고 하였다.

그렇다고 해서, 정신과 심리가 별개인 것은 아니다. 정신이 있어야 비로소 마음이 일상의 인간사에서 작동하기 때문이다. 다시 말해, 정신이 안에서 주체가 되어 밖에 응하는 것이다. 그러므로 이렇게 말한다. "심리는 하늘에 근원한다. 정신이 곧 심리다." 이것은 전병훈 정신심리학의 원론적인 언명이다. 이 언명대로 뇌 안에 신이 순수하게 응결하면, 우리는 그 '천진한 자연의 신'이 곧 '본성의 진면목'임을 자연스레 알게 될 것이다. 그런데 사람이 이처럼 하늘에 근원하는 순수한 정신으로 이뤄졌음에도 불구하고, 마음은 왜 악독하거나 유약해지는가? 이 질문에 답하지 않을 수 없다.

이에 대해 전병훈은 사람의 신을 '뇌 안의 원신'(腦中元神)과 '몸뚱이의 식신'(肉團識神)으로 구별해서 설명했다. "뇌 안의 원신은 순전한 천리로, 곧 도심道心이다. 몸뚱이의 식신은 형기形氣의 사욕으로, 곧 인심人心이다."[101] 이것은 성리학의 저명한 인심/도심 문법을 빌려와 말한 것이다. 그 문법에 따르면, 사람들의 이기적인 마음(人心)은 '형기의 사욕'으로 불리는 신체적 욕망에서 나온다. 반면 사람들의 도덕적인 마음(道心)은, 순전한 천리 내지는 본성의 올바름에서 나온다. 확실히 이것은 천리·본성에 대비되는 기질과 신체에 문제를 일으키는 화근이 있다고 말한다. 그런데 전병훈은 문제의 근원이 단지 기질과 신체가 아니라, 그 기질과 신체에 깃든 정신의 상태에 있다고

---

100 위의 책, 「심리철학」, '서론'.
101 위의 책, 「심리철학」 제2장.

천명했다.

비록 사람이 천지의 순수한 정신을 받아 태어나지만, "물욕이 그 청명함을 어둡게 하고, 그 뜻과 기상을 나태하게 하여, 끝내 그 식신을 어지럽히기"[102] 때문에 본성과 덕을 해치게 된다. '몸뚱이의 식신'은 우리 몸이 단지 물질적인 것만이 아니라, 온몸에 신이 깃든 정신체임을 말한다. 또한 그런 정신체가 물욕으로 쉽게 나태하고 어지럽혀질 수 있음을 시사한다. "몸뚱이가 문제"라는 것과 "몸뚱이에 깃든 정신의 상태가 문제"라는 것은 엄연히 다르고, 당연히 그 문제를 해결하는 방법도 달라진다. 전자라면 몸 자체를 배제해야 하지만, 후자라면 몸의 정신체를 개선해야 한다. 따라서 전병훈은 "의당 원신·식신을 구별해서 연구하고, 이로써 마음을 기르고 참나를 이룸이 옳다"[103]고 말한다. "원신이 능히 식신을 통솔할 수 있으므로",[104] 우리는 '정을 기르고 신을 응결하는' 공부로 식신을 다스려 하늘에서 근원하는 본마음을 회복할 수 있다.

> 심리는 하늘에서 근원한다. 정신이 곧 심리이고, 심리가 곧 도다. 도가 사람에게 있으니, 이로써 정을 기르고 신을 응결하면 곧 목숨을 보존하고 참나를 이루는 학문이 되고, 이로써 이치를 궁구하고 본성을 다하면 곧 세상을 경영하고 성인의 경지에 들어서는 학문이 된다. 그러니 어찌 정신과 심리를 구분할 수 있으랴?[105]

전병훈은 '정을 기르고 신을 응결하는'(養精凝神) 내단학과 '이치를 궁구하

---

102 위의 책, 「도덕철학」 '총결론'.
103 위의 책, 「심리철학」 '총결론'.
104 위의 책, 「심리철학」 제11장.
105 위의 글.

고 본성을 다하는'(窮理盡性) 유교 심학心學의 화해를 모색했다. 양자가 비록 다른 방향을 향하지만, 그 근원은 하나라고 피력했다. 하지만 그는 동아시아 학술에서 특히 『천부경』과 도교가 일찍이 '뇌 안의 원신'을 발명해 뇌신경과 심단心丹의 이치를 밝혔다고 하며, 근세에 서양 심리학자들이 뇌신경을 심리 의 주된 요인으로 주창하는 것도 아울러 높이 평가했다. 다만 "애석하게도 유가는 마음을 말하면서 일찍이 뇌신경을 보지 못했다"고 못내 아쉬워했다.

> 옛 유학자들이 말한 '사방 한 치'(方寸)란 단지 몸뚱이의 마음이었고, 따라서 뇌신경을 한 마디도 언급하지 않았다. 오직 도가의 신령한 성인만 이런 독창적 견해를 가졌으니, 이를 드러내 밝혀 유가 심론心論의 빈자리를 어찌 보충하지 않을 수 있으리오? 이것이 내가 [유·불·도·서양철학] 4교를 합 치해서 원만해지기를 바라는 뜻으로 고심하는 까닭이다. 아! 도교와 유교가 상호보완해야 함이 여기에 이르러 역시 명확하지 않은가?[106]

(5) 외성外聖·지덕至德의 학문: 도덕·정치

정신·심리 철학은 "수양하여 참나를 이루는 내성內聖의 학문"이다. 그것 은 뇌 안에 '정신'을 응결하고, 일상사에 접해 유동하는 '마음'을 다스리는 데 주력한다. 도덕·정치 철학은 사회나 국가와 관계되는 공적인 차원으로 나 아간다. 그것은 "예치와 병행하여 형조刑措[107]를 바라는 외성外聖·지덕至德의 학문"[108]이다. 동아시아에서는 흔히 내성과 함께 '외왕外王'을 짝 지웠다. 『장 자』에서 처음 '내성외왕'을 말한 이래, 도가와 유가를 가리지 않고 '안으로 성

---

106 위의 글.
107 '형조刑措'는 형벌을 아주 폐기하지는 않지만, 사람들이 예의로 교화되어 더 이상 형벌을 쓸 필요가 없어지는 이상적 예치禮治의 상태를 가리킨다.
108 위의 책,「범례」.

인의 덕을 쌓고 밖으로 왕의 도리를 행하는' 것을 강조했다. 그런데 전병훈은 '외왕'을 말하는 대신 '외성'과 '지덕'을 천명한다. 이는 첫째 왕정과 결별하는 민주·공화정을 주창하고, 둘째 그와 함께 예치를 병행하는 도덕정치가 필요하다고 말하는 문맥이었다.

흔히 도덕을 사람이 마땅히 행해야 할 규범이나 행동 준칙의 총체로 정의한다. 그런데 전병훈에 따르면 도덕은 단지 '규범이나 준칙'(規準)에 그치는 것이 아니고, 그 본질이 '당위'(當爲, Sollen)에 있지도 않다. 정신철학의 문법으로 말하면, 뇌 안의 원신이 사물에 감응해 순수한 본마음이 움직이고 이를 실행하는 것이 곧 도덕이다. 그 반대로 몸뚱이의 식신이 사물에 감응해 이기적인 마음이 움직이고 이를 행하는 것은 도덕이라고 할 수 없다. 도덕과 비도덕이 나뉘고, 이른바 '하늘에서 근원하는 도덕'이 작동하는 메커니즘은 다음과 같다.

> 안에 있는 정신과 심리가 밖으로 드러나 일용의 인간사에서 이를 실지로 행하고, 이로써 지극한 선에 이르는 것이 곧 큰 도(大道)요 올바른 덕(正德)이다. 그러나 감응해 움직이는 것이 '천리의 공변됨'에서 나오지 않고 '인욕의 사사로움'에 간섭받는다면, 공명과 이욕(功利)의 샛길로 흐른다. 이런 것은 이른바 '하늘에서 근원하는 도덕'(原天道德)이 아니다.[109]

'원천도덕'은 천지와 견주는 높은 차원의 도덕으로, 이를 또한 '성인의 도덕'으로 호명한다. "하늘이 '근원의 도'(元道)로 만물을 낳아 변화시키고 땅이 '두터운 덕'(厚德)으로 만물을 생성한다." "사람이 이런 도와 덕을 부여받아 사람이 되므로, 따라서 사람의 도덕이 곧 천지의 도덕이다."[110] 이는 하늘의

---

109 위의 글.

명령이나 신의 계시로 사람의 도덕이 성립한다는 문맥이 아니다. 오히려 "형이상의 천리는 형이하의 사물(器) 가운데 두루 갖춰져 있다." 따라서 내 몸에서 공부를 시작할 수 있고, 또 그렇게 해야 한다. 그러면 "앎과 실행(知行)이 표리를 이뤄 얕은 데서부터 점차 깊어지다가, 궁극에는 성聖·신神에 이른다." "도덕을 함양하는 공부가 성과 신에 이르면, 천지와 그 덕을 합한다."

하지만 사람들은 대개 "천지의 도덕이 모두 내 몸에 있음을 알지 못한다. 그것은 물고기가 물속에 있으면서도 물을 모르는 것과 같다."111 따라서 '성인의 도덕'과 구분되는 '사회 보통의 도덕'(社會普通之道德)이 다시 제시된다. 그것은 사회 일반에 널리 통용되는 차등次等의 도덕이라고 할 수 있다. 인류 문명은 애초에 원천도덕을 실행한 선각자, 성인들로부터 시작되었다. 그들은 모두 자기 몸에서 천지의 도덕을 발견하고 실행하였다. 고대 중국의 전설적인 군왕들과 조선의 단군 같은 임금들이 모두 그런 부류였다. 그들이 군장과 스승을 겸하여 백성을 도덕으로 가르치고 다스렸다. 그리하여 사회 일반에 통용되는 '보통도덕'이 나왔다.

성인이 가르침을 세워, [백성들이] 아래를 배워 위로 통달(下學而上達)하도록 했다. 그런데 성인은 하늘을 대리해서 말하는 자이니, 그가 하늘로 자처했던 것을 여기서 알 수 있다.

보통의 도덕으로 사회 일반을 교화하는 단계에서는, 도덕이 '마땅히 해야만 한다'는 당위의 규준으로 제시된다. 내 몸에서 도덕을 찾지 못하므로, 사람들은 도덕의 기원을 하늘이나 신에서 찾고, 혹은 그 규준을 추상적인 '천

---

110 위의 책, 「도덕철학」 제1장.
111 위의 책, 「도덕철학」 제2장.

리' 따위로 형해화한다. 한편 "종교의 경우는 직접 위로 [하늘에] 통하려고 하는"[112] 도덕률에 경도하여, 일상의 인간사를 소홀히 여기기도 한다. 이는 "천지의 도덕이 모두 내 몸에 있음"을 아직 모르는 보통 수준의 도덕에서 생기는 병폐들이다. 사람들이 흔히 말하는 도덕은 대개 이런 수준에 머물러 있다. 그렇다고 날 때부터 성스러운 극소수만 최상의 원천도덕에 도달하는 것은 아니다. "사람 누구나 배워서 그 본분을 능히 다하면 반드시 성스러운 지경에 이를 수 있다."[113]

하지만 도덕을 배우는 것만으로는 부족하다. 정신을 응결하고 본마음을 다스려 참나를 이루는 공부를 반드시 겸해야 한다. 그래야 비로소 '하늘에 근원하는 도덕'이 원만해진다. 그 반대로 일상사와 단절하여 "세상을 버린 채 단을 이뤄 수명이 비록 오륙백 세가 된들, 끝내 인간 세상에 아무 이익도 되지 못하면 '시체만 지키는 귀신'(守屍鬼)이라고 칭할 수 있을 뿐이다."[114] 도덕을 배우되 정신을 수련하지 않으면 단지 '보통 도덕'을 벗어나기 어렵고, 정신을 단련하되 도덕을 실행하지 않으면 한갓 산송장에 지나지 않는다는 말이다. 예로부터 정신을 수련해 도를 이뤘다고 자칭하는 인사들이 많았다. 하지만 그 행실이 도덕적으로 올바르지 않고 "공명과 이욕의 샛길로 흐른다면", 그런 자의 도는 반드시 거짓에 지나지 않는다.

사람이 정신을 응결해 참나를 이루면, 그 몸에 천지의 도덕이 있음을 반드시 알고 이를 실행하지 않을 수 없기 때문이다. 정신·심리·도덕은 동일한 본질을 공유하여 개별자의 실체적 몸(생명체)에 통합되며, 그것은 모두 "하늘에서 근원한다". 다시 말해 자연법적 근거가 있다. 따라서 누구라도 정신을

---

112 위의 책, 「도덕철학」 제3장.
113 위의 책, 「도덕철학」 제1장.
114 위의 책, 제2편 '총결론'.

응결해 참나를 완성하고, 정신·심리·도덕의 자유를 이룰 수 있다. 그 반대로 인욕의 사사로움에 갇혀 내면이 황폐화할 수도 있다. 그 향배는 결국 각 개별자의 몫으로 귀결된다. 그렇지만 정신·심리·도덕이 서로 긴밀하게 연계된 하나의 자연법적 메커니즘에서 작동하므로, 그것은 "하늘에서 근원한다"고 말할 수 있다.

하지만 "정치제도는 땅에 근본을 둔다."[115] 정치는 지상에서 군집을 이루는 사회적 인간(human society)의 외적 질서의 영역이다. 따라서 그것은 땅에 근본을 둔다. 이른바 '땅'(地)은 물리적인 대지이고, 동시에 거기에 깃든 억조창생이 살아가는 삶의 터전이다. 또한 지상에서 일어나는 모든 사건과 사태의 총체이기도 하다. 정치는 본질적으로 이런 대지와, 그 대지에 발을 딛고 사는 인간과 만물의 안녕을 돌보는 일이다. 모든 생령의 활로를 열고 세상의 안녕을 지키는 것이 정치의 필요이자 목적이다. "따라서 정치제도를 말하려면 반드시 형이하의 기器를 먼저 바로잡고 나서 형이상의 도道를 모두 실어야 한다." 정치가 단지 추상적 이념과 당위를 앞세우고 현실을 돌보는 데 소홀하다면, 그것은 어느 경우에도 올바른 정치가 아니다.

인류 역사에 여러 정치체제가 등장했는데, 그 체제의 성격에 따라 주권을 행사하는 정치 주체의 위상과 역할도 달라졌다. 오랫동안 정치는 절대적인 신, 하늘, 형이상의 도덕, 혹은 보편적인 이념 등에서 그 체제의 정당성을 찾았다.[116] 그런데 이런 정치 문법은, 자신의 실체적인 품성·자질·도덕 등을

---

115 위의 책, 「정치철학」 '서론'.

116 가장 먼저 모든 고대국가에서 통치자가 신 내지는 하늘을 대리해 백성을 지배한다는 '신권 정치'의 문법이 등장했다. 서양의 경우 중세에 비록 신권과 왕권이 분리됐지만, 그래도 신 탁은 여전히 정치적 권위의 근원이었다. 동아시아 중세에는 '천리'로 절대화된 도덕이 신의 자리를 대신했다. 한편 근대에는 공산주의나 자본주의처럼 특정한 '이념'이 과거에 신이나 도덕이 앉았던 권좌를 대신 차지했다.

은폐하고 정치권력을 손쉽게 얻으려는 자들의 로망에 손쉽게 부응한다. 권력을 노리는 부패한 자들이 하늘, 신, 도덕, 천리, 혹은 특정 이념의 대리인 내지는 수호자를 아주 흔히 자처한다. "정치제도는 땅에 근본을 둔다"는 전병훈의 언명은 이런 오래된 권력의 문법을 전복한다. 정치의 원리와 제도는 언제나 땅을 딛고 사는 생민(民)에서 비롯한다. 정치에 있어서는, 그 어떤 신탁과 하늘의 뜻과 이념도 민심보다 앞설 수 없다.

군장이 생겨난 이래, 정치를 행하고 일을 처리함에 있어, 항상 하늘을 공경하고 천명을 두려워함을 준칙으로 삼았다. 천명을 경외하되 항상 민심의 향배로 이를 알았으니, 백성이 좋아하는 것을 좋아하고 백성이 싫어하는 것을 싫어했다. 그래서 옛날에 비록 '군주'의 이름이 있었으나, 실제로는 백성이 모두 그를 좌지우지하여 군장이 된 자가 감히 백성의 뜻을 위배할 수 없었다. 군중이 협의하여 총명한 사람을 추대해 세워 군장을 삼고 나라를 열때는, 반드시 산천의 풍수와 기후가 적절하고 수륙교통이 편안한 땅을 점지해 살피며, 백성의 뜻을 물어 이에 따라서[117] 도읍을 세우고 관부를 열었다. 이는 역대 도읍 지역에서 분명히 상고할 수 있다. 지금 서양의 도시건설 역시 어찌 다르겠는가?[118]

'하늘'과 '하늘의 의지'는 세상의 권력자들이 거의 모든 시대에 선호하고, 실지로 활용한 정치적 상징조작의 기호였다. 동아시아에서는 '천명'이 정치권력을 정당화하는 근거였다. 그런데 권력자들이 천명을 자의로 행사할수록, 이를 어떻게 견제할 것인가에 대한 고민도 깊어졌다. 유학자들은 대개

---

117 "민의民意에 순종詢從한다"(詢從民意)는 것은 백성에게 묻고 그 뜻을 따른다는 뜻이다.
118 위의 책, 「정치철학」 제1장.

천명의 권위를 보존하면서도 '백성의 뜻'(民心, 民意, 民志)을 천명의 척도로 삼는 절충안을 선호했다. 이른바 "민심이 천심"이라는 명제가 성립됐다. 그리하여 하늘이 직접 군주에게 명령하지 않고, 민심을 통해 간접적으로 명령을 전한다는 이른바 '민본'의 사상과 정치체제를 발전시켰다. 거기에 더해 유교는 이런 정치제도가 모두 (하ㆍ은ㆍ주) 삼대 이전의 옛 성인에게서 비롯했다는 스토리를 강화하여, '우월한 중화'의 유교 계보학(Confucius Genealogy) 문법을 구축했다. 이것은 민주주의가 오로지 그리스에서 발명되어 세계 어디에도 없는 유럽 문명의 우월한 정치체제의 근원이 되었다는, 또 다른 계보학만큼이나 익숙하지만 또한 상투적이다.

전병훈은 이런 민족지적 정치철학의 문법을 전복한다. 그에 따르면, 인류 초기의 모든 정치공동체가 민의에 의해 주도되었다. 공동체 구성원이 다수 대중의 뜻(衆意)으로 군장을 추대했으며, 군장은 자연스럽게 민의에 따라 정사를 폈다. 그런데 민의를 따르는 일로, 특히 땅을 다스리는 것보다 긴요한 사업도 없었다. 여기서 '땅'은 지상의 자연질서, 그리고 그 질서에 적응해 살아가는 뭇 생령의 삶의 터전을 상징한다. 그러므로 산천풍수, 기후조건, 수륙교통, 그리고 여타의 지형과 지세를 살펴 백성의 삶의 기반을 정비하는 것이 모든 정치공동체의 급선무였다. 때와 장소를 불문하고, 땅의 순치馴致가 모든 군장들에게 부여된 긴요한 사명이었다. 이것이 "정치제도가 땅에 근본을 둔다"는 말의 또 다른 함축이다. 이는 단지 역사나 도시토목에 관한 이야기가 아니다. 이것은 정치제도의 근본을 이해하도록 돕는 서사이자, 그 제도의 기원에 관한 정치철학의 담론이다. 이 화법의 최종적인 효과는, 민의에 따르는 정치제도의 보편성을 승인하는 것으로 나타난다. 더 나아가 동아시아의 '민본'이 서양의 '민주'와 본질적으로 다르지 않다고 말한다.

아! 동서양 초창기의 시대를 거슬러 탐구하면, 비록 임금(君皇)의 명칭이 있더라도 '민주'가 아닌 것이 없었다. 어째서인가? 처음에 가족에서 시작하여 부락 추장이 되고, 추장으로부터 임금을 세운 것이 필연적이다. 한결같이 군중의 합의를 좇아 [임금을] 추대해 정하였으니, 그러므로 "민주로 부를 수 있다"고 한다. 결코 정복전쟁이나 투쟁으로 세운 게 아니다. 이는 역사의 실증이 없더라도 의심할 수 없는 것이다. 중국의 복희 · 신농 · 요 · 순, 동한의 단군 · 동명東明은 백성이 추대해 세운 인물이라는 것이 명약관화하다.[119]

민본사상과 민주주의는 공히 '정치가 민民에 근본하고, 민을 경외한다'는 기본원리에 기초한다. 그러나 거기에는 주권의 귀속에 대한 차이가 있다. '민본'은 통치의 주권자인 군주가 백성을 본위로 다스린다는 사상이다. '민주'는 주권이 인민에게 있고, 직간접적인 선거제도를 통해서 통치자를 다중이 선발한다는 사상이다. 전병훈이 이런 차이를 몰랐던 것은 아니다. 그는 동아시아 고대의 민본정치를 논하면서 "그 시기가 문명의 초창기라 민선제도가 아직 완비되지 않았다"고 한계를 명시했다. 그리고 민선으로 통치자의 선출하는 것이 최선이자 완비된 정치제도라고 분명히 밝혔다. 또한 근대적 민주 · 민선 제도가 동아시아에 이미 유입된 마당에, 과거의 군주제로 돌아가는 것을 명확하게 반대했다.

그런데도 전병훈이 '민본'을 재해석한 것은, 민주제도를 공고하게 정착시키고 확산하려는 의도의 일환이었다. 그는 서구에서 전래된 '민주' 제도에 경탄했지만, 동아시아 정치체제에 내재된 '민본' 사상을 재해석하여 민주제도의 시행을 촉구하는 또 다른 동력으로 삼았다. 동아시아에 오서독스한 정치원리를 토대로, 진시황 이후의 전제를 '민본'의 퇴행이자 정치적 타락으로 비

---

119 위의 책, 「정치철학」 '서론'.

판할 근거를 마련했다. 또한 공리주의에 입각한 형식적 법치의 한계를 분명히 밝히고, 올바른 도덕에 기초를 둔 정치라야 민주·공화의 체제를 완성할 수 있음을 피력했다. 더 나아가 그는 동양과 서양 그리고 옛것과 새것을 잘 선별해서 조제하고, 지구 행성 전체의 미래 문명을 창신하려고 했다.

전병훈은 20세기 초 서구의 민주·공화정이 제도의 체계와 형식을 완비하고, 갈수록 정교하게 발전한다고 경탄했다. 한편 동아시아는 정치인의 자질과 도덕성을 강조하는 인치人治의 전통이 강했다. 그러나 정치적으로 아무리 중요한 인물이라도, 통치자의 자질만으로 정치체제의 성격을 규정할 수는 없다. 즉 지도자가 민주적이라고 해서, 그의 나라가 곧 민주국가는 아니다. 정치체제의 성격은, 사회적으로 제도화된 구속적 의무 시스템이 확립되는 조건에 의해 최종적으로 확정된다. 하지만 제도로서의 민주주의가 형식을 갖춰졌더라도, 정치지도자의 철학과 자질이 민주주의를 구현하기에 적합한가를 묻는 것은 여전히 중요하다. 민주제도 안에서 위임된 어떤 정치권력, 예컨대 대통령이나 국회의원 등의 도덕적 자질과 능력은 정치 현실에서 여전히 중요한 변수이기 때문이다.

이런 문맥에서 민주주의 실현에 예치禮治가 어떻게 유용한 사상적 자원이 되는가를 묻는다면, 그것은 적절한 질문이다. 다만 예치 역시 정치의 한 방식일 뿐, 그 자체가 정치의 목적은 아니다. 따라서 전병훈은 「정치철학」편에서 유교의 예치, 도가의 무위정치, 서양의 민주·공화를 비롯해 입헌·삼권분립·지방자치·법치 등에 관해 다양한 논의를 전개했다. 다만 그것은 과거의 사상적 자원을 논구하는 데 그치지 않고 "옛것과 새것을 조제하고, 절충·합치해 학문을 발전시켜 겸성兼聖의 지극한 철학을 구성"하는 기획의 일환이었다. 특히 "구미의 정치·헌법·이재理財·공상工商·각 과학" 등과 동아시아의 "정전제·균산·예치·조례" 등을 많이 가감해서 서로의 결점을 보완할 수 있다고 천명했다. 그리하여 그가 미래에 출현하기를 염원한 정치 체제는 '온 세계가 영원토록 평화를 즐기며 대동 통일하는' 세계통일공화정부였다.

이를 통해 [동서양이] 각각 충분히 원만해지고, 한결같이 '하늘을 본받고 백성을 존중하는'(體天重民) 것을 책무로 삼으면, 온 세계가 영원토록 평화를 즐기며 대동 통일하는 근본이 바로 여기에 있지 않겠는가?

전병훈은 "동양의 공자와 서양의 칸트가 모두 앞서 ['대동大同'과 '영구평화'의] 이상론을 확립했다"고 하며, "이를 이어받아 세계통일정부를 이루는 것"이 그의 소망이라고 천명했다. 다만 '영원토록 태평을 즐기는 세상의 지극히 어질고 지극히 덕스러운 일'에 관해 말하려면, '참된 이익과 손실'이 무엇인지 알고 '참된 즐거움'을 누릴 수 있어야 한다고 전제했다. 이는 하늘에서 근원하는 정신을 수련하여 참나를 응결하고, 본마음을 길러 도덕을 실행하며, 더 나아가 큰 도덕을 정치영역에서 구현할 필요를 말한다. "하늘이 큰 나(大我)요, 참나는 작은 나(小我)"임을 통찰하고, '작은 나'의 책무를 다하여 "사람 된 도리를 다하고 하늘에 합해야"(盡人合天) 비로소 세계통일과 영구평화의 큰 정치를 펼칠 수 있다.

전병훈은 동아시아 고대 문명을 열었던 복희·황제·단군·기자 등이 모두 정신을 응결해 참나를 이룬 동시에 원천도덕으로 세상을 다스린 '겸성兼聖'이었음을 밝히고, 이를 통해 칸트 등 서양철학의 미진한 곳을 보완하여 "온 세계 오대주 동포에게 고르게 드린다"고 천명했다. 또한 세상에 반드시 도를 얻어 이룰 수 있는 자질과 능력을 갖춘 "그 사람이 있어 [이 책에] 합치하고 아울러 행한다면, 하늘에 합해 겸성하고, 전쟁을 종식해 태평에 이르고,

통일정부를 수립하는 것"이 바로 그런 사람(들)에 의해 이뤄지리라고 암시했다. 그리고 20세기 초로부터 2백년 안의 오회정중에 장차 펼쳐질 새로운 정신문명의 미래를 이렇게 묘사했다.

그런 뒤에 비로소 지극히 어질고 덕스러우며 겸성하여 아주 명철한 태선胎仙의 사업이 모두 원만해지고, 세상이 극락세계로 오르며, 하늘이 [만물을] 지극히 기르는 하늘로 돌아간다고 말할 수 있을 것이다. 아! 필자에게 다시 무슨 소원이 있으리오! 다시 무슨 소원이 있으리오!

일러두기

1 『정신철학통편』 원문은 1980년 명문당에서 영인한 판본을 '명문본'으로, 국립중앙도서
   관 소장 판본을 '국중본'으로 표기한다. 번역은 명문본을 기본으로, 국중본을 참고로 하
   였다.

2 전병훈은 인용문을 주해할 때 '謹按', '(秉薰)謹按', '(小子)謹按', '(小子秉薰)謹註', '愚謂' 등
   으로 표기했다. 본문에서는 이를 일괄하여 모두 【안설】로 번역 표기하였다.

3 중국의 인명과 지명은 모두 한자어의 우리말 음으로 통일해 표기하였다.

4 본문에서 전병훈의 자주自註는 ( )로, 번역자가 따로 더한 것은 [ ]로 표기하였다.

5 한자어는 음을 그대로 쓰는 경우 '정신精神'처럼 병기하였고, 번역과 원문이 다를 경우에
   는 '하늘의 뜻(天意)'처럼 ( )를 사용하여 표기하였다.

여러 학자의 평론을 간략히 덧붙인 서문룱附諸家評言序

(남전藍田[1]이) 도道를 좋아했으나 여러 해가 되도록 참 스승을 만나지 못해 오랫동안 찾아다니다가, 정사丁巳[1917년] 봄 요행히 서우曙宇 전병훈 선생님을 도성[北京]의 정신철학사精神哲學社[2]에서 만났다. 도인의 풍모가 엄연한 것을 보고 간절히 가르침을 청하여, 현관玄關의 진전眞傳을 얻어듣고 좇아 행하니, 지금 이미 신神이 응결되어 태식胎息을 하고 옥액玉液이 이뤄졌다. 물을 마시며 근원을 생각하니 마음속 깊이 감격스럽다.[3]

[선생께서] 하루는 『철학통편』이 완성되었다고 말씀하시며, 이를 교정하고

---

1   남전藍田은 전병훈의 중국인 제자의 이름으로, 성은 우于씨이다. 그가 정몽찰丁夢刹과 함께 『정신철학통편』의 출판 허가를 당국에 신청하고 저작권을 공동으로 소유했다. 북경에서 전병훈의 측근에 있었던 제자인데, 애석하게도 그 인물에 관해서는 알려진 바가 거의 없다. 서안西安 동남쪽에 남전藍田이 있어, 혹시 그 고장 출신은 아닌지 모르겠다.
2   '정신철학사'는 전병훈이 북경에서 기거하면서 학문을 연마하고 제자들을 양성했던 학관學館으로, 이곳을 기반으로 중국과 한국의 명사들과 교류했다. 북경 선무문외宣武門外에 있었다고 하는데 지금의 유리창琉璃廠 일대로 추정될 뿐, 정확한 위치는 확정하기 어렵다. 전병훈이 1913년 무렵 광동廣東에서 북경으로 이주했고 우람전이 정사丁巳(1917)년에 그곳에서 전병훈을 만났다고 하니, 그전에 건립된 것은 분명하다. 이를 통해 1920년 『정신철학통편』을 출간하기 여러 해 전부터 그가 '정신철학'을 표방했음을 알 수 있다.
3   '물을 마실 때 그 근원을 생각한다'(飮水思源)는 것은 스승의 은혜를 늘 잊지 않는다는 뜻이다. '오충五衷'은 오장五臟으로, 문맥에 따라 '깊은 속마음'을 가리킨다.

또한 그 사실을 서술하라고 나(남전)에게 맡기셨다. 아! 그 범위와 요지가 각 편 서론에 상세히 구비돼 있어, 사람들이 이를 검토해 알 수 있다. 그 초연한 참나의 참된 즐거움과 현묘한 이치의 정미함을 말로 다 밝히기 어렵다. 그 지극한 정성과 깊은 동정심, 세상을 경영하고 백성을 구제한 평생의 역사는, 여러 대가의 찬평贊評[4]에 다 실렸으니 또한 군말이 필요가 없다. 그윽이 이 책을 생각하면, 유교·도교·불교·철학을 종합해 저울질하여 취사선택하고, 동서고금을 관통해 조제調劑[5]하여 핵심을 얻었다. 사람들이 이를 따라 실행하여 합치한다면, 몸은 거의 성신聖神[6]에 가까워지고 세상은 극락이 될 것이다. 진실하여라! 이는 온 세계에 새로 열리는 서광이요, 오대주에 두루 통하는 자비로운 항해로다![7]

---

4   찬평讚評(贊評)은 칭찬을 하는 긍정적인 평론이다. 여기서는 서문 뒤에 수록한 여러 대가의 평론을 가리킨다.

5   '조제調劑'는 전병훈 철학의 핵심개념 가운데 하나이자, 방법론이다. '조제'는 본래 약재들을 적절히 배합해 병중에 적합한 처방약을 만들어 내는 것을 가리키는 의약학 용어로, 명明·청淸대에 이미 널리 쓰였다. 그런데 이이(李珥, 1537~1584)가 일찍이 동인東人과 서인西人으로 갈라진 사림의 화해를 촉구하며 '조제보합調劑保合' 혹은 '조제調劑'를 말했다. 그는 동인과 서인 양쪽이 다 옳고 다 그를 수 있다고 설파(兩是兩非論)하며, "이른바 조제한다는 것은 양자 모두 사류士流이기 때문에 서로 화합할 수 있다는 것"이라며 조제론을 주장했다. 하지만 이는 '사류士流'라는 이념집단 안에서 제기된 약방문으로 '협애한 조제'이자, 유교로 늘 환원되는 '온고溫故의 조제'에 그쳤던 한계가 있다. 한데 이율곡 이후의 조제론을 전병훈이 다시 소환하고, "유·불·도와 철학 및 신구新舊의 과학을 아울러 취해 한 용광로에 녹여 주조하"기를 말한다. 이는 동서고금을 망라하고 '우리는 하나의 세계'(We Are the World, 五洲同胞)라고 천명하는 '광대한 조제'이자, 인류의 새로운 미래를 겨냥하는 '유신維新의 조제'였다. 흔히 '회통會通', '통회通會', '융합融合', '통섭統攝' 등으로 이질적인 것을 통합해 새로운 것을 만들어 내는 범학문적 연구를 가리키는데, '조제'는 이런 개념들과 궤를 함께하면서도 병들거나 고통받는 것의 치유 내지는 구제를 겨냥하는 합목적성合目的性을 지닌다는 점에서 철학적인 의의가 크다.

6   성인聖人이자 신인神人으로, 유교와 도교의 최고 경지를 함께 구현하는 것이다. 달리 말해, 사회가치와 자연(생명)가치를 가장 높은 수준에서 동시에 실현하는 경지이다.

7   '자항慈航'은 '자비로운 항해'로, 본래 불교에서 부처가 자비로 중생을 제도하는 것을 항해에 비유하는 말이다. 여기서는 『정신철학통편』이 온 세계를 구제하여 새로운 문명으로 인

여기에 여러 평론 중 간략한 것들을 모아 아래에 수록하고, 독자들이 신뢰할 만한 증거를 자료로 제공한다.

(藍田)好道有年, 未遇眞師, 時殷尋訪, 丁巳春, 幸遇宇全夫子於都門之精神哲學社, 見其道貌儼然, 懇求指敎, 獲聞玄關眞傳, 遵而行持, 今已神凝胎息, 玉液成焉. 飮水思源, 五衷感激. 一日哲學通編告成, 屬(藍田)校正之, 且叙其事實. 猗歟! 其範圍宗旨, 俱詳於各篇緖言, 人可檢而知之. 其超然眞我之眞樂, 玄理精微, 語難盡曉. 至其至誠惻怛, 經世救民, 平生之歷史, 則諸公之評讚悉備, 又無庸贅述. 惟思此編, 綜合儒道佛哲, 而取舍如衡, 貫通中外古今, 而調劑得要, 使人遵而行之, 合而致之, 則身可幾於聖神, 世可登於極樂矣. 誠哉! 其爲宇內之新開曙光, 五洲之圓通慈航歟! 爰撫諸評之簡約者錄左, 以資讀者之信證焉.

장인준張人駿[8](호 안포安圃, 전 청나라 한림翰林, 양광총독兩廣總督)이 말했다. "층층이 노을진 가운데 우연히 만나 뜻이 통했네.[9] 참되고 순수하여 세상에

도할 것을 말한다.

8 장인준(張人駿, 1846~1927)은 청나라 말 직례直隸 풍윤현豐潤縣(지금의 하북성河北省 풍윤豐潤) 출신으로 한 시대를 풍미한 정치가였다. 전병훈을 만날 당시 그는 청나라 최고위의 정치인이자 남중국의 실권자였다. 1907년부터 청나라 최고위 봉강대신封疆大臣의 하나였던 양광총독兩廣總督을 역임하여 광동과 광서廣西를 아울러 관할했다. 그 뒤 1909년부터 양강총독. 봉강대신으로 강소江蘇 · 안휘安徽 · 강서江西 세 성을 관장하는 동시에 남양대신南洋大臣(상해와 장강 일대 및 복건福建의 대외통상과 세무를 관장하던 관직)이 되었다. 장인준은 물심양면으로 전병훈을 후원했다. 은나라가 망하자 미자微子가 주나라로 갔던 예우로 환대하고 관사를 제공했으며, 당시 화폐로 매달 100위안(元)을 지원하기도 했다. 하지만 1911년 무창봉기武昌起義가 폭발하고 신해혁명이 일어나자 이에 맞서다 결국 정계에서 물러나 말년을 보냈다.

9 '층하層霞'는 층층이 노을진 모양으로, 인생의 늘그막 혹은 저무는 한 시대를 은유한다. '경개傾蓋'는 길거리에서 우연히 만나 수레의 지붕을 마주 대고 서로 이야기를 나누다가 뜻이 통하는 경우처럼 한 번 보고 친해지는 것을 말한다. 『사기 · 추양전鄒陽傳』에서 "경개를 해도 옛 친구 같다(傾蓋如故)"는 고사에서 유래했다.

서 뛰어난 옥모玉貌의 기풍이 있으니, 도연명[10]의 은둔에 비할 만하지 않는 가? 학문이 공자를 계승하여 도道에 조예가 깊으며, 예치禮治·형조刑措[11]의 논의가 항상 주례周禮의 문명을 품었다."

> 張公人駿(號安圃, 前清翰林, 兩廣總督)曰: 層霞傾蓋, 粹然有玉貌高世之風, 何如靖節肥遯? 學承鄒魯, 深造以道, 禮治刑措之議, 恒懷周官之文明.

왕수남王樹枏[12](호 진경晉卿, 전 청나라 한림, 포정사布政使)이 말했다. "선생은 중국 학술에서 심오한 경지에 들었으니, 그러므로 언설이 유려하여 모두 천 하 만세의 법칙이 될 수 있다."

> 王公樹枏(號晉卿, 前清翰林, 布政使)曰: 先生於中國學術, 深入堂奧, 故言 之津津, 皆可爲天下萬世法則.

엄복嚴復[13](호 우릉又陵, 전 청나라 한림, 대학 총장)이 말했다. "선생께서 나부

---

10 '정절靖節'은 동진東晉 말 북송北宋 초의 시인 도연명(陶淵明, 365~427)의 시호諡號이다.

11 '형조刑措'는 형벌을 아주 폐기하지는 않지만, 사람들이 예로 교화되어 더 이상 형벌을 쓸 필요가 없어지는 이상적 예치禮治의 상태를 가리킨다.

12 왕수남(王樹枏, 1859~1936)은 산동성山東省 신성新城 사람으로, 자는 진경晉卿이고 호는 도 려노인陶廬老人이다. 관직은 신강포정사新疆布政使에 이르렀다. 『신강도지新疆圖志』 116권 을 편찬했고 경사經史에 정통했다. 저작으로 『한위육조전문漢魏六朝磚文』 2권, 『신강방고 록新疆訪古錄』 2권, 『신강금석지新疆金石志』 2권 등이 있다.

13 엄복(嚴復, 1854~1921)은 복건성福建省 복주福州 출신으로 중국 근대의 저명한 계몽사상가 이자 교육자, 정치가이다. 자는 우릉又陵·기도幾道, 호는 유야노인癒壄老人이다. 복단대학 複旦大學 총장, 경사대학당京師大學堂 총장 등을 역임했다. 엄복은 19세기 말 영국에 유학을 다녀왔으며 서구의 사회학, 정치경제학, 철학과 자연과학을 중국에 소개했다. 그는 애덤 스미스의 『국부론(原富)』, 스펜서의 『사회학 연구(群學肄言)』, 존 스튜어트 밀의 『자유론 (群己權界論)』과 『논리학 체계(名學)』, 에드워드 젠크스의 『정치학사(社會通詮)』, 몽테스키 외의 『법의 정신(法意)』, 제본스의 『논리학 입문(名學淺說)』 등을 번역했다. 특히 『법의 정 신』 한 권을 번역하는 데만 6년 넘게 걸렸다. 이것은 당시 중국 지성계에 큰 영향을 끼쳤 고, 지금도 20세기 중국에서 가장 중요한 계몽번역서들로 평가받는다.

산羅浮山에 들어가 극히 참되고 신비한 전승을 얻었는데, 저술이 있는지는 알지 못했다. 이 진리와 이 학문이 장차 홍성하려고 할 때에 그 학설을 일견코자 남몰래 원했다. 이 책은 불후의 위업이다. 서양인이 근자에 또한 날마다 위생을 말하지만, 수명연장에 이르면 끝내 방법이 없다. 선생께서 시의적절하게 먼저 책을 저술하여 천 년간 끊어졌던 학술이 이로써 부흥하니, 잃어버리면 안 된다. 이는 선생께서 실제로 증험한 학술이라 더욱 귀중하다. 제자가 인연이 있어 진리를 전하는 스승을 만나 큰 가르침을 받고자 하는데, 어떠실는지?"

嚴公復(號又陵, 前淸翰林, 大學校長)曰: 先生入羅浮, 得至眞至秘之傳, 不知有筆逑否. 此眞此學, 將昌之會, 竊願一觀其說也. 此乃不朽之盛業. 西人近亦日講衛生, 然至於增益壽命, 終亦無術. 先生宜就此時, 先著爲書, 千秋絶學, 以此而興, 不可失也. 此爲先生實驗之學, 尤爲可貴也. 弟爲有緣, 得遇傳眞之師, 願承大敎, 何如?

장식분蔣式芬[14](호 국은菊隱, 전 청나라 한림, 정경正卿)이 말했다. "형兄은 위대한 현자이다. 장자방張子房[15]의 빼어난 기상과 소강절邵康節[16]의 이학理學을 갖춰, 충의忠義로 사람을 움직이고 문장이 으뜸간다. 한유韓愈와 구양수歐陽脩

---

14 장식분(蔣式芬, 1851~1922)은 직례直隷 보정부保定府 여현蠡縣(지금의 하북성河北省 보정시保定市 여현蠡縣) 출신으로, 청나라 말의 정치가이다. 한림원翰林院 검토檢討, 국사관國史館 협수관協修官, 공신관功臣館 찬수관纂修官, 호광도湖廣道 감찰어사監察禦史, 호북학정湖北學政, 광동廣東 염운사鹽運使 등을 역임했다.

15 한나라의 장량張良으로, 자방子方은 그의 자字이다. 유방을 도와 한나라를 창업했으며, 천하가 평정된 뒤에는 일가를 이끌고 장가계張家溪에 은둔해 신선술을 닦았다고 전한다. 훗날 중국에서 신선의 자질을 갖추고 난세를 평정하는 영웅의 대명사가 되었다.

16 북송北宋의 유학자 소옹邵雍으로, 강절康節은 그의 시호諡號이다. 도사 이정지李挺之에게 도교의 도서선천상수圖書先天象數를 배워 성리학 상수론象數論의 기틀을 세웠다. 『관물편觀物篇』, 『황극경세서皇極經世書』 등의 저서를 남겼다.

의 훌륭한 문장을 크게 드러내고 정주程朱[17]의 정신철학을 발휘하여, 우리 학문(吾道)의 우두머리가 되었다."(우리 스승께서 일찍이 국정을 개혁하고자 「만언소萬言疏」를 진술하셨는데, 이로써 독립의 일을 보증하여 다섯 차례나 상주上奏한 것을 남에게 보여 주지 않으셨다. 오직 장공蔣公[蔣式芬]과 황운번黃運藩[18]만 이를 아니, 그래서 이렇게 말하는 것인가?)

蔣公式芬(號菊隱, 前淸翰林, 正卿)曰: 兄大賢也. 有張子房之英氣, 邵康節之理學, 忠義動人, 文章領袖. 大著以韓歐之巨筆, 發程朱之精神哲學, 爲吾道魁傑.(吾師嘗以統改國政, 陳萬言疏, 而以保証獨立事, 五[19]上封奏者, 未曾示人. 惟蔣公與黃運藩知之, 故有此[20]言歟?)

임세도林世燾[21](호 차황次煌, 전 청나라 한림원翰林院 편수編修)가 말했다. "선생께서 '학문이 새것과 옛것을 아우르고 도道가 국내외에 통하여 동서양의 학문을 조제한 뒤라야 세상 만물을 경영할 수 있다'고 하시니, 실로 불후의 명언이다. 더구나 세상을 뛰어넘는 취향을 가지며 문장에 사람을 감화하는 도량이 있으니, 참된 도덕 신선이요 일류 인물이다."

林公世燾(號次煌, 前淸翰林院編修)曰: 先生言學兼新舊, 道通中外, 調劑東西學, 然後可以經世宰物者, 誠不朽之至言也. 矧以高世之趣, 文有及人

---

17 북송의 정호程顥·정이程頤 형제와 남송의 주희朱熹를 가리킨다. 그들의 학문이 동아시아 성리학의 주류를 이루며 '정주학程朱學'으로 불렸다.

18 황운번(黃運藩, ?~?)은 호남湖南 장사長沙 안화현安化縣 사람으로, 자는 성전性田·행사行四 등이다. 나이 44살에 뒤늦게 관직에 나가 청나라 광서光緖 22년(1897) 무렵 내각중서內閣中書를 역임했다.

19 '立事五'는 명문본에 인쇄 불량으로 보이지 않으며, 국중본에 따라 삽입했다.

20 '有此'는 명문본에 인쇄 불량으로 보이지 않으며, 국중본에 따라 삽입했다.

21 임세도(林世燾, 1865~1942)는 광서廣西 가현賀縣 사람으로, 자는 소헌昭彦 호는 차황次煌이다. 청나라 말 관직에 올랐고 북양정부 초대 임시 참의회參議會 의원을 역임했다.

之量, 眞道德神仙, 一流人物也.

모겸茅謙[22](호 자정子貞, 강남 명사)이 말했다. "선생이 여기 머무는 게 미자微子가 주나라에 간 것과 유사하다. 현자가 나라를 떠나 망명하면, 그 나라에서 마땅히 녹봉과 고기를 계속 대 주는 전례가 있다."(무신戊申[1908년]에 말했다.) 또한 말했다. "선생께서 살리기 좋아하는 상제上帝의 마음을 우러러 체현해 이 책을 엮으시니, 장차 세상을 구제하고 사람을 무량하게 제도하리라!"

茅公謙(號子貞, 江南名士)曰: 先生寓此, 有類微子之適周. 賢人遜國, 則本邦宜有繼粟繼肉之典.(戊申言) 又曰: 先生仰體上帝好生之心, 編成此書, 將救世度人無量.

강유위康有爲[23](호 남해南海, 공교孔敎 회장)가 말했다. "대작을 삼가 읽으니, 정치를 말하며 필히 주례周禮의 근본에 뿌리를 두고, 양생을 말하며 필히 도가의 대의와 심오함을 거론한다. 지금 정치가 혼란하고 물질이 조악한 가운데 존귀한 논의의 정수를 얻으니, 참으로 빈 골짜기에 발자국 소리가 울리는

---

22 모겸(茅謙, 1848~1917)은 강소성江蘇省 진강鎭江 사람으로, 자는 자정子貞이고 호는 폐산肺山이다. 1888년 호남학사湖南學使의 초빙을 받아 『논상완수리論湘皖水利』를 지었다. 각급 학교를 건립하고 『남양관보南洋官報』의 주편을 맡아 신학문을 보급했다. 저작으로 『수리추의水利趨議』, 『폐산문존肺山文存』, 『폐산시존肺山詩存』 등이 있다.

23 강유위(康有爲, 1858~1927)는 광동廣東 사람으로, 호는 장소長素 자는 광하廣夏이다. 청나라 말의 저명한 사상가이자 정치가로, 무술변법戊戌變法의 변법자강變法自彊 개혁을 이끌며 근대적 입헌군주제를 주창하였다. 『신학위경고新學僞經考』, 『공자개제고孔子改制考』, 『대동서大同書』 등의 저서를 남겼다. 『정신철학통편』의 제호를 강유위가 직접 썼을 정도로 전병훈과 각별한 교우 관계를 맺었다.

듯하다. 공경해 우러르길 그칠 수 없다." 또한 말했다. "세계가 대동한 뒤에, 도술이 절로 널리 행해지고 날로 새로워질 것이지만, 지금은 아직 그때가 오지 않았다."

康公有爲(號南海, 孔敎會長)曰: 伏讀大著, 言政治則必根周禮之本, 言養生則必擧道家之大義微奧. 當今政治之惡, 物質之粗, 得尊論之精微, 眞空谷足音也, 敬仰不已. 又曰: 大地大同之後, 道術自大行而日新, 今未到其時也.

왕병은王秉恩[24](호 설잠雪岑, 전 청나라 안찰사按察使)이 말했다. "삼인三仁[25]은 머무는 곳이 같지 않아 몸을 두는 데가 각자 달랐습니다. 귀국貴國은 조상 때부터 내려오는 정해진 법이 있는데, 각하閣下께서 철학을 연구하여 이를 『홍범洪範』[26]의 연속으로 삼으니, 또한 위대하지 않으십니까?"

王公秉恩(號雪岑, 前淸按察使)曰: 三仁所處不同, 故置身各異. 貴國自有祖遺成法, 閣下請究哲學, 以爲『洪範』之續, 不亦偉乎?

---

24 왕병은(王秉恩, 1845~1928)은 화양華陽(지금의 사천성四川省 성도成都) 출신으로, 자는 식존息存·설잠雪岑 등이고, 호는 다감茶龕이다. 청나라 말 벼슬길에 올라 광동제법사廣東提法史, 광동안찰사廣東按察使 등을 역임했다. 신해혁명 이후 상해에 거주하며 주로 장서가藏書家이자 서법가書法家로 명성을 떨쳤다. 『양운관시존養雲館詩存』, 『평검기략平黔紀略』 등의 저서가 전한다.

25 중국 상商나라 말기의 비간比干, 미자微子, 기자箕子를 가리킨다. 공자가 이들을 '삼인三仁'으로 호칭한 데서 비롯되었다. 『논어論語』「미자微子」에서 "미자는 떠나가고, 기자는 노비가 되었으며, 비간은 간하다가 죽었다. 공자가 말하기를 '은殷에는 세 어진 사람이 있었다'고 하였다(微子去之 箕子爲之奴 比干諫而死 孔子曰 殷有三仁焉)"라고 전한다.

26 「홍범洪範」은 『서경書經』 제1편으로 동아시아 정치철학의 원형이랄 수 있는 9가지 원리를 담고 있다. 주나라를 세운 무왕武王이 기자를 찾아가 정치의 원리를 묻자 기자가 답했다고 전한다. 한나라 이후 무왕이 기자를 조선에 봉했다는 전설이 만들어지고, 후대에 중국과 한국의 유학자들이 이 설을 신봉했다. 본문에서 "귀국에 조상 때부터 내려오는 정해진 법이 있"다는 것은 기자가 조선에 와서 일찌감치 홍범이 전해졌다는 말이다.

화곤華袞[27](호 자수紫綬, 전 청나라 도원道員)이 말했다. "선생은 위대한 현자이시다. 문학과 경제를 한 얼룩점처럼 본다.[28] 지금은 비록 흰말이 빈객 노릇을 하지만,[29] 용이 박차 오르고 봉황이 날며 바람과 구름이 때맞춰 만나[30] [강태공이] 주나라를 도와 흥성했던 일을 계승치 않으리라고 어찌 알겠는가?[31]"

華公袞(號紫綬, 前淸道員)曰: 先生大賢也. 文學經濟, 已窺一斑. 今雖白馬作客, 而安知不龍驤鳳矯, 風雲際會, 佐命周邦, 以續磻溪盛事乎.

서소정徐紹楨[32](호 고경固卿, 육군 상장上將)이 말했다. "선생은 우주의 청명하고 올곧은 기氣를 지니고 태어났으며, 때를 만나지 못하여 비록 공훈과 치적이 크게 드러나지는 않았지만, 진술한 말이 큰 계책에 관한 것이 많았다.

---

27 화곤華袞에 대해서는 알려진 바가 거의 없다.

28 "대롱 구멍으로 표범 반점 하나를 보고 전체를 안다(窺一斑而知全豹)"는 고사에서 유래했다. 일부로 전체를 미뤄 안다는 뜻이다. 남조南朝 송宋의 유의경劉義慶이 편찬한 『세어신설世語新說』「방정方正」에 보인다. 여기서는 전병훈이 문학文學과 경제經濟의 핵심을 통달했다는 뜻의 찬사로 쓰였다.

29 근세에 서구 세력이 동아시아로 밀려든 것을 "흰말이 빈객 노릇한다(白馬作客)"고 비유했다.

30 지혜로운 임금이 때맞춰 어진 신하를 만나 훌륭한 정치를 펼치는 것을 은유한다.

31 강호에 은둔했던 강태공이 문왕에게 발탁되어 주나라의 천하를 열었던 고사에 빗대어, 전병훈이 비록 망명객의 처지이지만 때를 만나면 세상을 크게 좌우할 자질을 갖췄음을 찬탄한다.

32 서소정(徐紹楨, 1861~1936)은 광동廣東 출신으로, 자가 인경因卿이다. 청나라 말의 무장武將으로 1907년 창립된 육군 제9진의 통제사統制使를 거쳐 강북제독江北提督을 역임했다. 훗날 그는 신해혁명에서 중추적인 역할을 했다. 손문孫文이 "중화민국 개국공신(中華民國開國元勳)"에 봉할 정도였으며, 군부의 요직을 거쳐 손문 정부의 광동성장廣東省長과 내정부장內政部長(내무장관)까지 역임했다. 저서로 『학수당총서學壽堂叢書』, 『학수당제발學壽堂題跋』, 『학수당일기學壽堂日記』, 『도덕경술의道德經述議』 등이 있다. 전병훈이 망명 초기 금릉(金陵, 현재의 남경南京)에 머물 때부터 서소정이 그와 남중국 각계 명사들의 교류를 주선했다. 그 뒤로도 두 사람은 오랫동안 각별한 관계를 지속했다.

옛 명신名臣의 기풍이 있어, 망명해 떠돌면서도 중국과 일본의 현자·고관들과 많이 사귀었다. 탁월하여라! 기자箕子가 봉해진 옛 나라의 노영광魯靈光[33]이 되었다. 저술이 광대하고 풍부하여, 도덕과 문장을 전 세계에서 숭상해 우러른다. 단지 주강珠江만 천하에 명성이 가득하고 산봉우리에 걸린 구름과 광채만 찬란한 것은 아니네![34]"

徐公紹楨(號固卿, 陸軍上將)曰: 先生秉宇宙淸明正直之氣以生, 遭時不偶, 功勳政績, 雖不獲大著, 而所陳多關大計, 有古名臣風. 出游多交中日之賢士大夫, 卓哉, 爲箕封古國之魯靈光矣. 著述宏富, 道德文章, 五洲宗仰. 不獨珠江譽滿, 嶺雲增色已也.

황운번黃運藩[35](호 성전性田, 전 청나라 내각중서內閣中書)이 말했다. "선생께서 법치法治를 근거로 열강列強을 경시하고 예치禮治를 근거로 우리나라[중국]에 큰 기대를 거니, 참으로 도를 얻은 군자의 말이다. 우리나라에서 학문을 말하고 정치를 말하는 자가 실로 부끄럽다. 선생은 본디 미자微子·기자箕子와 같은 부류라고 할 수 있어서, 여기[중국]에 온 단지 이 한 가지 일만으로도 우리나라에 큰 영향을 끼친다. 애석하게도 우리나라에는 오늘날 문·무·주공이 없으니, 어찌하리오!"

黃公運藩(號性田, 前淸內閣中書)曰: 先生以法治小視列强, 以禮治厚望吾

---

33 '노영광魯靈光'은 한漢나라 노공왕魯恭王이 산동성山東省 곡부현曲阜縣 동쪽에 세운 영광전靈光殿을 가리킨다. 여러 차례 전란을 겪고도 이 왕궁이 온전히 보존됐다는 고사가 한나라 왕연수王延壽의『노영광전부魯靈光殿賦』서문에 보인다. 여기서는 온갖 풍파를 겪고도 고조선 이래의 옛 문명을 전병훈이 온전히 보존했음을 비유한다.

34 중국 남부를 흐르는 주강珠江이 수려하기로 명성이 자자하고 높은 산봉우리에 걸린 구름과 빛이 찬란한데, 전병훈 선생의 명성과 광채 역시 그에 못지않다는 비유이다.

35 위의 각주 18 참고.

國, 眞有道君子之言. 吾國之談學問, 談政治者, 誠足愧煞. 先生本可謂微
箕之類, 此來只此一事, 大有造於敝邦. 惜敝邦今日無武王周公耳, 奈何!

이상 모두 제사題詞[36]이다.

以上皆宿題.

장일구張一麐[37](자 중인仲仁, 전 교육부 장관)가 말했다. "선생께서 일찍이 여
러 학파의 학설을 모아 살피고 마음 깊이 깨달았다. 또한 정치철학에 통달하
여, 먼저 수신修身을 하고 그 연장에서 천하 다스리기를 지극히 하여, 만세토
록 태평太平을 열고자 은연중 도모하니 얼마나 성대한가!" 또한 말했다. "도
가를 정신철학으로 여기니 지당하다."

張公一麐(字仲仁, 前敎育總長)曰: 先生會萃諸家之說, 參以心得, 又通政治
哲學, 先以修身, 而推極於治天下, 隱然欲爲萬世開太平, 何其盛也.[38] 又
曰: 以道家爲精神哲學, 至當也.

---

36 '제사題詞'는 책의 앞머리에 그 책에 관계되는 글이나 시를 적어 놓은 글이다.
37 장일구(張一麐, 1867~1943)는 강소江蘇 오현吳縣 사람으로, 자는 중인仲仁이다. 북양정부에
    서 원세계袁世凱의 측근으로 교육총장敎育總長이 되었고, 풍국장馮國璋이 제2대 총통이 되
    자 비서장秘書長을 역임했다. 북양정부가 막을 내리자 귀향해 은둔하며 교육사업을 일으키
    고 농업개량에 힘썼다. 중일전쟁이 발발하자 소주蘇州에 병원을 건립하고 난민을 수용했으
    며, 이른바 '노자군老子軍'을 조직해 일본군에 항전했다. 1938년 중화민국 제1대 참정회
    參政會[국회]의 최고령 참정원이 되었고, 후에 홍콩에 거주하며 신문자학회新文字學會를 건
    립하고 허지산許地山 등과 함께 새 문자의 사용을 주장했다. 『50년래국사총담五十年來國事
    叢談』, 『현대병사집現代兵事集』 등의 저서가 있다.
38 '何其盛也'는 명문본에서 인쇄 불량으로 '何'만 보인다. 국중본에 따라 삽입한다.

정몽찰丁夢利[39](호 각암覺盦, 서변선유사西邊宣諭使)이 말했다. "선생의 이 편저는 내성외왕內聖外王[40]하고 진인합천盡人合天[41]하여, 천고에 없던 책으로, 오대주에서 모두 흠상欽賞해야 마땅하다." 또한 말했다. "삼대三代 이후 황제가 홀로 얻었던 오묘한 이치를 알지 못하고 현빈玄牝·정신精神의 학문이 전하지 않다가 지금에야 발달하니, 우리 스승이야말로 참으로 황제가 세상에 다시 나신 것이다."

丁公夢利(號覺盦, 西邊宣諭使)曰: "夫子此編內聖外王, 盡人合天, 千古未有之書, 當爲五洲共賞." 又曰: "三代以後, 未知黃帝獨得之妙, 玄牝精神之學不傳, 今乃發達, 吾師眞黃帝之再世矣!"

강수기江壽琪[42](호 소의紹儀, 육군 중장)가 말했다. "우리 스승께서 저술한 「심리」 및 「도덕」 두 편을 외워 읽으니 지식이 크게 증대한다. 우리 스승의 견지에서 보건대, 우리 스승은 신선일 뿐만 아니라 또한 성인이시다."

江公壽琪(號紹儀, 陸軍中將)曰: "誦讀吾師所著之心理, 及道德二編, 知識大增. 以吾師之見地觀之, 吾師不惟仙而且聖矣."

아! 여기 (남전藍田이) 간략히 간추린 것이 위와 같다. 강숙해江叔海[43]·장사

---

39 정몽찰丁夢利은 전병훈의 제자로, 우람전于藍田과 공동명의로 당국에 『정신철학통편』의 발행을 신청하고 저작권을 취득했다. 다만 그 인물에 관해서는 알려진 바가 거의 없다.

40 '내성외왕內聖外王'은 안으로 성인의 덕을 쌓고 밖으로는 왕의 도리를 행한다는 뜻으로, 『장자莊子』「천하天下」에서 유래했다. 훗날 도가를 넘어 유학을 포함하는 동아시아 정치철학의 기본원리로 회자되었다.

41 '진인합천盡人合天'은 사람의 노력을 다하고 하늘의 뜻에 합한다는 뜻이다.

42 강수기江壽琪에 대해서는 알려진 바가 거의 없다.

43 강한(江瀚, 1857~1935)은 복건福建 장정長汀 사람으로, 자가 숙해叔海이고 호는 석옹石翁 등

함莊思緘**44** 두 대가의 평론은 별집別集**45** 중에 있으니 여기서 다 덧붙이지 않겠다. 모자정茅子貞**46** 등이 황이주黃梨洲 · 왕선산王船山 · 고정림顧亭林**47** 같은 현자들을 추존해서 [우리 스승에] 견준 것이 총 28성철聖哲로 많았으니(『제평첩題評帖』**48**에 모두 실려 있어 여기 다 수록하지는 않는다) 얼마나 성대한가! 하지만 우리 스승께서는 늘 겸손하여 [영예에] 머물지 않으셨다.

이다. 중국 근현대의 저명한 학자이자 교육가, 시인이다. 일찍이 관계에 진출하여 하남포정사河南布政使를 역임했으나, 그의 전 생애로 보면 서원 · 학당 · 도서관 · 박물관 등에서 교육과 학술 활동에 주로 종사했다. 저서로『신립재고愼立齋稿』,『북유北遊』,『동유東遊』,『편옥쇄금片玉碎金』등이 있다.

44 장온관(莊蘊寬, 1866~1932)은 강소성江蘇省 상주常州 무진武進 출신의 관료이자 서예가로, 자는 사함思緘 호는 포굉抱閎 등이다. 민국 초에 강소도독江蘇都督을 역임하고, 북경으로 올라가 도숙정사都肅政史, 심계원審計院 원장, 고궁박물원故宮博物院 이사, 고궁도서관故宮圖書館 관장을 역임했다. 도숙정사는 민국 초에 정부기관의 감찰기능을 담당하던 숙정청肅政廳의 수장으로, 현재 우리나라의 감사원장 격에 해당한다. 숙정청에는 도숙정사 1인과 숙정사肅政史 16인이 있었다. 장온관은 북양정부가 종식된 뒤 고향으로 돌아가『강소통지江蘇通志』의 편찬을 주도했다.

45 한 사람의 언행과 그에 대한 평론을 모은 글을 통상 '별집別集'이라고 한다.『제평첩題評帖』은 제목으로 보건대 전병훈에 대한 제가의 평론을 수록한 책으로 추정된다. 이 두 책이 별개일 수 있지만 실은 같은 책일 수도 있다. 한데, 우람전이『약부제가평언서畧附諸家評言序』를 편찬할 당시(1919년, 己未)에 있었다는 이 책(들)은 아쉽게도 현재 전하지 않는다. 다만 훗날 이와 유사한 책들이 다시 편찬되었다. 전병훈이 사망하기 1년 전인 1926년(丙寅) 그의 중국인 제자 윤량尹良이 편찬하고 왕동王桐이 머리말을 붙인『전성암부자실행수록全成菴夫子實行隨錄』이 나왔다. 윤량은 청말에 2품 영록대부榮祿大夫로 사천염운사四川鹽運使 서포정사署布政使를 역임한 인물이다. 한편 이보다 앞선 1925년(乙丑) 한국인 성균관 박사 김평식金平植과 명법학사明法學士 이동초李東初가 편찬하고 역시 왕통이 후기를 붙인『제가제평집諸家題評集』이 나왔다. 여기에는 중국과 한국 명사 72인의 전병훈에 대한 찬사가 담겨 있다. 이 두 책은 정선 전씨 문중 기록인『전씨총보총록全氏總譜總錄』(전씨대동종약소, 1931)에 실려 전한다.

46 원문은 '모자정군茅子貞君'이다. 이름이 '모자정'이고 '군'은 친구나 손아랫사람 이름 뒤에 친근하게 붙이는 말 정도로 보이는데, 그 인물에 관해서는 알려진 바가 거의 없다.

47 모두 명말청초의 저명한 학자이자 사상가들이다. '이주梨洲'는 황종희(黃宗羲, 1610~1695), '선산船山'은 왕부지(王夫之, 1619~1692), '정림亭林'은 고염무(顧炎武, 1613~1682)의 호이다.

48 『제가제평집諸家題評集』을 가리키는 것으로 추정된다. 위의 각주 45 참고.

吁! 此(藍田)之抄略者如右, 而江叔海・莊思緘兩大家之評語, 則在別集中, 玆不俱贅. 如茅子貞君等, 推重以黃梨洲・王航山・顧亭林諸賢, 而比擬之者, 總合爲二十八聖哲之多(題評帖俱載, 玆不盡錄), 何其盛也! 然吾師常撝謙不居也.

아! 예전에 타고르[49]라는 한 인도 철학자가 동서양 각국에서 연설하되, 대개 우리 정신을 수양해서 몸소 체득할[50] 것을 말했다. 아! 오직 부강하기를 추구하는 저들은 탐욕에 사로잡혀 자멸할 날이 온다고 운운하니, 여러 나라에서 그를 성인의 반열로 숭배했다. 하물며 지금 이 책이 한번 나오면 감동해 떨쳐 일어날 자들이 장차 어떠하겠는가? 이른바 '학문으로 세계를 좌우할 만한 것'은 경험에서 어긋나지 않으니, 시도하여 징험할 수 있다. 하지만 반드시 숙독하고 정밀하게 연구한 뒤에야, 비로소 이 말이 그르지 않음을 알게 될 것이다.

嗚乎! 往年有一印度哲學士打古尼者, 演說東西各邦, 大槪吾人修養精神以誠身. 噫! 彼專鶩富强者任其貪惡而自戕, 有曰云云, 列邦均崇拜以聖人之列. 況今此書一出, 其所感發而興起者將如何哉. 所謂學以能右世界者, 經驗不忒, 來猷可徵. 然必熟讀精究, 而後方知斯言之不謬矣.

[전병훈 선생 문하의] 동문에 유장儒將[51] 서너 분이 있어 약간 본을 인쇄하도

---

49 라빈드라나드 타고르(1861~1941)는 인도의 시인이자 작가, 교육가이다. 근현대에 인도의 문화와 정신을 세계에 알린 인물로 유명하며, 아시아 최초의 노벨 문학상 수상자이기도 하다.
50 '성신誠身'은 몸을 정성스럽게 하는 것이다. 공부를 실천하여 몸소 행하는 체득의 경지를 가리킨다.
51 문무를 겸비한 장수, 혹은 선비 출신의 장수를 '유장儒將'이라고 한다. 전병훈의 제자로 북

록 기부해 도와주니, 역시 하나같이 세상을 구제하려는 자비심이다. 어찌 아름답지 않은가! 이에 신통神通하고 겸성兼聖[52]하는 일대 철학서를 세상에 널리 펴내니, 신구新舊의 학문 원리가 비로소 원만하게 집합했다. 누군들 환영하여 배움의 전당에 오르지 않으리오! 서문을 지어 이를 칭송한다.

同門有儒將三數君, 捐印若干本以嘉惠, 亦一救世之婆心也. 曷不懿哉! 於是神通兼聖之一大哲學書, 放采宇宙, 新舊學理始臻於圓滿也. 孰不歡迎而升堂哉. 序以頌之.

중화민국 8년 기미己未[1919년] 늦봄. (제자) 우람전于藍田이 연경燕京[北京] 서쪽 교외 향산香山 송당松堂[53]의 양진헌養眞軒에서 손을 씻고 삼가 쓴다.

中華民國八年己未暮春, (弟子)于藍田沐手謹書於燕京西郊香山松堂之養眞軒.

이 서문에서 여러 대가의 품평(題評)을 낱낱이 서술하니, 비록 빈약한 듯해도 (병훈의) 마음에서 이는 단군과 기자 이후 특별히 외람되게도 전에 없던 특수한 대우를 받는 것이라, 어찌 훼멸하여 전하지 않을 수 있겠는가? 그리하여 문하 제자들이 제기한 의견을 참작해 버리지 않았다. 독자들께서 헤아려 주시지 않겠는가?[54]

양정부 시기의 무관 관료들이 많았다.

52 '겸성兼聖'은 전병훈 철학의 주요 개념 가운데 하나로, 참나를 이뤄 선인仙人의 경지에 오르는 동시에 위대한 사회적 리더(聖)의 자질을 겸비하는 것이다. 본문에서는 '겸성'을 전병훈 철학의 고유 개념 그대로 사용한다. 이 개념에 관한 보다 상세한 설명은 전병훈의 책 전체 「서문」에 보이며, 해당 각주를 참고한다.

53 송당松堂은 북경시 향산香山 남쪽 기슭에 있다. 본래 분향사焚香寺 인근의 '내원재來遠齋'라는 작은 정자였는데, 백여 그루의 백송白松이 정자를 둘러싸고 있어 '송당'으로 불렸다.

此序歷敍諸家題評, 雖若淺露, 而然在(秉薰)心理, 此是檀‧箕以後, 特別
謬濫之空前殊遇, 顧何可湮沒而無傳乎? 是以商酌門弟之起見, 而不舍焉.
覽者諒情否?

---

54 이 단락은 우람전于藍田이 대표 집필한 「약부제가평언서畧附諸家評言序」에 더해 전병훈이
    붙인 짧은 소회의 글이다.

정신철학통편 서精神哲學通編敍

우주는 광대하고 만물이 번성하니, 이화理化[55]의 오묘함이 그윽하고 심오하여 아주 신기하다. 우리가 작디작은[아득히 작은][56] 몸으로 그 사이에 있으니, 거의 막막하여 마치 헤매는 듯하다. 그렇기에 이상을 품어 ['우주' 내지는 '이화의 오묘함'에] 통하고자 하니, 이것이 성리학(理學)·철학·도학道學·불학佛學·정치학이 생겨난 까닭이다. 그러나 각자 그 학설을 이루고 각자 한 가지 옳음을 으뜸으로 높이니, 편중되지 않고 적중適中하며 불편부당한 것을 구하려고 해도, 그것이 매우 어렵다. 또한 뛰어난 철인들이 내놓은 저작들이 누적돼 바다처럼 광대하여, 읽어도 다 읽을 수 없다. (내가) 매번 여러 학파의 설을 모아 그 정수를 캐고 쭉정이를 버리며 복잡한 것을 간추리고 무성한 것을 가다듬고자 했으나, 부끄럽게도 학문이 천박하여 할 수가 없었다.

마침 사문斯文[57]의 어른이신 서우曙宇 전全 선생께서 손수 『정신철학통편』

---

55 '이화理化'는 우주 만물이 질서를 잡아 운행 변화해 가는 것, 혹은 인간 세상이 문명 질서를 확립하고 운용하는 것을 가리킨다.

56 원문이 명문본에는 '細小', 국중본에는 '藐然'으로 되어 있다. 명문본을 기본으로, 국중본은 [ ]안에 번역했다.

57 '사문斯文'은 조선에서 통상 유학자들이 유교의 도의나 문화를 일컫는 말로 쓰였지만, 중국에서는 문화(culture) 혹은 문인과 교양인(intellectual) 일반을 통칭했다. 여기서는 전병훈

을 지어 보여 주시며 그 앞머리에 서문을 더할 것을 촉탁하셨다. 엎드려 절하고 읽었는데, 마치 취한 듯이 미친 듯이 책상을 치며 절규하는 것을 나도 미처 깨닫지 못했다. 어떤 책이 내 마음을 실로 이처럼 사로잡았던가! 고금古今의 종교와 과학을 통합해서 완미하게 갖추지 않음이 없다. 방대하게 수집하고 명쾌하게 평론하니, 우주 간에 이른바 "한 근본이 온갖 다름으로 흩어지고 온갖 다름이 끝내 한 근본으로 돌아간다"는 것이다.

선생께서 진실로 그 본말을 총괄하고 그 신묘하고 심오한 이치를 끝까지 관철하여, 이로써 도道와 성聖[58]의 정수 그리고 지행知行의 극치에 이르는 요령을 확립하셨다. 이야말로 혼탁한 세상에서 보배로운 뗏목(寶筏)[59]을 새로 만든 것이 아니겠는가? 칸트가 예로부터 내려온 철학을 총괄해 도덕학(道學)으로 귀결한 이후 비로소 실용하게 된 공적에 비견해도, [전병훈 선생의 공적을 성취하기가] 더욱더 어려우니 사람들이 모두 진귀하게 여길 만한 것이다. 훗날 성인을 희구하는 자로 하여금 고적古籍을 죄다 연구할 필요가 없게 하고, 신선을 구하는 자로 하여금 단경丹經을 찾을 필요가 없게 하며, 부처를 바라는 자로 하여금 불경(藏典)을 뒤질 필요가 없게 하고, 서양철학을 원하는 자로 하여금 멀리 험한 바다를 건널 필요가 없게 하였다. 손에 이 책 한 권이면, 모든 것을 이루는 수단이 손아귀에 들어온다. 여러 대도시에 가면 온갖 사물이 다 있는 것과 같고, 사통팔달의 교차로에 올라서면 어디로나 통하는 것과 같다. 뜻있는 자가 이를 탐구해 각자 그 분수껏 채운다면, 정신이 굳게 응결하고 성명性命이 늘 머무를 뿐만 아니라 이로써 원만한 덕과 겸성兼聖을

을 따르던 문인그룹을 지칭하는 것으로 볼 수 있다.

58 도道는 도교, 성聖은 유교를 가리킨다.

59 '보벌寶筏'은 보배로운 뗏목으로, 불교에서 중생이 미혹의 강물을 건널 수 있도록 하는 뗏목으로 부처님의 법을 비유한 데서 비롯하였다.

이루니, 영원한 즐거움(永樂)과 태평의 희망이 거의 또한 여기에 있을 것이다.

내가 선생을 좇아 도를 들은 지 몇 해만에, 옥청玉淸[60]을 몰래 엿보고 참나가 돌아오며 마음은 세계의 일부가 된 지 이미 오래되었다. 아! 세상에 이처럼 참나를 갖춘 참된 선비가 있어 이 책을 드러내 밝히니, 분명히 우연한 조짐이 아니다. 오회정중午會正中[61]을 맞아 온 누리에서 극히 문명화된 인류가 복을 지을 때, 이 책으로 인하여 더욱 진화하고 아름다워지지 않으리라는 것을 어찌 알겠는가? 이를 '서敍'로 삼는다.

宇宙之大, 庶物之繁, 理化之妙, 玄玄奧奧, 神乎其神. 吾人以細小微軀, 介乎其間, 幾茫乎其若迷矣. 于是乎有理想以通之, 此理學·哲學·道學·佛學·政治學所由出也. 然各成其說, 各宗一是, 欲求其適中恰當, 不偏不倚者, 戞乎其難之. 且俊哲輩出著作累積, 浩汗如海, 讀不勝讀. (余) 每欲會萃諸家之說, 撮其精粹, 棄其糟粕, 使繁者以簡, 茂者以純, 方愧學修疎淺莫勝. 適斯文丈席, 曙宇全先生以其手著《精神哲學通編》見示, 囑以一言弁其首. 拜讀之下, 不覺若醉若狂, 拍案叫絶. 何其書之實獲我心也! 統古今宗敎科學, 無美不備. 搜輯宏富, 評論確切, 宇宙間所謂一本散爲萬殊, 萬殊仍歸一本者. 先生誠能綜括其原委, 貫徹其神奧, 以立道精聖髓, 知行極致之要, 此非迷津之新造寶筏乎? 譬諸康德之總古來哲學, 以歸道學, 然後始爲實用之功, 尤有難焉, 而人皆可珍者也. 使後之希聖者不必盡硏古籍, 求仙者不必拜訪丹經, 欲佛者不必偏披藏典, 願西哲者不必遠涉重洋, 手此一編, 筌蹄在握, 如入五都之市, 無奇不有, 如登九達之衢, 無往不通矣. 凡有志者講究於斯, 各充其分量, 則不惟精神堅凝, 性命常住, 以成圓德兼聖, 而永樂太平之望, 幾亦在此乎! 余從先生聞道有年, 竊窺其玉淸, 眞我已來, 心乎世界之一份子, 久矣. 烏乎! 世有此眞我

之眞儒闡出此編, 諒非偶然兆朕. 當午會正中, 宇內極文明之人類造福,
安知不由是增進而嘉致哉? 是爲之敍.

중화민국 8년 기미(1919) 중하仲夏.[62] (가르침의 혜택을 받은)[63] 대성大城 장
소증張紹曾[64] 경여敬輿[65]가 삼가 쓴다.

中華民國八年己未仲夏, (受益)大城張紹曾敬輿氏拜書.

---

62   '중하仲夏'는 절기상 한여름으로 통상 음력으로는 5월, 양력으로는 6~7월 무렵에 해당한다.
     앞에서 우람전于藍田이 「약부제가평언서畧附諸家評言序」를 쓴 때가 기미己未년(1919) 늦봄
     (暮春)이고, 장소증張紹曾이 다시 위의 서문을 쓴 때가 그해 한여름이었다. 그에 앞서 전병
     훈은 무오戊午년(1918) 동지冬至에 『정신철학통편』의 「서론」을 이미 작성하였다. 1918년
     부터 1919년까지 책의 출간이 준비되는 과정을 알 수 있는데, 『정신철학통편』은 1920년
     2월 7일 당국의 승인을 받아 최종 출판이 이뤄졌다.
63   '수익受益'은 "혜택을 받다" 또는 "소득을 얻다"라는 뜻으로, 상대방에게 감사를 전하는 표
     현이다. 주로 편지나 서신에서 상대방의 은혜에 감사를 전할 때 서두로 많이 쓰였다.
64   장소증(張紹曾, 1879~1928)은 중화민국 초기의 정치가이자 군인으로, 1923년 여원홍(黎元
     洪)이 재차 총통에 올랐을 때 국무총리 겸 육군총장을 역임했다. 전병훈이 북경에 거주하
     던 시절에 그의 유력한 제자가 되었다. '대성大城'은 그의 고향인 직예直隸 대성현大城縣으
     로, 지금의 하북성河北省 낭방시廊坊市에 속한다.
65   '경여敬輿'는 장소증의 자字이다.

정신철학통편 범례精神哲學通編凡例

하나. 편례編例[66]는 비록 스스로 터득한 견해라도, 반드시 옛사람의 확증을 세워 태화蛻化[67]의 근본으로 삼는다.

一. 編例雖是自得之見, 而必立古人確證, 爲蛻化之本.

하나. 앞사람의 순수한 말을 존중해 이를 모아 단락을 짓고, 단지 안설按說[68]을 사용해 내 의견을 펼쳤다. 앞사람의 훌륭한 공리公理를 훼멸치 않으려는 것이다.(옛날이 지금보다 뛰어난 것이 있다.)

一. 尊重前人之粹言, 以爲集章, 只用按說, 以暢己意. 蓋欲不沒前人善之公理也.(古勝於今者有之.)

하나. 도경道經[69]이 경세經世의 이론을 아우르지만 간혹 세상을 놀라게 하

---

66   '편례編例'는 책의 편찬 원칙을 가리킨다.
67   '태화蛻化'는 본래 곤충의 탈피 현상을 가리킨다. 유충이 탈피해 나비로 날아오르듯, 옛 학설을 전거로 새로운 견해를 제기하는 것을 비유한다.
68   '안설按說'은 다른 이의 글에 자기 생각을 덧붙여 쓰는 문체의 방식이다.

는 이상한 말이 있어, 애석하게도 유학자들이 진리와 함께 이를 폐기했다. 지금 그 지극히 신묘한 진리를 가려 취해 이로써 세상에 보탬을 주고 사람들을 제도한다.

一. 道經雖兼經世之論, 然或有警世異常之言, 惜儒子並與眞理棄之. 今揀取其至神眞理, 以補世度人.

하나. 옛것을 지키는 사람은 새것에 어둡기 쉽고, 새것에 경주하는 자는 옛것에 어둡기 쉽다. 옛것과 새것을 조제調劑해서 덕을 완성하면 진화의 극치에 이른다. 아울러 서양철학의 새로운 요지를 취해 싣는다.(지금이 옛날보다 뛰어난 것 또한 있다.)

一. 守舊者易以昧新, 鶩新者易以昧古, 要將調劑新舊而成德, 乃爲進化之極致矣. 並取西哲新要以載之.(今勝於古者亦有之.)

하나. 심리·도덕·정치의 여러 학설에 모두 과학이 있으니 어찌 군더더기를 용납하겠는가? 하지만 보는 바에 혹은 서로 결점을 호환할 수 있는 것이 있다. 이 [상·중·하] 세 편 역시 신구新舊 철학 정수의 요언要言을 취하고 내 의견을 덧붙여 만든다.

一. 心理道德政治諸說皆有科學, 安容餘贅? 然所見或有可以互換缺點者有之. 此三篇亦取新舊哲眞精粹之要言, 以附己意見成之.

하나. 금단金丹의 학문은 부자간에도 서로 전하지 않았다. 그러므로 여러

---

69 도교의 경전을 가리킨다.

번 단독으로 법이 진화했으나, 널리 펴서 경세經世할 수 없었고 또한 유신惟新할 수도 없었다. 지금 정신의 공용公用으로 만드니 비로소 진화하고 다시 새롭게 되었다. 학인學人[70]들이 마땅히 유신惟新의 책[71]으로 보는 것이 옳다.

一. 金丹之學, 父子不相傳. 故屢度單法進化, 然未能廣布經世, 且不能維新矣. 今作精神之公用, 則始爲進化維新者也. 學人當看作維新書可矣.

하나. '정신', '심리'는 수양하여 참나를 이루는 내성內聖의 학문이다. '도덕' '정치'는 예치와 병행하여 형조刑措[72]를 바라는 것으로, 외성外聖·지덕至德의 학문이다. 편례는 동서고금에 한정하지 않고 참되고 순수한 것을 모두 포괄하며, 이로써 겸성兼聖하는 성인이자 진인(聖眞)이 되어 세상을 지극히 즐겁게 하는 책을 만들었다.

一. 精神心理爲修養成眞內聖之學, 而道德政治, 幷行禮治, 期以刑措者, 外聖至德之學也. 編例不限古今中外而總括眞粹, 以成兼聖聖眞, 致世極樂之書焉.

하나. 책을 편찬해 만든 뒤에 요행히 『천부경』을 얻었고, 그리하여 이를

제1편(首篇)으로 삼았다. 이로부터 동아시아 정신精神·겸성兼聖 철학의 학리가 더욱 원만해졌다.

一. 編成後幸得天符經, 故以作首篇. 從以東亞精神兼聖之哲學理, 愈臻圓滿矣.

서론

緒論

사람의 자유는, 정신을 기르고 참나[73] 이루기만 한 것이 없다

人之自由, 莫如養神成眞者

정신은 하늘에 근원한다. 근세의 이른바 '철학'은 원리지식의 학문(原理知識之學)으로, 서구의 최고 학술이다. 혹은 '형이상학'이라고 하고, 혹은 '태극과학太極科學'[74]이라고 부른다. 하지만 이것은 우리 유교의 궁리진성窮理盡性 학문과 동일한 진리로, 보는 바에 단지 상세하고 소략한 차이가 있을 뿐이다. 도교와 불교가 비록 같은 근원이라고 하나, 도법道法은 단지 '정신'상의 학문일 뿐이다. 어째서 그런가? 무릇 정精 · 기氣 · 신神이 엉기고 모여 사람의

---

73 전병훈은 '진아眞我'를 완성해 하늘에 합하는 것을 정신수련의 궁극 목표로 삼았다. 원문에서 '眞我' 개념이 많이 보이고, 혹은 간단히 '眞'으로 표기하기도 한다. 이를 공히 '참나'로 번역한다.

74 본문 상편 권2「심리철학」'제15장 서양 최근 심리철학, 신경론(第十五章 歐西最近心理哲學神經論)'에서 케베르를 다루면서 '태극의 과학'(太極之科學)을 말하는 부분을 참고한다. '태극과학' 개념의 연원에 대해서는, 해당 구절의 각주에서 다시 상세히 설명한다.

몸을 이룬다. 그러므로 도법은 현빈玄牝[75] 안에서 신으로 정과 기를 운용하여, 정을 달궈 기로 변화시키고(煉精化氣), 기를 변화시켜 신을 이루고(氣化爲神), 신을 변화시켜 참나를 이뤄(神化成眞) 하늘에 합하는 것이다. 이것이 큰 도의 참된 전승이다.

삼대三代[76] 이전 사람들은 모두 도道로 학문을 삼았다. 황제黃帝와 노자老子뿐만 아니라 복희伏羲·신농神農·요堯·순舜·이윤伊尹·부열傅說[77]의 역년歷年이 장구하며, 세상 사람들보다 월등하게 어질고 장수했던 것이 바로 이 때문이다. 그러나 이 도는 광성자廣成子[78]부터 극히 신비화되었으니,[79] 그리하여 법이 오래되자 폐단이 생겨났다. 게다가 저 유학자들이 이를 나눠 둘로 쪼갰고,[80] 그러자 도를 숭상하는 사람들이 도를 얻어 참나를 이뤄도 세상을 업신여기고 오히려 남들이 알까 염려하였으니, 어찌 널리 알리고자 했

---

75 '현빈玄牝' 개념은 『노자』 6장(통행본)에 처음 나온다. "谷神不死, 是謂玄牝, 玄牝之門, 是謂天地根. 綿綿若存. 用之不勤." 전병훈이 말하는 '현빈'의 자세한 내용은 본문 제3장을 참고한다.

76 중국 하夏·은殷·주周 삼대三代의 고대 왕조를 가리킨다.

77 복희伏羲·신농神農·요堯·순舜은 중국 고대의 전설적인 제왕들이다. 이윤伊尹은 은나라 태종太宗 때의 명신名臣이고, 부열傅說은 은나라 고종高宗 때의 재상이다.

78 광성자廣成子는 황제가 도道를 물었다는 상고시대의 전설적 신선이다.

79 엄밀히 말하면, 후대의 도교에서 광성자廣成子를 신비화하였다고 말하는 것이 옳다. "황제가 광성자에게 도를 물었다"(黃帝問道廣成子)는 고사는 『장자莊子·재유在宥』에 이미 보인다. 하지만 한대漢代에 『황제내경』 등에서 이 설화가 다시 등장하고, 진晉나라 때 갈홍葛洪의 『신선전神仙傳·광성자廣成子』에서 공동산崆峒山의 석실에 살며 천년 넘게 장생했던 옛 신선으로 광성자를 소개한다. 훗날 도교에서는 최고신으로 숭상하는 삼청三淸의 하나인 태상노군太上老君이 노자老子·마니摩尼 등으로 무량하게 화신하며, 광성자 역시 그 화신의 하나라고 여겼다. 이는 부처가 무량하게 화신한다는 불교 교설의 영향을 받은 것이다. 이처럼 광성자가 신비화되면서 광성자에 가탁하는 많은 교설과 전적이 후대에 만들어지는데, 전병훈은 이를 광성자부터 시작된 것으로 오인하고 있다. 이는 도교에 대한 체계적인 연구가 미흡했던 당시의 학문적 한계에서 비롯된 것이다.

80 옛적에 하나로 통합되어 있던 '진성안명盡性安命'과 '응성주명凝性住命'의 도법을 후대 유학자들이 둘로 나누어 전자를 고집하고 후자를 배척하여, 그로 인해 성인의 학문(聖學)과 신선의 학문(仙學)이 분열되었다는 뜻이다.

겠는가?

유학자가 되어 세상을 다스리는 자들이 단지 성性을 다하고 명命을 편안히 여기는 데 그쳐[81] 참나를 잃어버렸고, 도리어 이를 배척했다.[82] 게다가 또한 청담淸談[83]이 세간의 비난을 산 지 오래되었다. 그러니 누가 세속 밖(方外)에 이처럼 정신을 응결하고 성명性命을 보존하는 학술이 있음을 알고, [세상사와] 아울러 이를 궁구했겠는가? 아울러 궁구해도 실제로 증험할 수 없으니, 누가 다시 이를 세상에 널리 알리고 이로써 공공의 이익(公益)을 진작했겠는가? 또한 비록 공공의 이익을 바라더라도, 『도장道藏』이 만권이나 되는 데다 거짓이 많고 샛문(旁門)[84]들이 뒤섞여 있어, 누가 능히 가려 뽑고 취사선택해서 참나의 진면목을 보았겠는가? 그리하여 세상과 어긋난 것이 유래가 이미 오래되었다.

精神, 原天也. 近世所稱哲學名義, 乃原理知識之學, 而爲歐西之最高學術, 或謂以形而上學, 或謂以太極科學也. 然此與吾儒窮理盡性之學, 同一眞理, 而所見只有詳略焉耳. 道佛則雖云同源, 而道法只是精神上學也. 何以然哉? 蓋精氣神凝聚以成人軀, 故道法以神運用精氣於玄牝之內, 煉精化氣, 氣化爲神, 神化成眞而合天者, 此是大道眞傳也. 三代以上之人,

---

81 '진성盡性'은 "성품을 다한다", "성품을 깊이 파고들어 연구한다"는 뜻이다. 『중용中庸』의 "惟天下至誠, 爲能盡其性, 能盡其性, 則能盡人之性", 『주역周易·설괘전說卦傳』의 "窮理盡性, 以至於命" 등에서 비롯해 유학의 주요 의제가 되었다. '안명安命'은 "목숨을 편안히 한다", "운명에 순응한다"는 두 가지 이상의 뜻을 함축한다.
82 전병훈은 '진성안명盡性安命'과 '응성주명凝性住命'으로 유가와 도가의 차이를 대별했다.[儒家盡性安命, 道家凝性住命.] 유학은 본성을 깊이 연구했지만 주어진 운명을 편안히 받아들일 것을 요구했고, 도교 내단학은 성품을 응결하고 목숨을 보존하는 데 주력했다. 전병훈은 이 둘이 본래 하나의 도법에서 기원했으나 훗날 분열되었다고 보았으며, 그 분열을 극복해 본성의 연구(盡性)와 생명의 보존(住命)을 아울러 도모할 것을 주장했다.
83 '청담淸談'은 중국 위魏·진晉 시대에 일어난 현학玄學 담론의 풍조를 가리킨다. 훗날 방탕한 사조로 비판받았다.
84 '방문旁門'은 샛문으로, 여기서는 비정통적인 학설이나 주장을 가리킨다.

皆以道爲學. 不惟黃老而義·農·堯·舜·伊傳之歷年長久, 躋世仁壽者,
良以此也. 但是道也, 自廣成因極神秘, 故法久弊生. 矧伊儒子分而二之,
於是尚道者, 得道成眞則傲世, 猶恐人知, 豈肯公布哉? 爲儒而經世者, 則
只盡性安命而遺眞, 反闢以攻之, 矧又淸談爲世詬病已久也. 然則孰知方
外有此凝精神住性命之學, 而能兼致者耶? 旣不能兼致, 以得實驗, 則誰
復公布於世, 以作公益者耶? 且雖欲公益, 而道藏萬卷, 多僞雜旁門, 孰能
揀擇祛取, 見其眞我之眞面目者耶? 所以與世背馳者, 由來已久耳.

아! 내가 본래 유학을 업으로 삼았으나 50세가 되도록 성취가 없고, 도道가
응결되는 징험을 보지 못했다. 동월東粵[85]을 떠돌며 『주역참동계』[86]를 연구
했지만 스스로 해득하지 못했는데, 마침내 나부산羅浮山에 들어가 참 스승(眞
師) 고공섬古空蟾[87] 선생을 만났다. [선생은] 백발이 검게 돌아왔고, 단지 반 치
(寸) 남짓하던 백발도 이듬해[88]에 모두 검어졌다. 참으로 뛰어나고 특이한 기
험奇驗이다.[89] 현빈玄牝의 참된 요지를 간절히 청해 물었지만, 대개 '성인 또

---

85 동월東粵은 지금의 광동성廣東省 일대를 가리킨다.

86 『주역참동계周易參同契』는 동한東漢의 황로도黃老道 계열 방사로 추정되는 위백양魏伯陽의
    저술이다. 『주역』의 원리로 연단술을 논구했다.

87 전병훈의 다른 글에 따르면, 고공섬의 본명은 '고성명古誠明'이다. "羅浮山空蟾先師(姓名古誠
    明), 玄關打坐式傳述(支那人, 九十歲紺髮)."[『仙佛家眞修語錄』 3쪽.] '공섬空蟾'은 이름이 아닌 호
    號로, '허공의 달(빛)'을 뜻한다. 섬蟾은 곧 두꺼비다. 예로부터 사람들은 달에 두꺼비가 산
    다고 믿었다. "月中有蟾蜍."[『淮南子·精神訓』] 고공섬이 은둔한 나부산은 북송의 저명한 도
    사 백옥섬白玉蟾이 수도한 장소로 유명하다. '옥섬玉蟾'의 호 역시 달 속의 두꺼비로, '공섬'
    과 의미가 상통한다. 고공섬이 백옥섬을 기려 본인의 호를 지었을 가능성이 높다.

88 전병훈이 1910년 봄 나부산에서 고공섬을 만났으니, 그 이듬해(翌年)는 1911년이 된다.

89 다른 장절에 다음과 같은 구절이 있어서, 서로 대조하여 참고할 만하다. "나는 경술년
    (1910) 봄에 처음 고 선생을 만났다. 선생은 구학문의 거봉으로 입산해 면벽을 한 지 이미
    7년이었고, 백발이 거의 검게 돌아와 있었다. 단지 반 치(寸) 정도 남아 있던 백발도 이듬해
    에 모두 검게 되었다. 그러므로 그가 도를 이뤄서 스스로 감추지 못한다는 것을 사람들이
    모두 알게 되었다. 아! 내가 경이로움에 심히 놀라 탄식했다. '세상에 이처럼 신神으로 화化
    하는 기이한 징험(奇驗)이 과연 있구나!'"[余於庚戌春, 始遇古先生. 先生以舊學巨子, 入山面壁已

한 능치 못한 바가 있으니 이런 것 등이다'라고만 말했다. 그러니 또한 의문을 풀 수 없었다. 마침내『도장道藏』(2천여 권)을 전부 다 정밀히 연구하고 몸소 실험하여 10년이 되자 비로소 (주년周年에)**90** 신神이 현관玄關에 응결하고, 차례대로 도가 이뤄지는 증험이 어긋나지 않았다. 그런 뒤에 스스로 경계해 말했다. "도가 응결돼 별처럼 빛나는데, 감로甘露는 세상에 드물어라. 온 세계를 한 집안으로 보니, 자비로운 구름**91**이 먼 천공에 걸렸네. 아! 이야말로 온 누리 사회와 동포에게 나눠 베푸는 천부天賦의 원력願力이로다."

> 噫! 余素業儒, 五十無成, 未見道凝之驗, 而梗漂東粵, 研究『周易參同契』不能自解. 遂入羅浮山. 遇眞師古空蟾先生. 髮白還黑, 只半寸餘白者, 翌年盡黑, 誠絶異之特殊奇驗也. 懇求以聞玄牝之指眞, 則蓋云聖人亦有所不能者, 此等也. 然亦不能釋疑. 遂竭鈍精於道藏(二千餘卷), 而躬自實驗者十載, 始焉(周年)神凝玄關, 而次第道成之證驗不差, 然後乃自箴曰 "道凝辰表, 甘露曠世, 家視宇內, 慈雲長空. 烏乎! 此是分畀宇內社會同胞之質天願力也."

서양철학자 칸트**92**가 말했다. "우리 정신이 반드시 육신과 더불어 생멸하는 것은 아니다. 더욱 고등한 성명性命이 있으니 곧 '본질'이고, '참나'(眞我)이다. 참나는 언제나 시간과 공간 밖에서 초연히 자립하여 자유롭고 활발한 한

七年, 白髮幾乎還黑, 只半寸留白者, 翌年盡黑. 故人皆知其成道而自不能諱掩也. 烏乎! 余甚愕異而嘆 "世果有如此神化之奇驗乎."]「제2편 정신을 운용해 참나를 이루는 철리 요령」제5장 제1절.

90 여기서 '주년周年'은 전병훈이 회갑을 맞은 1917년(丁巳)이다. 이에 관한 논증은『우주의 정오』1171~1172쪽을 참고한다.

91 '자운慈雲'은 구름이 하늘을 덮듯이 부처님의 은혜가 널리 미친다는 불교의 은유로, 이 용어를 빌려 전병훈이 득도한 순간의 감회를 표현한다.

92 칸트(Immanuel Kant, 1724~1804)는 독일 쾨니스베르크 출생의 철학자로서 서양의 근세철학을 집대성하고, 전통적 형이상학을 비판하며 비판철학을 탄생시켰다. 저서로『순수이성비판』,『실천이성비판』,『판단력비판』등이 있다.

사물이 되니, 다른 것이 능히 속박할 수 있는 게 아니다."[93] 또한 "장생술은 철학가의 지극한 말이다"라고 말했다. 이로써 볼 때, 서양철학도 이미 정신이 불멸하는 참나의 경지에 도달했다. 그러나 현빈玄牝을 운용해 양신陽神이 출현하는 오묘함에는 아직 투철하지 못했으니, 그러므로 참나의 진면목을 볼 수 없었다.

> 西哲康德曰: "吾人精神, 當必不與色身俱生滅. 復有高等性命者, 卽本質也, 卽眞我也. 眞我者, 常超然自立於時間空間之外, 爲自由活潑之一物, 非他之所能牽縛." 又曰, "長生術, 爲哲學家至言." 由此觀之, 西哲學已到精神不滅眞我之境也. 然尙未透玄牝運用, 陽神出現之妙. 故不能見眞我之眞面目也.

사람의 정신이 성명이 된다. (신神이 성性이고, 정精이 명命이다.) 그러므로 본성을 다하고(盡性) 목숨을 보존코자(住命) 한다면, 반드시 먼저 정을 기르고(養精) 신을 응결해야(凝神) 한다. 정을 기르고 신을 응결하는 학문이 참된 성

---

93 다른 장절에 다음 구절이 있어서 대조할 만하다. "칸트가 또한 말했다. '사물의 현상은 변하는 것이다. 사물의 본질은 불변하는 것이다. 변하는 것은 실로 허공과 영겁 사이에 그 삶을 위탁하며, 생기면 소멸하지 않을 수 없다. 하지만 불변하는 것은 시간·공간과 조금도 교섭함이 없다. (공간은 횡으로 말하고 시간은 종으로 말하니, 우리 '우주'의 뜻과 같다.) 우리가 여기서 하등생명(오장·육체적 생명)의 밖에 다시 고등생명으로 존재한다. 고등생명이란, 곧 본질이며, 곧 '참나'이다. 이런 '참나'란 항상 초연하게 시간과 공간의 밖에 존립하고, 자유롭고 활발한 하나의 사물이 되어, 다른 것이 능히 속박할 수 있는 게 아니다. 그러므로 '자유의 이법'과 '어길 수 없는 이법'이 함께 존재해 등지지 않는다고 말하니, 곧 그것이다.'"[康氏又曰 "物之現象, 其變者也. 物之本質, 其不變者也. 其變焉者, 固託生於虛空與永劫之間, 有生而不能無滅. 至其不變者, 則與時間空間, 了無交涉. (空間以橫言, 時間以竪言, 如吾宇宙之意.) 吾人於此下等生命之外(五官肉體之生命), 復有其高等生命者存. 高等生命者, 卽本質也, 卽眞我也. 此眞我者, 常超然立於時間空間之外, 爲自由活潑之一物, 而非他之所能牽縛. 故曰 '自由之理, 與不可違之理, 並存而不背者'此也.] 「도덕철학」 '제9장 서구 도덕철학의 중고·근세·최근을 아울러 논하다'.

명쌍수性命雙修의 도이니, 삼대 이전 사람들이 모두 배웠던 이른바 '정신 전문학'(精神專學)이다. 뒤에 노자와 불교에서 그 법이 더욱 상세해졌다. "성性의 본체와 명命의 구슬(性體命珠)[94]이 견고히 응결해서, 마치 금강왕金剛王처럼 항상 머물러 무너지지 않는다"[95]는 것이 어찌 더없이 훌륭한 철리의 극치가 아니겠는가? 이는 금단金丹철학을 말한다. '금단'은 선천 태극의 건금乾金[96]으로 사람에게 품부돼 성명性命의 리理를 이루는데,[97] 단은 곧 마음이다. 그러나 동양철학의 여러 학파가 노자를 지목해 순수한 철학으로 여기고 그것이 금단철학임을 규명치 않으니, 정신에 관해 보는 바가 또한 서양철학과 같을 뿐이다.

人身之精神爲性命.(神是性精是命) 故將欲盡性住命, 則必先養精凝神. 養精凝神之學, 眞性命雙修之道, 卽三代以上人人皆學, 所謂精神專學也. 後至老佛其法益詳, 性體命珠堅凝, 如金剛王常住不壞者, 詎非無上哲理之極致者耶? 是謂金丹哲學. 金丹是先天太極乾金賦人爲性命之理, 丹卽心也. 然東哲諸家, 指老子以爲純正哲學, 而未究其爲金丹哲學, 則精神上所見, 亦與西哲同焉耳.

---

94 '성性의 본체와 명命 구슬'은 성체명주性命珠를 직역한 것이다. 전병훈의 철학에서 볼 때, '성체性體'는 곧 정신이며, '명주命珠'는 정신이 응결된 단丹을 함축한다.

95 이 구절은 『수능엄경首楞嚴經』에서 일부 인용한 것이다. "世尊如果位中, 菩提·涅槃·眞如·佛成·菴摩羅識·空如來藏·大圓鏡智, 是七種名, 稱謂雖別, 淸淨圓滿, 體性堅凝, 如金剛王, 常住不壞."[『首楞嚴經』「正宗分·修道分」].

96 건乾(☰)이 오행에서 금金에 속하므로 '건금乾金'이 된다.

97 다른 장절에 다음과 같은 구절이 있어서, 서로 대조해 참고할 만하다. "금은 선천 태극의 건금乾金으로, 사람의 성명을 이루는 것이다. 이는 본래 하늘(乾家)에서 나온 것인데 지금 머리(乾)로 되돌아간다. 그러므로 '환단還丹'이라고 일컫는다."[金是先天太極乾金, 爲人性命者, 是本乾家所出, 而今還歸於乾, 故曰還丹.]「제2편 정신을 운용해 참나를 이루는 철리 요령」제7장 제1절.

동아시아의 학문은 공자에 이르러 비로소 학설을 갖췄다. 경전에서 논한 바는, 천도天道에 말미암아 인사人事를 밝힌 것이 아닌 게 없으니, 일상의 실용부터 제도준칙·정치·교육·경세經世의 법까지 완비하지 않은 것이 없었다. 하지만 사마천司馬遷이 말했다. "도가는 명가와 법가를 통합하고, 유가와 묵가를 묶으며, 음양가와 합치해서 함이 없으면서도 하지 않는 것이 없다."[98] 그러므로 도가는 포용하지 못하는 바가 없다고 할 수 있다. [유가의] 학문은 송나라의 유학에 이르러 비로소 심성心性과 이기理氣의 논의가 있었는데, 거의 철학사상이었지만 이를 '철학'의 이름과 뜻으로 호명한 사람은 없었다. 하물며 도가야말로 전적으로 정신의 철리라는 것을 누가 능히 간파했겠는가? (유교경전 가운데 '정신'을 말하는 곳이 없으니,[99] 애석하게도 정신학이 쇠퇴한 지 이미 오래되었다.)

내가 실로 사리사욕을 구하지 않고, 모래에서 금을 캐듯이 10권의 책을 엮어 『도진수언道眞粹言』[100]으로 이름을 붙였다. 무릇 이 학문은 고대에 '도학道學'으로 불렸는데, 진秦·한漢 시대부터 '신선학神仙學'으로 이름이 바뀌어 오히려 세속 밖에 사사로이 숨겨졌으니, 어찌 한스럽고 애석하지 않겠는가? 정

---

98 이 구절은 도가에 관해 사마천이 진술한 것을 전병훈 나름대로 요약한 것이다. 다음은 『사기史記』의 관련 구절이다. "道家 … 其爲術也, 因陰陽之大順, 采儒墨之善, 撮名法之要, 與時遷移, 應物變化, 立俗施事, 無所不宜, 指約而易操, 事少而功多." "道家無爲, 又曰無不爲, 其實易行, 其辭難知. 其術以虛無爲本, 以因循爲用. 無成執, 無常形, 故能究萬物之情. 不爲物先, 不爲物後, 故能爲萬物主."[『史記·論六家要旨』].

99 유교 13경(十三經) 가운데 실제로 '정신精神' 개념이 보이지 않는다.

100 『도진수언道眞粹言』은 1919년 전병훈이 북경에서 펴낸 저서로, 현재 전하지 않는다. 줄여서 『수언粹言』으로도 부른다. 이 책은 『도장』에서 내단학의 중요한 문헌들을 추려내 엮은 두툼한 분량(10권)의 선집選集으로 추정된다. 본문 제2편 제9장에 "예로부터 지금까지 남·북 7진의 책이 『수언』에 대략 실려 있다(自古至今南北七眞書, 略載於『粹言』)"는 구절이 보인다. 『도진수언』의 체계와 내용 등에 관해서는 『우주의 정오』 '제11장' 1162~1172쪽을 참고한다.

신을 기르고 응결한 극치에서 양신陽神이 출태하면,**101** 조화가 내 몸에 있고 우주가 손안에 들어오며, 위아래로 천지와 함께 유행한다. 그런데도 인류 공익의 학문을 만들지 않는 것이 옳겠는가? 이제 세상에서 공용公用하는 학문**102**을 만들어 이를 '정신철학'으로 지칭하니, 어찌 그 진면목을 옛것대로 익히면서도 다시 새롭게 하고(溫故惟新) 낡은 허물을 벗고 승화하는(由陳脫化) 것이 아니겠는가? 그래서 '정신철학'으로 명명해 부르니, 무릇 사람마다 각자 이익을 얻고 정신을 키우며 병을 물리쳐 장생하기를 바란다.(보통은 이와 같다.)**103**

東亞之學, 至孔子始有學說. 經傳所論, 無非因天道以明人事, 自日用·彝則·政治·敎育·經世之法, 罔不悉備也. 然司馬子長云"道家統名法, 綜儒墨, 合陰陽, 無爲而無不爲." 然則道家可謂無所不包. 而學至宋儒始有心性理氣之論, 殆是哲學思想, 而未有人唱明以哲學名義. 況復道家專是精神哲理者, 誰能看破耶? (經傳中未有言精神處, 惜精神學廢已久矣.) 余誠不欲自私自利, 遂祛沙揀金, 編成十卷名以『道眞粹言』. 夫此學也, 古名以道學, 自秦漢改名以神仙學, 而尙秘私方外者, 豈不可怨而可惜乎? 養凝精神之極, 陽神出胎, 造化在躬, 宇宙入手, 上下與天地同流, 如此而不作人群公益之學可乎? 今作入世公用之學, 則名之以精神哲學者, 詎非其眞面目之溫故而維新, 由陳而蛻化者耶? 是以命名曰精神哲學, 蓋欲人各受益, 增添精神, 却病延年之願也.(普通如是.)

---

101 '양신陽神이 출태出胎하'는 것은 내단학 수련의 높은 단계로, 본문의 제2편 제8장에서 그 구체적인 내용을 설명한다.

102 '공용公用'은 특정한 개인이나 조직에 의해 사적으로 독점되지 않고, 공공의 목적으로 널리 사용되는 것을 가리킨다. 학문이 대표적인 공용의 지식 체계인데, 전병훈은 금단술을 이런 학문으로 공용화하여 인류 공익에 이바지하도록 체계화해야 한다고 주장했다. 전병훈은 그 학문 체계를 '정신철학'을 표방하고 제시했다.

103 일반인의 경우에 그렇다는 문맥이다. 수련의 높은 단계는 진인眞人과 성인聖人이 되는 것을 목표로 한다.

아! 온 세계가 지금 물질을 숭상하나, 물질로부터 장차 정신으로 들어갈 것이 틀림없다. 지금 비록 정신학설이 있으나(서양의 정신학설은 아직 도가와 불가의 극치를 뛰어넘지 못했고, 최면술 등이야 말할 거리도 못 된다), 이처럼 정신을 응결해 참나를 이루고 목숨을 보존하는 학문은 일찍이 결여했다. 하물며 이 학문이 내면을 수양할 뿐만 아니라, 위로는 진인과 성인이 될 수 있고 다음으로는 병을 고치고 수명을 연장해 세상 사람을 구제할 수 있음에랴. 이를 고르게 경험하는 것이 어찌 겸성兼聖 철리의 극치가 아니겠는가? 이른바 '겸성'이란, 황제黃帝가 임금이 되어 천하를 다스리면서 아울러 수양을 해서 능히 신선이 되었으니, 그리 말하는 것이다.[104] 또한 동한東韓 단군의 『천부경』을 얻어 제1편으로 삼으니,[105] 그 지극한 철리와 겸성이 황제와 같되, 더욱 신비하고 기이한 것이다. 아! 세계의 정치가 장차 대동大同・통일로 도약하는 날, 본 편[106]이 앞길을 인도하는 선하先河요 서광이 되지 않을 줄 어찌 알겠는가?

烏乎! 宇內世界, 時尙物質, 由物質將入精神必矣. 今雖有精神學說(西之精神學說尙未透道佛之極致, 況催眠術等何足道哉!), 而如此凝結精神, 成眞住命之學, 則尙闕如也. 矧且此學也, 不惟內養, 上可以成眞成聖, 次可以却病延年, 救世度人. 均是經驗者, 則豈非兼聖哲理之極致者耶? 所謂兼聖,

---

104 '겸성兼聖'은 전병훈 철학의 주요 개념 가운데 하나로, '성스러움을 겸하다' 혹은 '성인을 겸하다'는 뜻이다. 이는 '신선 되기[成仙]' 혹은 '참나 이루기[成眞]'를 전제한 개념이다. 여기서 '성聖'은 정치적인 문맥으로, 탁월한 리더십 내지는 그런 역량을 지닌 정치지도자를 가리킨다. 즉 '겸성兼聖'은 참나를 이루는 동시에 정치적 리더십을 아울러 겸비하는 것, 혹은 신선인 동시에 위대한 사회적 리더가 되는 것이다. 전병훈은 황제와 단군 등에서 겸성의 기원을 찾았다.

105 본문의 제1편이 '『천부경天符經』 주해'이다.

106 문맥상 '본 편'(此篇)은 이 책에서 『천부경』을 주해하는 제1편(第一篇 檀君天符經註解)을 가리킨다.

黃帝君治天下, 並能修養成仙, 故云耳. 且得東韓檀君之『天符經』以作首篇, 其極哲兼聖與黃帝同, 而尤有神異者也. 烏乎! 世治將躋大同一統之日, 此篇者, 安知不作嚮導之先河曙光也.

그렇지만 큰 포부를 품은 학인이 이에 합치하여 원만한 덕을 이루고자 한다면, 반드시 유·불·도와 철학 및 신구新舊 과학을 아울러 취해 한 용광로에 녹여 주조해야 한다. 그런 뒤에야 하늘의 도를 체득하고 성스러움에 통해, 만세의 근본으로 삼을 만하고 폐단이 없을 것이다. 그러므로 도道와 철학에서 가장 중요한 요점을 끄집어내 이 책 앞머리를 장식하고, 동서고금의 심리·도덕·정치 여러 철학의 정수를 아울러 모아 이 [책의 각] 편을 짓는다. 아! 세상의 통재通才[107]와 학인들이여. 우주의 서광이 열리고 닫히는 것을 누가 주장하겠는가? 도기道氣가 북극성[108]에 감응하니, 오대주를 동포로 삼고 물에 비친 달(水月)은 천추에 빛나네.[109]

然宏願學人, 將欲合致以成圓德, 則必也並取儒道佛哲, 新舊科學而鎔治一爐. 然後可以爲體天通聖, 萬世可宗而無弊矣. 故拈出道哲之最要約者, 以冠此編, 而並撫中西古今心理·道德·政治諸哲學之精粹者以成此篇也. 嗟夫! 世之通才學人. 宇宙之曙光, 其開闔者, 孰主張是? 道氣感辰極, 同胞五洲, 水月千秋乎!

---

107 '통재通才'는 다방면에 능통한 재주, 또는 그런 재주를 가진 사람을 가리킨다.

108 '진극辰極'은 보통 북극성을 가리킨다. 『문선文選』에 실린 혜강嵇康의 「금부琴賦」가운데 "披重壤以誕載兮, 參辰極而高驤"이라는 유명한 구절이 있다. 이에 대해 여향呂向이 "辰極, 北斗也"라고 주를 달았다.

109 '수월水月'은 물에 비친 달로, 월인천강月印千江과 통한다. 도기道氣(우주적 에너지)가 지상의 온갖 경계를 초월해 북극성으로 상징되는 하늘의 극점(우주적 진리, 상제, 하느님)에 감응하므로, 온 세상 사람들이 동포가 되며 수많은 물 위에 달이 비치듯이 진리가 영원토록 빛난다는 뜻이다.

서양에서는 철학을 최고의 학술로 삼지만, 나는 이 도진道眞의 학문을 세계 최고의 학술로 여긴다. 어째서인가? 칸트가 세계통일과 영구평화를 주장하며, [세계] 중앙정부를 세우고 군비축소와 평화협력[110]을 이룰 것을 설파했다. 이는 칸트 역시 장생학의 원리를 듣고 이를 도덕적 최고선으로 밀고 나갔기 때문에, 이런 학설이 있는 것이다. 공자 또한 승잔거살勝殘去殺[111]과 대동大同 이론이 있었지만, 모두 빈말(空言)과 이상에 머무는 것을 면치 못했다. 하지만 내가 보건대, 사람 몸의 참된 이익으로 성인과 신선 되기보다 더한 것이 또한 있으랴? 그러므로 온 세계 오대주의 전쟁을 종식하고 영원한 평화를 누리는 것이 기필코 여기[112]에 있다! 어째서 그런가?

예로부터 윗자리의 영웅호걸은 권세와 이익(權利), 공적과 명예(功名)의 욕망이 곱절로 많았다. 예를 들어, 진시황·한무제·나폴레옹 같은 부류가 다 그런 사람들이다. 그 깊은 탐욕 가운데서도 유일하게 불사不死의 욕망이 아주 심했다. 그래서 진시황과 한무제가 모두 신선을 구했으나 얻지 못했다. 비록 지금의 영웅과 군주와 재상이라고 또한 어찌 다르겠는가? 단지 배울 길이 없음을 한스러워한다. 지금 다행히도 하늘이 이 책을 내리니, 장차 상류사회를 널리 구제하려는 깊은 뜻이다. 그 사람들[113]이 불사의 염원에서 비롯해 이 책을 읽고 지혜가 열려서, 권세와 이익의 욕망은 자연스레 날로 녹고,

---

110 '침병집화寢兵輯和'는 '점차 병력을 줄여 평화를 위해 협력한다'는 정도로 해석된다. 한데 이는 칸트가 『영구평화론(Zum ewigen Frieden)』에서 세계의 영구적인 평화를 이루기 위한 조건으로 군비감축과 국제협력을 통한 평화를 강조했던 것을 설명한다. 따라서 본문에서는 이를 '군비감축과 평화협력'으로 일괄해 번역한다.

111 '승잔勝殘'은 잔악한 사람이 착하게 되는 것이고, '거살去殺'은 사형 등의 중형이 필요 없을 정도로 백성들이 선하게 되는 것이다. 『논어論語·자로子路』에 보인다. "善人爲邦百年, 亦可以勝殘去殺矣."

112 성인과 신선이 되는 것, 혹은 사람들이 그런 목표를 향해 나아가는 것을 말한다.

113 세계의 영웅과 군주와 재상들, 즉 국제사회 각 분야의 지도급 인사들을 가리킨다.

신선과 진인으로 가는 계단은 자연스레 날로 가까워지기를 그윽이 바란다. 이는 실로 '욕망으로 욕망을 제어하는'(因欲制欲) 보배로운 뗏목이다! 그러므로 내가 감히 단언컨대, 온누리의 전쟁 없는 평화와 세계통일의 서광이 반드시 여기에 있다! 반드시 여기에 있다! 그 역시 하늘의 뜻일진저! 조화정신이 또한 옆에 있지 않는가?

> 西以哲學, 爲最高學術, 余則以此道眞之學, 爲世界最高之學術. 何也? 康德唱明世界一統, 永久和平, 擬設中央一政府, 寢兵輯和云云. 蓋康亦有聞乎長生學理, 而推以道德至善, 故有此說也. 孔子亦有勝殘去殺, 大同之論, 然皆未免尙屬空言理想也. 愚見則人身之眞利益, 抑有過於成聖成仙者乎? 是以宇內五洲之息兵, 而永樂和平者, 其必亶在乎此乎! 何以然哉? 從古在上之英雄豪傑, 倍多權利功名之慾, 如秦皇漢武, 拏波倫之類, 皆其人也. 其壑慾之中, 惟一不死之慾, 尤有甚焉, 故秦武皆求仙而不得. 雖今之英雄君相, 亦何以殊哉? 但恨無路可學矣. 今幸天降斯篇, 將普濟上等社會之玄意也. 窃願其人因起不死之念, 試讀此書以開悟焉, 則權利之慾, 自然日銷, 而仙眞之階自然日近矣. 此誠因欲制欲之琅玕寶筏乎! 故余敢斷然, 宇內之息兵平和, 統一世界之瑞光, 其必在此乎! 其必在此乎! 其亦天意哉! 造化精神, 不亦在傍乎.

무릇 학술과 물리物理[114]는 모두 옛것을 익혀 다시 새롭게 하고, 다시 새롭게 하며 진화하는 것을 귀하게 여긴다. 하지만 실천하고 경험하는 것은 더욱 귀하다. 아! 저 서양철학의 학문은 이를 활용했기 때문에 정밀하고 더욱 정밀해졌다. 아! 우리 동아시아는 그 사상을 바꾸지 않아도 되는가? 그런데 저 [서양의] 학문은 그리스 대철학자의 범위를 벗어나지 않고도, 그 신지식을 확

---

114 여기서 '物理'는 물리학(Physics)이 아니라, '사물의 이치'라는 뜻으로 쓰였다.

충하고 이를 경험했다. 그리하여 그 학술이 웅비해 날로 새로워지니, 동아시아의 천박한 학자들이 옛것에 어둡고 새것에 조잡한 것과 진실로 다르다.

凡學術物理, 皆溫古而維新, 維新而進化爲貴. 然實踐經驗者, 尤爲貴焉. 噫! 彼西哲之學, 用是之故, 精益精進. 吁! 我東亞者, 可不換其思想乎? 然彼學也, 不出乎希臘大哲之範圍, 而抽廣其新識而經驗之. 故其學術之雄飛日新, 固異乎東亞淺學之昧古而粗新者也.

성명쌍수性命雙修[115]하여 참나를 이루고 신선이 되는 학술은, 단군 · 기자 · 황제 · 노자부터 근세의 남북칠진南北七眞[116]까지, 천선天仙에 도달한 실제 행적이 확연하다. (『선감仙鑑』에서 수천을 열거한다.) 어찌 다만 서양 학문의 경험만을 말하겠는가? 그런데 신선술의 법이 모호함을 면치 못하니, 오직 이 책을 읽고 (『도진수언』을) 아우르면 스스로 터득할 수 있다. 모름지기 내 말이 틀리지 않고 하늘의 뜻(天意)이 진실함을 알게 될 것이니, 이는 우연한 일이 아니다.

性命雙修成眞成仙之學, 向自檀箕黃老, 以及近世之南北七眞, 洎天仙(仙鑑列以千數)實蹟確然. 奚但以西學之經驗而已者, 論哉. 然以仙尤[117]之則不免杳茫矣, 惟讀是書而並(道眞粹言), 可自得之. 方知余言之不謬, 而天

---

115 성명쌍수性命雙修는 '마음(性)과 몸(命)을 함께 닦는' 것이다. 내단수련 기본 원리로, 도교 전진도의 출현 이후에 그 개념과 이론이 완비되었다.

116 '남북칠진南北七眞'은 송대에 전진도의 남종과 북종을 대표했던 도사 각 7인을 가리킨다. 이른바 '남칠진南七眞'은 장백단張伯端, 유영년劉永年, 석태石泰, 설도광薛道光, 진남陳楠, 백옥섬白玉蟾, 팽사彭耜이다. '전진칠자全眞七子'로도 불리는 이른바 '북칠진北七眞'은 전진도의 창시자인 왕중양王重陽의 일곱 제자인 마옥馬鈺(丹陽子), 구처기丘處機(長春子), 담처단譚處端(長眞子), 왕처일王處一(玉陽子), 학대통郝大通(太古子), 유처현劉處玄(長生子), 손불이孫不二(淸靜散人)를 가리킨다.

117 '술尤'의 다른 형태 글자가 '술术'이고, 이는 '술術'의 이체자異體字이다.

意之諒, 不偶然矣.

중복해 말하면서도 상세히 해설하기를 싫어하지 않는 것은, 삼가 생각건대 5천 년 간 신비롭게 깊이 감춰졌던 학문이 비로소 내 손에 들어와 오대주 동포에게 보급되니, 실로 이 뜻이 무겁고 감회가 깊기 때문이다. 바라건대, 이를 배워 참나를 이루는 사람은 단계 높이기에만 급급하지 말고, 구세제인 救世濟人[118]과 도덕정치의 책무에 그 정신을 베풀어 착함(善)과 어짊(仁)을 쌓고, 이로써 하늘에 효도하여[119] 높고 큼이 하늘에 닿고[120] 그 신성한 사업을 넓힐 것을 마음으로 끝없이 축원하노라! 그런데 처음이자 끝을 이루는 것은 두 법문이 아니니, 그것은 오직 현관타좌식[121]에 있다.

言之重復, 而不厭詳解者, 恭維五千載神秘至慳之學, 始入余手, 布及五洲同胞, 誠是意重情長也. 且願學此而成眞之人, 不汲汲階升, 而移其精神于救世濟人, 道德政治之務, 積善累仁, 以兼孝于天, 峻極于天, 廣其神聖之業, 心祝无疆乎! 然成始成終, 不貳法門, 其惟在玄關打坐式乎!

118 '구세제인救世濟人'은 곧 세상과 사람들을 구제하는 것으로, 내단학 수련의 목표가 단지 개인의 성선成仙에 그치지 않고 인류사회를 위한 공헌으로 나아가야 함을 말한다.

119 '하늘에 효도한다(孝於天)'는 것은 단지 하늘을 숭배하는 것을 넘어선다. 선善과 인仁이 단지 인간사회의 윤리기준 충족에 그치지 않고, 아울러 우주의 섭리에 부합해야 한다는 문맥이다.

120 '높고 큼이 하늘에 닿는다'(峻極于天)는 것은, 업적 혹은 공덕의 위대함을 찬탄하는 것이다. 『중용中庸』에서 '성인의 도'를 찬탄하는 대목에 보인다. "위대하다. 성인의 도여. 천하에 가득해 만물을 무성히 자라게 하여, 높고 큼이 하늘에 이르렀도다.(大哉! 聖人之道. 洋洋乎發育萬物, 峻極于天.)"

121 '현관타좌식玄關打坐式'은 전병훈이 고공섬에게 전수받은 내단 수련의 법식으로, 이 책의 제2편에 자세히 소개된다.

아! 역대 제왕과 장상將相들이 방사의 단약丹藥에 오해가 많았던 것은, 신선과 진인(仙眞)은 부귀와 권세로 찾아서 만날 수 있는 게 아닌데, 거짓 만남과 꾸며낸 전승으로 약을 속였기 때문이다. 내가 감히 말하건대, 하늘이 이 책을 내려 널리 중생을 제도하는 것은 진실로 까닭이 있다. 부디 그 뜻을 아는 자가 있기를 바라노라!

> 嗟! 夫歷代帝王將相之多見誤於方士之丹藥者, 仙眞非可以富貴勢力求遇
> 也, 只假遇僞傳以欺藥故也. 余敢謂, 天降斯篇以普渡衆生者, 良有以也.
> 庶幾有知音者乎!

정신·성명 철리의 명확한 요지
精神性命哲理明確之旨

천지의 원정기신元精氣神[122]이 미묘하게 뭉쳐 사람의 몸을 이룬다.(원초 인류의 조상.) 그러므로 정신精神이 사람의 성명性命이 되는 이치를 앞에서 이미 말했거니와, 정신이 응결되면 곧 성명이 응결되고, 성명이 응결되면 곧 참나를 이뤄 하늘에 합치한다.

天地之元精氣神, 妙凝以成人之軀[123]殻.(原初人祖) 故精神爲人性命之理, 前已言之, 然精神之凝, 卽性命之凝, 性命之凝, 卽成眞以合天也.

---

122 '원정기신元精氣神'은 천지의 근원적인 정·기·신을 가리킨다. 흔히 '원정元精', '원기元氣', '원신元神'으로 부르는 것을 한데 포괄하여 통칭한 것이다.
123 판본에 따라 '躬'[국립중앙도서관 본: 이하 '국중본'] 혹은 '軀'[명문당 영인본: 이하 '명문당 본']로 되어 있다. 의미는 크게 다르지 않다.

정신精神			성명性命		
곧 성명性命이다			곧 정신精神이다		
卽性命			卽精神		
성性은 신神이다. 性是神.		명命은 정精이다. 命是精.	정精은 명命이다. 精是命.		신神은 성性이다. 神是性.
명命을 합하고 성性을 응결하여 참나를 이룬다. 命合性凝, 成眞.	정신전문학은 성性·명命을 함께 응결하는 큰 도다. 精神專學, 卽性命俱凝之 大道.	신神이 기내氣內로 돌아가면 단丹이 응결된다. 神歸氣內, 丹結.	도가는 성性을 응결하고 명命을 보존한다. 道家凝性住 命.	수양법은 정精을 단련해서 기氣로 변화시킨다. 修養法, 煉精化爲氣.	유가는 성性을 다하고 명命에 안주한다. 儒家盡性安命.
조화가 이 구멍125에 있다. 造化在此竅.		기내氣內는 현관玄關이다. 氣內卽玄關.	정精이 변화해 기모氣母가 되기 때문이다. 精化爲氣母 故也.		단경에서 간혹 '신기神氣'로 줄여 말하는 것이다. 丹經或省言神氣 者.

아! 성性·명命을 함께 응결하는 큰 도, 정신 전문학이 이미 오래전에 폐지

---

124 이 도표의 원문은 한문의 전통적 진술 방식에 따라 본래 우측에서 좌측으로 정신 → 성명
의 순서로 전개된다. 하지만 여기서는 오늘날 글쓰기 방식에 따라 좌측에서 우측으로 정신
→ 성명의 순서를 재배열하고 번역하였다.

125 여기서 '구멍(竅)'은 곧 현관을 가리킨다.

되었다. 고금의 경전자사經傳子史,[126] 신구新舊 철학과 여러 위생서적 어디에도 정신精神이 사람의 성명性命이 되는 이치를 밝힌 것이 없다. 하물며 또한 성・명을 함께 응결하는 오묘함이랴! 이것이 내가 외람됨을 무릅쓰고 법도를 밝히고자 자임하는 이유이다.

> 吁! 此性命俱凝之大道, 精神專學, 廢已久矣. 古今經傳子史, 新舊哲學・衛生諸書, 固未有發明精神爲人性命之理者. 況且性命俱凝之奧妙乎! 此余所以不避僭叨, 而闡度自任者也.

큰 도의 본뜻은 앞서 진술한 바와 같다. 이는 과연 최고의 학술이며, 겸성兼聖의 지극한 이법은 상류사회 인사가 부지런히 구해야 마땅한 것이다. 위에서 말한 '목숨을 보존하고 참나를 이루는'(住命成眞)[127] 이법을 다만 반복할 뿐만 아니라, 능히 목숨을 보존하고 참나를 이루면 유가의 '성품을 다해 세상을 경륜하는'(盡性經世) 학문에 더욱더 합치하여 인륜人倫과 일용日用[128]・충효의 덕행・실업實業에 매진해야 마땅하다. 그런 뒤에야 실로 인도人道[129]의 마땅함을 이루고, 우리 하느님[130]께서 부여한 막중함을 저버리지 않게 된다.

---

126 '경전자사經傳子史'는 경전經典, 전기傳記, 제자諸子, 역사歷史 등 여러 분야의 서책을 아울러 일컫는다.

127 '주명성진住命成眞'은 목숨을 보존하고 참나를 이루는 것을 가리킨다.

128 마땅히 해야 할 것으로 요구되는 인간관계(人倫)와 일상의 삶(日用)을 가리킨다.

129 사람이 마땅히 걸어가야 할 도리. 곧 인륜 도덕을 말한다.

130 한문으로 저술되었으므로 우리말 '하느님', 중국어의 '상제上帝', 영어의 'God'을 원문에서는 모두 '上帝'로 표기한다. 하지만 한글로는 그것을 각각 따로 표기할 수 있고, 또 각 개념의 뉘앙스에 미세한 차이도 있다. 이를 감안하여 다음과 같은 원칙으로 번역했다. 전병훈이 서론과 안설 등에서 말하는 것은 우리말 '하느님'으로 표기한다. 중국 문헌을 인용하는 것은 '상제上帝'로 표기한다. 서양 문헌을 인용하는 것은 '하느님(上帝, God)'으로 표기한다.

大道本旨如右所述. 此果最高學術, 兼聖之至理, 惟上等社會人所當勤求
者也. 以上言住命成眞之理, 不啻重復, 惟能住命成眞者, 尤當合致儒家
盡性經世之學, 克盡人倫日用, 忠孝之德行・實業. 然後誠爲人道之當然,
而不負我上帝賦畀[131]之重者也.

무오戊午[1918년] 동지冬至에 엮은이(編者)가 쓰다.

戊午至月日編者識

---

131 판본에 따라 '畀'[명문당본] 혹은 '卑'[국중본]로 글자가 다르다. 부비賦畀는 일반적으로 '부여
해 주다'라는 뜻인데, 賦卑는 아랫사람인 '내(卑)게 하사하다'라는 시혜적이고 개별적인 뉘
앙스가 강하다. 여기서는 전자로 해석한다.

정신철학 상편 권1*

精神哲學上編卷一

서우曙宇 한인韓人 전병훈 편찬
曙宇韓人全秉薰編纂

---

* 책의 제호가 '정신철학통편'인데 여기서는 '정신철학'으로 표기했다. 또한 다른 곳에서는 '철학통편'으로 부르기도 한다. 원문을 살려 그대로 표기했다.

동한 신성神聖 단군『천부경』

東韓神聖檀君天符經

* 원문에는 '제1편' 표기가 없으나 목차에 따라 필요하다고 판단하여 삽입하였음.

주해 서문

註解緖言

동방의 현자이자 선인(仙眞)인 최치원[1]이 말했다. "단군『천부경』81자는
신지神志의 고문자(篆)[2]로 옛 비문에 보인다. 그 글자를 해석해서, 경건하게

---

1   최치원(崔致遠, 857~?)의 자는 고운孤雲 또는 해운海雲이고, 신라에서 태어나 당나라에 유
    학했다. 19세에 과거에 급제하였고, 28세에 귀국하였다가 은둔했다. 저서로『계원필경桂
    苑筆耕』, 사산비명四山碑銘 등이 남아 있다.

2   '신지전神誌篆'은 신지神誌가 만들었다는 고조선의 옛 문자를 가리킨다. 신지는 고조선의
    관직 혹은 인명이라고 하며, 그가 편찬했다는『신지비사神誌祕詞』가 예로부터 전했다. 일
    연이『삼국유사』(「興法」'寶藏奉老 · 普德移庵') 주석에서 그 책을 인용했다.『고려사』「김위
    제金謂磾」열전에는 고려 숙종肅宗 원년(1096), 음양관陰陽官 김위제가 한양으로의 천도를
    주장하며『신지비사』를 인용해 저울추[秤錘] · 저울접시[極器] · 저울대[秤幹]로 삼경三京의
    풍수를 비유하는 대목이 보인다. 조선에서도 권근(權近, 1352~1409) 등이 이 설을 인용했
    는데, 권근의 손자인 권람(權擥, 1416~1465)은『응제시주應製詩註』에서 "신지는 단군 때 사
    람으로 스스로 선인仙人으로 불렀다"(神誌檀君時人自號仙人)고 했다. 안정복(安鼎福, 1712~
    1791)도『동사강목東史綱目』에서 "신지는 단군 때 사람이라고 세상에서 전한다"고 하였고,
    이규경(李圭景, 1788~1863)은『오주연문장전산고五洲衍文長箋散稿』에서 "우리 동방은 도참
    에서 단군 때의 신지 선인仙人을 비조로 한다"(我東則圖以檀君時神誌仙人爲鼻祖)고 하였다.
    한편 신지는 고조선의 옛 문자와 연관된 인물로도 알려졌다. 조선 선조 23년(1590) 윤두수
    尹斗壽가 편찬 간행한『평양지平壤誌』에서는 "평양 법수교에 옛 비석이 있는데 언문도 아
    니고, 범문도 아니고, 전자도 아니어서 사람들이 알 수가 없다"(平壤法首橋有古碑, 非諺, 非
    梵, 非篆, 人莫能曉)면서, 항간에서 그것이 단군 때 신지가 쓴 것이라고 말한다고 전했다. 조
    선 초기에 이미 신지 문자에 관한 설이 유포되었음을 알 수 있다. 한편 1900년대 초에 고조

백산白山에 새긴다.”

東賢仙眞崔致遠曰, “檀君天符經八十一字神志篆, 見於古碑. 解其字, 敬
刻白山.”

【안설】[3] 최공은 당나라 진사進仕가 되었다가, 한국에 돌아와서 신선이 된 분
이다. 이 경문은 지난해 정사丁巳[1917년] 한국 서부 영변군 백산白山[4]에서
처음 나왔다. 계연수桂延壽라는 한 도인道人이 백산에서 약초를 캐며 산속 깊
이 들어갔다가, 석벽石壁에서 이 글자를 발견하고 베껴 썼다고 한다.[5]

선의 군주로 단군이 조명되고 단군교가 건립되는 등 단군이 재해석되자, 신지가 "단군 때
의 고신高臣으로 문자를 창제하고 인륜을 정하여 인민을 교육했다"(『개벽』 1호, 1920)는
설이 널리 회자되었다. 그런 신지의 옛 문자(神誌篆)로 쓰인 『천부경』을 최치원이 해석해
서 묘향산 암벽에 새겼고 그것을 계연수가 발견해서 세상에 전했다는 설은 『정신철학통편』
본문에 처음 등장하고, 1921년 11월 단군교 기관지 『단탁』 창간호에 계연수의 편지글과
함께 『천부경』이 실리면서 같은 내용이 언급된다. 단군교의 유력 인사였던 윤효정이 1918
년 전병훈에게 『천부경』을 전할 당시 신지전神誌篆⇒최치원⇒계연수로 이어지는 이 경문
의 전승 계보가 단군교 내부에서 이미 정립되었음을 알 수 있다. 이는 신비화된 인물들(신
지, 최치원)의 권위에 의탁하여 이 경문에 신성성을 부여하는 신화적 서사의 문법으로 볼
수 있다.

3 전병훈은 여러 서책에서 중요한 구절을 인용하고 거기에 자기 견해를 부가하는 방식으로
『정신철학통편』을 편찬했다. 이는 근대 이전 지식인이 책을 저술하는 방식의 한 전형이었
는데, 전병훈이 인용문을 주해할 때는 '謹按', '(秉薰)謹按', '(小子)謹按', '(小子秉薰)謹註', '愚謂'
등으로 표기했다. 본문에서는 이를 일괄하여 모두 【안설】로 번역 표기한다.

4 여기서 '백산白山'은 묘향산이다.

5 계연수(桂延壽, ?~?)는 그 행적이 거의 확인되지 않는 인물인데, 본문에서 거론한 것이 그에
관해 현존하는 최초의 기록이다. 국내에서는 1921년 11월 대종교大倧敎 기관지 『단탁檀鐸』
창간호에 계연수가 보낸 편지글과 함께 처음 공개된 천부경 원문이 실렸다. 여기서 계연수
는 자신을 '향산유객香山遊客'으로 부른다. 그는 스승으로부터 단군과 천부경에 관한 이야
기를 듣고 이를 오랫동안 구했으나 얻지 못하다가, 10여 년 만에 1916년 가을 태백산 석벽
에서 천부경을 발견했다고 한다. 전병훈이 계연수를 도인道人으로 소개하는데, 실제로 계
연수는 자신이 10여 년 간 명산을 떠돌며 "연성鍊性을 하고 약초를 캔다"고 밝혀 그가 입산
수도한 도인이었음을 시사한다. 이후 계연수를 천부경의 최초 발견자로 소개하는 글이 종
종 있는데, 한 예로 1934년 성재省齋 이시영李始榮이 저술한 『감시만어感時漫語』에서 말한
다. "단군 시대에 편찬한 『천부경』이 후세에 전하지 않으나, 신라인 최치원이 옛 비석을

얼어 이를 한문으로 번역해 수십 글자로 뽑아낸 뒤 묘향산 석벽에 새겼고, 4250년 정사丁巳에 그 지역 사람 계연수가 숲속에서 발견해 탁본하여 세상에 전했다. 모두 81자로 장章과 구句를 나누면, 3편 9장 76구로 뜻이 심오하고 해석하기 어렵다."(天符經, 後世無傳, 新羅人崔致遠, 得古碑, 譯以漢文, 因跋數十字於後, 刻留妙香山石壁. 四千二百五十年丁巳, 該地人桂延壽發見於叢林中, 印模傳世. 凡九行九字. 共八十一字, 分章析句, 爲三編九章, 七十六句, 義奧難解. 本文如下.) 그 밖에도 대동소이한 언급이 1942년 발간된 『영변지寧邊誌』, 1950년 발간된 계봉우(桂奉瑀, 1880~1959)의 『조선문학사』 등에 간헐적으로 보인다. 『천부경』의 최초 발견자인 계연수에 관한 이야기가 비교적 널리 회자되었음을 알 수 있지만, 그 내용은 모두 전병훈의 『정신철학통편』과 대종교의 『단탁』에서 계연수를 소개한 것에서 크게 벗어나지 않는다. 그러다가 1963년 단단학회(태백교)를 창립한 이유립(李裕岦, 1907~1986)이 계연수의 여러 행적을 말하면서 그의 제자를 자처하고 『환단고기』의 편저자로 계연수를 지목했는데, 사실상 이를 뒷받침하는 증거를 찾기는 어렵다. 오히려 이유립이 전하는 계연수의 여러 행적이 서로 배치背馳되고 앞뒤가 맞지 않는다. 무엇보다 계연수가 이기의 제자로 대한자강회부터 단군교의 창건 등에 핵심적으로 참여했다고 하는데, 만약 그렇다면 당시 대종교 주요 인사들이 (윤효정을 포함해서) 계연수의 존재를 모를 리 없고, 편지글에서 계연수가 "마침 서울에서 온 사람이 서울에 단군교가 있다고 말하길래 『천부경』을 보낸다"고 운운하는 것이 대종교의 자작극으로 귀결될 수밖에 없다. 하지만 1910년대 말 교세와 사회적 영향력이 매우 컸던 대종교 교단에서 널리 알려진 인물을 내세워 이런 사기극을 벌였다고는 상상하기 어렵다. 이유립은 계연수가 1910년 이후 만주에서 매우 비중이 큰 역할로 홍범도 장군 등과 함께 독립운동을 하였고 일제의 밀정에 의해 1920년 살해되었다고 하는데, 이 역시 계연수가 "연성鍊性의 공부를 하고 약초 캐는 것을 업으로 삼아 10여 년 간 명산을 구름처럼 떠돌았다"고 말하는 『단탁』의 편지글 내용과 부합하지 않는다. 또한 독립운동사에서 계연수의 공식 행적을 찾을 수도 없다. 결론적으로 말해, 1920년대부터 『천부경』의 최초 발견자로 알려진 계연수의 유명세를 이용해서 1960년대 이후 이유립이 자신의 종교적 계보를 구축하려고 했던 것으로 보인다. 끝으로 주의할 것은, 계연수가 대종교의 교리 성립 과정에서 신비화된 인물이라는 점이다. 대종교의 또 다른 계시경전啓示經典인 『삼일신고』와 『신사기』의 경우, 1906년 1월 나철이 백두산 백봉신사白峯神師의 명을 받은 90세의 백전伯佺 도인으로부터 전해 받았다고 알려졌다. 단군 한배검의 가르침을 옛 문자로 돌에 새겼고(古文石本) 그것을 부여에서 다시 은나라 문자로 박달나무에 새겼지만(殷文檀本) 후대에 모두 전화戰禍로 없어졌는데, 발해국 문왕文王이 이를 안타깝게 여겨 고구려 때 한문으로 번역된 것을 백두산 보본단報本壇 석실石室 안에 비장했다고 한다. 그것을 1천3백여 년이 지나도 찾지 못하다가 백두산에서 수도하던 백봉신사가 10여 년 간 하늘에 기도하여 단군의 계시로 찾아냈고, 다시 단군교 초대 교주가 될 나철에게 비전했다는 것이 이 경전들의 출현에 대한 단군교의 공식 해명이었다. 계연수에 의한 『천부경』의 발견 역시 유사한 서사 구조를 가진다. 초자연적인 계시로 경문經文이 출현하는 이런 류의 서사는 종교의 문법에서 텍스트에 성스러움을 부여하는 이야기로, 이를 곧바로 사실史實로 보기는 어렵지만 그렇다고 이런 종교적 서사를 역사의 잣대로만 평가해도 곤란하다. 『주역』을 복

【(秉薰)謹按】崔公爲唐進士, 而還韓成仙者. 此經至昨年丁巳, 始出韓西寧邊郡白山. 有一道人桂延壽, 採藥白山, 窮入山根, 石壁見得此字, 照寫云耳.

내가 이미『정신철학』을 엮어서 막 인쇄하려던 무렵에 돌연 이 경문을 얻었다. (노유老儒 윤효정尹孝定[6]이 와서 주었다.) 실로 하늘이 내린 신기한 이적이다. 세상에서『음부경陰符經』을 황제의 경전으로 여긴다.[7] 그러나 (주자의 비평이 있으며) 나는 깊이 믿지 않는다. 오직 이『천부경』이 하늘과 사람을

희가 그렸다고 하지만, 그것이 사실이 아니라고 해서『주역』의 철학적 가치가 빛을 잃지는 않는다. 성경·불경·코란 등에 담긴 초역사적 계시와 이념도 마찬가지다.『천부경』을 비롯한 대종교의 경전 역시 역사서가 아닌 사상·종교서로 읽을 때 비로소 그 진가를 발휘한다. 또한 일제강점기의 엄혹한 현실에서 대종교가 매우 큰 세력을 형성하여 민족정신을 고취하고 항일 독립운동에 지대한 영향을 끼쳤던 공훈, 그리고 우리나라 선가仙家의 독특한 사상과 논리를 계승하여 근대 종교로 새롭게 발전시킨 종교·사상사적 의의도 면밀하게 살필 필요가 있다. 전병훈은『천부경』의 철학적 의의를 본격적으로 드러낸 최초이자 최고의 주해를 남겨, 그의 말마따나 이 경문이 "세계를 한 몸으로 삼고 오대주를 한 집안으로 삼는" 텍스트로 진화하는 길을 열고 있다.

6 윤효정(尹孝定, 1858~1939)은 구한말의 학자, 관료이자 애국지사였다. 그는 1906년 이기李沂·장지연張志淵 등과 대한자강회를 조직했으며, 1909년부터 나철羅喆·오혁吳赫·정훈모鄭薰模·이기 등이 창건한 단군교(1910년 '대종교'로 개칭)에 참여한 이래 줄곧 교단을 지킨 대표적인 인사였다.『단탁』창간호에서 계연수가 정사丁巳(1917)년 1월 대종교로 서한과 함께 경문을 보냈다고 하니, 윤효정이 전병훈을 방문한 1919년에는 대종교 교단 안에서 이미『천부경』을 잘 알고 있을 때였다. 본문에서 정사(1917)년을 작년이라고 하므로, 윤효정이 북경에서 전병훈을 만나『천부경』을 전한 해는 1918년임을 알 수 있다. 그런데 『단탁』에 따르면 계연수가 1916년 가을 묘향산에서『천부경』을 발견했는데, 본문에서는 1917년을 말하니 서로 차이가 난다. 이는 계연수가 대종교에 편지글을 보낸 연도를『천부경』의 발견 연도로 혼동한 데서 기인한다. 한편 윤효정을 단지 '나이 든 선비'(老儒)로 소개하는 것 등으로 볼 때, 전병훈이 당시 대종교에 관해 얼마나 잘 알았을지도 미지수이다. 전병훈의 행적과 사상으로 추정컨대, 그와 대종교가 밀접히 연관된다고 보기는 어렵다.

7 『음부경陰符經』을 황제黃帝가 지었다는 설이 예로부터 전한다. 후위後魏의 구겸지寇謙之가 숭산崇山에 감춰 두었고, 이를 당나라의 이전李筌이 다시 발견했다고도 한다. 하지만 실제로는 후대인이 황제의 이름을 빌려 지은 위서로 보는 것이 학계의 통설이다.

포괄하고, 도에 극진하면서도 겸성兼聖하니, 확실히 우리 단군 성조의 정신이 담긴 참된 전승(眞傳)임에 의심이 없다. 그러나 글의 뜻이 극히 넓으며 비범하고도 정미精微하여 실로 해석하기 어려웠다. 여러 날 깊이 생각한 끝에야 하루아침에 확연해졌다. 아! 지극히 신령하고도 겸성兼聖하니, 어찌 이럴 수 있는가?

4252년 전 10월 3일 태백산 박달나무 아래로 강림한 신인이 있어 나라 사람들이 세워 임금을 삼으니, 민주民主의 기틀을 열었다고 말할 수 있다. 그분이 단군으로, 곧 동한東韓을 창립한 군주이자 스승(君師)이었다. 그 장생하는 지극한 덕, 나라를 다스리는 신묘한 조화와 겸성兼聖이 유구해 끝이 없었으니, 중국 황제黃帝가 겸성한 역사와 같다. 그리고 [『천부경』의] 경문은 하도낙서河圖洛書에 부합하고, 노자老子 신역身易[8]의 법을 아우르면서도 더욱 간략하고 정밀하다. 사람이 작은 천지(小天地)인 이치가 일목요연하게 명백하다. 아울러 감坎[☵]과 리離[☲]를 운용해 신선이 되고 성스러움을 증득하며, 세상만물을 다스리는 지극한 가르침이 극진히 모두 담겨 있다.

무릇 성스러운 경전(聖經)은 천도天道에 말미암아 인간사(人事)를 밝히고, 몸을 닦아 세상을 구제하며, 천지가 만물을 화육하는 데 참여하는 것을 지극히 여기지 않는 것이 없다. 그러나 이 경전[『천부경』]처럼 단지 81자로 능히 아울러 신선과 성인이 되고, 천지와 더불어 시작과 끝을 함께하는 것이 어찌 있으랴? (소자가) 참람하게도 감히 주해하여 정신철학의 첫머리로 삼는다. 아! 장차 태선胎仙[9]으로 세계를 널리 제도하고 세상을 극락으로 이끌 치자治

---

8 신역身易은 '몸의 역'이라는 뜻으로, 수리나 주역의 괘로 몸에서 내단이 만들어지는 원리를 설명한다. 전병훈은 『천부경』, 『노자』, 『주역참동계』 등에 대하여 '몸의 역'으로 칭하였다.

9 전병훈이 '태선胎仙'을 명확히 정의하지는 않았다. 다만 뒤에서 내단 수련을 설명하면서 단丹을 온양溫養하여 양신陽神(일명 '영아')을 잉태하고, 그것이 출태出胎하여 성장해 '참나'(眞我)를 이루고 승선升仙하는 과정이 묘사된다. '태선'은 이런 일련의 수련을 통해 마치 태아

者가 반드시 여기서 나올 것이다. 그러니 이것이 세계를 한 몸으로 삼고, 오대주를 한 집안으로 삼는 천서天書가 아니겠는가? 태초에 국경이 없었다고 말할 수 있으니, 하늘이 장차 이 책[10]으로 만세萬世토록 고르게 교화할 것이 틀림없다. 온 세계 동서고금의 서적에서 구하더라도, 어찌 이런 것이 있겠는가?

그런데 이 경전이 지금 때를 만나 (소자에게) 미치니, 경건히 받아 그 의미를 드러내 온 세계 동포에게 드린다. 실로 (소자의) 도를 이루고 세상을 구제하려는 평생소원이 뇌수에 맺혀(거처에 하느님·단군·황제·노자·공자·부처·왕인·칸트 여덟 성인을 모시고 향축香祝을 올린다) 위로 하늘에 계신 단군 성조의 신령에 감응해서, 특별히 내려 보내신 것이 아니겠는가? 서양철학자가 "20세기에 가장 문명이 발달한다"고 점쳐 말했으니, 그것을 또한 여기서 징험할 수 있는가? 내가 도학으로『정신철학』을 지어 세상에서 공용公用한다. 돌아보건대[11] 학인들이 또한 이처럼 겸성兼聖하는 지극히 명철한 학리學理를 얻으면, 성인 기자箕子의 「홍범」경문에 의지하지 않고도 한국이 천지 가운데 가장 오래된 신성神聖한 문명국임을 거의 알게 될 것이다. 아!

余旣編成精神哲學, 方謀付印之際, 忽得此經.(老儒尹孝定來交.) 誠天賜之神異也. 世以『陰符』爲黃帝經, 然(朱子有批評)余則不敢深信. 惟此天符, 則包括天人, 道盡兼聖, 確是我檀君聖祖存神之眞傳, 無疑也. 然文義淵極, 超絶而精微, 誠難透解也. 潛思數日而一旦豁然. 嗚乎! 至神兼聖, 何其如是哉! 粤在四千二百五十二年十月三日, 有神人降于太白山檀木下,

---

처럼 순수한 참나를 이루어 신선의 반열에 오른 것을 묘사한다.
10   여기서 '이 책'(此書)은『천부경』을 가리킨다.
11   권권은 眷·睠과 통하며, 돌아보는 모양을 가리킨다. 언言은 문미사文尾詞로 언焉과 같다.
     『시경詩經·소아小雅·대동大東』에 '회한에 젖어 이 일을 돌아보며 흐르는 눈물을 참지 못하네'(睠言顧之, 潛焉出涕)라는 구절이 있다.

國人立以爲君, 可謂民主開基. 是爲檀君, 卽東韓創立之君師也. 其長生至德, 治邦之神化兼聖, 悠久無疆者, 與中國黃帝之兼聖歷史同, 而經文則符合河圖洛書, 並老子身易之法, 愈約愈精. 人爲小天地之理, 瞭然明白, 兼以運用坎離, 以成仙證聖, 經世宰物之至敎, 逼盡俱涵也. 凡聖經, 罔非因天道以明人事, 修身濟世而參贊化育爲至. 然豈有若此經之只八十一字, 能兼致仙聖, 而與天地相終始者乎? (小子)僭敢註解, 以作精神學首篇. 烏乎! 將普度環球於胎仙, 世躋極樂之治者, 其必在此乎. 然則此非世界一身, 五洲一家之天書者耶? 初無國界之可言, 而天將以此書鈞化萬世, 必矣. 求之宇內中外古今書籍, 寧有是否? 然此經適此時, 洎夫(小子), 敬受而發揮, 以貺宇內同胞. 諒非(小子)道成救世之生平疾願, 結成腦廬[12]者(所居崇奉上帝·檀·黃·老·孔·佛·王仁·康德八聖而香祝), 上感於聖祖在天之靈, 而特別降祐者耶? 西哲有云卄世紀最文明發達之占者, 其亦可徵於此乎. 余以道學旣作精神哲學, 公用於世. 憎言學人又得此兼聖極哲之學理, 則不待箕聖洪範之經, 而庶幾知韓爲天地中最古神聖文明之邦國乎. 噫!

기미己未[1919년] 동짓달에 주해자가 삼가 쓰다.

己未至月註者謹識

---

12 '廬'은 자전에 없는 글자이다. 두드러기 혹은 중독을 뜻하는 '은癮'과 자형이 비슷하나, 문맥
    상 뜻이 통하지 않는다. 집을 뜻하는 '엄广'과 숨는다는 뜻의 '은隱'을 합성한 글자로 그 뜻
    을 유추할 수 있다. '腦廬'은 뇌를 집으로 삼아 은밀하게 숨어 있는 것으로, 전병훈 철학의
    문맥에서 보자면 곧 뇌 안의 정신(眞, 참나)을 함축한다. 본문에서는 '結成腦廬者'를 '뇌수에
    맺힌 것'으로 번역했다.

『천부경』 원문(81자)

天符經原文(八十一字)

일시무시, 일석삼, 극무진,

一始無始, 一析三, 極無盡,

본천일일, 지일이, 인일삼, 일적십거, 무궤화삼,

本天一一, 地一二, 人一三, 一積十鉅, 無匱化三,

천이삼, 지이삼, 인이삼, 대삼합육, 생칠팔구,

天二三, 地二三, 人二三, 大三合六, 生七八九,

운삼사성환, 오칠일묘연, 만왕만래, 용변부동본,

運三四成環, 五七一妙衍, 万徃万來, 用變不動本,

본심본태양앙명, 인중천지일일종, 무종일.

本心本太陽昂明, 人中天地一一終, 無終一.[13]

---

13 『천부경』 원문의 주해는 아래에서 이어지니, 여기서는 우리말 음을 표기하는 데 그쳤다.
    『천부경』 원문의 끊어 읽기는 전병훈의 주해에 따른다.

『천부경』 근주

『天符經』謹註

한인韓人 소신자小臣子[14] 전병훈이 경건히 주해하다.

韓人小臣子全秉薰敬解

'천부天符' 글자가 『황제소문黃帝素問』에 보인다. 대개 오운五運[15]의 운행이
천화天化와 같은 것을 '천부'라고 하니,[16] 이는 사람이 겸성兼聖하여 하늘에 합

---

14 '소신자小臣子'는 전병훈이 하늘에 대하여 자신을 자식이자 신하로 낮춰 부르는 호명이다.
'신자臣子'는 대개 신하를 가리키는데, 전병훈이 또한 '소자小子'로 자칭하는 경우도 많다.
그가 하늘의 섭리를 담았다고 확신한 『천부경』을 주해하면서, 하늘에 대한 소자小子이자
신자臣子를 경건히 자처하며 '小臣子'라는 합성어를 쓴 것으로 보인다.

15 '오운五運'은 운기론運氣論의 술어로, 토운土運 · 금운金運 · 수운水運 · 목운木運 · 화운火運
을 가리킨다. 천간天干 가운데에서 갑甲과 기己를 토土에 배속해 토운, 을乙과 경庚을 금金
에 배속해 금운, 병丙과 신辛을 수水에 배속해 수운, 정丁과 임壬을 목木에 배속해 목운, 무
戊와 계癸를 화火에 배속해 화운으로 분류했다. 이런 '오운'은 방술方術의 기본 원리로 천
문, 역법, 점복(명리), 의학 등에 공히 활용되었다.

16 『황제내경黃帝內經』「소문素問」 제21권에 "五運行同天化者, 名曰天符"라는 구절이 보인다.
'오운五運'은 위의 각주에서 설명했다. '천화天化'는 사천司天의 기화氣化를 의미한다. '사천
司天'은 본래 고대에 천문을 관측해 점을 치던 사람 혹은 관직을 가리켰는데, 『황제내경』에
서는 하늘의 기후변화를 관장하는 것(기운)을 가리킨다. 이와 대비되는 땅 위의 기상변화

하기 때문에 말한 것이다!

天符字, 見於『黃帝素問』. 蓋五運行同天化者曰天符, 此則人之兼聖合天
故云歟!

경전에서 말했다.

經曰

하나가 시작 없음에서 시작한다.

一始無始

【안설】천지가 허무虛無 가운데서 생겨나 있다. 천지 이전에는 단지 혼돈한
한 기운(一氣)으로, 텅 비고 고요해서 아무 조짐이 없다. 그러므로 시작 없음
(無始)[17]이라고 한다. 시작 없음은 곧 무극無極이다. 무극이면서 태극이다.
태극이 움직여서 양陽이 생기고 고요해서 음陰이 생기니, 천지가 비로소 존립
한다.(자축子丑의 회會.)[18] 그러므로 "하나가 시작 없음에서 시작한다"고 말

는 '재천在泉'이 관장한다. 한 해 동안 사천이 전반기를 주관하고 재천이 하반기를 주관하
는데, 옛날 의사들은 이런 '사천'과 '재천'으로 매년의 기후를 예측하고 질병의 추세를 파악
했다. "오운의 운행이 천화와 같다"는 것은, 다소 두루뭉술하게 개괄해서 오행의 운행이 하
늘의 기화와 같다는 말로, 즉 천지 만물의 운동변화가 하늘의 운행질서에 부합한다는 문맥
이다.

17 무시無始는 '시작 없음' 혹은 '처음 없음'이다. 우주에 시작이 없다는 것은, 신에 의한 창조
론과 결이 다른 동아시아의 순환론적 우주로 통하는 관문이다. 『천부경』에서 '시작 없음에
서 하나가 시작한다'는 첫 구절과 '하나가 끝남이 없다(無終一)'는 마지막 구절이 서로 호응
하여, 시작도 없고 끝도 없는(無始無終) 우주의 섭리를 함축한다.

18 '자축의 회(子丑之會)'는 원회운세元會運世의 수리에 기초한 개념이다. 원회운세는 사계절이
순환 반복하는 이치로 우주적 시간대의 여러 주기를 계산했다. 북송의 소옹邵雍이 『황극경
세서黃極經世書』에서 정립한 천체운행의 도수(曆數)로 알려졌지만, 그 연원은 도교 연단술

한다. 하나(一)는 '태극인 하나'[19]로, 원신元神의 동능력動能力[20]이 그것이다.

【(小子秉薰)謹註】天地從虛無中生有. 天地之先只混沌一氣, 沖漠無朕, 故曰無始也. 無始則無極也, 無極而太極, 太極動而生陽, 靜而生陰, 天地始立.(子丑之會) 故曰 "一始於無始"也. 一者, 太極之一, 元神動能力是也.

하나가 셋으로 갈라진다.

一析三

【안설】 '태극인 하나'가 하나인 하늘(天一)을 낳고 셋으로 갈라지는 것[21]은,

에 운용되던 도상학과 선천상수학先天象數學에 있다. 소옹은 이지재李之才로부터 하락도서河洛圖書와 선천상수先天象數를 배웠는데, 이지재는 당시의 저명한 도사인 진단陳摶에게서 이를 전수받았다고 알려졌다. 전병훈은 명말청초의 도교 문헌인 『선감仙鑑』(『歷代神仙通鑒』)에서 원회운세의 역법을 채용했다. 이에 따르면 1원元(=12회)은 천도天道가 운행하는 대주기의 1년으로 소주기인 평년의 12만9천6백 년에 해당한다. 1회會(=30운)는 대주기의 한 달로 평년의 1만8백 년이다. 1운運(=12세)은 대주기의 하루로 평년의 360년이고, 1세世는 대주기의 한 시간으로 평년의 30년이다. '자축의 회(子丑之會)'는 이런 천도운행이 처음 시작하는 자회子會와 축회丑會를 가리킨다. 군이 계산하면 평년의 2만1천6백 년에 해당하지만, 여기서는 개벽 이후 음양이 나뉘고 천지가 존립하는 태초의 시간대를 함축한다.

19 허무의 우주는 아직 어떤 분화도 발생하기 전이라 '무극'이지만, 또한 음·양을 내재한 상태라는 문맥에서 '태극'이다. 그것은 아직 움직이지 않는 '혼돈한 한 기운(混沌一氣)'에 머무르고, 따라서 '하나(一)'라고 한다. 곧 '太極之一'로, '태극인 하나' 정도로 번역된다. 즉 '太極'='混沌一氣'라는 문맥이다. 이런 태극은 그 안에 무궁한 운동능력을 잠재하는데, 전병훈은 이를 '태극(혹은 원신元神, 원리元理)의 동능력動能力'으로 부른다. 아래 각주 참고.

20 태극의 '동능력動能力'은 전병훈의 정신철학에서 독특한 개념이다. 우주가 개벽하기도 전의 혼돈한 한 기운 안에 태극(太極之一: 虛無, 無極)이 있는데, 그것이 곧 '원신'이자 '만물을 낳는 원리(生物之元理)'이다. 이를 '태극의 생리生理·원신元神(太極之生理元神)'이라고 하며, 그 자체에 스스로 운동할 수 있는 능력이자 만물을 낳고 움직이게 하는 능력인 '동능력動能力'을 내재한다. [아래 '極無盡'에 대한 전병훈의 해설 참고.] 제2편에도 상세한 해설이 있다.

21 '태극인 하나(太極之一)'는 형상이 없어 보고 들을 수 없는 허무虛無이고, 텅 비고 고요해서 아무것도 시작되지 않은 무극無極이고, 다만 혼돈한 한 기운(混沌一氣)이지만, 그 안에 음양의 운동력을 잠재한다. 그것은 어떤 분열과 대비對比도 발생하기 전의 혼돈한 절대적 일자一者이다. 즉 1이면서 0으로, 어떤 수를 연산했을 때 늘 처음의 수 a가 되도록 만드는 항등

곧 「하도河圖」[22]에서 '하나가 셋을 품는 ①' 이치다. 셋이 천·지·인을 이루고 만물을 낳는다. 그러므로 노자 역시 말하기를 "하나가 셋을 낳고, 셋이 만물을 낳는다"[23]고 한다.

【(小子)謹註】太極之一, 旣生天一, 而析三者, 卽河圖經一函三①之理. 三成天地人而生萬物也. 故老子亦言 "一生三, 三生萬物也".

극極은 다함이 없다.

極無盡

【안설】무극이면서 태극이다. 태극은 하늘을 낳고, 땅을 낳고, 사람을 낳고, 만물을 낳는 원리元理의 동능력動能力이다. 그러므로 하늘·땅·사람·사물이 비록 끝마치는 때가 있지만, 태극의 생리生理[24]·원신元神은 다해 없어지는 때가 없다.

원恒等元인 셈이다. 1은 ×(÷)의 항등원이고, 0은 +(-)의 항등원이 된다. 그런 허무의 하나 [0!=1]에서 유형의 하늘(天一)이 열려 생겨난다. 그것은 직전의 태극과 달리 형상이 있고 그러면서도 질서 잡힌 하나의 통일된 전체를 이루는 하늘(우주: cosmos)이다. 그것을 숫자로 표현하면 1이 되고, 이런 문맥에서 천일天一을 '하나인 하늘'로 번역했다. 그 하늘(우주)이 다시 셋으로 갈라지고(太極之一, 旣生天一, 而析三) '하늘(天一一)' '땅(地一二)' '사람(人一三)'이 생겨난다. 여기서 주의할 것은, '태극'에서 처음 생겨난 '하늘'[天一: 하늘a]과 거기서 다시 셋으로 갈라져서 땅·사람과 대비되는 '하늘'[天一一: 하늘b]이 우주발생론 상 서로 다른 층위에 속한다는 점이다. 하늘a는 혼돈(chaos)에서 처음 생겨난 하늘로, 말하자면 '코스모스(cosmos)'이다. 하늘b는 지평선이나 수평선 위로 보이는 무한대의 큰 공간인 '하늘(heaven)'로, 땅·사람과 대비된다. 다시 말해, "太極之一, 旣生天一, 而析三者"는 "카오스(chaos: 太極之一)가 코스모스(cosmos: 天一)를 낳고 나서 그것이 다시 '하늘(heaven: 天一一)', '땅(earth: 地一二)', '사람(human: 人一三)' 셋으로 갈라졌다[析三]는 우주 발생의 원리를 함축한다.

22 『하도河圖』는 복희가 천하를 다스릴 때 황하에서 나온 거북 등에 새겨진 도상이라고 하며, 천지창조와 만물생성의 이치를 팔괘로 나타낸다고 한다.

23 『노자』 42장의 "道生一, 一生二, 二生三, 三生萬物"을 말한다.

24 여기서 '생리生理'는 '만물을 낳는 원리'(生物之元理)를 줄인 말이다.

【(小子)謹註】無極而太極, 太極卽生天, 生地, 生人, 生物之元理動能力. 故天地人物, 雖有終盡之期, 而太極之生理元神, 則無有窮盡之時也.

본래 하나인 하늘이 하나이다.

本天一一

【안설】 하늘이 '태극인 하나'를 근본으로 해서 먼저 열리니, 곧 하나인 하늘(天一)로 인해 물(水)이 생겼다. 그러므로 "하나인 하늘이 하나"(天一一)라고 한다.

【(小子)謹註】 天以太極之一爲本而先闢, 則卽天一以生水, 故曰 "天一一"也.

하나인 땅이 둘이다.

地一二

【안설】 땅 역시 '태극인 하나'를 근본으로 한다. 하늘이 땅 밖을 감싸고 땅이 하늘 가운데 있으며, 둘인 땅(地二)[25]이 불을 낳는다. 그러므로 "하나인 땅이 둘"(地一二)이라고 한다.

【(小子)謹註】 地亦以太極之一爲本. 天包地外, 地在天中, 而地二生火. 故

---

[25] 사물을 각각 개별적으로 분류하면 "하늘 하나, 땅 하나, 사람 하나"로 셀 수 있다. 그러나 사물의 생성과 포함 관계상, 그것이 각개로 동등한 수數의 층위는 아니다. "하늘이 땅을 포함하고, 땅이 하늘 안에 있다(天包地外, 地在天中)." 다시 말해, 하늘이 있어야 땅이 있고, 하늘 안에 땅이 있다. 그 반대 명제['땅이 있어야 하늘이 있고, 땅 안에 하늘이 있다']는 성립하지 않는다. 이처럼 '하나인 땅(地一)'을 말할 때는 반드시 '하나인 하늘(天一)'을 전제로 하므로, 그것은 이미 하늘과 더불어 둘이 된다. 이를 '둘인 땅(地二)'이라고 한다. 여기서 둘(2)은, 곧 하나인 하늘(1)과 하나인 땅(1)이 합쳐진 숫자다. 또한 '하나인 땅'이 개별 사물로서의 땅을 가리킨다면, '둘인 땅'은 하늘에 포함된 땅(하늘 안에 있는 땅)을 함축한다.

曰 "地一二"也.

하나인 사람(人一)이 셋이다.

人一三

【안설】사람 역시 '태극인 하나'를 근본으로 한다. 하나인 하늘, 둘인 땅, 물과 불이 생기고 나면 곧 해와 달이 운행하고, 감坎[☵]·리離[☲]가 정립되어 기화氣化해서 사람이 생긴다. 참여하여 삼재三才가 되니,[26] 그러므로 "하나인 사람이 셋"(人一三)[27]이라고 한다.

【(小子)謹註】人亦以太極之一爲本. 而天一地二水火旣生, 則日月行, 坎離立, 氣化以生人. 參爲三才, 故曰 "人一三"也.

(이상은 태초에 개벽하는 이치를 밝혔다. 以上訓明始初開闢之理.)

---

[26] '참위삼재參爲三才'는 사람이 천지의 운행에 참여하여 삼재三才가 된다는 뜻이다. 범준范浚의 『심잠心箴』에 다음 구절이 있다. "아득한 천지는 굽어보고 우러러봄에 끝이 없다. 사람이 그 사이에 작은 몸을 두고 있다. 작디작은 이 몸이 큰 곳간의 한 올 쌀알이로되, 참여하여 삼재三才가 되니 오직 마음 때문이다.(茫茫堪輿, 俯仰無垠, 人於其間. 眇然有身, 是身之微, 太倉稊米, 參爲三才, 曰惟心爾.)"

[27] '하늘', '땅'과 대비하여, '사람' 역시 한 사물로 분류할 수 있다. 그러나 하늘(天一一)이 열리고 그 안에 땅(地一二)이 만들어진 뒤라야, 다시 세 번째로 사람(人一三)이 생겨난다. 여기서 셋(3)은 곧 서로 대비되는 하늘·땅·사람을 합한 숫자이자, 하늘이 땅을 포함하고 땅위에 사람이 생겨나니 '사람' 자체로 이미 셋 내지는 세 번째가 된다는 문맥이기도 하다. 모든 사물 가운데 유독 사람을 하늘과 땅에 비견하여 '참위삼재參爲三才'라고 하니, 이는 또한 단순한 수리적 의미를 넘어 사람이 하늘과 땅의 운행에 참여하는 천지간의 존귀한 존재라는 의미를 담는다.

하나가 쌓여 열이 되니, 크다.

一積十鉅

【안설】 하나인 하늘(天一)의 하나로부터 하나로 셋(一三)인 하나까지 쌓어서 10(十)을 이룬다.[28] 사상四象[29]의 10으로 보자면, 중앙의 5(中五)를 얻어 15를 이루면 조화가 완비된다. 북쪽의 하나(北一)가 서쪽의 아홉(西九)을 얻어 10을 이룬다. 서쪽의 넷(西四)이 북쪽의 여섯(北六)을 얻어 10을 이룬다. 동쪽의 셋(東三)과 남쪽의 일곱(南七) 역시 그렇다.[30] 그 유행하여 생성함이 크도다!

---

28 여기서 '10'은 우주발생론 상의 수효를 누적한 것이다. '태극인 하나'[0!=1]는 항등원으로, "하나가 쌓여 열이 되는(一積十鉅)" 연산에서 0이 된다. 이런 "'태극인 하나(太極之一늑虛無: chaos)'가 '하나인 하늘(天一: cosmos)'을 낳고 나서 셋으로 갈라지는(太極之一, 旣生天一, 而析三者)" 순차적 분화가 발생한다. 그것은 수리상 太極之一[0] ≫ 天一[1] ≫ 天一一[1,1⇒2] : 地一二[1,2⇒3] : 人一三[1,3⇒4]의 과정으로 표현된다. 그리하여 각 과정에서 도출된 숫자를 쌓으면(積) (0), 1, 2, 3, 4⇒10이 된다. 물론 이는 우주발생론 상의 각 과정을 순차로 배열하는 동시에 서로 다른 층위의 숫자를 누적한 것으로, 단순 합산(+) 이상의 의미가 있다. '天一'은 허무(무극, 태극: chaos)에서 처음 발생한 하늘(우주: cosmos)로, 그 자체로 전체인 1이다. '天一一'은 이렇게 통합된 전체인 '하늘'[1]이면서 또한 다른 사물(땅, 사람)과 구분되는 '하늘'[1]로, 둘[2]이 된다. '地一二'는 (하늘 안에 있어서) '하늘'[1]이자 '땅'[1]이면서 또한 하늘과 구분되는 '땅'[1]으로, 셋[3]이 된다. '人一三'은 (하늘과 땅에서 생겨나) '하늘'[1]이자 '땅'[1]인 '사람'[1]이면서 또한 천지와 구분되는 '사람'[1]으로, 넷[4]이 된다. 이런 수리는 '天一'에서 시작해 '天·地·人' 셋으로 갈라지는(析三) 우주발생론 상의 각 과정을 표상한다. 한편 삼재三才를 구분하면서도, 그것이 본래 한 근원에서 나와 연결되고 중층적으로 포개져 긴밀하게 통합되어 있음을 나타낸다.

29 사상四象은 『주역』에서 음과 양이 처음 중첩되어 나타나는 네 가지 형상으로, 태양太陽 ⚌·소양少陽⚎·소음少陰⚍·태음太陰⚏이다.

30 전병훈의 이 해설은 『하도河圖』의 수리에 근거한다. 『하도』는 『낙서洛書』와 함께 동아시아 고대 수리와 점복의 연원으로 회자되었다. 일찍이 『주역周易·계사전繫辭傳』에서 "황하에서 하도가 나오고 낙수에서 낙서가 나오니 성인이 그것을 법칙으로 하였다(河出圖, 洛出書, 聖人則之)"고 전했다. 하지만 그 내용은 알려진 바가 없었고, 한나라의 유흠(劉歆, B.C.53?~23)이 하도를 「팔괘八卦」로, 낙서를 「홍범洪範」으로 보는 정도였다.(『한서漢書·오행지五行志』) 그러다가 송나라 초에 일군의 성리학자들이 도교 상수학의 영향을 받아 하도와 낙서의 도상을 만들었다. 그 뒤 동아시아에 널리 통행한 하도·낙서의 도상은 주희(朱熹, 1130~1200)가 『주역본의周易本義』에서 제시한 것으로, 그 출전이 도교의 진단(陳搏,

거鉅는 '크다(大)'는 뜻이다.

【(小子)謹註】 天一之一, 至一三一, 則積而成十也. 觀夫四象之十, 得中五
以成十五, 則造化備焉. 北一, 得西九而成十. 西四, 得北六而成十. 東
三南七亦然. 其流行生成, 大矣哉! 鉅, 大也.

궤핍됨 없이 셋으로 화한다.

無匱化三

【안설】 천지의 수가 15를 이루니, 대화유행大化流行하여 쉬지 않는다.[31] 셋을
품고[32] 만물을 낳는 조화가 궤핍匱乏하는 때가 없으므로 그리 말한다. 작게
는 하루 · 한 달 · 한 해, 크게는 원 · 회 · 운 · 세가 조화롭게 유행하니, 어
찌 궤핍하는 때가 있겠는가? 궤匱는 결핍(乏)이다.

【(小子)謹註】 天地之數成十五, 則大化流行不息. 函三生物之化, 無時匱
乏故云也. 小而一日一月一歲, 大而元會運世, 造化流行, 安有匱乏之時

872~989)임을 밝히고 있다. 하도와 낙서는 오행의 상생과 상극 원리에 따라 1에서 10까지
의 수를 서로 다른 방위에 배치하는데, 본문에서 전병훈이 말하는 각 방위의 수는 하도에
따른 것이다. 하도는 생수(生數: 생성되는 수로 1, 2, 3, 4, 5)와 성수(成數: 완성된 수로 6, 7,
8, 9, 10)에서 두 수씩 짝을 지어 다섯 방위 및 오행에 배속하고, 그것이 서로 상생 운행한
다. 즉 북쪽에 1과 6을 배합해 일육수(一六水), 남쪽에 2와 7을 배합해 이칠화(二七火), 동쪽
에 3과 8을 배합해 삼팔목(三八木), 서쪽에 4와 9를 배합해 사구금(四九金), 중앙(中央)에 5
와 10을 배합해 오십토(五十土)가 된다. 북쪽의 생성수인 1이 서쪽의 완성수인 9를 얻고 서
쪽의 생성수인 4가 북쪽의 완성수인 6을 얻어 각각 10을 이루며, 동쪽의 생성수인 3과 남
쪽의 완성수인 7 그리고 남쪽의 생성수인 2와 동쪽의 완성수인 8 역시 서로를 얻어 각각
10을 이루는데, 전병훈은 그것이 『천부경』 본문에서 "하나가 쌓여 열이 되는(一積十)" 수리
라고 해설한다.

31 '대화유행大化流行'은 천지가 혼연일체로 크게 화하여 유행한다는 뜻이다. "천지의 수가 15
    를 이룬다"는 것은 북-서, 동-남의 생성수와 완성수가 만나 이루는 10의 수에 중앙의 5가
    더해 조화가 완비된다는 뜻이다. 위의 각주를 참고한다.

32 '함삼函三'은 천 · 지 · 인 세 기운이 하나로 혼합된 태극 원기의 상태이다. 『한서漢書 · 율력
    지상律曆志上』에서 "태극 원기가 셋을 포함해 하나가 된다(太極元氣, 函三爲一)"고 한다.

乎? 匱, 乏也.

하늘이 둘·셋이다.

天二三

【안설】 위에서는 개벽으로 말하니, 그러므로 "하나인 하늘이 하나"라고 했
다. 여기서는 음양이 교합하는 수리를 드니, 그러므로 둘(二)·셋(三)을 말한
다. 둘(二)은 음陰이요, 셋(三)은 양陽이다. 하늘의 숫자가 다섯 개[33]지만, 하
늘 가운데 또한 음·양이 함께 있으므로 그리 말한다.[34] 공자가 「설괘전」에
서 "셋(三)인 하늘과 둘(兩)인 땅이 서로 의탁한다"고 말한 것은, 대개 양수陽
數를 먼저 언급한 까닭이다.

【(小子)謹註】 上以開闢言, 故曰天一一也. 此擧陰陽交媾之數, 故曰二三
也. 二陰三陽. 天數五者, 而天中亦俱有陰陽, 故云也. 孔子係易曰 "三
天兩地而倚數"者, 蓋先言陽數之故也.

땅이 둘·셋이다.

地二三

【안설】 이 또한 음양의 수를 가리키니, 위 장절과 같다. 『주역』에서 "땅의 숫
자가 다섯 개"[35]라고 하지만, 땅 가운데 또한 음·양이 함께 있으므로 그리
말한다.[36]

---

33 '하늘의 숫자 다섯 개(天數五者)'는 1·3·5·7·9이다.
34 여기서 '그리 말한다(故云)'는 것은 『천부경』 원문의 '天二三'을 가리킨다. 전병훈은 그것이
 "하늘 가운데 또한 음·양이 함께 있다(天中亦俱有陰陽)"는 뜻이라고 보았다. 이런 문맥에
 따라 『천부경』 원문을 '하늘이 둘(二: 陰)과 셋(三: 陽)이다'로 번역했다.
35 '땅의 숫자 다섯 개(地數五者)'는 2·4·6·8·10이다.

【(小子)謹註】此亦道陰陽之數, 與上章同也. 易云地數五者, 而地中亦俱有陰陽, 故云也.

사람이 둘·셋이다. 큰 셋이 여섯에 합한다.

人二三, 大三合六

【안설】사람이 천지와 품수 받은 바가 같다. 그러므로 여기서 "큰 셋이 여섯에 합한다(大三合六)"고 말하는 것은, 곧 3양三陽이 6음六陰에 교합[37]함을 일컫는다. 삼재가 교합해 생성변화의 수리를 이루는 것이 이처럼 명백하다. 대개 건乾[☰, 하늘]과 곤坤[☷, 땅]은 일 년에 한 번 교합하고, 해(日)와 달(月)은 한 달에 한 번 교합한다. 그러므로 먼저 기화氣化하여 사람이 생기고, 이어서 형화形化하여 발생변화가 무궁하다. 그러니 세계 인류가 비록 구역이 나뉘지만, 모두 평등한 동포임이 분명하다.

【(小子)謹註】人與天地同所稟也. 故至此言大三合六者, 卽三陽交合六陰云也. 三才交媾, 以成生化之理數, 如是明白. 蓋乾坤一年一交媾, 日月一朔一交媾, 所以先卽氣化以生人, 繼以形化, 生生不窮也. 然則世界人生, 雖別區域, 而均爲平等之同胞也, 明矣.

---

36 여기서 '그리 말한다'는 것은 『천부경』 원문에서 '땅이 둘로 셋(地二三)'이라고 하는 것을 가리킨다.

37 『천부경』 원문의 '人三合六'을 전병훈은 '3양三陽이 6음六陰에 교합한다(三陽交合六陰)'고 해설했다. '3양三陽'은 천일天一·지일地一·인일人一에서 세 개의 1을 합한 것이고, '6음六陰'은 천이天二·지이地二·인이人二에서 세 개의 2를 합한 것이다. 다시 말해 천·지·인 삼재 가운데 양을 함축하는 숫자의 합(1+1+1=3)이 '3양'이고, 삼재 가운데 음을 함축하는 숫자의 합(2+2+2=6)이 '6음'이다. 이런 문맥에서 전병훈은 '3양이 6음에 교합'하는 것을 또한 삼재 가운데의 양과 음이 서로 교합한다는 의미로 보았다.

일곱 · 여덟 · 아홉을 낳는다.

生七八九

【안설】 삼재가 교합하여 감坎[☵]**38** 6의 수水가 동방 8의 목木을 낳는다. 목이 남방 7의 화火를 낳고, 화가 중앙의 토土를 낳으며, 토가 서방 9의 금金을 낳는다. 사상과 오행이 사물을 낳는 도가 완전히 성립한다. 하지만 이기理氣는 오로지 사람의 오장에 모두 갖춰져 있다. (신수腎水가 지智요 심화心火가 예禮이니, 이 설은 아래에서 상세히 말한다.) 이는 『하도河圖』·『낙서洛書』 오행 순역五行順逆의 차서와 그 작용이 같다. 그리하여 마땅히 '몸의 역'(身易)을 운용하는 법으로 해설해야 하고, 그래야 유익하다. 이른바 '수水 · 화火의 교합'이요 '금金 · 목木의 만남'인 것이다. 사람은 영명靈明과 지각知覺이 있다. 그러므로 떳떳한 법도를 스스로 행하고 아울러 성명性命을 길이 닦아, 마침내 옛사람의 양능良能**39**에 이른다.

【(小子)謹註】 三才交姤, 而坎六之水, 生東八之木, 木生南七之火, 火生中土, 土生西九之金. 四象五行生物之道, 完全成立, 而理氣獨具全於人之五臟(腎水智, 心火禮之說詳下.) 此與河圖洛書, 五行順逆之序, 同一其用. 然要當講解以運用身易之法, 乃有益矣. 所謂水火之交, 金木之會者也. 人有靈明知覺, 故自行彝則, 兼能修長性命, 邃古人之良能也.

(이상은 삼재가 생성하는 이치를 밝혔다.)

(以上訓明三才生成之理.)**40**

---

38 감坎의 방위는 북방이다.
39 '양능良能'은 사람이 타고난 재능, 혹은 그 재능의 근원이 되는 천부적 양심을 가리킨다.
40 전병훈은 『천부경』을 크게 ① 태초에 개벽하는 이치(始初開闢之理), ② 삼재가 생성하는 이치(三才生成之理), ③ 참나를 이루고 성스러움을 증득하는 법(成眞證聖之法), ④ 성스러움을 겸해 세상을 구제하는 법(兼聖濟世之法)을 말하는 네 단락으로 나눴다. 즉 『천부경』을 천지인의 생성을 말하는 우주론[①, ②], 심신을 수련하는 수양론[③], 세상을 다스려 구제하는

셋·넷을 운용하여 둥근 고리를 이룬다.

運三四成環

【안설】 사람 몸 가운데 3목三木의 해(日)와 4금四金의 달(月)을 운용하는 것은,[41] 곧 도가에서 오행을 전도顚倒하는 술법이다. 3목에서 불(火)이 생기는데, 불은 리離[☲]가 된다. 리화離火 가운데의 물을 일컬어 '참된 물'(眞水)이라고 한다. (이른바 "용이 불을 쫓는 가운데서 나온다"는 것이다.) 4금에서 물(水)이 생기는데, 물은 감坎[☵]이 된다. 감수坎水 가운데의 불을 일컬어 '참된 불'(眞火)이라고 한다. ("범이 물을 향하는 가운데서 생긴다"는 것이다.) 이 참된 물과 불을 뜻(意)으로 올리고 내린다. (뒤로 올라 앞으로 내려오니 '자오승강子午升降'이라고 한다.) 오래오래 하면 단丹을 이루고 신선이 된다. 그러므로 "셋·넷을 운용한다"(運三四)고 한다. 대개 (좌로 올라 우로 내려오고 우로 올라 좌로 내려오는 것을 '묘유운용卯酉運用'이라고 한다) '운용'(運)이란 참된 뜻으로 운행하는 것이다. '둥근 고리'(環)는 단의 형상으로 끄트머리가 없다. 그러므로 "둥근 고리를 이룬다"(成環)고 한다. 그런데 고리 가운데가 곧 현관玄關이니, 몰라서는 안 된다. ('현관'은 아래에서 상세히 설명한다.)

【(小子)謹註】 運用人身中三木之日, 四金之月者, 乃道家顚倒五行之術也. 三木生火, 火爲離, 離火中之水, 謂以眞水.(所謂龍從火裏出者.) 四金生水, 水爲坎. 坎水中之火, 謂以眞火. (虎向水中生者.) 此眞水火, 以意升降(後升前降, 曰子午升降.) 久久成丹成仙, 故云運三四也. 蓋(左升右降, 右升左降曰, 卯酉運用.) 運則以眞意運行. 環卽丹之象而無端, 故曰成環也. 然環之中, 卽玄關, 不可不知.(玄關說詳下.)

치세론[④]의 체계로 보았다. 그것은 또한 전병훈이 정신철학, 심리철학, 도덕철학, 정치철학으로『정신철학통편』을 구성한 체계와도 일정하게 상통한다.

41 '3목三木'은 숫자 3이 오행의 목이요, '4금四金'은 숫자 4가 오행의 금에 배합되는 수리상의 문법이다. 「홍범」에 보이는 "五行, 一曰水, 二曰火, 三曰木, 四曰金, 五曰土"에서 유래했다.

다섯 · 일곱이 하나로 미묘하게 넘친다.

五七一妙衍

【안설】'다섯'(五)은 토土의 생성수(生數)다. '일곱'(七)은 화火의 완성수(成數)다. '하나'(一)는 수水의 생성수다.[42] 도가에서 '삼가삼견三家相見'이라고 말한 것이다.[43] '미묘하다'(妙)는 것은 정신을 운용해 응결한다는 뜻이다. 참된 뜻(토土의 생수: 5)으로 화火(7) · 수水(1)를 운용하여, 물 · 불의 오르내림이 위와 같으면 도를 이룬다. '넘친다'(衍)는 것은 출신出神하여 자손을 낳는[44] 것이니, 나의 신기神氣가 천지를 가득 메우고 위아래로 천지와 함께 유행함을

---

42 '생성수(生數)'와 '완성수(成數)'는 『하도』의 수리에 기초한 개념이다. 생성과정에 있는 1 · 2 · 3 · 4 · 5가 생수生數이고, 완성과정에 있는 6 · 7 · 8 · 9 · 10이 성수成數이다. 이를 오행에 배속하면 1 · 6은 서방의 수水, 2 · 7은 남방의 화火, 3 · 8은 동방의 목木, 4 · 9는 서방의 금金, 5 · 10은 중앙의 토土가 된다.

43 '삼가삼견三家相見'은 북송의 장백단(張伯端, 983~1082)이 지은 『오진편悟眞篇』 「7언4운16수七言四韻十六首」에 보이는 내단학 술어이다. "三五一都三箇字, 古今明者實然稀. 東三南二同成五, 北一西方四共之. 戊己自居生數五, 三家相見結嬰兒. 嬰兒是一含眞炁, 十月胎圓入聖基." 이는 내단술을 은유한 시구로 유명하다. 그 첫머리의 3(三) · 5(五) · 1(一) 3개 숫자는 『주역참동계』의 "3개의 5가 1과 같으니, 천지의 지극한 정精이다"(五與一, 天地至精)라는 구절에서 유래했는데, 장백단은 이를 방위의 숫자 관계로 풀었다. 『하도』의 수리에 의하면 숫자 1 · 2 · 3 · 4는 각각 북 · 남 · 동 · 서의 방위에 배속되고, 5는 중앙의 숫자이다. 장백단은 동방(木)의 3과 남방(火)의 2가 만나 5를 이루고[①], 북방(水)의 1이 서방(金)의 4와 만나 또한 5를 이루고[②], 거기에 더해 본래 중앙(土)의 5[③]까지 아울러 '三五'[세 종류의 5]라고 한다. 여기서 ①과 ②는 각각 음수와 양수가 만나 5를 이루고 ③은 중앙의 양토陽土인 '무戊'와 음토陰土인 '기己'가 만나 5를 이룬다.(戊己自居生數五.) 이 세 종류의 5가 모두 음 · 양의 결합이라는 문맥에서 '세 집안(三家)'으로 부른다. 이 "세 집안이 서로 만나 영아를 잉태한다.(三家相見結嬰兒.)" 뱃속의 그 영아가 곧 『주역참동계』의 '三五與一'에서 말하는 '1(一)'로 진기眞炁를 머금고 있는데, 열 달간 이를 잘 기르면 태아가 원만해지고 성스러운 기틀이 잡힌다. 이것이 장백단이 말한 '삼가상견'의 대략적인 의미다. 전병훈은 『천부경』 원문의 5(五) · 7(七) · 1(一)이 각각 토 · 화 · 수의 숫자라는 데 착안하여, 그것을 장백단이 말한 '삼가상견'과 유사한 내단술의 문법으로 설명한다. 즉 "5인 토土에서 생기는 참된 뜻으로 7인 화火(남방)와 1인 수水(북방)를 운용하여 … 도를 이루는" 원리로 보는 것이다.

44 여기서 '자손을 낳는다'는 것은 곧 양신陽神의 출태出胎를 가리킨다. 그 구체적인 내용은 제2편을 참고한다.

일컫는다. 아! 겸성兼聖하는 지극히 명철한 큰 도(大道)로다! 현빈玄牝에서 신神으로 정精·기氣를 운용하고, 이로써 참나를 이루고 신통神通하는 오묘함이 황제黃帝의 겸성과 똑같이 하늘에서 근원한다. 성명性命을 응결해 보존하는 정신 전문학이다.

【(小子)謹註】五乃土之生數, 七爲火之成數, 一是水之生數. 道家云, 以三家相見者也. 妙則神用凝結之意, 以眞意(土生)運用火(七)水(一), 水火升降如上而成道. 衍則出神, 生子生孫, 我之神氣充塞天地, 上下與天地同流之謂也. 烏乎! 兼聖極哲之大道乎. 以神運用精氣於玄牝, 以成眞神通之妙, 與黃帝之兼聖, 同一源天, 性命凝住之精神專學也.

(이상은 참나를 이루고 성스러움을 증득하는 법을 가르쳤다. 以上訓成眞證聖之法.)

【안설】[45] 이 경전은 하늘이 감싸 팔면이 영롱하다. 사람마다 보는 바가 비록 다르지만, "셋·넷 운용하여"(運三四)부터 "미묘하게 넘친다"(妙衍)까지는 진실로 '몸의 역'(身易)을 운용해서 신선이 되는 법이다. 학인이 깊이 깨달을 수 있으니 소홀히 하지 말라.

此經天包, 八面玲瓏. 人之見仁見智[46]雖殊, 而自運三四至妙衍, 則眞是運用身易, 以成仙之法, 學人可以深悟, 毋忽也.

만겁과 만방을 오고 간다.

万往万來[47]

---

45 원문에 별도의 '안설' 표기는 없으나, 내용상 경문과의 구별을 위해 【안설】로 표기했다.

46 '견인견지見仁見智'는 '어진 사람은 어질게 보고 지혜로운 사람은 지혜롭게 본다'는 뜻이다. 사람마다 견지에 따라 다르게 본다는 의미다.

47 전병훈은 참나가 우주와 시공을 자유자재로 오간다는 문맥으로 이 구절을 주해했다. 그 취지를 살려 만왕만래万往万來를 "만겁과 만방을 오고 간다"고 번역했다. 만겁萬劫은 '지극히

【안설】 '미묘하게 넘치기'(妙衍)를 이루면 참나요 성인이요 신선이니, 곧 정신의 조화(神化)가 하늘에 합한다. 만겁萬劫의 오고 감이 내 뜻대로 자유자재하다. 나의 양신陽神이 위아래로 종횡하여 가서 미치지 못하는 곳이 없고, 우주가 손안에 있다. 이로써 일상의 인간사와 온갖 공적 사무(萬幾)[48]의 오고 감에 대처하니, 비록 변화무궁해도 능히 주재하는 자[49]가 존재한다.

【(小子)謹註】 既成妙衍, 眞我聖仙, 則神化合天. 萬劫之往來, 我固自如. 我之陽神, 縱橫上下, 無徍不周, 宇宙在手. 以至日用人事, 万幾之往來, 雖則無窮, 而有能主宰者存乎.

(이하는 겸성하여 세상을 구제하는 법을 가르친다. 以下訓兼聖濟世之法.)

변화를 활용[50]해도 근본은 움직이지 않는다.

用變不動本

【안설】 모든 일의 변화가 닥쳐올 때, 내가 그 변화를 다스려 사용할 수 있는 이유는 마음에 저울(權衡)이 있기 때문이다. 저울로 일의 경중을 가늠하고 변화에 따라 적절히 제어하므로 "변화를 활용한다"(用變)고 말한다. 이로써 만물의 도리를 밝게 알아 일을 성취시키며,[51] 백성을 사랑하고, 편리하게 쓰고, 나라를 다스리고, 세상을 구제하니, 무엇인들 그 변화에 맞춰 움직이지 않겠는가? 하는 일이 수없이 변해도[52] 마음의 근본은 움직이지 않으니, 그

오랜 시간'을, 만방萬方은 '모든 곳'을 가리킨다.

48 '만기万幾'는 만기萬機와 같다. 예전에 임금이 처리하던 온갖 정사政事를 지칭한다. 앞의 '일용지사日用人事'가 일상의 사적인 일들이라면, '만기萬幾'는 온갖 공적인 일들이다.

49 여기서 '능히 주재하는 자(能主宰者)'는 곧 양신陽神으로 참나를 가리킨다.

50 주해에 따라 '用變'을 '변화를 활용하다'로 번역했다.

51 '개물성무開物成務'는 『주역·계사상繫辭上』에 보인다. "夫『易』, 開物成務, 冒天下之道, 如斯而已者也." 『주역』이 만물의 숨은 의미를 열어젖히고 일을 이루게 한다는 뜻인데, 전병훈은 『천부경』에 이런 공효功效가 있다고 천명했다.

러므로 무위하고 지극히 덕스러운 치세[53]를 이룰 것이 틀림없다. 이것은 겸성兼聖하는 지극한 철인이 아니고서야, 누가 이를 할 수 있겠는가?

【(小子)謹註】凡事變之來, 我所以用濟其變者, 心有權衡, 權衡以稱事之輕重, 隨變制宜, 故云"用變"也. 以之開物成務, 仁民, 利用, 經邦, 濟世, 何往不動之斯化? 酬酢萬變而心本則不動也, 故治成無爲, 至德之世必矣. 此非兼聖極哲, 其孰能之乎?

본마음이 본래 태양으로 밝게 빛난다.

本心本太陽昻明

【안설】사람의 본마음(本心)은 태극건금太極乾金[54]으로, 태양太陽의 신기神氣가 뇌 가운데 맑게 응결돼 영명靈明한 것이다. 지혜가 뛰어나고 겸성兼聖한 사람은 본래 그러하다. 학인 역시 욕심에서 비롯해 도에 들어가도, 욕망을 제어해서 물욕에 현혹되지 않으면 마음 본체(心體)가 밝아져서 이내 그 근본을 돌이킬 수 있다. 도가 밝고 덕이 충만하면 마치 태양이 사사로움 없고 가림이 없는 것처럼 공정하고 밝게 빛나니, 우주를 밝게 비추고 온갖 변화를 조화롭게 성취하여 천지에 동참할 수 있다.

그런데 마음 근본(心本)의 진실함을 설파한 것으로, 어찌 이런 것이 있었겠는가! 도가道家에서 리離괘[☲]로 마음을 삼는데, 『주역』에서 말하기를 "밝은 것 둘이 리괘를 만드니, 대인이 그 밝음을 이어받아 사방에 비춘다"[55]고

---

52 '수작酬酢'은 본래 술잔을 주고받는다는 뜻인데, 의미가 확장되어 말을 주고받는 것 혹은 그 말이나 행동 등을 가리키는 말로 쓰였다. '수작만변酬酢萬變'은 하는 일이 수없이 변한다는 의미이다.

53 '지덕지세至德之世'는 『장자·마제馬蹄』에 보인다. "大至德之世, 同與禽獸居, 族與萬物並, 惡乎知君子小人哉!"

54 태양太陽의 신기神氣가 뇌 가운데 응결된 순양純陽의 건금乾金을 사람 안의 태극太極으로 보는 것이다.

55 이 구절은 『주역·리괘離卦·상전象傳』에 보인다. "明兩作離, 大人以繼明照於四方."

한다. 불교와 서양철학도 모두 삼계三界가 오직 마음이라고 한다. 지금 이 장절로 마음 근본을 증명하니, 어찌 세상에 새로 떠오르는 서광이 아니겠는가? 뇌신腦神[56]이 마음이 되는 이치가 더욱 확실하고 더욱 분명하여, 또한 심학心學을 개창한 시조라고 말할 수 있다. 아! 지극하도다. 민중이 추대하여 임금이 되고 정치가 태양의 광명과 같았으니,[57] 또한 어찌 통일된 민주 세계에서 본받을 만한 것이 아니겠는가?

【(小子)謹註】人之本心, 卽太極乾金, 太陽之神氣, 凝晶於腦中而靈明者也. 然上智兼聖, 本自如是. 惟學人亦可以因欲而入道, 制欲而以至無物欲之交昏, 則心體之明乃還其本. 道明德滿, 如太陽之無私無蔽, 而公明焉, 則明照宇宙, 造成萬化, 可與天地參矣. 然道破心本之逼眞者, 曷嘗有是哉! 惟道家以離爲心, 『易』云"明兩作離, 大人以繼明照于四方." 佛與西哲, 皆以三界惟心. 今以此章證明心本, 詎非宇內之新出曙光耶. 腦神爲心之理, 加確加明, 亦可謂心學開山之祖也. 烏乎至哉! 民衆推戴爲君, 而政治同太陽之光明者, 亦豈非一統民主世界之可法者耶.

사람이 천지 가운데(中)[58] 있고, 하나하나 끝난다.

人中天地一一終

【안설】천지 가운데가 열려 사람이 가운데 자리 잡고, 참여해 삼재三才를 이룬다.[59] 이른바 '사람'(人)은 천지의 마음으로, 만물이 모두 내게 갖춰져 있는 자이다. 이런 까닭에 사람이 중화中和의 지극한 공을 이루면 천지가 제자

---

56 '뇌신腦神'은 뇌 안의 정신이다. 전병훈에 따르면 '태양太陽의 신기神氣가 뇌 가운데 맑게 응결돼 영명靈明한 것(太陽之神氣, 凝晶於腦中而靈明者)'이 곧 '사람의 본마음(人之本心)'이다.

57 고조선 단군의 일을 가리킨다.

58 전병훈에 따르면 여기서 '가운데(中)'는 천지 간의 자리(位)로 삼재三才의 중앙이요, 천지의 마음(心)으로 중화中和이며, 대우주(大我)에 대한 소우주(小我)로 천지의 중심이다.

59 '참위삼재參爲三才'는 하늘(天)·땅(地)·사람(人)이 함께 참여해 삼재三才를 이룬다는 뜻이다.

리를 잡아 만물이 생육하고,**60** 천지와 덕을 합한다. 진실로 천지는 큰 나(大我)이고, 참나(眞我)는 태극의 한 분자로 작은 나(小我)이다. 이처럼 자기를 완성하는 자는 능히 천지의 중심에 설 수 있다. 아! 역시 지극하다. 하물며 지금 온 세계가 교통하니, 오대주가 한 집안이 되고 세상을 태평하게 하는 것이 반드시 이처럼 태선胎仙으로 겸성兼聖하는 사람의 천수天手**61**에 달렸도다! 장차 세계를 통일할 원수元帥는 뛰어난 선인(上仙)으로 겸성하여 천지의 중심에 서는 자가 아니겠는가! 하지만 사람이 천지와 더불어 하나하나 시작과 끝을 같이한다. 장차 술해의 회(戌亥之會)**62**에 이르면, 곧 천지와 사람·사물이 끝나는 시기이다. 그러므로 "하나하나 끝난다"고 말한다.

【(小子)謹註】天地中開而人位乎中, 參爲三才. 所謂人者, 天地之心, 而萬物皆備於我者也. 是以人致中和之極功, 天地位焉, 萬物育焉, 而與天地合德. 信乎天地者大我, 而眞我則卽太極之一份子, 小我也. 如是成己者, 能中天地而立矣. 吁! 亦至哉. 矧今宇內交通, 所以五洲一家, 致世太平者, 其必在此胎仙兼聖之天手乎.(將一統世界之爲元首, 非上仙兼聖, 中天地而立者耶!) 然人與天地一一相終始也, 將至戌亥之會, 卽天地人物終息之期, 故云一一終也.

끝이 없는 하나이다.

無終一

【안설】"끝이 없는 하나이다"(無終一)라는 것은 술해의 회(戌亥之會)다. 일기一氣가 크게 휴식하면, 해우海宇**63**가 변동하고 산이 솟고 하천이 사라지며 사

---

60 이 구절은 『중용』 1장의 "致中和, 天地位焉, 萬物育焉"에서 유래했다.

61 '천수天手'를 직역하면 '하늘의 손'이다. 하지만 문맥상으로는 성선겸성成仙兼聖하여 그 정신이 하늘과 통하고, 그 덕이 하늘에 합치되는 사람의 손을 가리킨다.

62 '술해의 회(戌亥之會)'는 곧 술회戌會와 해회亥會로, 원회운세元會運世의 시간대에서 천도 운행의 대주기가 끝나는 시점을 가리킨다.

람과 만물이 소멸해 천지가 다시 혼돈을 이룬다.[64] 하지만 '태극인 하나'는
끝남의 이치가 없다. 재차 자축의 회(子丑之會)에 이르면 다시 시작해 생동하
니, 따라서 "끝이 없는 하나이다"라고 말한다. 이에 천지의 운행이 끝나면
다시 시작함을 믿을 수 있다. '태극인 하나'는 고요하다가 다시 움직이고 움
직이다가 다시 고요하여, 마치 끝없는 둥근 고리와 같다. 지극하도다! 지극
히 신령하면서도 성스러움을 겸한(至神兼聖) 우리 경전이여!

【(小子秉薰)謹註】 無終一者, 戌亥之會. 一氣大息, 海宇變動, 山勃川湮,
人物消融, 天地復成混沌. 然太極之一, 則無終息之理, 而再至子丑之
會, 復始生動, 故曰無終一也. 於是可信天地之運, 終而復始. 太極之一,
靜而復動, 動而復靜, 如環無端也. 至哉! 我至神兼聖之經乎!

(주해를 마친다.)

(註解終)

(소자小子가) 삼가 주해한 것이 이와 같지만, 감히 내가 옳다고는 하지 못한
다. 세상의 명철한 여러 군자들이 공정한 이치로 올바로 밝혀 비평하고 가르
쳐 주길 간절히 바랄 뿐이다. 어리석은 내가 헤아리건대, 우리 단군 성조는
본디 하늘이 내린 겸성兼聖이니, 그분이 세상에 남긴 경전이 어찌 겸성의 지
극한 이치를 교시하지 않겠는가!

(小子)之謹註者如是, 而罔敢自是. 至願宇內聖哲諸君子, 明正以公理裁敎

---

63 '해우海宇'는 해내海內와 통하며, 보통 '나라 안의 땅'을 가리킨다. 혹은 바다와 맞닿은 땅으
    로, 해안지대를 가리킨다. 여기서는 '대륙' 정도의 의미로 볼 수 있다.
64 송대의 이학자인 호굉(胡宏, 1102~1161)의 『지언知言』에 나오는 구절이다. 원문은 다음과
    같다. "一氣大息, 震蕩無垠, 海宇變動, 山勃川湮, 人物消盡, 舊跡大滅, 是所以爲洪荒之世歟?" 주희
    를 비롯한 성리학자들이 빈번히 인용해서 유명해졌다.

耳. 愚料我檀祖素天降之兼聖, 則其遺經於世者, 曷不敎示以兼聖之至理哉.

왕수남王樹枏[65]이 말했다.[66] "위대한 저작이로다! 이른바 '경문으로 경문을 주석'[67]하는 것이다."

王公樹枏曰, "大著, 所謂以經註經也."

신동神童 강희장江希張[68]이 찬탄했다. "천지와 신성神聖의 정밀함과 오묘함이 우리 선생님의 몇 마디 말로 설파되었다. 어찌 단군께서 선생으로부터 손을 빌려 그 가르침을 일으키고 세계에 은혜를 베푸는 것이 아니겠는가! 큰 도의 참된 전승이 지금 그 진면목을 회복하니, 이름하여 '정신철학'이라고 한다."

神童江希張, 贊以 "天地神聖之精微奧妙, 被我先生數語道破矣. 寧非檀
君假手於先生, 以興其敎, 嘉惠世界者乎! 大道眞傳, 今還其本面目, 名以
精神哲學."

65 　왕수남(王樹枏, 1859~1936)은 청말 민국초의 저명한 학자이자 관료이다. 자는 진경晉卿, 호
　　는 도려주인陶廬主人이다. 1886년 진사에 급제하고 사천四川·감숙甘肅·신강新疆 등 여러
　　지역의 지방관을 역임했다. 민국 수립 후 성의회省議會 의원議員, 중의원衆議院 의원, 참정
　　원參政院 참정參政을 거쳐 1920년 국사관國史館 총재總裁가 되어『청사고淸史稿』편찬을 주
　　관했다. 저서에『신강국계지新疆國界志』,『신강예속지新疆禮俗志』,『도려총각陶廬叢刻』등
　　이 있다.
66 　여기부터는 전병훈의『천부경』주해에 대한 왕수남王樹枏과 강희장江希張의 찬사이다.
67 　'경문으로 경문을 주석한다'는 것은, 전병훈의『천부경』주석이 단순한 주해를 넘어 그 자
　　체로 경전이라는 극찬이다.
68 　강희장(江希張, 1907~2004)은 7세에『사서백화해설四書白話解說』(14冊) 총서를 편찬해 수
　　백만 부의 판매를 기록했던 신동이다. 강유위가 "중화민국 제일의 신동"으로 극찬하고 노
　　신魯迅이 그의 산문집(『열풍熱風』)에서 거명할 정도로, 한때 세상을 떠들썩하게 했다. 하
　　지만 청년기에 유럽 유학을 다녀온 뒤 중국의 불안정한 정세에서 불우한 시기를 보냈다.
　　중화인민공화국 수립 이후에는 화공化工 분야의 과학자로 인생 후반을 마감했다.

정신을 운용해 참나를 이루는 철리 요령

(통편의 종지宗旨는, 욕망으로 욕망을 제어하여 도를 이루는 것에 있다)

精神運用成眞之哲理要領, 第二篇

(通編宗旨, 在因欲制欲以成道)

제1장 선후천[1] 정·기·신을 논하다
第一章 論先後天精氣神

광성자廣成子(원시 상고시대의 천진황인天眞皇人[2]이 도道를 전했고, 황제黃帝가 스승으로 삼았다)가 말했다. "혼돈하고 어두침침 아득하다. 어두침침 아득한 데서 신령한 빛이 생긴다. 신령한 한 점 빛이 뭇 정精을 낳아 기른다."[3] (여기 서 말하는 '정精'은 곧 하늘과 땅을 낳는 원정元精이다.)

> 廣成子(草昧上古之天眞皇人傳道, 黃帝爲師) 曰: 混沌杳冥, 杳冥生靈光, 靈 光一點, 誕育羣精.(此云精, 卽生天生地之元精.)

1　'선후천先後天'은 선천先天과 후천後天을 아울러 이른다.
2　'천진황인天眞皇人'은 중국 상고시대 황제黃帝 때에 아미산峨嵋山에 은둔했다는 신선으로, 신장이 9척이고 온몸이 검은 털로 뒤덮인 기이한 용모였다고 한다. "稱其體貌詭異奇偉, 身長 九尺, 且黑毛披體. 軒轅黃帝時, 曾隱跡峨嵋山, 以蒼玉築室居於絶壁之下. 室內座具皆黃金做成, 侍者 爲仙童玉女, 有太淸仙王陪坐."(『歷世眞仙體道通鑒』) 광성자가 천진황인으로부터 도를 전수받 고 황제의 스승이 되었다는 설이 일찍부터 유행했으며,『음부경삼황옥결陰符經三皇玉訣』에 황제가 광성자와 함께 천진황인을 방문해 도를 묻는 대목이 보인다.(見今峨嵋山有一高聖天 眞皇人, 深曉經義理. 廣成子同去侍見天眞皇人, 朕問此『陰符經』… 如何修道?)
3　이 글은『부려비조금화비결浮黎鼻祖金華秘訣』「채금정수장采金定水章」에 보인다. 책이 광 성자의 저술을 표방하므로, 전병훈이 광성자의 말로 인용했다. 하지만 이는 광성자의 이름 을 가탁假託해 후대 도교에서 나온 책이다. 원문은 "混沌杳冥, 杳冥生靈. 靈光一點, 誕育羣精" 으로 전병훈의 인용과 약간 다른데, 여기서는 전병훈의 인용에 따라 번역했다.

『선감仙鑒』4(임옥부루비본林屋玞樓秘本)에서 말했다. "유형有形이 무형無形에서 생긴다.5 무형이 무극無極이 되고, 유형이 태극太極이 된다. 태역太易은 아직 기氣가 드러나지 않은 것이다. 태시太始는 기氣의 시작이다."6(여기서 말하는 '기氣'는 하늘과 땅을 낳는 원기元氣이다.)

『仙鑒』(林屋玞樓秘本)云: 有形生於無形. 無形爲無極, 有形爲太極. 太易者, 未見氣也. 太始者, 氣之始也. (此云氣, 卽生天生地之元氣.)

『도덕경』(노자가 저술했다)에서 말했다. "어떤 것이 뒤섞여 있으니, 천지보다 앞서 생겼다."7『원시경元始經』8에서 말했다. "여러 겁劫을 지내고도9 원신

---

4 『선감仙鑒』은 명말청초明末清初에 서도徐道 등이 편찬한 『역대신선통감歷代神仙通鑒』(일명 『三教同源錄』, 『神仙鑒』 등)으로, 중국 역대 신선의 전설과 일화 그리고 수행 방법 등을 찬술한 도교 문헌이다. 명나라 초에 서인서徐人瑞와 정요程瑤가 초고를 작성했고, 그들의 후손인 서도와 정소기程疏奇가 그 원고를 다듬어 청나라 강희康熙 39년(1700)에 이 책을 완성했다. '임옥부루비본林屋玞樓秘本'은 이 문헌의 판본 중 하나로, 『장외도서藏外道書』 32책에 실려 있다. 또한 청나라 때의 몇몇 판본이 남경도서관南京圖書館, 화동사범대학도서관華東師範大學圖書館 등에 소장되어 있다. 주의할 것은, 원나라 때 도사 조도일趙道一이 찬술한 『역세진선체도통감歷世眞仙體道通鑑』을 흔히 『선감』으로 약칭하지만, 전병훈이 본문 여러 곳에서 인용하는 『선감』 내지 『신선감』은 서도의 『역대신선통감』을 가리킨다는 점이다.
5 "유형有形이 무형無形에서 생긴다"(有形生於無形)는 것은 본래 『노자』 제1장에 나오는 명구이다.
6 '태역太易' '태시太始' 등의 개념은 한대漢代의 『역위易緯』 「건착도乾鑿度」에 보인다. "夫有形者生於無形, 乾坤安從生? 故曰, 有太易, 有太初, 有太始, 有太素. 太易者, 未見氣也. 太初者, 氣之始也. 太始者, 形之始也. 太素者, 質之始也." 『열자列子』 「천서天瑞」에도 대동소이한 글이 있다. 여기서는 '기氣의 시작'을 '태초太初'로 보는데, 본문에서는 이를 '태시太始'로 명명하는 차이가 있다. 하지만 그 개념이 무엇이든, '기가 드러나지 않은'(未見氣) 상태에서 '기가 시작되는'(氣之始) 상태로 전개되는 우주발생론의 구조는 동일하다. 한대에 정립된 이런 통설이 도교에서 성리학에 이르는 우주발생론의 원형이 되었다. 전병훈은 『역대신선통감』 「선진연파仙眞衍派」 권1 제1절에서 본문 구절을 인용하였다.
7 『노자老子』 제25장에 보이는 구절이다.
8 『원시경元始經』은 이름만 전하는 도서道書로, 하나라 우임금의 스승이었던 계자궁季子肯이 『원시경』 46권을 지었다는 설화가 전한다.(『歷世眞仙體道通鑑』 권2) 『운급칠첨雲笈七籤』

元神은 무너지지 않는다."(여기서 말하는 '원신元神'은 하늘과 땅을 낳는 원신元神
으로, 곧 하느님이다.)

『道德經』(老子著)曰: 有物混成, 先天地而生. 『元始經』曰: 曆劫元神不壞.
(此云元神, 乃生天生地之元神, 卽上帝也.)

『주역·계사繫辭』(공자가 찬술했다)에서 말했다. "신神은 만물을 신묘하게
하는 것이다.[10] (이 역시 선천을 주재하는 원신을 가리켜 말하니, 곧 하느님이다.)

『周易繫辭』(孔子贊)曰: 神也者, 妙萬物者也.(此亦指先天主宰之元神而言,
卽上帝也.)

제1절 원장原章[11] 정·기·신의 뜻을 해명하다
第一節 釋明原章精氣神之義

【안설】하늘과 땅이 나뉘기 전에 오직 혼돈한 한 기운(一氣)뿐이었으니, 이

등에서 『원시경』을 인용하는 것으로 볼 때, 남북조에서 당나라에 이르는 때 제작된 것으로
추정된다.

9 '겁劫'은 고대 인도 및 불교에서 말하는 칼파(산스크리트어 kalpa, 팔리어 kappa)의 한자
번역어로, 헤아릴 수 없이 긴 극한의 시간을 가리킨다. 일반적으로 우주가 한번 개벽하고
다음에 개벽할 때까지의 시간으로 본다. 『잡아함경雜阿含經』에서 겁의 장구함을 두 가지로
비유한다. 가로·세로·높이가 각각 1유순由旬(약 15km)에 이르는 거대한 철성鐵城 안에
겨자씨를 가득 채우고 백 년마다 겨자씨 한 알씩을 꺼낸다. 이렇게 겨자씨 전부를 다 꺼내
도 겁은 끝나지 않으니, 이를 '겨자겁芥子劫'이라고 비유한다. 또한 사방이 각각 1유순이나
되는 큰 반석盤石을 백 년마다 한 번씩 흰 천으로 닦는다. 그렇게 해서 그 돌이 다 닳아 없
어져도 겁은 끝나지 않으니, 이를 '반석겁盤石劫'이라고 비유한다.

10 『주역』「설괘說卦」에 보이는 구절이다. 원문은 전병훈이 인용한 것과 약간 달라서 "신神이
란 만물을 신묘하게 함을 말하는 것(神也者, 妙萬物而爲言者也)"이라고 한다.

11 여기서 '원장原章'은 위에서 인용한 광성자, 『선감』, 『도덕경』, 『주역』의 원문을 가리킨다.

기가 곧 원기元氣다. 태극太極은 기 안에 있으면서 동능력動能力[12]이 있기 때문에 능히 하늘과 땅을 낳는다. 우리 유가는 리理를 태극으로 보는데, 리理는 과연 무위하고 무능력한가? 단지 이처럼 본다면, 사업을 운용하는 데서 아마도 힘을 쓰지 못할 것이다. 그러므로 내가 감히 "태극은 능력이 있다"고 천명해 말하니, 학인들이 거의 헛되지 않으리라!

바야흐로 [태극이] 하늘과 땅을 낳으니, 음양의 원정元精이 모여 해·달·별이 되었다. 천일天―이 물을 낳고 지일地―이 불을 낳으니, 물은 하늘 밖을 품고 땅은 하늘에 감싸 안긴다. 사상四象[13]이 정립되고 음양오행의 원기元氣가 유행해 오르내려 따뜻하게 덥히니, 그 풍기風氣 가운데 주재하는 원신元神이 있어 이로써 조화를 이룬다. 그리하여 (인회寅會[14]에) 사람과 사물이 생겨난다. 정·기·신의 가장 신령하고 빼어난 것을 얻어 사람이 되고, 그 치우치고 잡스러운 것을 얻어 짐승과 동물이 된다. 이것이 곧 개벽한 뒤에 기화氣化하여 처음 사람과 사물이 생긴 것이다.

【(秉薰)謹按】天地未判, 只混沌一氣, 此氣卽元氣. 太極在氣中, 有動能力, 故能生天生地也. 吾儒以理看太極, 理果無爲而無能力耶? 只如是看, 則於事業運用, 恐不爲力, 故余敢倡明之曰, 太極有能, 學人庶幾不僇乎! 方生天生地, 則陰陽之元精, 聚以爲日月星辰. 天一生水, 地二生火, 水涵天外, 地爲天包. 四象立而陰陽五行之元氣流行升降, 溫暖和蒸, 其風氣中有主宰之元神, 以造化焉. 於是(寅會)人物乃生, 得精氣神之最靈秀者爲人, 得其偏且駁雜者, 爲禽獸動物. 此乃開闢後, 以氣化而始生人物者也.

---

12 제1편 각주 19, 20 참고.

13 태양太陽＝＝·소양少陽＝＝·소음少陰＝＝·태음太陰＝＝이다.

14 '인회寅會'는 원회운세元會運世의 시간대에서 3회째에 해당한다. 자회子會에 하늘(우주)이 개벽하고, 축회丑會에 땅(지구)이 생성되고, 인회寅會에 사람과 사물이 생겨난다고 본다. 자세한 내용은 역자의 저서 『우주의 정오』 85~97쪽을 참고한다.

제2절 역리易理 화생化生의 근본을 논하다

第二節 論易理化生之本

진震·감坎·간艮이 남자가 되고, 손巽·리離·태兌가 여자가 된다.

震坎艮爲男, 巽離兌爲女.

『주역』에서 말했다. "태극이 양의兩儀를 낳는다. 양의는 사상을 낳고, 사상은 팔괘를 낳는다."[15] 노자가 말했다. "홍균鴻鈞[16]이 처음 갈라지니, 음과 양(陰陽)·강함과 부드러움(剛柔)이 서로 갈마들어 여섯 자식을 낳아 부모와 더불어 여덟[17]이 된다. 낳고 낳음이 무궁하여, 천·지와 병립해 삼三이 된다."[18] 복희(羲皇: 伏羲)가 그 이치를 깨달아 역易을 그렸다. 역은 육합六合[19]의 밖을 포괄하되, 한 몸 가운데 갖춰져 있다. 후세에 단지 이로써 길흉을 점치고, 선천과 후천의 큰 뜻을 생략해 말하지 않았다. 내가 말하건대, 건乾[☰]이 머리가 되고, 곤坤[☷]이 배가 되고, 감坎[☵]과 리離[☲]가 신장과 심장이 되고, 오행五行이 오장五臟이 된다. 그 생성과 운용이 실로 조화造化[20]와 공공功이 같다.

---

15 『주역·계사상전繫辭上傳』에 이 구절이 보인다.

16 '균鈞'은 곧 균천鈞天이다. 구천九天의 하나로, 하늘 한 중앙에 위치한 상제의 거처다. '홍鴻'은 홍몽鴻蒙으로, 천지개벽 이전의 혼돈상태다. 홍균鴻均은 이 두 개념을 합친 것으로, 개벽 이전 태초의 우주를 가리킨다.

17 여기서 '여덟'(八)은 곧 8괘를 가리킨다. 부모는 乾☰ 坤☷이고, 그 여섯 자식은 태兌☱ 리離☲ 진辰☳ 손巽☴ 감坎☵ 감艮☶이다.

18 이를 노자의 말로 소개하지만, 그 출처는 불분명하다. 하지만 건乾·곤坤이 부모로 팔괘의 나머지 여섯 괘를 낳는다는 것은 「설괘전」에 일찍이 보이는 유명한 설이다.

19 '육합六合'은 동東·서西·남南·북北과 상上·하下를 아우르는 개념으로, 우주의 공간 space을 함축한다.

20 여기서 '조화造化'는 제1절에서 말하는 천지와 음양오행의 조화를 가리킨다.

이는 곧 사람이 천지의 초자肖子[21]가 되는 것으로, 몸 가운데의 역이니 이른
바 '심역心易'이다.

『易』曰: 太極是生兩儀, 兩儀生四象, 四象生八卦. 老子曰: 鴻鈞初判, 陰
陽剛柔相磨而生六子, 並父母而爲八, 生生不窮, 與天地並立爲三. 羲皇
會其理以畫易. 易也者, 包乎六合之外, 備於一身之中. 後世但以占驗吉
凶, 而先後天之大義略焉不講. 愚謂, 乾爲首, 坤爲腹, 坎離爲腎心, 五行
爲五臟. 其生成運用, 實與造化同功, 是卽人爲天地之肖子, 而身中之易,
卽所謂心易也.

그 도상은 다음과 같다.

其圖如左.

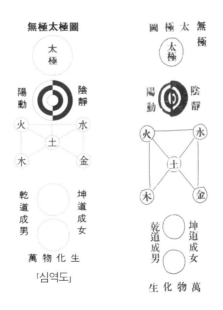

이 도상은 여순양呂純陽[22]의 『팔품경八品經』에서 기원하는데, 팔괘를 덧붙인 것을 지금 다 채록하지는 않았다. 곧 노자의 『심역도心易圖』와 같고, 또한 주렴계의 『태극도』와 조금도 차이가 없다. 성신聖神[23]들이 하늘과 사람의 관계를 보는 것이 한결같고, 상역象易과 심역心易을 쓰는 것이 진성[盡性, 본성을 궁구]하고 진물[盡物, 사물을 연구]하는 일에서 역시 같으며, 오직 이 주명住命과 안명安命[24]의 추세가 다를 뿐임을 알 수 있다.

> 此圖源於呂純陽 『八品經』, 而附八卦者今不盡錄. 卽與老子 「心易圖」同,
> 而又與周濂溪 「太極圖」毫釐不差, 可以見聖神見天人之際者旣同, 而用
> 象易與心易者, 其盡性盡物之事則亦同, 惟此住命與安命之趣, 不同焉耳.

---

22 여순양呂純陽은 당唐의 저명한 도사인 여동빈呂洞賓이다. '순양純陽(子)'은 그의 호이다. 여
    동빈은 훗날 중국 도교 전진도全眞道의 조사祖師로 추존되었다. 중국의 민간전설에서 유명
    한 팔선八仙 중의 한 신선이기도 하다.

23 '성신聖神'은 성스럽고 신령하다는 뜻으로, 고대에 제왕을 칭송하는 수사修辭로 쓰였다. 여
    기서 비롯해 훗날 고대의 성인을 통칭하는 개념이 되었다. 그런데 근대화 과정에서 '神'과
    '聖'을 'the Spirit' 'Holy Ghost'의 번역으로 이용하면서 본래의 뜻이 희석되었다. 본문의 '성
    신聖神'은 한자어의 전통적 의미를 담는다. 전병훈이 말하길 "성聖은 지극한 선善의 극치라
    서 소리도 없고 향기도 없다. 이른바 '신神'이란 크면서도 변하여 가는 것 그 이상이다"(然聖
    則至善之極致, 無聲無臭. 所謂神者, 大而化之以上也)라고 한다.(「도덕철학」 제3장)

24 여기서 '안명安命'은 기화로 생명이 태어나 전개되는 순반응의 추세로 천명에 안주하는 것,
    말하자면 '제 명대로 사는' 것이다. 반면 '주명住命'은 기화의 순반응을 거꾸로 되돌려 생명
    의 원초상태를 회복하는 역반응의 추세로, 곧 원시반본을 구하는 내단 수련을 가리킨다.
    전병훈은 '안명'과 '주명'으로 유가와 도가의 차이를 대별하기도 한다.

第五品圖　　　　　第三品圖　　　　　第一品圖

清陽動　　濁陰靜

水　　火
土
木　　金

乾道成男　　坤道成女
化　　萬
生　　物

陰從平陽　柔順於剛　　　金水相平　造物以生　　　第二品圖

出無入有　君子遷鄉　　　及時採取　獲我丹功

第八品圖　　　　　第四品圖

初三月形

太極
火　　金
土
水
木

渾二物名　歸乎太極　　　滿而不溢　顛而不危

虛無交合　至誠不息　　　象體乾天　樞合四時

25　첨부하는 도상은 여순양呂純陽의 『팔품경八品經(八品仙經)』 가운데 있는 「팔품도상八品圖象」이다. 『정신철학통편』에 수록된 것은 아니지만, 전병훈이 「심역도」가 "『팔품경』에서 유래한다"고 밝혔으므로 참고로 첨부한다. 제6품과 제7품은 도상이 없다.

주렴계(濂溪)[26]가 『도설圖說』[27]에서 대략 말하였다. "무극이면서 태극이다. 태극이 움직여서 양을 낳고, 고요해서 음을 낳는다. 한 번 움직이고 한 번 고요한 것이 서로 그 뿌리가 되며, 음으로 나뉘고 양으로 나뉘어 양의兩儀가 확립된다. 오행이 골고루 펼쳐져 사계절이 운행한다. 무극의 참됨과 음양오행(二五)의 정精이 묘하게 합해 응결하니, 하늘의 도(乾道)가 남자를 이루고 땅의 도(坤道)가 여자를 이룬다. 오직 사람만이 그 빼어남을 얻어서 가장 신령스럽다. 형체(形)가 생성되고 나서 신神이 지각知覺을 발하니, 다섯 성품(五性)이 느끼고 움직여져서 선악이 구분되고, 만사가 출현한다."[28]

濂溪圖說略曰: 無極而太極. 太極動而生陽, 靜而生陰. 一動一靜, 互爲其根, 分陰分陽, 兩儀立焉. 五氣順布, 四時行焉. 無極之眞, 二五之精, 妙合而凝, 乾道成男, 坤道成女. 惟人也, 得其秀而最靈. 形旣生矣, 神發知矣, 五性感動而善惡分, 而萬事出矣.

(이 아래 "성인께서 중정中正과 인의仁義로 안정시키되, 고요함을 위주로 인극人極을 세우셨다"[29]는 설이 있다. 아마도 이는 문명개화 이후에 말할 수 있는 순서일 것이다.) 이로써 볼 때, 태초에 기화氣化하여 사람과 사물을 낳는 이치가 또한 명료하지 않은가? 이것과 『천부경』의 취지가 서로 딱 부합한다.

---

26 '염계濂溪'는 북송 성리학의 대가인 주돈이周敦頤(1017~1073)의 호이다. 자는 무숙茂叔으로, 호남湖南 사람이다. 만년에 여산廬山의 염계서당濂溪書堂에 은거했다. 『태극도太極圖』, 『태극도설太極圖說』 등의 저술이 있다.
27 여기서 『도설圖說』은 곧 『태극도설』을 가리킨다.
28 이 글이 『태극도설』의 전문이 아니다. 전병훈은 『태극도설』에서 중요하다고 판단한 일부 구절만 발췌했다.
29 주렴계의 『태극도설』에 보이는 구절이다. 본래는 "聖人定之以中正仁義, 而主靜, 立人極焉."이다. 『태극도설』의 본래 구절을 참조하여 번역했다.

(此下有聖人定之以中正仁義以主靜以立人極之說, 恐是開化以後可言之次序也.)
由此觀之, 厥初以氣化而生人生物之理, 不亦瞭然乎! 此與『天符經』旨相
脗合也.

제3절 형화形化의 이치를 논증해 밝히다
第三節 論明形化之理

사람의 남녀가 이미 생겨난 뒤에 형체(形)가 교접하고 기가 감응해 낳고
낳음이 끊이지 않으니, 이를 이름하여 '형화形化'라고 한다. 정자程子[30]가 말하
기를 "형화가 오래되니 기화가 쇠한다"고 했으니,[31] 진실로 그러하다. 사람
이 살지 않는 섬에도 옛날에는 화생化生[32]한 사람이 있었으나, 뒤에 반드시
없어졌다. 그러므로 근세에 소위 원숭이가 사람이 됐다는 이론은, 기화로 하
늘이 생기고 사람이 생긴 이치를 모르는 것이라고 말할 수 있다. [성리性理를

---

30 여기서 '정자程子'는 정이(程頤, 1033~1107)를 가리킨다. 중국 북송北宋의 저명한 성리학자
로, 하남河南 사람이다. 호는 이천伊川이고 자는 정숙正叔이다. 『역전易傳』 등을 저술했다.
형인 정호程顥와 더불어 흔히 '이정二程'으로 불린다.

31 형화形化의 사상은 전병훈의 발명이 아니다. 그것은 북송 이후 성리학에서 정설로 통용된
학설이었다. 전병훈도 인용했듯이 정이程頤(1033~1107)가 이렇게 말했다. "만물의 시작은
모두 기화였으나, 이미 형체가 생긴 뒤에는 형체끼리 서로 이어져 형화가 있게 되었다. 형
화가 오래되니 기화는 점차 사라졌다."[萬物之始皆氣化, 既形然後以形相禪, 有形化. 形化長, 則
氣化漸消.『二程遺書』卷5.] 주희朱熹(1130~1200)도 주돈이周敦頤(1017~1073)의『태극도설』
을 해설하며 다음과 같이 말한 바 있다. "인물人物(사람과 사물)이 처음에 기화로 생겨난
것이다. 기가 모여 형체를 이루니, 형체가 교접하고 기가 감응해 마침내 형화해서 인물이
끊임없이 생육하고 변화가 무궁해졌다."[人物之始, 以氣化而生者也. 氣聚成形, 則形交氣感, 遂
以形化, 而人物生生, 變化無窮矣.「太極圖說」,『周敦頤集』卷1.]

32 여기서 '화생化生'은 기화氣化로 생겨나 형화形化로 이어진 것을 아울러 말한다.

묻는 공자의 질문에 노자가 답해 말했다. "9×9는 81이다. 1은 해(日)를 주관한다. 해의 수는 10이고, 그러므로 사람은 10개월 만에 태어난다. 5×9는 45다. 5는 소리(音)가 되고, 5음은 원숭이를 주관한다. 그러므로 원숭이는 5개월 만에 태어난다."[33] 나머지 말, 사슴, 개 같은 것은 일일이 거열하지 않겠다.] 이로써 미뤄 보건대, 저들이 비록 진화를 주장해 말하지만, 본래 5개월 만에 태어나는 것이 어찌 훗날 10개월 만에 태어나 능히 사람이 된다는 것인가?

그리고 사람은 천지의 마음이 되니, 인격에는 지혜가 뛰어난 사람(上智)과 몹시 어리석은 사람(下愚)이 있다. 옛날의 신령한 성인(聖神)인 복희·황제·요·순·단군·기자·주공·공자 역시 모두 원숭이가 변해 사람이 된 것인가? 아! 그 학설의 불경스러움은 변론치 않고도 자명하다. (그 설이 원숭이 유골로 증거를 삼으니, 더욱 놀라울 따름이다. 오류천 년이 지나도 썩지 않는 뼈가 여전히 있단 말인가? 일찍이 한 변설辨說이 있었는데, 지금 다 적지 않겠다.)[34] 사람과 사물이 처음 개화하기 전이야 논할 필요가 없고, 하늘이 신령한 성인을

---

33 원숭이의 수태기 5개월, 사람의 수태기 10개월 등과 연관된 수리로 여러 동물종의 차이를 추론하는 논법은 한漢의 『회남자淮南子』에 일찍이 출현한다. "天一地二人三, 三三而九, 九九八十一. 一主日, 日數十. 日主人, 人故十月而生. … 五九四十五, 五主音, 音主猿, 猿故五月而生."(『淮南子·地形訓』) 기원전 2세기 무렵에 이런 논법이 벌써 있었음을 알 수 있다. 같은 내용이 『대대례기大戴禮記·역본명易本命』, 『공자가어孔子家語·집비執轡』 등에도 보인다. 이것이 공자의 질문에 대한 노자의 답변이라는 것은, 후대의 호사가들이 만들어 낸 얘기에 지나지 않는다.

34 전병훈은 진화론을 불철저하게 인식했다. 그가 상상했던 진화의 시간표는 현대 생물학에서 말하는 것과 현격한 차이가 있다. 예를 들어, 19세기 후반에 독일의 네안데르탈 계곡에서 '네안데르탈인'으로 명명된 초기 인류의 유골이 발견됐는데, 그 인류는 대략 35만 년 전부터 2만5천 년 무렵까지 활동했다고 알려졌다. 작금의 생물학에 따르면, 진화의 시간표상 인류가 유인원과 갈라진 시점은 늦어도 540만 년 전에서 이르면 740만 년 전까지 거슬러 올라간다. 그런데 전병훈은 이런 인류 진화의 분기分岐 시점을 불과 오류천 년 전의 역사시대로 혼동했다. 그가 매우 피상적으로 진화론을 이해했으며, 그로 인해 진화론에 부정적이었음을 시사한다. 이는 서구에서 유입된 진화론, 더 나아가 과학지식이 20세기 초 동아시아에서 받아들여지는 과정을 보여 주는 것으로 학술사적인 의미가 있다.

내린 뒤에는 그분들이 반드시 간단하고 쉬운(簡易) 법을 사용해서 성명性命을 수양하도록 사람들을 가르쳤다. 복희와 황제의 '심역心易'이 중정인의中正仁義[35]하고, 정신을 응결해 성과 명을 함께 닦는(性命雙修) 도였던 것과 같다.

그런데 중화의 옛 자취만 그럴 뿐 아니라, 조선의 단군 역시 하늘에서 내려온 신인神人으로 역사의 첫 편에 간략히 기록되어 있다. 동명왕 역시 신선이자 성인(仙聖)으로 기린마를 타고 하느님을 배알했으니, 확실한 역사적 사실(史實)이다. 서양철학 역시 '세계를 만든 대정신'을 말하니, 실로 이에 대한 통찰이 있는 것이다. 아! 천지의 정·기·신이 묘하게 응결해서 사람 몸을 낳는 것은, 그 이치가 이처럼 명백해서 의심할 바 없다. 그것이 사람 몸의 정·기·신으로 운용되는 철리는 다음 장에서 해명한다.

人之男女旣生以後, 則形交氣感, 生生不已, 是名爲形化也. 程子曰: "形化長, 則氣化衰." 誠然也. 無人絶島, 古有化生者, 而後必無矣. 然則近世所謂猿變爲人之論, 可謂不識氣化生天生人之理者.(老子答孔子性理之問曰 "九九八十一. 一主日, 日數十, 故人十月而生. 五九四十五, 五爲音, 音主猿, 故猿五月而生." 餘如馬鹿狗不枚擧.) 以此推之, 則彼雖主進化而言, 然本是五月而生者, 安能後至十月而爲人乎? 且人爲天地之心矣, 人格有上智下愚. 如古之聖神羲·黃·堯·舜·檀·箕·周·孔亦皆猿變而爲人者耶? 烏乎! 其說之不經, 可不辨自明也. (其說以猿骨爲驗, 尤可駭焉. 過五六千年而尙有不朽之骨耶? 嘗有一辨說, 今不盡載.) 然人物草昧開化以前, 不須備論, 而自天降聖神以後, 其敎人, 必用簡易之法, 修養其性命矣. 如羲黃之心易, 是中正仁義, 凝結精神, 性命雙修之道也. 然不特中華古蹟如是, 而朝鮮之

---

35 '중정인의中正仁義'는 어느 한쪽에 치우침 없이 곧고 올바르며(中正) 어질고 의로운(仁義) 것을 말한다. '중정'과 '인의'는 본래 별개의 개념이었다. 그런데 주돈이가 「태극도설」에서 한 단어처럼 사용하고, 주희가 『근사록近思錄』 등에서 연이어 쓰면서 훗날 하나의 숙어처럼 널리 사용되었다.

檀君, 亦天降之神人, 歷史略載首篇. 而東明王亦仙聖, 麟馬朝天, 確有史實. 西哲亦云製造世界之大精神者, 誠有見乎此也. 烏乎! 天地之精氣神, 妙凝以生人軀者, 厥理如是明白無疑. 其在人軀之精氣神, 運用哲理, 次章明之.

제2장 사람 몸의 정·기·신을 운용하는 철리를 논하다
第二章 論人身精氣神運用之哲理

『옥황심인경玉皇心印經』[36]에서 말했다. "좋은 약이 세 가지로 신神과 기氣·정精이다." 『태청편太淸篇』에서 말했다. "정精·기氣·신神이 사람의 세 보배(三寶)가 된다."

『玉皇心印經』曰: 上藥三品, 神與氣精. 『太淸篇』曰: 精氣神, 爲人之三寶.

【안설】『심인경』역시 하늘이 내린 글로 『하도』·『낙서』와 같은 것이다. 이세 가지[37]가 사람 성명性命의 근본이다.

【(秉薰)謹按】『心印經』亦天降之文如河圖洛書者也. 此三者爲人性命之本也.

---

36 도교에서 늘 염송하는 핵심 경전의 하나로, 정식 명칭은 『고상옥황심인경高上玉皇心印經』혹은 『무상옥황심인경無上玉皇心印經』이다. 줄여서 『심인경心印經』, 『심경心經』등으로 부른다. 네 글자를 한 구절로 하는 50구절의 시詩로 이뤄졌다. 도교에서는 『심인경』을 옥황대제가 전한 경문으로 받들며, 역대에 비교적 많은 주해가 있다.

37 여기서 '세 가지'(三者)는 곧 정精·기氣·신神을 가리킨다.

제1절 원신을 논하다

第一節　論元神

　신神은 원신元神이다. 본성(性)의 진면목(眞)은 곧 천진한 자연의 신神이다. 사람이 태어나서 처음 변화할 때 하늘이 부여한 삶의 원리(生理)[38]가 '본성'이 된다. 본성이 사람에게 있어 움직이면 '마음(心)'이 된다. 마음이 응결된 것을 '신神'이라고 하고, 신이 고요한 것을 '본성'이라고 한다. 신은 정·기에 의지해 생기고, 정·기는 목숨(命)이 된다. 그러므로 세 가지[39]가 성명性命의 뿌리가 된다.

　神是元神. 性之眞, 乃天眞自然之神也. 人生始化, 天之賦與生理者爲性. 性之在人動則爲心, 心凝曰神, 神靜曰性. 神依精氣則生, 精氣爲命. 故三者爲性命之根柢也.

제2절 원기를 논하다

二節[40]　論元氣

　기氣는 원기元氣이다. 그 전체가 810장丈으로,[41] 하늘을 따라 운화運化[42]하

38　여기서 '생리生理'는 생물의 기능에 주목하는 생리학(Physiology)적 의미라기보다, 생철학(philosophy of life)적 문맥에서 말하는 '삶(生)의 원리'이다.

39　여기서 '세 가지'는 곧 정·기·신이다.

40　목차의 순서와 앞 절의 표기(第一節)로 볼 때 '第二節'이 되어야 마땅하나 원문에는 단지 '二節'로 되어 있다. 여기서 원문의 표기는 그대로 두고 번역만 '제2절'로 하였다. 이어지는 장절에도 이를 동일하게 적용하여, 한자어 표기는 원문대로 반영하고 번역은 '제○절'로 통일해 표기한다.

41　사람 몸의 기氣가 810장丈이라는 것은 『황제내경』에 보인다. "氣行五十營於身, … 故五十營備, 得盡天地之壽矣, 凡行八百一十丈也."(『黃帝內經·五十營』) 사람 몸에서 기가 한 바퀴 운행

는데, 커서 헤아릴 수 없고 미세해서 관찰할 수도 없다. 인온氤氳[43]이 증식해 일신에 두루 미치며 쉬지 않고 운행한다. 사람이 태어나서 처음 기를 받을 때, 먼저 천지로부터 원시元始의 조기祖氣[44]를 얻고 나중에 부모로부터 형화形化의 기를 받는다. 그러므로 말한다. "원기가 반드시 곡기穀氣에 의존해 끊임없이 유지되고, 이로써 원정元精을 기른다. 그러므로 '정이 기에 의존해 가득 찬다'고 말한다."[45]

氣, 元氣也. 其全也, 八百十丈, 隨天運化, 大不可量, 微不可察. 氤氳滋息, 充周一身, 流行不停. 人生受氣之初, 先得天地元始之祖氣, 而後受父母形化之氣, 故曰"元氣必資穀氣以續續不斷, 以育元精, 故曰 '精依氣盈也.'"

제3절 원정을 논하다
三節 論元精

(사람이 기를 받아 잉태되는 처음부터 천지의 이런 정·기·신을 받는다.)

하는 것을 '영營'이라고 하는데, 하루에 50회를 돈다. 기가 아침저녁으로 끊임없이 50영을 돌면 장생하는데, 이렇게 하루 50영을 운행하는 기의 총연장이 곧 810장丈이다.

42 '운화運化'는 기가 운행 변화하는 활동이다. 혜강惠崗 최한기(崔漢綺, 1803~1879)는 『기학氣學』 '서문'에서 "大氣之性, 元是活動運化之物"이라고 하였다. 기氣는 천지만물의 형질形質을 이루지만, 또한 나고 자라고 소멸하는(生長消息) 변화 가운데서 끊임없이 활동 운화한다.

43 '인온氤氳'은 연온煙熅 혹은 인온絪縕이라고도 하는데, 본래 습열濕熱을 머금고 몰려다니는 구름이 자욱한 모양을 가리킨다. 이로부터 비롯해 '인온'은 음양 두 기운이 서로 만나 화합하는 상태, 내지는 왕성한 기운이 자욱한 것을 지칭한다. 여기서는 두 의미를 모두 담아 '음양이 만나 왕성해진 기운' 정도로 볼 수 있다.

44 도교 기화론에서는 사물이 기로부터 생겨난다고 보는데, 이처럼 사물의 근원이 되는 기를 '조기祖氣'라고 한다.

45 송宋의 이간易簡가 주석을 단 『무상옥황심인경無上玉皇心印經』 주해본에 이 구절이 보인다. 이 판본은 『장외도서藏外道書』 제7책에 수록되어 있다.

(人於受氣生胎之初, 便受此天地之精氣神.)

정精은 원정元精이다. [암수, 남녀가] 감응해 합하는 음일淫佚한 정이 아니다. 정은 체내에서 강건하고 순수하니, 황금에 진액이 있는 것과 같고, 나무에 기름이 있는 것과 같다. 신神이 정에 의지하는 것은 물고기가 물을 얻은 것과 같고, 기가 정에 의지하는 것은 안개가 연못에 자욱한 것과 같다. 사람이 갓 난아기 때 남녀의 교합을 모르고도 생식기가 일어나니, 정이 지극한 것이다.[46] 15세에 참된 정(眞精)이 충만하므로, 만약 이때 수련하면 참나 이루기가 아주 쉽다. 이로부터는 [정精이] 날로 줄어드는데, 만약 그것을 과도하게 누설하면 신기神氣가 혼미하고 성명性命이 풍전등화와 같다. 무릇 섭생에 뜻을 둔 자라면, 어찌 이런 성명의 근본을 모르면서 신을 응결하고 목숨을 보존하는 원리[47]를 구하겠는가.

精, 元精也. 非感合淫佚之精也. 精之在體, 剛健純粹, 如金之有液, 如木之有脂. 神依之如魚得水, 氣依之如霧覆淵. 人於嬰孩時, 未知牝牡之合而峻作, 精之至也. 十五而眞精滿, 若於此時修煉, 則成眞甚易矣. 自此以降, 日益虧耗. 若其損洩過度者, 神氣昏而性命如風燭. 凡有志攝生者, 審不知此性命之本, 而求所以凝神住命之理乎.

다음과 같이 도상을 첨부한다.

---

46 이 구절은 『노자』에서 유래한다. 『노자』 제55장에 다음 구절이 있다. "未知牝牡之合然怒, 精之至也."
47 여기서 '원리原理'는 '所以~之理'로, 어떤 사태의 근거(원인)에 관한 이치를 가리킨다.

附圖如左

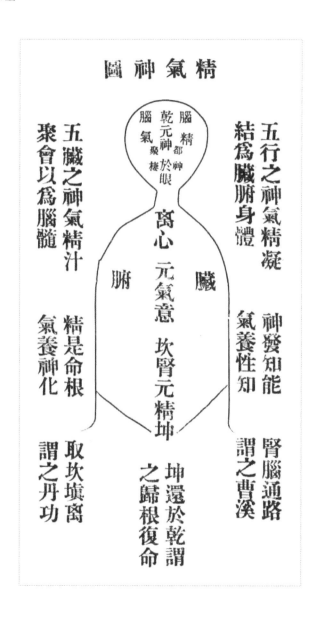

精氣神圖

脑 乾 脑
氣純精
氣聚神神
棲於眼

离心
腑 元 臟
氣
意
坎
腎
元
精
坤

〈정기신도(精氣神圖)〉

오행의 신·기·정이 응결해 장부臟腑와 신체를 이룬다.
五行之神氣精, 凝結爲臟腑身體.

오장의 신·기·정 진액이 모여 골수腦髓가 된다.
五臟之神氣精, 汁聚會以爲腦髓.

신이 지각 능력(知能)을 발하여 기를 기르고 성을 알게 된다.
神發知能, 氣養性知.

정이 목숨의 뿌리가 되어 기를 기르고 신으로 변화한다.
精是命根, 氣養神化.

신장과 뇌의 통로를 '조계曹溪'라고 일컫는다.
腎腦通路, 謂之曹溪.

감坎[☵]에서 취해 리離[☲]를 메우니, 이를 '단공丹功'이라고
일컫는다.
取坎塡離, 謂之丹功.

곤坤[☷]에서 건乾[☰]으로 돌아가니, 이를 "근본으로 돌아가
목숨을 회복한다(歸根復命)"고 한다.
坤還於乾, 謂之歸根復命.

정을 귀히 여겨 기를 기르고 기를 귀히 여겨 신을 기르니, 그런 까닭에 정·기·신이 참나를 닦는(修眞) 좋은 약이요 금단金丹 철리의 요소要素가 된다.[48]

寶精以養氣, 寶氣以養神, 所以精氣神爲修眞上藥, 金丹哲理之要素也.

광성자가 첫 번째로 진화하였다.[49]

廣成子爲第一番進化.

제4절 정·기·신을 운용하는 대강을 논하다
四節 論運用精氣神之大槪

『도덕경』에서 말했다. "유有는 만물의 어미를 일컫는다."[50] 어미에게 먹을 것을 구한다. (공기가 만물을 낳는 어미이니, 공기를 먹는[호흡하는] 데서 구해야 한다고 말한 것이다.) "도道라는 물건은 [없는 듯 있는 듯] 황홀해라! 그 가운데 형상(象)이 있구나. 황홀해라! 그 가운데 사물(物)이 있구나. 그윽하고 아득해라! 그 가운데 정精이 있구나. 그 정이 아주 참되며, 그 안에 믿음(信)이

---

48 정·기·신이 금단 철리를 이루는 불가결한 성분 내지는 근본 조건이라는 뜻이다.
49 광성자廣成子는 상고시대의 전설적인 신선으로, 원시상고시대 천진황인天眞皇人의 제자로 알려졌다. 전병훈은 그로부터 내단학이 처음 진화했다고 보았다. 그는 대략 제1진화(광성자)-제2진화(황제)-제3진화(노자)-제4진화(위백양)-제5진화(여동빈에서 백옥섬)-제6진화(고공섬)-[제7진화(전병훈)]으로 그 계보를 제시했다.
50 『老子』 제1장에 보인다.

있다."**51** "뿌리를 깊이 박고 꼭지를 단단히 하는 것이 장생구시長生久視의 도다."**52**

『道德經』曰: "有名萬物之母." 求食於母.(空氣爲生物之母, 言當求食空氣云也.) "道之爲物, 惚兮恍兮, 其中有象, 恍兮惚兮, 其中有物, 窈兮冥兮, 其中有精. 其精甚眞, 其中有信." "深根固蒂, 長生久視之道."

노자가 세 번째로 진화하였다.

老子爲第三番進化

【안설】 여기서 "형상(象)이 있다" "사물(物)이 있다"고 말하는 것은 진기眞氣이다. "정이 있다"는 것은 진정眞精이다. "믿음이 있다"는 것은 진신眞神이다. 무릇 정을 단련해 기로 변화시키고, 기가 변화하여 신이 된다. 신으로 기를 제어하고 기로 신을 돌이키면, 신·기가 응결해 아주 견고해지니, 그러므로 장생구시 할 수 있다.

【謹按】 此云有象有物, 眞氣也. 有精, 眞精也. 有信, 眞神也. 夫煉精化氣, 氣化以爲神, 以神御氣, 氣以歸神, 神氣凝結深固, 故能長生久視也.

---

51 『老子』 제21장에 보인다.
52 『老子』 제59장에 보인다. 노자의 이 구절에서 유래해 '장생구시長生久視'가 장수함을 이르는 말이 되었다.

제5절 이윤의 정기설을 논하다

五節 論任聖[53]精氣說

이윤伊尹이 탕湯[54]의 물음에 답해 말했다. "모든 일의 근본은, 반드시 먼저 몸을 다스려 그 큰 보배를 아끼는 것이다. 그 새것을 쓰고 그 묵은 것을 버리면, 피부와 살이 잘 통해 정기精氣가 날로 새로워지고 사기邪氣가 모두 사라져서 천수를 누리게 됩니다. 이를 일컬어 '진인眞人'이라고 합니다.[55]

伊尹答湯問曰: 凡事之本, 必先治身, 嗇其大寶. 用其新, 棄其陳, 腠理遂通, 精氣日新, 邪氣盡去, 及其天年, 此之謂眞人.

【안설】 (이는 「예문지藝文志」[56]에 나온다.) 삼대三代 이전에는 도道로써 학문을 삼았으니, 단지 이윤만 그랬던 것이 아니다. 그 시대 군주와 재상 모두 역년歷年이 장구하고 치세가 융성했던 것은, 이 신화神化[57]의 도를 잘 활용했기 때문이다. 그 뒤로 공자와 노자 · 부처 · 서양철학이 모두 하늘과 사람의 근원을 통찰하고 가르침을 세웠지만, 이처럼 현빈玄牝 안에 신을 응결하고 목숨을 보존하는 철리는 유독 단군 · 황제 · 기자 · 노자만 겸비하였다.

【謹按】 (此出於 「藝文志」): 三代以上, 以道爲學, 非但任聖如是, 而其時君相皆歷年長久 · 治理隆盛者, 良用此神化之道故也. 然自後孔子與老

---

53 임성任聖은 옛날 은殷의 명신 이윤伊尹을 가리킨다. 이윤은 세상이 평안하든 어지럽든 늘 천하를 근심해서 나아가 벼슬했다고 하여, '책임감이 강한 성인'이라는 문맥에서 맹자가 '임성'으로 불렀다.

54 탕湯은 은나라를 개국한 왕으로, 이윤伊尹이 그의 재상이었다.

55 『여씨춘추呂氏春秋』 「계춘기季春紀 · 선기先己」에 보인다.

56 「예문지藝文志」는 『한서漢書』의 한 편장이다. 한漢 유흠劉歆의 『칠략七略』을 토대로 학파와 도서를 분류하여, 훗날 중국 서지학 체계의 원형이 되었다.

57 여기서 '신화神化'는 연정화기鍊精化氣하고 연기화신鍊氣化神하는 내단학의 정신수련을 가리킨다.

佛西哲, 皆洞貫天人之源而立敎, 惟此玄牝之內, 凝神住命之哲理, 則獨
檀・黃・箕・老兼有之.

3교(三家)의 몇몇 조목을 아래에 대략 열거한다.

略擧三家數條于左.

제6절 공자의 정·기·신과 지명至命의 이치를 논하다
六節 論孔子精氣神至命之理

공자가 『주역·계사전』에서 말했다. "정기가 사물이 되고, 넋(魂)이 떠돌
아서 변한다. 처음에 근원하여 끝을 돌이켜보기 때문에 죽음과 삶의 이치를 알
수 있다."[58] 또한 말했다. "이치를 궁구하고 본성을 다해 천명에 이른다."[59]

孔子繫易曰: "精氣爲物, 游魂爲變. 原始反終, 故知死生之說." 又曰: "窮
理盡性, 以至于命."

【안설】 우리 부자夫子[공자]는 덕德이 천지에 짝하고, 도道가 일월日月과 나란
하였다. 육경六經을 제작하고, 이로써 사람의 마땅한 도리(人極)를 만세에 세
웠다. 아! 역시 지극하도다. 여기서 정기精氣・생사生死 그리고 진성盡性・지
명至命을 말한 것이, 모두 하늘과 사람의 떳떳한 도리이다. 살펴보건대 안연

58　『주역·계사전』의 원문은 이 두 구절의 앞뒤 순서가 거꾸로다. 즉 "原始反終, 故知死生之說.
精氣爲物, 游魂爲變"이다.
59　『주역·설괘전說卦傳』에 보이는 글이다.

顔淵이 그 천수를 누리지 못했고, 공자의 수명 역시 칠순에 그쳐 "내게 몇 년만 더 있다면" 하고 탄식했다. 그가 노자를 방문해서 단지 성리性理와 대례大禮에 대해서만 문답하고 "노자는 용과 같다"고 찬탄했다. 말로 현빈玄牝의 뜻을 언급하지는 않았으나, 서로 사귀고 서로 인정하여 문장과 치세의 사표로 여겼기 때문이 아니겠는가? 학인들이 이 진성盡性의 학문에 현빈주명玄牝住命의 도[60]를 겸해 공부한다면, 어찌 학문의 이치가 비로소 원만하게 집합하지 않겠는가?

【謹按】吾夫子德配天地, 道並日月. 制作六經, 以立人極於萬世, 吁! 亦至矣哉. 此言精氣死生, 與夫盡性至命者, 皆天人之常理也. 觀夫顔淵不得其壽, 聖壽亦止稀年, 有加我數年之歎. 其訪老子只答問性理大禮而已, 嘆曰 "老子其猶龍乎!" 然言不及玄牝之旨, 其相交相許, 以爲制文定世之師表故耶? 學人於斯盡性之學, 兼致玄牝住命之道, 則豈非學理之始臻圓滿者耶?

맹자孟子(제나라 사람으로, 자字는 '자여子輿'다. 오성五聖[61]의 자리에 올랐다)가 말했다. "나는 내 호연지기浩然之氣를 잘 기른다. 그 기는 지극히 굳세고 지극히 커서, 곧게 길러 해치지 않으면 하늘과 땅 사이에 가득 찬다."[62] 여기서 양기養氣를 논하는 것은 유학에 공이 있을 뿐 아니라 또한 내단공부(丹功)의 요결이기도 하다.

孟子(齊人, 字子輿, 位五聖)曰 "我善養吾浩然之氣. 其爲氣也, 至剛至大, 以直養而勿害, 則塞乎天地之間矣." 此論養氣, 非但有功於儒門, 而亦爲丹功之要訣也.

---

60 '진성(盡性)의 학문'은 유교를 가리키고, '현빈주명玄牝住命의 도'는 도교 내단학을 가리킨다.
61 '오성五聖'은 훗날 유교에서 성인으로 추존한 공자孔子·증자曾子·자사子思·맹자孟子·안자顔子(顔回)를 가리킨다.
62 이 구절은 본래『맹자·공손추』에 보인다.

여래가 정·기·신을 운용한 이치를 논하다

七節 論如來精氣神運用之理

석가모니가 『능엄경』에서 말했다. "부처의 기(佛氣)를 나눠 받는다. 마음
의 정(心精)을 발휘한다. 부처의 항상 응취된 것을 얻는다. 몸과 마음이 합해
날로 성장한다."[63]

文佛『楞嚴經』曰: 受佛氣分. 心精發輝. 獲佛常凝. 身心合成, 日益增長.

【안설】 주자가 일찍이 도교와 불교를 배척했다. 하지만 『능엄경』에 대해서
는 아주 좋다고 칭송했으니, 대개 지극한 이치를 담고 있기 때문이다. 여기
서 신神·기氣·정精이 묘하게 응결됨을 말하는 것은 그 최상승의 가장 좋은
부분으로, 오직 그 최상승이 도가와 동일한 법문이다. 그 역시 노자가 일찍
이 서역에 문화를 전한 까닭인가?[64] 권법權法[65]은 속된 중(俗僧)을 제어하기
위한 것이다. 훗날 불교를 공부하는 학인이 반드시 출가해서 세상과 인연을
끊을 필요가 없이, 세상에 뛰어들어 두루 갖추고 도가·유가·철학과 발맞
춰 나간다면, 곧 원만한 철학이라고 말할 수 있다.

【謹按】 朱子嘗闢老佛. 然至於 『楞嚴』, 稱以極好, 蓋有至理存焉故也.
此言神氣精妙凝者, 爲其最上乘極好處, 惟其最上乘, 與道同一法門. 其

---

63 각 구절은 본래 『능엄경』에서 따로따로 떨어져 있는 것인데, 전병훈이 골라 모아 재조합
했다.

64 이는 '노자화호설老子化胡說'에 따른 추론이다. 노자가 서역으로 넘어가 오랑캐들을 교화했
다는, 중화주의 버전의 노자판타지가 일찍부터 유행했다. 심지어 노자가 석가모니로 화생
해서 인도에서 교화를 편 뒤, 다시 중국으로 돌아와 오두미도를 창도한 장도릉張道陵으로
화생했다는 일인다역의 신화가 만들어졌다. 물론 그것은 전혀 근거 없는 얘기다. 하지만
이는 중국에 불교가 전래된 초기부터 근세까지 이어졌고, 전병훈 역시 그 설의 영향을 받
았다.

65 권법權法은 그때그때의 형편에 따른 방편적 설법 혹은 방법을 가리킨다. 전후의 문맥으로
볼 때, 전병훈은 '출가'가 세속적인 중들을 통제하기 위한 방편(권법)에 불과하다고 여겼다.

亦老子嘗宣文化於西域故耶？ 若夫權法，則制服俗僧者也． 後之學佛者，
不須出世絶物, 而入世俱有, 與道儒哲學家同趨焉, 則可謂圓滿之哲學也.

제8절 서양철학의 정신설을 논하다
八節 論西哲精神說

서양철학자 플라톤(아테네인, 기원전 427년)이 말했다. "세계의 대정신[66]은
만물이 생겨나는 근원(所由生)으로, 내 몸에 내려와 머문다. 이법이 과연 항
상 우리 정신 속에 존재하니, 우리의 정신이 응당 세계의 대정신과 그 본성
이 같으며 함께 불멸에 속하는 것을 의심할 바 없다."

西哲栢拉圖(雅典人, 紀元前四百二十七年)曰: 世界之大精神, 爲物之所由
生, 而降寓吾體也. 理而果常存於吾人精神中, 則吾人精神當與世界之大
精神,同其性而同屬不滅, 無疑也.

【안설】[67] 아! 서양철학의 밝게 통달한 식견이 이와 같다. 참으로 우리 유가
에서 리理가 불멸한다고 여기는 것과 같지만, 언설이 아주 정밀하고 박식해
서 탄복할 만하다. 그러나 현빈玄牝 성진成眞의 도는 역시 아직 투철하지 않
다. 지금 내가 이 책을 저술하여 온 세계의 동서 철학자들에게 깊은 희망을

---

66 '세계의 대정신(世界之大精神)'은, 플라톤의 저술에서 통상 '세계영혼' 혹은 '우주혼(Soul of
the world, Anima Mundi)'으로 번역되는 우주적 정신을 가리킨다. 플라톤의 후기 저작인
『티마이오스Timaios』에서 우주혼에 관한 진술이 주로 보인다. 거기서 우주는 불·물·공
기·흙의 질료로 만들어지는 물질적인 몸체에 혼이 깃든, 한 개의 가시적인 '살아 있는 것'
으로 묘사된다.
67 원문에 '안설'의 표기가 따로 없으니, 내용상 안설이 확실하므로 독자의 편의를 위해 역자
가 임의로 표기했다.

거는 것이 어찌 우연이겠는가?

烏乎! 西哲通明之識如是哉. 誠與吾儒以理爲不滅者同, 而言極精博可佩. 但玄牝成眞之道, 亦尙未透. 今余著此編, 深有望於宇內東西哲學家者, 夫豈偶然哉?

제9절 관윤자의 정신에 대한 지극한 언설을 논하다
九節 論關尹子精神至言

관윤자關尹子(이름은 '희喜'이고, 노자의 제자이다)가 말했다.[68] "정精이 응결해 사물을 만들고 팔황八荒[69]을 제어하니, 이 도道는 정신을 드러내어 오래 살 수 있고, 정신을 잊어 삶을 초월할 수도 있다. 기를 들이쉬어 정을 기르는 것은 금金이 수水를 살리는 것과 같고, 바람을 들이쉬어 신神을 기르는 것은 목木이 화火를 살리는 것과 같다. [이는] 외부에서 빌려 정신을 연장하기 때문이다. 물을 머금어 정을 기르니 정이 고갈되지 않는 까닭이요, 불을 연마해 신을 기르니 신이 고갈되지 않는 까닭이다. [이는] 내부에서 빌려 정신을 연장하기 때문이다." 생략. (관윤자의 정신·물리·심성 여러 이론을 살피니, 참된 철학 대가의 비조이다.)

關尹子(名喜, 老子弟子)曰: 凝精作物而駕八荒, 是道也, 能見精神而久生, 能忘精神而超生. 吸氣以養精, 如金生水; 吸風以養神, 如木生火, 所以假

---

[68] 전병훈이 인용하는 관윤자의 글은 대개 『관윤자關尹子』에서 가져왔다. 하지만 이 책은 당·송 시기에 관윤의 이름에 의탁해 지은 위작이라는 것이 학계의 통설이다.

[69] 팔황八荒은 팔방의 넓디넓은 범위로 세계 혹은 우주를 가리킨다. 팔굉八紘, 팔극八極 등과 통한다.

外以延精神. 漱水以養精, 精之所以不窮; 摩火以養神, 神之所以不窮, 所以假內以延精神. 畧.(按尹子精神物理心性諸論, 眞哲學大家之開山也.)

위진인魏眞人(이름은 백양伯陽으로, 동한東漢 사람이다)의 신역身易『참동계參同契』[70]에서 말했다. "건乾·곤坤은 뭇 괘의 부모이고, 감坎·리離는 테두리로 바퀴통을 돌리고 굴대를 바르게 한다. 원정元精이 구름처럼 깔리고, 기로 인해 첫 모습을 드러낸다. 신을 응결해 몸을 이룬다."[71]

魏眞人(名伯陽, 東漢人)身易『參同契』曰: 乾坤者, 衆卦之父母. 坎離匡廓, 運轂正軸. 元精雲布. 因氣著初, 凝神以成軀.

【안설】[72] 이 책은 '단 중의 왕'(丹中王)으로 일컫는다. 주자朱子도 주해했는데 지금 모두 논하지는 않겠다. 후천 조화의 기(後天造化之氣)는, 만약 선천의 원정元精이 아니라면 주인이 없고 신령할 수도 없다. 선천의 원정은, 만약 후천 조화의 기가 아니라면 의지할 바가 없고 설 수도 없다. 성性·명命이 원래 서로 떨어지지 않는다는 것을 알 수 있다. 오로지 정을 기르고 신을 응결하는 공부를 극진히 하면, 점차 원신元神이 응결되고 이로써 잉태하여 팔다리와 근골을 갖춘다.

此書名爲丹中王, 朱子亦註解, 今不具論. 蓋後天造化之氣, 若非先天元精則無主而不能靈. 先天元精, 若非後天造化之氣, 則無所依而不能立.

---

70 『주역참동계周易參同契』를 가리킨다. 전병훈은 『주역참동계』가 몸에서 만들어지는 내단과 관련된다고 여겨 '신역身易'으로 부른다. 당나라 때부터 현대까지 많은 주석이 있는데, 대표적인 주석서로 당말오대 팽효의 『주역참동계분장통진의周易參同契分章通眞義』 등이 있다.

71 팽효의 『주역참동계분장통진의』 여러 장에서 가져왔다. "乾坤者, 衆卦之父母. 坎離匡廓, 運轂正軸"은 1장, "凝神以成軀"는 10장, "元精雲布, 因氣託初"는 62장의 구절을 취사선택했다.

72 원문에 '안설'의 표기가 따로 없으니, 내용상 안설이 확실하므로 독자의 편의를 위해 역자가 임의로 표기했다.

可見性命原不相離也. 專致養精凝神之功, 則漸漸凝聚元神, 以成胚胎, 四肢筋骨乃成.

위진인의『참동계』가 네 번째로 진화하였다.

魏眞人『參同契』爲第四番進化.

제10절 여순양의 삼보三寶 격언을 논하다
十節 論呂純陽三寶格言

여진인呂眞人[73](이름은 엄嚴, 자는 동빈洞賓이다. 당나라 때 사람으로 어진 신선이다)이 말했다. "세 보물이 사람을 만든다. 하나는 '정精'으로 일컫는다. 정은 하늘에서 은하수가 되고, 일월성신의 광명이 되고, 비와 이슬과 우박과 눈과 서리가 된다. 땅에서 물이 되고, 강과 하천이 되고, 연못과 산천과 바위 가운데 정수(髓)가 된다. 사람에게는 정이 되어 성명性命의 뿌리가 되며, 피와 살과 몸과 입과 이와 잇몸이 된다.

하나는 '기氣'로 일컫는다. 하늘에서 형상(體象)과 형질形質이 되고, 음양과 일월성신이 운행하여 차고 비고 쇠하고 자라게 하고, 오색 구름과 안개 자욱한 인온氤氳[74]이 만물을 낳는 마음이 되고, [만물이] 화육化育하도록 한다. 땅에

---

73 여동빈呂洞賓의 이름은 암嵒이며, 동빈洞賓은 자이다. 순양자純陽子라는 호로 불리기도 한다. 당대 도교를 대표하는 도사로, 팔선八仙 중의 한 사람으로 추앙받는다. 그의 시 200수가『전당서全唐書』에 전한다.

74 인온氤氳은 '연온煙熅' 혹은 '인온絪縕'이라고도 하는데, 습열濕熱을 머금고 몰려다니는 구름이 자욱한 모양을 가리킨다. 고대 남중국과 베트남 등지의 주민들이 여름철 태풍이 일어나

서 덕이 되고, 산과 물을 받아들여 만물이 살고 죽고 나고 지는 근원이 되며, 세상에서 억겁을 운행하여 융성하고 쇠퇴하며 상승하고 하강하는 맹아가 된다. 사람에게서 기가 되고, 사지가 움직여 동작하도록 하고, 몸이 [기를] 부려써서 살고 죽는 관문이 된다.

하나는 '신神'으로 일컫는다. 신이 천추天樞[75]에 있으면서 참된 주재자가 되고, 운용運用을 주관하고, 일월성신의 정령精靈이 되고(기백岐伯에 따르면 또한 "하늘의 신이 바람에 있다"고 한다), 만 가지로 부는 바람이 되고, 천둥 번개가 되고, 자애로움과 위협이 되고, 조화를 이루고, 만물을 낳는 근본이 된다. 땅에서 능력이 되고, 거두어 간직하고, 만물의 형상이 되고, 편안하고 고요하고 진정되고 두텁고 어질게 한다. 사람에게서 신이 되어 눈 속의 빛이 되고, 마음의 사려가 되고, 지혜와 양지와 양능이 되고, 단홍丹汞[76]의 배아(胚)가 정기를 주재하고 [도리를] 깨닫도록 하며, 장수하고 요절하는 기틀이 된다.

이 세 보물[정·기·신]을 소중히 보호하라. 그 공은 맑고 고요함(淸靜)에 있다. 그 정을 어지럽히지 않고 또한 누설하지도 말아야 한다. 따라서 그 정을 굳히려면 기를 지켜야 마땅하다. 기는 어떻게 지키는가? 반드시 무욕無慾하여 맑게 텅 비고 담박하고 고요하면서 고의로 작위하지 않아야 한다. 단지 사방 한 치의 현관 가운데서 기르고 편안히 하면 늘 저 스스로 존재하고, 그 기가 아래로 내려가 정과 합해 나뉘지 않는다. 정과 기는 신이 아니면 운행하지 못하니, 정을 굳히고 기를 기르는 것은 단지 신을 보존하는 데에 달렸다."

는 현상에서 천지의 형성과정을 유추했다. 뜨겁고 습한 혼돈의 기운에서 천지가 만들어지며, 다시 천기가 하강하고 지기가 상승하여 음양이 만나 만물을 낳는다는 것이다.

75 북두칠성의 첫 번째 별.

76 단홍丹汞은 외단술에서 주사朱砂를 구워 추출한 단약丹藥을 가리키는데, 여기서는 내단內丹을 의미한다.

呂眞人(名巖, 字洞賓, 唐時人, 仁仙)曰: 三寶物爲人. 一曰精, 精在天爲漢,
爲日月星斗曜光明, 雨露水雹雪霜. 在地爲水, 爲江河, 泉坎山澤石中髓.
在人爲精, 爲性命根, 爲血肉體口齒齦. 一曰氣. 在天爲體象形質, 爲陰陽
日月星斗曜, 運行盈虛消長, 爲五色雲霞霧氤氳生物心, 爲化育. 在地爲
德, 爲承受山水, 原生殺發藏, 爲世運劫, 盛衰升降爲萌甲. 在人爲氣, 爲
肢體運動擧持, 身使令爲生死關. 一曰神. 神在樞, 爲眞主宰, 爲運用, 爲
日月星斗曜精靈.(按岐伯亦曰: 天之神在風), 爲風吹萬, 爲雷電, 爲慈威, 爲
造化, 爲生物本. 在地, 爲能, 爲翕闢, 爲萬類形, 爲寧靜鎭定敦仁. 在人爲
神, 爲眼中光, 爲心思慮, 爲智睿良知能, 爲丹承胚, 精氣宰, 覺悟, 爲壽夭
基. 護惜此三寶, 功在淸靜, 不撓其精, 且無滲漏. 故固其精當在守氣. 氣
何以守? 要必無慾. 淸虛澹靜, 毋故作爲者, 只在玄關方寸之中, 引養引
恬, 常常自在, 其氣下與精合不隔. 精與氣非神莫運, 固精養氣, 只在存
神."

【안설】 이 세 가지가 더욱 정밀하고 확실하니, 사람 몸의 정·기·신은 곧
천지의 정·기·신이다. 이른바 '신을 보존하는 공부'는 단지 의념을 현관에
집중하는 데 있다. 그 시문에서 또한 말하기를 "정은 신령한 뿌리를 기르고,
기는 신을 기른다. 이 참됨(眞)밖에 다른 참됨이 없다"[77]고 한다. 정·기·
신 이론이 여기 이르면 더 남은 것이 없다.

【謹按】 此三者尤爲精確. 人身之精氣神, 卽天地之精氣神也. 所謂存神
之功, 只在專注意玄關也. 其詩又云: 精養靈根氣養神, 此眞之外更無
眞. 精氣神論, 至此無復餘蘊矣.

---

77   이 시는 여동빈의 「절구絶句」에서 인용한 것이다. 이른바 '신령한 뿌리'(靈根)의 의미를 비
      록 속단키 어렵지만, 전병훈은 정과 기로 선천의 신을 기르는 것으로 보았다.

백옥섬 선천삼보先天三寶의 설이 매우 기이함을 논하다
十一節　論白玉蟾先天三寶之說甚奇

　　백옥섬白玉蟾[78](남칠진南七眞[79]의 한 사람)이 말했다. "사람 몸에 단지 삼반물三般物[80]이 있으니, 정·신이 기와 함께 서로를 보전한다. 그 '정'은 [남녀가] 교감하는 정이 아니라 옥황玉皇 입속의 침이다. 그 '기'는 호흡하는 공기가 아니라 태초(太素)의 연기이다. 그 '신'은 사려思慮하는 신이 아니라 시원(元始)과 어깨를 견줄 수 있다."(심心을 옥황에 비유했다.)

　　白玉蟾(南七眞之一人)曰: 人身只有三般物, 精神與氣相保全. 其精不是交感精, 迺是玉皇口中涎. 其氣卽非呼吸氣, 迺知却是太素烟. 其神卽非思慮神, 可與元始相比肩. (心譬諸玉皇也.)

　　【안설】[81] 이 역시 선천의 정·기·신이 사람 몸에 있다는 것을 말한다. 총괄하면, 현빈玄牝 안에서 신으로 정을 운용해 오래되면 선천의 참된 한 기운(先天眞一之氣)이 허무 가운데 와서 응결해 참나(眞)를 이룬다. 하지만 이를 급히 구하면 안 된다. 단지 순서를 좇아 공을 들이면, 공효功效가 저절로 드러난

78　백옥섬(白玉蟾, 1134~1229)은 복건福建 사람으로 전진도全眞道 남파 7眞人의 한 사람이다. 자는 여회如晦·자청紫淸·백수白叟, 호는 해경자海瓊子·무이산인武夷散人·경산도인瓊山道人 등이다. 『도덕보장道德寶章』, 『해경집海瓊集』, 『상청집上淸集』 등을 저술했다.

79　'남칠진南七眞'은 전진도前眞道 남종南宗의 조사 일곱 명을 진인眞人으로 추존해 부르는 이름이다. 장백단張伯端·유영년劉永年·석태石泰·설도광薛道光·진남陳楠·백옥섬白玉蟾·팽사彭耜가 그들이다.

80　'삼반물'은 본래 불교에서 유래한 개념이다. 뿌리 없는 나무(無根樹), 음양이 없는 땅(無陰陽地), 메아리가 울리지 않는 골짜기(叫不響山谷)를 가리킨다. 이 세 가지는 물론 모두 세상에서 찾을 수 없고, 그것은 다만 모든 상대적인 가치를 초월해 열반에 이른 해탈의 경지를 비유한다. 백옥섬은 사람 몸 안의 정·기·신이 곧 이런 삼반물이라고 한다.

81　원문에 '안설'의 표기가 따로 없는데, 내용상 안설이 확실하므로 독자의 편의를 위해 역자가 임의로 표기했다.

다. 그러면 신통변화하여 범부를 초월해 성인의 경지에 들며, 불에 들어가도 타지 않고, 물에 들어가도 가라앉지 않는다.[82] 우주가 손안에 들어오고, 온갖 조화가 마음에 달렸다. 가히 하늘에 힘을 보태고 [천지의] 조화에 참여할 수 있으니, 단군과 황제가 세상을 경영한 방법을 아울러 익히면 겸성兼聖이 아니겠는가? 하지만 시작과 끝을 이루는 것은 다만 현관의 한 구멍(一竅)에 있다. 도가의 지극한 비법으로, 그 사람[83]이 아니면 전하지 않는 것은 다만 이 한 구멍이다. 만약 그 사람이 아닌 다른 사람에게 전하면, 반드시 하늘의 꾸짖음이 있기 때문이다.

此亦言先天精氣神之在人身者. 總要以神運用精於玄牝之內, 日久則先天眞一之氣從虛無中來, 凝結以成眞也. 然不可急迫求之. 只遵程序致功, 功效自著也. 然則神通變化, 超凡入聖, 入火[84]不焚, 入水不沈. 宇宙入手, 萬化在心, 可與陪天, 可與造化參矣, 並致檀·黃經世之方, 不是兼聖乎? 然成始成終, 只在玄關一竅. 道家之至秘, 而非其人則不傳者, 只此一竅也, 若傳非其人, 則必有天譴故也.

---

82 "물에 들어가도 가라앉지 않고, 불에 들어가도 타지 않는다"(入水不溺, 入火不焚)는 것은 도를 이룬 정신의 경지를 말하는 관용적 표현으로, 『운급칠첨雲笈七籤』 등의 여러 도서에 나타난다. 단지 도교만이 아니라 불교에서도 도를 이룬 경지를 말할 때 이 표현을 널리 사용한다.

83 여기서 '그 사람(其人)'은 현관의 도를 전하기에 적합한 자격을 갖춘 사람을 가리킨다.

84 『정신철학통편』의 여러 판본에 '八火'로 되어 있는데, '入火'의 오류이다.

현빈玄牝[85]이 대도大道 진전眞傳[86]이
되는 지극한 이치를 논하다
第三章 論玄牝爲大道眞傳至理

황제가 말했다.[87] "계곡의 신(谷神)은 죽지 않으니, 이를 '현빈玄牝'이라고
한다. 현빈의 문을 일컬어 '천지의 근원'(天地根)이라고 한다. 면면히 있는 듯
하여, 써도 고갈하지 않는다."

黃帝曰: 谷神不死, 是謂玄牝. 玄牝之門, 是謂天地根. 綿綿若存, 用之不勤.

이것이 두 번째 진화가 된다.

此爲第二番進化.

---

85 판본에 따라 '현관玄關'[국중본]으로 표기된 것도 있다.

86 '진전眞傳'은 '참된 전수'라는 의미로, 진정한 가르침이나 지혜가 전해지는 것을 말한다.

87 이 구절은 본래 『노자』 6장에 보이는데, 전병훈은 이를 노자가 아닌 황제의 말로 인용했
     다. 그 글이 『열자列子』에도 보이는데, 거기서 출처를 '황제서黃帝書'로 표기했기 때문이다.
     전병훈은 각고로 수련을 하던 중에 『노자』에서 이 구절을 접하고 의혹을 환하게 깨쳤으며,
     또한 『열자』에서 이를 황제의 말로 소개하는 것을 보고 그것이 황로黃老의 진전임을 독실
     히 믿게 되었다고 진술했다. 그런데 전국중엽의 작품으로 평가받는 곽점본 『노자』에는 이
     구절이 없다.

【안설】 이는 장생의 비결을 만세토록 계시한 것으로, 도장道藏 전편의 신묘한 진전眞傳이 여기에 있다. 그러나 비록 성현이라도 참 스승을 만나지 못하면 스스로 해득할 수 없으니, 따라서 우리 유학과 서양철학은 오히려 현빈을 투철하게 인식하지 못했다. 아마도 고전에서 이른바 "성인 역시 할 수 없는 바가 있다"[88]는 것이리라! 불가도 정법안장正法眼藏[89]을 말하니, 곧 현빈이다. 그 역시 도의 비조(道祖)인 노자에게 들은 바가 있는가?(『화엄경』에서 이르기를 "예전에 선인仙人이 부처에게 묘법妙法을 전했다"고 하니, 이것이 증거가 될 만하다.)

내가 천신만고 끝에 비록 전수받은 바가 있었으나 여러 해 동안 의혹을 다 풀지 못했는데, 『도덕경』에서 처음 이 구절을 얻어 확 트인 뒤에 『열자』를 읽으니 이것이 곧 황제의 적실한 말이었다. 그러므로 또한 황노黃老의 참된 전승이 과연 여기에 있음을 더욱 굳게 믿게 되었다. 나도 모르게 손발이 움직여 이를 『도진수언道眞粹言』의 첫 장으로 표장表章했는데,[90] 이제 개편하고 수정하여 본 편의 중심 주맥主脈으로 삼으니, 학인들이 여기서 어찌 마음을 다하지 않을 수 있겠는가? 아래 여러 진인眞人들의 논의를 열거하여, 이로써 주해를 삼는다.

【謹按】此啓萬世長生之秘奧者, 道藏全書之神要眞傳在此. 而雖聖賢, 不遇眞師, 則莫能自解, 故吾儒與西哲, 尙未識透玄牝焉. 殆傳所謂"聖人亦有所不能"者耶! 佛家則云以正法眼藏, 卽玄牝也. 其亦有聞於道祖老子乎? (華嚴云: 昔者仙人授佛妙法. 此可爲證.) 余積艱苦之極, 雖有所受而不能無疑者有年. 始得此章於 『道德經』, 而豁然以後, 讀列子書則

---

88 '聖人亦有所不能'은 『중용』 12장 "夫婦之不肖, 可以能行焉, 及其至也, 雖聖人亦有所不能焉."에 보인다.

89 '정법안장正法眼藏'은 올바른 불법이 지혜의 눈에 담겨 있다는 뜻으로, 부처가 깨달은 경지를 표현하는 성어이다. 정법正法은 모든 불법을, '안眼'은 진리를 꿰뚫어 보는 혜안을, '장藏'은 모든 것을 담고 있음을 의미한다. 선禪에서 이를 석가모니가 영산회상靈山會上에서 제자 가섭迦葉에게 이심전심으로 전한 깨달음의 요체로 여기는데, 전병훈은 이것이 곧 현빈의 도를 가리킨다고 본다.

90 지금은 전하지 않는 『도진수언道眞粹言』의 첫 장이 『노자』 6장의 "谷神不死~"로 시작한다는 것을 알 수 있다.

此是黃帝之的言. 故又益篤信黃老之眞傳, 果在此矣, 不覺手舞足蹈, 表章以爲『粹言』之首章, 今因改纂, 以作此篇之中繁主脈. 學人於斯可不盡心乎. 左列諸眞之論, 以作註解.

제1절 뭇 진인이 현관玄關의 요지를 해석하다
一節 諸眞釋玄關之旨

『입약경』[91](최진인崔眞人의 이름은 왕汪으로, 한인漢人이다)[92]에서 "근원으로 돌아가는 통로요, 목숨을 회복하는 관문이다"라고 했다. 곧 이 '현빈'을 가리킨다. 이 책은 아주 절실하고 요긴하다.

『入藥鏡』(崔眞人名汪, 漢人)云 "歸根竅, 復命關", 卽指此玄牝也. 此書甚切要.

종리운방鍾離雲房[93](한나라 때 명장名將으로, 이름은 권權이고 여동빈에게 도를

---

91 『입약경入藥鏡』은 당나라의 최희범崔希範이 지은 내단 수련서로, 3글자를 한 구로 하여 총 246자로 이뤄져 있다.

92 '최진인崔眞人'은 최희범崔希範인데, 당나라 때 도인이라는 것 외에는 알려진 바가 거의 없다. 『입약경』의 여러 판본 가운데 하나로 『수진십서修眞十書』에 포함된 『천원입약경天元入藥鏡』에서 "이 책은 당나라 경자庚子년 보름에 지일진인至一眞人 최희범이 찬술한다"(唐庚子歲望日至一眞人崔希範述)고 한 것이 고작이다. 본문에서 그의 "이름이 왕汪으로 한인漢人이다"라고 했는데, 여기서 '한인漢人'은 한漢나라 사람을 가리키는 것으로, 그 이름과 연대 모두 전병훈이 착오한 것으로 추정된다. 한편 남송 때 의사이자 도사인 자허도인紫虛道人 최가언(崔嘉彦, 1111~1191)의 자字가 희범希範으로 그 역시 '최진인崔眞人'으로 불렸기 때문에, 두 사람을 혼동하는 경우가 있지만 실은 다른 사람이니 주의할 필요가 있다.

93 종리권(鍾離權, ?~?)은 당나라 때 이른바 '팔선八仙'의 한 사람으로 불린 전설적인 신선으로, 그 연대와 행적이 모두 불분명하다. 명말청초에 쓰인 『역대신선통감歷代神仙通鑑』에 따르

전했다)이 말했다. "두병斗柄을 몰아 돌려 현관玄關을 다스리고, 천관天關을 빙빙 돌아 만상萬象에 통한다.[94] 사대일신四大一身[95]이 모두 음陰에 속하는데, 어느 물건이 양정陽精인 줄 알지 못하네."[96]

> 鍾離雲房(漢時名將, 名權, 傳道呂純陽)曰: 驅回斗柄玄關理, 斡旋天關萬象通. 四大一身皆屬陰, 不知何物是陽精.
> 驱回斗柄元关理, 斡转天关万象通.

『참동계』에서 말했다. "진인眞人은 깊은 연못에 잠겨도 둥둥 떠 규중規中(곧 현관이다)을 지킨다." 또한 '양공혈법兩孔穴法'[97]을 말했는데, 주자가 원시

면 "종리권은 성이 종리鍾離요, 자는 적도寂道 호는 운방자雲房子·정양자正陽子이며, 동한東漢 함양咸陽 사람으로 아버지가 동한의 대장군인 종리장鍾離章이고 형이 중랑장中郞將인 종리간鍾離簡으로 뒷날 도를 얻어 신선이 되었다"(鍾離權, 複姓鍾離, 字寂道, 號雲房子, 又號正陽子. 東漢咸陽人, 其父鍾離章爲東漢大將, 其兄鍾離簡爲中郞將, 後也得道成仙)고 한다. 그런데 당나라 때도 종리권으로 불린 사람이 있었다. 『전당시全唐詩』에 그의 절구絶句 3수가 실려 있는데, 그에 딸린 간략한 전기에서 종리권이 "함양咸陽 사람으로, 한 노인을 만나 선결仙訣을 전해 받고 또 화양진인華陽眞人을 만났으며, 신선 왕현보王玄甫가 도를 전해 공동산崆峒山에 들어가 자호를 운방선생雲房先生으로 부르고 뒷날 신선이 되었다"(咸陽人, 遇老人授仙訣, 又遇華陽眞人, 上仙王玄甫, 傳道入崆峒山, 自號雲房先生, 後仙去)고 전한다. 훗날 전진도에서 종리권을 북5조北五祖의 한 사람으로 추존해 '정양조사正陽祖師'로 부르며 존숭했고, 또한 종리권이 여동빈에게 도를 전했다는 이야기도 유명하다. 한편 17세기 초 조선의 한무외韓無畏가 찬술한 『해동전도록』에서 재당 신라인 김가인金可紀·최승우崔承祐·자혜慈惠가 종리권으로부터 도를 전해 받았다고 하는 등, 종리권은 우리나라에서도 비교적 저명한 신선이었다.

94 이 구절은 종리권이 지었다고 알려진『파미정도가破迷正道歌』(正統道藏·洞眞部·衆術類)에 나온다. 원문은 "驅回斗柄元關理, 斡轉天關萬象通"인데, 전병훈은 '元關'을 '玄關'으로 '斡轉'을 '斡旋'로 인용했다.

95 지地·수水·화火·풍風 네 요소(四大)로 이뤄진 사람의 몸을 가리킨다. 사람의 몸 내지 일체의 물체가 '사대四大'로 이뤄진다는 설은 본래 불교에서 나왔는데, 훗날 유파를 가리지 않고 도교와 유교에도 널리 보급되었다.

96 이 구절은 종리권이 말했다고 알려진 내단학의 명구로 여러 도서道書에서 인용한다.

97 '양공혈법兩孔穴法'은 『주역참동계』에 보인다. "上德無爲, 不以察求; 下德爲之, 其用不休. 上閉

랑袁侍郞의 편지에 답해 "근래 수행에 관해 약간 알았지만 '양공혈법'은 끝내 얻지 못했다"고 말했다. 주희가 최자허崔子虛에게 직접 전수 받지 못해 현관을 몰랐으니,[98] 그러므로 이런 말을 한 것이리라.

『參同契』曰: 眞人潛深淵, 浮游守規中(卽玄關). 又曰'兩孔穴法'. 朱子答袁侍郞書曰: 近來稍知修持, 然竟未得兩孔穴法耳. 然則晦翁不親受於崔子虛, 不識玄關, 故有此言耶.

여순양이 말했다. "'현玄'을 찾지만 누가 이 현관을 알겠는가? 한 점 양정陽精이 이 안에서 편안하다."

呂純陽曰: 探玄誰識這玄關, 一點陽精此內安.

진희이陳希夷가 말했다. "양정陽精이 머무르면 장생불사한다." (이는 사람을 주의 깊게 관찰한 요지이다.)

陳希夷曰: 留住陽精, 長生不死.(此是喫緊視人之旨.)

여순양이 또 말했다. "[『노자』] 5천 자 안에 '현관'이 숨어 있다. 사람의 신이 텅 빔(虛)을 귀히 여기면 죽지 않으며, 그런 뒤에 현관의 비결을 구명하여 영통변화靈通變化[99]하는 오묘함을 얻는다."[100]

則稱有, 下閉則稱無. 無者以奉上, 上有神德居. 此兩孔穴法." 이는 『노자』의 상덕上德·하덕下德, 유有·무無 개념을 빌려 연단술을 설명한다.

98 원元나라 진치허陳致虛가 지은 『상양자금단대요上陽子金丹大要』「수련수지修煉須知」'수진칠사修眞七事'에 "주회암이 두루 공부했지만, 최자허가 도를 전해 주지 않았다. 어찌 주회암이 원하지 않았겠는가?"(朱晦庵之遍參, 而崔子虛不與以道, 豈晦庵之不欲者哉?)라는 문장이 있다.

純陽又曰: 五千言內隱玄關. 人之神貴虛而不死, 然後究明玄關祕訣, 有
靈通變化之妙.

또한 말했다. "태상노군의『도덕경』5천 자는 그 신묘함이 단지 이 말에
있다. 이른바 '성품과 형체를 단련한다'는 것이 모두 거칠고 조악하면, 무슨
현묘함이 있겠는가?"[101] "처음 배우는 인사는 먼저 형체를 보존해야 한다. 만
약 현관을 구명하여 기를 기르고 형체를 단련하지 않는다면, 집이 한번 무너
질 때 발붙일 곳이 없다."[102]

又曰: 太上道德五千, 其神妙只在此言. 所謂煉性煉形, 皆粗粃也, 有何玄
妙哉? 初學之士, 先要存形. 若不究明玄關, 養氣煉形, 則居宅一潰, 無處
著脚也.

【안설】이것은 현관이 수양의 참된 경로임을 말한다. "비결이 있다"고 이르
는 것은 제5장에 게재한다.
【愚謂】此言玄關爲修養眞路, 而有祕訣云者, 第五章載之.

장자양張紫陽[103] 진인(송나라 때 사람으로 이름은 백단伯端이고, 순양진인 여동

99   천지만물에 신령하게 통해 변화하는 것으로 '신통변화神通變化'와 뜻이 통한다.
100   '五千言內隱玄關'은 여동빈의 칠언율시에서 따왔고, "人之神貴~"이하는『여조전서呂祖全書』
      의『함삼어록涵三語錄』에서 가져온 것이다. 원문은 다음과 같다. "凡人神不虛, 則板滯不活潑,
      如一渠死水, 不朽敗, 則變色易味矣! 惟虛則不滯, 不滯則不著, 活活潑潑. 若彼空谷然, 一聲鳴, 則群聲
      應. 所以人之神, 貴虛而不死, 然後究明佽關祕訣, 而有靈通變化之妙."
101   역시『함삼어록』에 보이는 글로 원문은 다음과 같다. "古今來學道之士, 亦有結撰嬰兒, 陽神出
      現之時, 而終歸於無用者! 惟不曉此'谷神不死'之語也. 故太上『道德』五千, 其佽妙止在此言. 所謂煉性
      煉形, 皆糟粃也, 有何佽妙乎?"
102   몸이 한번 무너지면 정신도 회복하기 어렵다는 문맥이다.『함삼어록』의 원문은 다음과 같
      다. "但初學之士, 先要存形, 若不究明佽關, 養氣煉形, 則居宅一潰, 主人無處著脚."

빈의 도를 전수받았다)이 말했다. "약물이 현묘한 구멍(玄竅)에서 생기고, 화후가 양기의 화로(陽爐)에서 일어난다. 용과 범이 만날 때, 보배로운 솥에서 현묘한 구슬(玄珠)이 생긴다. 이 구멍은 평범한 사물이 아니고, 건乾·곤坤이 함께 합해 만들어 낸다. 이름하여 '신기혈神氣穴'이고, 안에 감坎·리離의 정이 있다."[104]

張紫陽眞人(宋時人, 名伯端, 是純陽眞傳)曰: 藥物生玄竅, 火候發陽爐. 龍虎交會時, 寶鼎生玄珠. 此竅非凡物, 乾坤共合成. 名爲神氣穴, 內有坎離精.

또 말했다. "동지冬至가 여기에 있고, 약물藥物이 여기에 있고, 화후火候가 여기에 있고, 목욕沐浴이 여기에 있고, 결태結胎가 여기에 있고, 탈태脫胎 역시 여기에 있다."[105]

又曰: 冬至在此, 藥物在此, 火候在此, 沐浴在此, 結胎在此, 脫體亦在此矣.

【안설】'신기혈' 역시 현관의 별명이다. "안에 감·리의 정이 있다"는 뜻이 아주 좋으니, 단공丹功을 시작하고 끝맺는 요체가 모두 이 한 혈穴에 있다.
【愚謂】此神氣穴亦玄關之名, 內有坎離精之旨極好, 丹功之始終切要都在一穴.

---

103 장자양張紫陽(987-1082)은 송나라 사람으로 이름은 백단伯端이고, 자는 평숙平叔이며, 호는 자양紫陽이다. 유해섬劉海蟾으로부터 금액환단결金液還丹訣을 전수받고 『오진편悟眞編』 등을 지었다.
104 장자양의 『금단사백자金丹四百字』에서 가져왔다.
105 여기서 동지冬至·약물藥物·화후火候·목욕沐浴·결태結胎·탈태脫胎는 모두 내단학의 용어로, 장자양의 『금단사백자金丹四百字』에 그 원문이 보인다. "惟恐不識藥材出處, 又恐不知火候法度, 要須知夫身中一竅, 名曰玄牝. 此竅者, 非心非腎, 非口鼻也, 非脾胃也, 非穀道也, 非膀胱也, 非丹田也, 非泥丸也. 能知此一竅, 則冬至在此矣, 藥物在此矣, 火候亦在此矣, 沐浴亦在此矣, 結胎亦在此矣, 脫胎亦在此矣."

석행림石杏林[106] 진인(송나라 때 사람으로 이름은 태泰이고, 장자양의 도를 전수 받았다)이 말했다. "한 구멍의 이름을 '현빈'이라고 하는데, 그 가운데 기와 신 이 감춰져 있다. 누군가 이 구멍을 안다면, 다시는 그 밖에서 참됨(眞)을 찾 지 않을 것이다. 기는 형체 가운데 명命이요, 마음은 본성 가운데 신神이다. '신기혈'을 알 수 있다면, 곧 신선이 된다. 만물이 모두 나고 죽으며, 원신元 辰[107]은 죽어도 다시 살아난다. 신을 기의 안으로 돌리면, 단도丹道가 자연스 레 완성된다."[108]

> 石杏林眞人(宋時人, 名泰, 張紫陽眞傳)曰: 一竅名玄牝, 中藏氣與神. 有誰 知此竅, 叓莫外尋眞. 氣是形中命, 心爲性內神. 能知神氣穴, 卽是得仙 人. 萬物皆生死, 元辰死復生. 以神歸氣內, 丹道自然成.

【안설】 현빈의 요지가 여기에 이르러 묘미가 지극하다. 일찍이 나 스스로 여 기서 터득한 것을 뭐라고 형용해 비유할 수 없다.

【愚謂】 玄牝之旨, 至此極有味, 嘗自得於此者非可形喻.

제2절 현빈의 전승이 기자와 최치원에 이른 것을 말하다
二節 論玄牝之傳及箕子崔孤雲

기자箕子(은나라의 인자仁者)가 홍범구주洪範九疇로 무왕武王을 가르쳤다. 어

---

106 석태(石泰, 1022~1158)는 북송말 남송 초의 상주常州(강소성江蘇省) 사람으로 장백단에게
    내단학을 배우고 설도광薛道光에게 도를 전했다.
107 '원신元辰'은 설날 아침으로 '원단元旦'과 같은 뜻인데, 여기서는 태어날 때부터 주어진 생명
    력 또는 타고난 기운을 가리킨다.
108 석태의 『환원편還源篇』에 보이는 글로 원문에서 몇몇 구절을 발췌해 인용한 것이다.

러서 광성자에게 '현빈'의 이법을 들었고, 조선에 분봉을 받아 가서 은밀히 수행해 이를 완성했다. 요동을 아울러 다스리며 예의를 숭상하고, 농업과 양잠을 중히 여겨, 중국 밖(海外)[109]의 성스러운 나라가 되었다.(『신선감神仙鑑』[110] 4권 7절 4판에 나온다.) 그 덕스러운 교화(德化)와 신령스러운 교화(神化)가 지금까지 아직 남았으니, 역사에서 단군檀君·황제黃帝와 똑같은 겸성兼聖이다.

箕子(殷仁)以洪範九疇教武王. 少聞廣成玄牝之理, 就國朝鮮, 密修而成之. 兼治遼東, 尙禮義, 重農桑, 爲海外之聖國.(出神『神仙鑑』四卷七節四板) 其德敎神化至今尙存, 歷史與檀君·黃帝, 同一兼聖乎.

최고운崔孤雲(고려 사람[111]으로 당나라 진사가 되었다. 이름은 치원致遠이고, 후에 신선이 되었다.)이 말했다. "자부紫府는 마음을 닦아야 이를 수 있고, 현관은 힘을 써서 열 수 있는 게 아니다."(『계원필경桂苑筆耕』에 있다.)[112]

崔孤雲(高麗人, 爲唐進士, 名致遠, 後乃成仙)曰: 紫府乃修心可到, 玄關非用力能開.(『桂苑筆耕』有.)

【안설】 이분은 이미 '현관'을 알고 피난했으며, 은둔 수도하여 이를 완성했다.

【愚謂】 此公旣識玄關而避亂, 隱修以成之.

설자현薛紫賢[113]이 말했다. "옛날 우연히 스승을 만나 친히 구결口訣을 받았

---

109 여기서 '해외海外'는 중국 밖의 다른 나라를 가리킨다.
110 본 편의 각주 4 참고.
111 최치원은 통상 신라인으로 분류하는데, 여기서는 고려인高麗人으로 명기했다. 『삼국사기』에 따르면, 고려 태조 왕건王建이 흥기할 때 최치원이 "계림鷄林은 황엽黃葉이요 곡령鵠嶺은 청송靑松"이라는 글을 보내 고려의 건국을 지지했다고 한다. 이는 후대에 지어낸 글로 보이나, 그렇다고 전혀 가능성이 없는 것도 아니다.
112 이 구절은 『계원필경桂苑筆耕』 「상원재사上元齋詞」에 보인다.

으니, 다만 응결해 돌려 기혈氣穴에 들어갈 뿐이다."

薛紫賢曰: 昔日遇師親口訣, 只要凝迴入氣穴.

소자청蕭紫淸[114]이 말했다. "내게 날마다 하는 공부를 묻는데, 정수리의 참된 한 구멍을 떠나지 않는다네."[115] 또한 말했다. "현관의 한 구멍이 사람 머리 위에 있다. 참된 스승이 정수리를 어루만져 수기授記[116]하지 않는다면, 모든 것이 망령된 작위일 뿐이다."

蕭紫淸曰: 問我目[117]下用工夫, 不離頂門眞一竅. 又曰: 玄關一竅在人頭上, 不有眞師摩頂授記, 皆妄爲矣.

이형섬李瀅蟾[118] 진인이 말했다. "정수리에서 한 구멍 열기를 성취하면, 그 가운데가 별도로 하나의 건곤乾坤이다. 신선이 되는 지름길이 단지 현관 한 구멍에 있다."

113　설식(薛式, 1078~1191)은 북송 시기의 내단가로 설도광薛道光, 설도원薛道原, 자현진인紫賢眞人 등으로 불린다. 석행림의 제자로 도교 남종南宗의 제3대 조사가 되었다.

114　소자청蕭紫淸은 남송의 도사 소정지蕭廷芝로 생몰년은 미상이다. 자는 원서元瑞, 호는 자허紫虛 등을 썼다.

115　소정지의 『금단대성집金丹大成集』 권4 「낙도가樂道歌」에 나오는 구절이다. 원문은 "問我日下用工夫, 不離頂門眞一竅"로, 본문 중의 '目下'는 '日下'를 잘못 옮겨 적은 것이다. 원문에 따라 바로잡아 번역했다.

116　'수기授記'는 스승이 제자에게 주는 가르침, 또는 그런 가르침을 주는 것이다. 본래 불교에서 부처가 제자들에게 미래의 증과證果에 대해서 미리 지시·예언하던 것을 가리켰다. 가르침을 주는 입장에서 '수기授記'이고, 가르침을 받는 입장에서는 '수기受記'가 된다.

117　위의 각주 115 참고.

118　이형섬李瀅蟾은 송말 원초의 도사 이도순(李道純, 1219~1296)이다. 자는 원소元素, 호는 청암淸庵·영섬자瀅蟾子 등이다. 저서에 『삼천역수三天易髓』, 『중화집中和集』, 『도덕회원道德會元』 등이 있다.

李澄蟾眞人曰: 成就頂門開一竅, 個中別是一乾坤. 成仙捷徑只在玄關一竅.

【안설】[119] 여러 진인이 '현관'을 논한 것이 이와 같다. 상고시대 강진降眞[120]
들의 논의 역시 부합하는 것이 있다.
諸眞之論玄關者如是, 而上古降眞之論, 亦有符合者.

현현상인玄玄上人(가장 오래전 상고시대에 강림한 진인이다)이 말했다. "현관
을 묵묵한 가운데 깨달으면, 단두丹頭[121]가 응결한다."(『선감仙鑒』에 있다.)

玄玄上人(最上古降眞)曰: 玄關默會, 丹頭凝結. (『仙鑒』有.)

『진고眞誥』(진晉의 도홍경陶弘景 진인이 강림한 진인들의 시문을 편집했다)에서
자미부인紫微夫人이 말했다. "원신元神을 '니환泥丸'에 조회한다." 또한 말했다.
"현관을 단단히 걸어 잠가 안에서 구진九眞을 지키고, 삼기三炁를 운액運液[122]
하여 단전에 관개灌漑한다."[123]

『眞誥』(晉陶弘景眞人編集降眞詩文)紫微夫人曰: 朝元神於泥丸. 又曰: 守
閉玄關, 內有九眞, 三氣運液, 而灌漑丹田.

---

119 원문에 '안설'의 표기가 따로 없으나, 내용상 안설이 확실하므로 독자의 편의를 위해 역자
가 임의로 표기했다.
120 '강진降眞'은 하늘에서 강림한 진인을 가리킨다.
121 '단두丹頭'는 연단 과정에서 응고제로 작용하는 약물이다. 외단外丹에서는 금단을 응결시키
는 약물을 가리키는데, 비유하면 두부를 응고하는 간수 같은 것이다. 내단술에서는 신단神
丹을 응결시키는 선천의 맑은 양기(先天淸陽之氣)를 가리킨다.
122 '운액運液'은 액체화(液化)하여, 혹은 액체 상태로 돌리는 것이다.
123 『동현영보자연구천생신장경洞玄靈寶自然九天生神章經』의 몇몇 주해본에 『진고眞誥』를 인
용하는 구절이 있다. "『眞誥』云: '守閉玄關, 內存九眞, 三炁運液, 灌漑丹田.'" 이를 참조하여 번
역에 반영했다.

【안설】 강림한 진인(降眞)들의 뜻이 이처럼 황로黃老의 오묘함에 부합하니, 아마도 또한 하느님의 명령을 보여 주는 것이리라. 그것이 용마龍馬·신구神龜의 문장[124]과 어찌 다르랴? 아! 역시 기이하다.

【(秉薰)謹按】 降眞之旨, 如是符合黃老之玄奧者, 殆亦上帝之命示也. 其與龍馬神龜之文, 何以殊哉, 吁亦異哉.

순양진인 여동빈이 말했다. "먼저 그 자식을 머물게 한 뒤에 그 어미를 찾는다. 본성을 좇아 근본으로 삼고, 조화를 움켜잡아 바르게 취한다. 물이 불에 잠복하고, 용이 범에서 기인한다.[125] 양미간 사이에서 얻어 비로소 현빈에 응한다. 우레가 진동하고 번개가 아물아물하니, 황개(黃蓋)의 집 아님이 없다.[126] 금액金液과 경장瓊漿이 모두 단지丹池의 보물로 귀속된다.[127] 노자의 도술이 여기서 다한다."[128]

---

124 '용마龍馬·신구神龜의 문장'이란 하도·낙서나 갑골의 점사占辭처럼 하늘의 뜻을 담은 신령한 기호를 가리킨다.

125 이 구절의 원문인 '率水爲宗' '水伏其子'는 문맥상 뜻이 통하지 않는데, 인용이 잘못됐기 때문이다. 글의 출처인 「수신결삼단修身訣三段」에 따르면, '率水爲宗'은 판본에 따라 '率性爲宗' 혹은 '率首爲宗'이고, '水伏其子'는 모든 판본에 '水伏其火'로 표기된다. 여기서는 「수신결삼단」 원문의 '率性爲宗'과 '水伏其火'에 따라 번역했다.

126 '황개黃蓋'는 황제에게 도를 전했다는 신선이다. 『장자莊子·서무귀徐無鬼』에 "황제가 구자산具茨山에서 대외大隗를 만났다"(黃帝見大隗于具茨之山)는 구절이 보인다. 남북조시대에 북위北魏의 역도원(酈道元, ?~527)이 『수경주水經注』에서 다시 이렇게 진술했다. "대외산은 구자산이다. 황제가 구자산에 올라가 홍제洪堤에서 날아올라, 황개동자黃蓋童子로부터 「신지도神芝圖」를 받았으니 곧 이 산이다."(大隗山卽具茨山也. 黃帝登具茨之山, 升於洪堤上, 受神芝圖於黃蓋童子卽是山也.) 황개동자는 '노란 우산을 받쳐 든 동자'로 천상의 신선을 암시한다. 그런데 본문에서 '황개의 집(黃蓋之家)'은 딱히 구자산이 아니라, 신선이 머무는 장소라는 뜻이다. "황개의 집 아님이 없다"는 것은, 내단 수련으로 현빈(玄牝)을 얻으면 그곳이 곧 신선[전병훈의 표현을 따르면 참나(眞我)]의 처소라는 문맥이다.

127 '금액金液'은 액상의 금단 선약仙藥이고, '경장瓊漿'은 옥액玉液의 선약이다. 복용하면 신선이 되거나, 혹은 신선이 즐겨 음용한다는 선약을 가리킨다. 여기서 "금액과 경장이 모두 단지의 보물로 귀속된다"는 명언은, 내단수련 중에 체내에서 만들어지는 금단의 진액과 침이 모두 단전으로 들어간다는 것을 암시한다.

呂純陽眞人曰: 先住其子, 後覓其母. 率水爲宗, 擒和正取. 水伏其子, 龍因其虎. 得自兩眉, 始應玄牝. 雷驚電杳, 無非黃蓋之家; 金液瓊漿, 盡屬丹池之寶. 老子之術盡於此矣.

【안설】이는 천 년간 끊어졌던 학문으로, 하늘의 지극한 비결이다. 만 권 단경丹經에서 현관의 위치를 끝내 분명히 지시함이 없는데, 오직 여순양이 뛰어난 진인이자 어진 신선(仁仙)이라 그 일깨워 주는 요지가 이와 같다. 나 역시 그 어진 마음을 체득해 세상을 돕는 원력을 내려는데 두렵고도 두려우니, 나를 알아주는 것도 나를 죄주는 것도 오직 여기 있을 뿐이다.[129] 학인이 능히 그 정성과 힘을 다해 신神에 감통感通한다면, 신명神明이 반드시 도맥道脈의 참된 위치를 알려 줄 것이다.[130] 그렇지 않으면 평생토록 골몰한들 무슨 이득이 있겠는가? '현관'의 논의는 여기서 더 남은 게 없다. 하지만 백옥섬의 논의가 가장 정밀하고 완비됐으니, 다음 절에 이를 기재한다.

【謹按】此爲千載絶學. 上天至秘者, 萬卷丹經, 竟無指明玄關處, 惟純陽乃上眞仁仙也, 故其啓發之旨如是. 余亦體其仁心, 以發補世之願力, 且惶且懍, 知我罪我, 其惟在此乎. 學人能用其誠力感神者, 神明必告知道脈之眞的處矣. 否則雖終身汨沒而何益哉? 玄關之論, 至此無餘蘊, 然白玉蟾之論, 最極精備, 故次節載之.

---

128 여동빈의 「수신결삼단修身訣三段」에서 가져온 글이다.
129 '知我, 罪我'는 공자의 말에서 유래했다. "공자가 이르기를 '나를 알아주는 것도 오직 『춘추』요, 나를 죄주는 것도 오직 『춘추』로다!'"(孔子曰: 知我者, 其惟春秋乎, 罪我者, 其惟春秋乎!)[『孟子·滕文公下』] 이는 자신에 대한 평가마저도 『춘추』의 역사적 대의에 맡기는 공자의 명언이었다. 전병훈 역시 『정신철학통편』을 편찬하면서, 그의 원력에 대한 평가를 이 책의 대의에 맡기고 있다.
130 수행자가 먼저 자기 안의 정신(神)을 응결해 감통하면 천지의 신령스런 신명이 호응하여, 공부가 깊어지는 가운데 자연스레 현관의 위치를 알게 된다는 문맥이다.

백옥섬의 곡신불사론谷神不死論을 자세히 기재하다
三節 備載白玉蟾谷神不死論

송나라의 백옥섬 진인이 말했다.

"'계곡(谷)'이란 하늘 계곡(天谷)이다. '신神'이란 자기 한 몸의 원신이다. 하늘의 계곡은 조화를 머금고, 허虛와 공空을 받아들인다. 땅의 계곡은 만물을 받아들이고, 산천을 싣는다. 사람은 천지와 품수받은 바가 같아, 또한 계곡이 있다. 그 계곡이 참된 하나(眞一)를 감추고 원신을 거주시키니, 그리하여 머리에 아홉 궁전(九宮)이 있어 위로 구천九天에 상응한다. 그 중간의 한 궁전을 일러 '니환泥丸'이라고 하고, 또한 '황정黃庭'이라고 하고, 또한 '곤륜崑崙'이라고 하고, 또한 '천곡天谷'이라고 한다. 그 이름이 아주 많지만, 곧 원신이 주거하는 궁전이다. 텅 비어 마치 계곡과 같고 신이 거기에 거주하니, 그러므로 이를 일컬어 '곡신谷神'이라고 한다.

신이 머물면 살고 신이 떠나면 죽는데, 낮에는 사물에 접하고 밤이면 꿈에 접하여 신이 그 거처에 편히 머물지 못한다. 노란 조밥[131]은 이미 익었고 남쪽 나뭇가지[132]는 아직 꿈결 속에 있으니, 일생의 영욕과 부귀, 백년의 비탄과 열락을 모두 한 꿈결 사이에서 맛본다. 정신이 떠나서 돌아오지 않고 나

---

131 '황량黃粱'은 노란 조밥이다. 노생盧生이 한단邯鄲의 여관에서 도사 여옹呂翁을 만나 그가 주는 베개를 베고 꿈을 꾸는데, 장상將相으로 출세하고 자손이 모두 영달하며 80년의 호화를 누렸다. 그러다가 문득 꿈에서 깨니, 여관 주인이 짓던 노란 조밥이 채 익지 않았다고 한다. 당나라 소설인 『침중기沈中記』에 보인다.

132 '남가南柯'는 남쪽 나뭇가지다. 당나라 때 순우분淳于棼이 자기 집 남쪽에 있는 늙은 회화나무 밑에서 술에 취하여 잠이 들었는데, 꿈속에서 남가南柯군을 다스리며 20여 년간 부귀영화를 누리다가 깨어났다고 한다. '남가일몽南柯一夢'의 고사는 당나라 때 이공좌李公佐가 지은 『남가기南柯記』에 나온다.

가 놀다가 되돌아오지 않으니, 삶과 죽음의 길이 막히고 이승과 저승의 길이 끊어진다.[133]

이로써 보건대, 사람이 스스로 살 수 없고 신이 그를 살리며, 사람이 스스로 죽을 수 없고 신이 그를 죽이는 것이다. 신이 그 계곡에 머물러 죽지 않는다면, 사람이 어찌 죽을 수 있겠는가? 그런데 곡신이 죽지 않는 까닭은 '현빈'에 말미암는다. '현玄'이란 양이며, 하늘이다. '빈牝'이란 음이며, 땅이다. 하지만 현빈 두 기氣에 각기 깊은 뜻이 있으니, 지인至人을 만나 구결을 전수받지 않으면 그 뜻을 얻어 알 수가 없다. 『황제내경』에서 말하기를 '천곡天谷의 원신을 지키면 저절로 진인이 된다'고 하였다. 사람 몸 가운데서 말하자면, 위로 천곡니환天谷泥丸이 있으니, 신을 간직하는 관부(藏神之府)다. 중앙에 응곡강궁應谷降宮이 있으니, 기를 간직하는 관부(藏氣之府)다. 아래에 허곡관원虛谷關元이 있으니, 정을 간직하는 관부(藏精之府)다. 천곡은 원궁元宮이다. 곧 원신의 방으로, 영성靈性이 머무는 곳이다. 이것이 신의 요체이다.

성인은 천지의 요체를 본받고 변화의 근원을 알아서, 신을 원궁에서 지키고 기가 빈부牝府에서 오르니, 신과 기가 교감해서 자연스레 참나를 이루며, 도와 더불어 하나가 되어 죽지도 않고 나지도 않는 경지로 들어간다. 그러므로 '계곡의 신은 죽지 않으니, 이를 일컬어 현빈이라고 한다'[134]고 말한다. 성인은 현빈 안에서 운용하고 황홀한 가운데 조화를 이루며, 현빈의 기를 관장하여 그 뿌리로 들어간다. 너무 꽉 닫으면 급박하여 실패하고, 그대로 방임하면 방탕하여 실패한다. 그것이 면면하게 이어져 중간에 끊임이 없도록 해

---

133 정신이 밤낮으로 외물外物에 팔려 밖으로만 향하고 내면의 거처(니환: 황정, 곤륜, 천궁)로 돌아오지 않으니, 그럴수록 죽음의 길로 가면서 삶의 길에서 멀어지고, 어두운 길로 가면서 환한 길과 단절된다는 뜻이다.

134 "谷神不死, 是謂玄牝"은 『노자』 제6장에 보이는 명언이다.

야 한다.

'마치 존재하는 것 같다'(若存)는 것은 그 자연스러움에 따라 보존하는 것이니, 신이 오래되면 저절로 편안해지고, 호흡이 오래되면 저절로 안정된다. 본성이 자연스러워져 무위하고 오묘하게 작용하면, 수고롭고 절박한 지경에 이르지 않는다. 그러므로 '작용하되 애쓰지 않는다'(用之不勤)고 한다. 이로써 관조하면, 현빈이 위아래의 두 근원이 되니, 기의 어미(氣母)가 오르내리는 올바른 도(正道)가 분명하다. 세상 사람들이 그 근원을 구명하지 않고, 망령되이 코를 '현'이라고 하고 입을 '빈'이라고 한다. 만약 코와 입이 현빈이라면, '현빈의 문'은 또한 장차 무엇으로 호명할 것인가? 이것은 모두 신묘한 경지에 이를 수 없으니, 대성인大聖人이 아니면 어찌 이러한 이치를 궁구할 수 있으랴?"[135]

宋白眞人曰: 谷者, 天谷也. 神者, 一身之元神也. 天之谷, 含造化, 容虛空. 地之谷, 容萬物, 載山川. 人與天地同所稟也, 亦有谷焉. 其谷藏眞一, 宅元神, 是以頭有九宮上應九天. 中間一宮, 謂之泥丸, 又曰黃庭, 又名崑崙, 又名天谷. 其名頗多, 乃元神所住之宮, 其空如谷而神居之, 故謂之谷神, 神存則生, 神去則死. 日則接於物, 夜則接於夢. 神不能安其居也. 黃梁已熟, 南柯未窹. 一生之榮辱富貴, 百歲之悲憂悅樂, 備嘗於一夢之間. 使其去而不還, 游而不返, 則生死路隔, 幽明之途絶矣. 由是觀之, 人不能自生而神生之, 人不能自死而神死之. 若神居其谷而不死, 人安得而死乎? 然谷神所以不死者, 由玄牝也. 玄者, 陽也, 天也. 牝者, 陰也, 地也. 然則玄牝二氣, 各有深旨, 非遇至人授以口訣, 不可得而知之. 『黃帝內經』曰: 天谷元神, 守之自眞. 言人身中, 上有天谷泥丸, 藏神之府也. 中有應谷降宮, 藏氣之府也. 下有虛谷關元, 藏精之府也. 天谷, 元宮也, 乃元神之室,

---

135 백옥섬白玉蟾의 『자청지현집紫淸指玄集』 「곡신불사론谷神不死論」에서 가져온 글이다. 이 글의 상당 부분이 허준의 『동의보감』 「외형편外形篇」 권1 '머리(頭)'에도 그대로 실려 있다.

靈性之所存, 是神之要也. 聖人則天地之要, 知變化之源. 神守於元官,¹³⁶
氣騰於牝府. 神氣交感, 自然成眞, 與道爲一, 而入於不死不生, 故曰谷神
不死, 是謂玄牝也. 聖人運用於玄牝之內, 造化於恍惚之中. 當其玄牝之
氣, 入乎其根, 閉極則失於急, 任之則失於蕩. 欲其綿綿續續, 勿令間斷
耳. 若存者, 順其自然而存之, 神久自寧, 息久自定, 性入自然, 無爲妙用,
未嘗至於勤勞迫切, 故曰用之不勤. 卽此而觀, 則玄牝爲上下二源, 氣母
升降之正道明矣. 世人不究其源, 妄以鼻爲玄, 以口爲牝. 若以口鼻爲玄
牝, 則玄牝之門, 又將何以名之? 此皆不能造其妙, 非大聖人安能窮究是
理哉?

여순양呂純陽에서 장자양張紫陽·석행림石杏林·백옥섬白玉蟾까지가 다섯 번
째 진화이다.

自呂純陽至張紫陽·石杏林·白玉蟾, 第五番進化.

【안설】일찍이 여기서 얻은 것이 몹시 예사롭지 않으니, 그러므로 표장表章
하여 오주동포 사회에 드린다. 아! 우리 인류가 이 현빈에 관해 알아서, 조
식호흡을 면면히 하여 신과 기를 기르며 세월을 기다리면, 설령 참나를 이
루지 못하더라도 신을 응결해 장수하고 병을 물리치고 수명을 늘일 것이 틀
림없다. 그 도가 순수하고 그 이치가 올바르니, 진실로 유가와 철학가의 결
점을 보완하여 인류에게 공익이 되는 것을 어찌 헤아릴 수 있으랴?
그런데 모든 경전과 철학을 죄다 열람할 수는 없으나, 또한 오히려 의심나
는 것이 있다. 온갖 경서(經傳子集)와 서양철학 여러 서적에 '현빈'에 관해 언
급한 바가 없는데, 이 책[道書]들은 오랫동안 방외方外에 빠지고 비밀스레 파
묻혀서 지금에 이르렀다. 하늘이 묵묵히 내 마음을 인도해서 궁리하고 탐색
하여 본 장에서 지극히 신령한 철리를 통하게 한 것은, 단편적이나마 우리

---

136 '원관元官'은 '원궁元宮'의 오류이다. 번역에서는 '원궁'으로 바로잡았다.

에게 말해 주려는 것이다. 반드시 성의誠意, 정심正心, 수신·제가(修齊), 치국·평천하(治平), 충효忠孝, 인의仁義의 근본을 세우고, 단지 하루에 세 번 현빈의 공부를 겸한다면 효험을 보지 못하는 사람이 없을 것이다. 아! 이것이야말로 사람이 장수하고 참나를 이루는 최상의 철리가 아니겠는가? 하지만 [이것도 공부하는] 그 사람에게 달려 있다.

(秉薰)嘗有得於此者, 極其非常, 故表章以眦五洲同胞社會. 嗟! 我人羣知此玄牝, 則調息綿綿以養神氣, 歲月以期之, 縱未能成眞, 而凝神益壽, 却病延年, 則必矣. 其道純, 其理正, 眞可以補完儒哲家之缺點, 而爲公益於人羣者, 何可量乎! 然未能盡覽經傳哲學者, 亦尙有疑乎. 經傳子集西哲諸書, 無有道及玄牝者, 且此書久陷於方外, 秘坑者至今. 天其嘿誘余衷, 窮索以通至神哲理於此章者, 片片說與吾人. 必以誠意正心, 修齊治平, 忠孝仁義立本而只日三時兼致玄牝工夫, 未有不效驗者矣. 烏乎! 此非壽人成眞之無上哲理耶? 然存乎其人.

제4절 통론
四節 統論

『단경丹經』에서 이르기를 "충효하고 어질고 현명하여 성현聖賢의 마음을 지닌 사람이라야 비로소 신선의 일을 행할 수 있다"고 하였다. 이것이 도가의 본뜻이다. 노자가 여상呂尙을 방문해 도를 전하고, 황석공黃石公이 장자방張子房(張良)을 가르치고, 위료尉繚가 유기劉基에게 도를 전한 것이 모두 하늘의 뜻에 따라 움직여 사람을 통해 세상을 구제했던 것으로, 유학과 철학의 겸선兼善과 동일한 법문이다. 그러나 오직 도가에서 동진動振하는 동공動功이[137] 이처럼 순수하고 아름다운 것은, 근세에 선교宣敎를 주동하는 자들이[138] 미칠 수 있는 바가 아니다.

『丹經』曰: 忠孝仁明, 有聖賢之心者, 方能行神仙之事. 此是道家本旨. 老子訪呂尙傳道, 黃石[139]敎子房, 尉繚授之劉基, 皆動以天, 因人以救世者, 與儒哲之兼善同一法門也. 然惟道家動振之動功, 如是精美者, 非近世之主動宣敎者之所能及也.

관윤자가 말했다. "사람이 예의(禮)에 힘쓰면 신이 오래 치달리지 않으니, 가히 신을 모을 수 있다. 사람이 지혜(智)에 힘쓰면 정이 밖으로 움직이지 않으니, 가히 정을 굳게 지킬 수 있다. 어짊(仁)은 양陽이고 밝아서 혼魂을 가볍게 할 수 있고, 의로움(義)은 음陰이고 어두워서 백魄을 제어할 수 있다."[140] 여기서 사단의 덕이 정신精神을 응집할 수 있음을 본다. 신통神通의 극치에서 지극한 도가 응결되니, 요령은 현빈에 있다.

尹子曰: 人勤於禮者, 神不久馳, 可以集神. 人勤於智者, 精不外移, 可以攝精. 仁則陽而明, 可以輕魂. 義則陰而冥, 可以御魄. 此可見四端之德, 可以凝集精神. 神通之至, 至道乃凝矣, 要在玄牝乎.

혹자가 말했다. "현관은 하늘의 신비라서 단지 현인賢人에게만 전수할 수

---

137 '동진動振'은 에너지의 진동이고 '동공動功'은 운동의 공법으로, 에너지의 흐름을 조절하는 동적인 수련법을 가리킨다.
138 종교적 교리나 이념을 적극적으로 선포하고 확산하는 사람들을 가리킨다. 도교의 정밀하고 섬세한 수련법과 차별화되는 현대적, 종교적 교리의 전파 방식을 비판하는 문맥이다.
139 황석공黃石公을 말한다. 『사기史記 · 유후세가留侯世家』에 따르면, 그는 진시황을 암살하려다가 뜻을 이루지 못한 인물로 장량張良에게 병서를 전했다고 한다. 『황석공소서黃石公素書』, 『황석공삼략黃石公三略』 등이 전하지만, 이는 대개 황석공의 이름을 앞세운 위서僞書들이다.
140 『관윤자關尹子』 「사부四符」에 보이는 글이다.

있습니다. 그런데 선생께서 지금 세상에 표명하니, 저 흉악한 소인배들이 모두 현관의 수양을 알아서 불사不死한다면 곧 공리公理를 해칠 것입니다. 또한 사람이 모두 도에 따라 수양해 장생하여 미래 족속이 날로 번성하면, 세계가 사람으로 가득할 우려도 있습니다. 아! 그래도 되겠습니까?"

> 或曰: 玄關乃上天神秘, 只可傳授賢人者. 而子今表明於世, 他凶惡小人之類, 皆知玄關修養而不死, 則有害公理. 且人盡從道修養而長生, 來族日繁則世界有人滿之患矣. 烏! 可乎哉.

답해 말했다. "그렇지 않습니다. 그게 무슨 말입니까? 흉악하고 교활한 사기꾼들이 처음부터 어찌 도를 향하겠습니까? 진실로 마음을 바꿔 허물을 고치고 선을 행하여 덕을 쌓는다면, 도의 문호가 넓고 넓으니 어찌 용납하지 못하겠습니까? 그러나 비결에서 이르길 '도를 배우는 자는 소털처럼 많고, 도를 이루는 자는 기린 뿔처럼 적다'[141]고 했으니, 도를 이루는 어려움을 알 수 있습니다. 현철賢哲하여 정일精一한 공을 들이는 사람이 아니면 그 누가 이에 능하겠습니까? 그러므로 사람이 가득할 것을 근심하는 것은 변론할 필요가 없습니다. 사람이 나서 장성해 늙고 죽는 것은 하늘의 당연한 이치입니다. 하지만 어진 현자로 세상에 유익한 사람들이 그런 한계를 뛰어넘어 오래 산다면, 또한 어진 이치가 아니겠습니까? 그러므로 내가 세상 사람들을 헤아리건대, 현빈을 알고 돈독히 믿어 수행하는 사람은 오직 어진 현자일 것입

---

141 본래 "배우는 자는 소털처럼 많고, 이루는 자는 기린 뿔처럼 적다(學者如牛毛, 成者如麟角)"고 학문성취의 어려움을 토로한 글로, 삼국三國 위魏의 장제蔣濟가 남긴 『장자만제론蔣子萬濟論』에서 유래했다. 소는 어디에나 있고 그 털이 수두룩하지만 기린은 아주 드물게 출현하고 더구나 그 뿔이 몹시 희소하므로, 이처럼 비유했다. 본문에서는 '學者'·'成者'를 '學道(者)'·'成道(者)'로 써서 도를 성취하기 어려움을 말한다.

니다."

曰: 不然. 此何言也. 凶惡狡詐之人, 初豈向道哉. 苟能革心改過, 行善積
德, 則道門恢恢, 何所不容乎? 然訣云, 學道如牛毛, 成道如麟角, 可知成
道之難, 而非賢哲精一之功, 其孰能之? 是以患人滿者, 不足與辨也. 人之
生壯老死, 天之常理. 然仁賢之有益人世者, 度之以延年久生, 不亦仁理
哉. 故余料世人, 雖識玄牝而篤信修持者, 則其惟仁賢乎.

객이 한숨을 쉬며 말했다. "세상이 바야흐로 권력을 숭상하여 우승열패優
勝劣敗하니, 어느 겨를에 욕망을 끊고 몸을 다스리는 도를 닦겠습니까?"

客喟然曰: 世方尙權, 優勝劣敗, 何暇夫遏欲養身之道乎?

"아!『도감道鑒』에서 이르기를 '영웅이 고개를 돌리면 신선'[142]이라고 합니
다. 세상에 분란과 전쟁이 일어나는 것은 반드시 세계 정치 지도자(君相)들의
권력욕과 이욕 때문입니다. 그런데 저 지도자들 가운데 만약 영웅의 기개를
갖춘 자가 있다면, 끝없는 욕심 가운데 한 번쯤 고개를 돌려 신선으로 장생
하는 데 생각을 두지 않겠습니까? 진실로 그 생각을 돌리면 욕망을 줄일 수
있으며 도를 구할 것이 분명합니다.(진시황이 안기생安期生을 부르고 원나라 세
조世祖가 구장춘丘長春을 불렀으나, 모두 참된 도를 전해 받지는 못했다.)

현빈의 도가 아직도 진나라 서쪽[143]까지 이르지 못했습니다. 다행히 여기
에서 선포하니, 세상의 영웅과 지도자들이 점차 도에 입문해서 참나를 닦는
다면 전란을 족히 평정하고, 온 세계가 영원히 즐겁고 평화로울 것입니다.

---

142 宋송 황춘백黃春伯의『절구絶句』에서 유래했다. 시문은 다음과 같다. "牛篙春水一篙煙, 抱月
懷中枕門眠, 說與時人休問我, 英雄回首即神仙."
143 여기서 '진나라 서쪽(泰西)'은 서양을 가리킨다.

그러므로 사람들이 이 책에 대해 말하길 '살리기 좋아하는 하느님(上帝)의 마음을 우러러 체현해서 엮은 것'이라고 합니다. 곧 욕망으로 욕망을 다스리고 전란을 종식해 평화를 이루는 계기가 진실로 여기에 있어 그리 말하지 않겠습니까? 게다가 지금 물질이 장차 정신으로 들어가고 법치가 장차 예치로 돌아가니, 어찌 필연의 이치와 형세가 아니겠습니까?

서양 철학자 칸트(1797년, 독일인)가 장생술을 말하니, 실로 철학가의 지극한 언설입니다. 이는 서양철학이 지극한 이치(至理)를 숭배한 것인데, 우리는 일찍이 발휘함이 없었습니다. 지금 비로소 창도하여 밝히니 또한 기이하지 않습니까! (때가 바야흐로 오회午會 가운데 있기 때문인가?) 그러므로 내가 정신과 예치의 책을 쥐고 온 세계 사회의 동포형제에게 간절히 소망합니다. 장차 신통변화하여 세계를 한 집안으로 보며, 마음이 지구 밖의 우주를 감싸고, 천도로 움직여 화육化育에 참여하는 것이 반드시 신을 현관에 응결하는 데서 시작될 것입니다. 아! 역시 지극합니다. 현빈玄牝이여!"

嗚乎! 道鑒云 "英雄回首卽神仙". 夫亂爭之起, 必因世界君相權利之慾, 然他君相若有英雄之槪者, 慾則無厭之中, 惟一回頭之念不在乎仙眞久視乎? 苟回是念, 則慾可寡, 而求道必矣. (秦皇致安期生, 元世祖致丘長春, 然皆不眞傳.) 但玄牝之道, 尙未達乎泰西, 幸自此以宣布, 世之英雄君相, 漸次入道, 以修眞, 則亂爭(不)足平,**144** 而宇內永樂和平矣. 是以人謂此篇, 仰體上帝好生之心以編成者, 卽因欲制欲, 息亂致平之機, 寔在乎此, 故云耶? 況今物質將入精神, 法治將還禮治, 詎非必然之理勢乎. 西哲康德(一千七百九十七年, 德人)云長生術, 誠哲學家至言. 然則此爲西哲崇拜以至理者, 而我曾未有發揮矣. 今始倡明, 不亦異哉.(時方午會中故耶) 故余執精神份·禮治書, 厚望宇內社會同胞兄弟, 將神通變化, 家視宇內, 心包

---

144 원문에 '亂爭不足平'으로 되어 있으나, 문맥이 통하지 않는다. '不'는 잘못 삽입된 오자로, '亂爭足平'이라야 뜻이 통한다. 그런 문맥으로 번역했다.

球外, 動之以天參贊化育者, 必自神凝玄關而始焉矣. 吁! 亦至哉玄牝乎.

객이 말했다. "그렇지만 공자께서 '몸을 죽여 인仁을 이루라'(殺身以成仁)[145]고 말하셨습니다. 사람이 모두 죽음을 두려워하고 살기를 탐하는 게 옳습니까?"

客曰: 雖然而孔子曰身以成仁. 人皆畏死貪生可乎?

답해 말한다. "그렇지 않습니다. 이는 환란을 잠재우고, 세상 사람들이 어질게 오래 살도록 끌어 올리는 도입니다. 진실로 이 도를 행하면 어찌 순국殉國으로 인仁을 이루는 겁란劫亂[146]이 있겠습니까?"

曰: 不然也. 此是潛消禍亂, 躋世仁壽之道. 苟行是道, 則安有殉國以成仁之劫亂乎?

근자에 한 인도 철학자 아무개가 정신불멸을 각국에서 연설하는데, 모두 그를 성인의 반열로 숭배하니, 오대주 사람들의 심리가 같다는 것을 알 수 있다. 하물며 이 책이랴! 다만 덕업을 닦는 공정에서 등급을 건너뛰어 오를 수는 없다. 아래에서 조목조목 열거한다.

近日有一印度哲士某, 以精神不滅演說各邦, 均崇拜以聖人之列, 可以見五洲人心理之所同也, 而況此書乎. 但進修工程, 不可躐等矣. 條列於左.

---

145 『논어』 「위령공衛靈公」에 나온다.
146 '겁란劫亂'은 큰 재난이나 전란으로, '겁난劫難'과 통한다.

제4장 연기축기[147]를 논하니, 연기煉己는 도심道心을 위주로 하여 욕심을 줄이고 중심을 지키는 것이다

第四章 論煉己築基, 煉己以道心爲主寡欲守中

요·순이 말했다. "인심人心은 위태롭고 도심道心은 미약하다. 오직 정밀하고 한결같이, 진실로 그 중심을 잡으라!"[148]

堯舜曰: 人心惟危, 道心惟微, 惟精惟一, 允執厥中.

이것이 도가道家의 세 번째 진화가 된다.[149]

此爲道家第三進化.

【안설】 이것이 만세토록 이어진 심학心學의 연원을 열었고, 도학에서 연기煉己하는 절묘한 공법이 된다. 인심은 곧 물욕의 마음이니, 천하를 경영하고

---

147 연기煉己는 '자기 단련'이고 축기築基는 '토대 구축'으로, 내단 수련의 기초를 다지는 공부를 가리킨다.

148 『서경書經』「대우모大禹謨」에 보이는 명구이다.

149 앞에서 노자를 (도가의) 세 번째 진화로 꼽았는데, 여기서 대우모大禹謨를 다시 도가의 세 번째 진화라고 한다. 그런데 아래에서 이를 또한 '유학(儒道)의 두 번째 진화'라고 하니, 이 구절은 착오로 순서를 매긴 것으로 추정된다.

수기치인修己治人**150**하는 도道는 '물욕의 마음'을 제거하는 것보다 앞서는 게 없다. 항상 도심으로 몸을 주재主宰하면, 그런 뒤에 자기를 이겨 예를 회복하고(克己復禮), 사람을 사랑하고 만물을 이롭게 하여(愛人利物) 이로써 덕을 이룬다. 이 한 구절은 동아시아 뭇 학문의 조종祖宗**151**이 될 뿐만 아니라, 세상 모든 학술이 이런 심리 밖에서 나오는 것이 있겠는가? 하물며 수양에 뜻을 둔 사람이라면, 반드시 도심道心을 위주로 해야 한다.

이른바 '연기煉己'란 욕심을 줄이고 감정에 얽매이지 않으며, 삿된 생각을 일으키지 않고, 허튼 생각과 잡념을 끊어 버리고, 소리·색깔·재물·이익에 동요하지 않고, 늘 맑게 텅 비워서, 마음이 죽고 신이 활발하며(心死神活), 철저히 비우고 지극히 고요하게 하는 것이다. 마음이 한결같고 중심을 지켜 꿈쩍하지 않으면(중심은 곧 '현관'으로, 한 몸 천지의 정중앙이다), 이것이 곧 '연기'의 공부이다. 맹자는 "마음을 기르는 데 '욕심 줄이기'(寡慾)보다 좋은 게 없다"고 하고, 장자는 "뜻을 흩트리지 말고 정신에 집중하라"고 했으니, 역시 수련에 도움이 된다.

【謹按】此啓萬世心學之淵源, 爲道學煉己之切功也. 人心卽物慾之心, 凡經天緯地修己治人之道, 罔不先除物慾之心, 而常以道心爲身之主宰, 然後可以克己復禮, 愛人利物以成德矣. 此一章非徒爲東亞諸學之祖宗, 而凡宇宙學術有出此心理以外者乎? 況乎有志修養者, 必以道心爲主, 而所謂煉己者, 寡欲忘情, 不起邪想, 絶袪浮思雜念, 不動於聲色貨利, 要常清虛, 心死神活, 虛極靜篤. 惟心惟一, 守中不移(中卽玄關一身天地之正中), 是乃煉己之功也. 孟子曰:養心莫善於寡慾. 莊子曰: 用志不分, 乃凝於神, 亦爲修煉之助也.

원장原章은 유도儒道의 두 번째 진화이다.

---

150 '수기치인修己治人'은 자기를 수양하고 세상을 다스리는 것으로, 유학의 진리를 실현하는 방식이자 기본 덕목이다.

151 '조종祖宗'은 본래 임금의 조상을 가리키는데, 여기서는 가장 근본적이며 주요한 것을 비유하는 말로 쓰였다.

原章, 儒道第二進化.

제1절 서양철학의 마음능력론
一節 西哲心力論

칸트가 말했다. "사람 마음의 능력과 의지력으로 병의 상태를 제어할 수 있다. 심사心思를 철리哲理에 따라 운용하면, 불쾌한 감정을 제어하고 외물外物에 얽매이지 않게 된다. 생기生氣에 막힘이 없도록 하여, 극기克己의 공을 이룬다." (칸트는 성인이다. 그 도덕·정치의 여러 이론은 중편과 하편에 싣는다.)

康德曰: 人心之能力與夫意力, 能制病情. 運心思於哲理, 卽可以御不懌之情, 不爲外物所累. 可使生氣無窘, 爲克己之功. (康氏乃聖人也, 其道德政治諸論, 載中下篇也.)

【안설】 칸트는 근세의 대철학자이다. 그가 말하는 '극기'와 '마음 능력'(心力)[152] 역시 '연기'와 일치하는 공력이다. 역시 위대하지 않은가! 또한 [칸트가] 장수했다고 하는데(80여 세), 그래도 현빈은 아니었던 듯하다.
【謹按】 康德氏爲近世之大哲家. 其言曰克己與心力, 亦煉己一致之功矣, 不亦偉哉! 亦云隆壽(八十餘), 然玄牝則恐未也.

---

152 윗글에서 칸트의 말을 인용해 '사람 마음의 능력(人心之能力)'이라고 했던 것을 '心力'으로 줄여 말한 것이다. 따라서 본문의 '心力'을 '마음 능력'으로 번역한다.

제2절 축기 역시 욕망을 줄이고 정을 아끼는 것이 요령이다

二節 築基亦以寡欲嗇精爲要

광성자가 말했다. "그대의 정精을 어지럽히지 않으면 장생할 수 있다." 공자가 말했다. "경계할 것은 색욕이다."[153] 경전에서 말했다 "그대가 정의 통로(精路)를 막으면 장생할 수 있다."[154] 석행림石行林이 말했다. "선천의 기를 단련하려면 먼저 활동하는 수은(活水銀)을 말려라."('수은'은 정수精水의 별명이다.)[155] 또한 말했다. "수은의 으뜸가는 좋은 맛(一味)이 선가仙家의 녹봉이다." 이것이 단의 기틀이 되는데, 쉽게 도망가서 잃어버리기 때문에 이처럼 경계한다.

廣成子曰: 毋撓爾精, 可得長生. 孔子曰: 戒之在色. 經曰: 閉子精路可長生. 石杏林曰: 欲煉先天炁, 先乾活水銀.(永銀是[156]精水別名.) 又云: 水銀一味仙家祿. 此爲丹基, 而易以走失, 故戒之如此也.

【안설】'정수精水를 보존하고 아끼는 것'이 곧 축기築基로, 토대가 안정되는 요령이다. 『도덕경』에서 말했다. "오직 아끼니, 이를 일러 '조복早服'[일찍 회복함]이라고 한다. 조복을 일컬어 '중적덕重積德'[거듭 덕을 쌓음]이라고 한다. 거듭 덕을 쌓으면 이기지 못할 것이 없다."[157] 주자가 말했다. "이 몸이

---

153 『논어』「계씨季氏」에 보이는 글이다.

154 『태상황정외경경太上黃庭外景經』에 "閉子精路可長活"이란 구절이 보인다. 전병훈의 인용문에서는 '長活'이 '長生'으로 대체되었다.

155 석태(石泰: 石杏林)가 편찬한 『수진십서잡저지현편修眞十書雜著指玄篇』에 보이는 글이다.

156 판본에 따라 '永銀是'[국중본] 혹은 '永銀水'[명문당본]로 글자가 다른데, 모두 뜻이 잘 통하지 않는다. 국중본에서 '永'이 '水'의 오기誤記로, '水銀是'가 아닌가 추정된다.

157 『노자』제59장에 보인다. "治人事天莫若嗇. 夫唯嗇, 是以早服. 早服, 謂之重積德, 重積德, 則無不克, 無不克, 則莫知其極, 莫知其極, 可以有國. 有國之母, 可以長久. 是謂深根固柢, 長生久視之道." (노자 왕필본.) '早服'은 주석가들에 의해 대개 '일찍 복종함' '일찍 회복함'으로 풀이되었다. 주희는 회복함(復)으로 해석하고 있다.

노쇠하기 전에 더욱 아끼고 길러야 하니, 이를 일컬어 '조복'과 '중적덕'이라고 한다. '조복'은 노쇠하기 전에 미리 깨달아 아끼는 것이다. 만약 누군가 그 몸이 이미 쇠약해져서 무너진 집과 비슷하다면, 비록 수양하려고 한들 또한 무슨 유익함이 있겠는가?"[158] 예전에 주자가 무너진 집[몸]을 쉽게 수리하는(屋破修容易)[159] 법을 듣지 못해서 이처럼 한탄했다. 그러나 수양에 뜻을 두고 나이가 많은 사람이라면, 마땅히 이를 거울로 삼아 급히 '토대 구축'(築基)에 착수해야 할 것이다. 칸트 또한 말했다. "무릇 노인으로 안색에 광택이 돌고 동안童顏을 잃지 않는 자는 반드시 홀아비로 사는 사람이다." 역시 색욕을 삼가라는 뜻이다. 밤낮으로 가볍게 옷을 입고 소식을 하며(쌀을 먹으면 몸이 무거워지고, 보리를 먹으면 몸이 가벼워진다), 정해진 시간에 잠자리에서 일어나고(7~8시간 자는 것이 적당하다), 아침에 태양의 기를 들이마시고, 침을 삼키며, 배를 고르게 문지르고(36번), 걸으면서 서서히 기를 펴니, 그저 욕망을 절제하고(節慾) 정을 아끼는(嗇精) 것이 절실하고 긴요하다.

【謹按】保嗇精水, 是乃築基, 基安之要也. 『道經』曰: 惟嗇是謂早服. 早服, 謂之重積德. 重積德則無不克. 朱子曰: 此身未有衰損而加以儉養, 是謂早服而重積德. 早服者, 早覺未衰而嗇之也. 如某此身已衰耗, 如破屋相似, 雖欲脩養, 亦何能有益耶? 惜晦翁未聞屋破修容易之法, 故猶有此歎耶. 然有志修養而年晚者, 宜鑒乎此, 汲汲築基下手可也. 康德亦云: 凡老者, 容色光澤, 不失童顏者, 必鰥居之人. 亦愼色之意也. 日夜之間寬衣少食(食米身重, 食麥身輕), 起寢有定時(寢以七八時干爲宜), 朝吸太陽氣, 咽津摩腹並(三十六次), 行步舒氣, 只可節慾嗇精切要.

---

158 『주자어류朱子語類』권125에 보인다. 원문은 다음과 같다. "老子言 '治人事天, 莫若嗇. 夫惟嗇, 是謂早服; 早服, 是謂重積德.' 被它說得曲盡. 早服者, 言能嗇則不遠而復, 便在此也. 重積德者, 言先已有所積, 復養以嗇, 是又加積之也. 如修養者, 此身未有所損失, 而又加以嗇養, 是謂早服而重積. 若待其已損而後養, 則養之方足以補其所損, 不得謂之重積矣. 所以貴早服. 早服者, 早覺未損而嗇之也. 如某此身已衰耗, 如破屋相似, 東扶西倒, 雖欲修養, 亦何能有益耶? 今年得季通書說, 近來深曉養生之理, 盡得其法. 只是城郭不完, 無所施其功也. 看來是如此." 전병훈은 여기서 관련 내용을 발췌하여 수록했다.

159 "무너진 집을 수리하는 게 쉽다(屋破修容易)"는 것은 석태의 『환원편還源篇』에서 가져온 구절이다. "屋破修容易, 藥枯生不難, 但知歸復法, 金寶積如山."

제5장 기를 모아 현관에 통하기
第五章 聚氣通關

　노자가 말했다. "천하에 시작이 있으니 이를 천하의 어미라고 한다. 이미 그 어미를 얻으면, 이로써 그 자식을 알 수 있다. 이미 그 자식을 안다면, 다시 그 어미를 지킬 수 있다. 그 구멍을 막고 문호를 닫으라."[160] 또한 말했다. "주먹을 꽉 쥔다(握固). 마음이 기를 부리니 강하다."[161]

　老子曰: 天下有始, 以爲天下母. 旣得其母, 以知其子. 旣知其子, 復守其母. 塞其兌, 閉其門. 又曰: 握固, 心使氣則强.

　【안설】'어미'란 곧 기炁로, 신神의 어미가 된다. 신은 기의 자식이 된다. '구멍'은 입이다. 문호를 닫음은 망령되이 말하지 않는 것이다. '주먹 꽉 쥐기'(握固)는 두 손을 서로 맞물리는 것으로 곧 타좌법打坐法이다.[162] 칸트가 말

160　『노자』 제52장에 보인다.
161　『노자』 제55장에 보인다. "주먹을 꽉 쥔다"(握固)는 것은, 갓난아이가 "근골이 유약하지만 주먹을 꽉 쥔다"(骨弱筋柔而握固)는 구절에서 가져왔다. 갓난아이의 비유로 순수한 정기가 충만한 상태를 표상한다.
162　노자에서 말하는 '악고握固'는 갓난아이의 정기가 충만한 상태를 가리키는데(위의 각주 참고), 전병훈은 그것을 다시 내단 수련의 문법으로 해석하였다. 타좌법에서 정좌해 앉아 두

하길 "그 마음을 즐겁게 하면 마음이 사물의 부림을 받지 않는다"고 했으니, 그 효과 역시 도를 즐기는(樂道)[163] 공과 대등하고 장생하기에 충분하다. 시견오施肩吾[164]가 말했다. "기는 장생하는 약이고 마음이 기와 신을 부리니, 신과 기의 주인을 알면 곧 선인仙人이 된다."[165] 이 두 언설을 살피면, 모두 마음이 기를 강하게 한다는 뜻이다. 하물며 또한 '마음이 본래 태양으로 환히 빛난다'는 [『천부경』의] 뜻을 깨달으면, 더욱 강하지 않겠는가?

여순양이 말했다. "전적으로 현관에 집중하려면 타좌打坐[166]를 법으로 한다." 『단결丹訣』에서 말했다. "도를 배우려면 모름지기 타좌부터 배워야 한다." 하지만 『도장』을 두루 열람해도 그 법식이 없다. 최근 『인시자정좌법因是子靜坐法』[167]을 열독했지만, 호흡과 도인導引을 바르게 하는 것을 주된 취지로 한다. 일본의 오카다 도라지岡田虎二郎[168]가 창설한 정좌법이 유행하여 (교본이 이미 수십 차례 중판됐다.) 연합회가 있는데, 교육 과정에 가입하면 병을 물리치고 수명을 연장하는 데 유익함은 틀림없다. 그렇지만 꼭 현관의 신비는 아니다.

내가 일찍이 나부산(충허관沖虛觀)[169]에서 백발이 검게 돌아온 고공섭 선

손을 두 손을 포개 모으는 것(合手, 龍吞虎)은 기氣가 밖으로 새는 것을 막고 신神을 안정시키는 효용이 있다.

163 '낙도樂道'는 도를 즐기는 마음으로 편안하게 살아가는 것을 가리킨다.

164 시견오(施肩吾, 780~861)는 당나라 때 도사로서 자는 희성希聖, 화양진인華陽眞人으로 불렸다. 홍주洪州 서산西山에 은거하였다. 저서에 『서산집西山集』이 있다.

165 전진도의 조사 구처기(丘處機, 1148~1228)가 지은 『대단직지大丹直指』에 나오는 구절인데, 구처기가 책 안에서 시견오의 설로 소개했으므로 전병훈이 이를 시견오의 말로 인용했다. 원문은 다음과 같다. "先天一氣是添年藥, 心是使氣神, 能知使氣主, 便是得仙人."

166 '타좌打坐'는 내단 수련의 기본 법식으로, '반좌盤坐' 혹은 '정좌靜坐'라고도 한다. 가부좌 앉아 손을 일정한 위치에 포개 놓고 숨을 조절하며 무념무상의 상태에서 연단鍊丹을 하는 것이다. 그 상세한 내용은 아래 이어지는 '현관비결타좌식玄關秘決打坐式'의 내용을 참고한다.

167 '인시자정좌법因是子靜坐法'은 1910~1920년대에 중국에서 크게 유행한 양생 공법으로, 책 제목이기도 하다.

168 오카다 도라지(岡田虎二郎, 1872~1920)는 일본 아이치현(愛知縣) 사람으로 오카다식 정좌법을 창시하였다. 저서로 『岡田式靜坐法』 등이 있다.

169 나부산羅浮山은 중국 광동성廣東省 증성현增城縣에 있다. 예로부터 동천복지洞天福地로 명성이 높고, 지금도 도교의 제7동천 제34복지로 지정돼 있다. 그 남단에 1,680여 년의 유서

생(이름은 '성명誠明')으로부터 간구해 얻은 것이 현관타좌식玄關打坐式이다.
지금 여기에 상세히 기재하여, 세계를 한 집안으로 보고(家視宇內) 온 우주를
마음에 품고자(心包球外) 하는 서원을 확충한다. 학인들은 이 법식으로 처음
이자 끝을 이루는 둘도 없는 법문을 삼아도 좋다.

【謹按】母卽炁, 爲神母, 神爲炁子. 兌爲口也, 閉戶勿妄言. 握固者, 兩手
相呑, 卽打坐法也. 康德云: 娛其心, 能無以心爲物役, 其效亦足以 埒 樂
道之功, 而致長生也. 施肩吾曰, 氣是添年藥, 心爲使氣神, 能知神氣主,
卽是得仙人. 按此兩言, 皆得心使氣强之旨也. 況又悟得心本太陽昂明
之旨, 則不是强乎? 然呂純陽曰: 專註意玄關, 打坐爲法. 丹訣曰: 學道
先須學打坐. 然博攷道藏, 未有其式也. 近閱引是子靜坐法, 以正呼吸導
引爲主旨. 至論日本岡田虎二郎創設靜坐法風行(重板已數十次)有聯合
會, 而加入學課, 則其爲却病延年之益, 無疑也, 然必非玄關神秘者也.
余嘗懇得於羅浮山(沖虛觀)白髮還黑古空蟾先生(名誠明)者, 玄關打坐
式也. 今備載於此, 以擴家視宇內‧心包球外之願. 學人可以此式爲成
始成終之不貳法門也.

제1절 고선생의 타좌식을 기재하다
一節 載古先生打坐式

고공섬古空蟾[170] 선생의 현관비결타좌식

깊은 충허관沖虛觀이 있다. 충허관은 포박자 갈홍葛洪(283~343/364)이 수련했던 도관이
다. 동진東晋의 함화咸和 2년(327) 갈홍이 이곳에서 연단을 했다고 알려졌다. 이후 진晋 안
제安帝(재위 396~418) 때 이곳에 갈홍사葛洪祠를 세웠고, 당唐 현종玄宗(재위 712~756) 천
보天寶 연간에 갈선사葛仙祠로 확충했다. 그러다가 송宋 원호元祐 2년(1087)에 철종哲宗(재
위 1085~1100)으로부터 '충허관'의 사액을 받아 오늘에 이르렀다. 송대에 도교 내단학 남종
南宗의 주요 거점의 하나로 이름이 높았으며, 특히 백옥섬이 수도했던 도관으로 유명하다.

古空蟾先生玄關秘訣打坐式

이는 여섯 번째 진화로, 가장 최근에 혁신되었다.

此爲第六番進化, 最今維新.

내가 경술庚戌(1910)년 봄에 고古선생을 처음 만났다. 선생은 구학문의 대
가로 입산 면벽한 지 7년 만에 백발이 거의 검게 돌아왔고, 다만 반 치(寸) 정
도 남아 있던 백발도 이듬해에 모두 검어졌다. 그러므로 그가 도를 이뤘음을
사람들이 모두 알게 되어 스스로 감출 수 없었다. 아! 내가 심히 경이롭고 놀
라서 "세상에 이토록 신비로운 기험奇驗이 과연 있구나!"라고 경탄했다. 지금
이를 나침반의 자침으로 삼으니, 실로 최근에 진화하여 혁신된 것이라고 말
할 수 있다. 무릇 이 철리를 배우려는 자는 마땅히 [이를] 가슴에 새겨 입문하
는 올바른 길로 삼아 마음을 다해야 하니, 그런 후에야 아마도 어긋나지 않
을 것이다.

余於庚戌春, 始遇古先生. 先生以舊學巨子, 入山面壁己七年, 白髮幾乎
還黑, 只半寸留白者, 翌年盡黑. 故人皆知其成道而自不能諱掩也. 烏乎!
余甚愕異而歎世果有如此神化之奇驗乎! 今以此爲南針主腦, 誠可謂最
近進化而維新者. 凡欲學此哲理者, 宜服膺以爲入門正路而盡心, 然後庶
乎不差矣.

---

170 본명은 고성명古誠明으로, '공섬空蟾'은 호이다. 1910년 전병훈이 나부산羅浮山 충허관에서
고공섬을 만나 현관비결타좌식玄關秘訣打坐式을 전수받았다고 하는데, 이 책 본문에서 전
하는 것 외에 고공섬에 관해 알려진 바는 거의 없다.

타좌식을 부디 가벼이 누설하지 말라.

愼勿輕洩打坐式.

양쪽 두 발을 십자 모양으로 포갠다.

蟠兩足十字

두 발바닥이 하늘로 향한다.

兩足掌向天

머리를 바르게 한다.

頭正

허리를 꼿꼿하게 편다.

腰直

가슴을 수렴한다.

收胸

눈을 편안하게 뜬다.

平眼

두 손을 포개 모은다.[왼손이 오른손을 감싸니, 이를 일컬어 '용이 호랑이를 삼킨다'(龍吞虎)고 한다.]

合手.(左合右, 謂之龍吞虎.)

몸을 바르게 한다.(지나치게 구부리거나 젖히지 않고, 좌나 우로 치우치지 않는다.)

體正.(不過俯, 不過仰, 不偏左, 不偏右.)

시선을 거둬들이고 듣는 것을 돌이킨다.[171] [먼저 눈을 안으로 되돌려 그 마음을 보니, 이른바 '신이 돌아와 집으로 귀환함'(返神歸舍)이다. 마음이 도를 향하려면, 귀의 소리를 고요히 하고 그 소리를 듣지 않아야만 한다.]

收視反聽. (先將眼返入內視其心, 所謂返神歸舍. 心向乎道, 須凝耳韻而不聽其聲.)

텅 비고 올바르며 안정되고 고요하다. ('텅 빈다'는 것은 안에 사념이 없고 조금도 거리낌이 없는 것이다. '올바르다'는 것은 밖으로 그 몸을 바르게 하여 한쪽으로 쏠리지 않고, 안으로 그 마음을 바르게 하여 삿되지 않은 것이다. 마음과 뜻[172]이

---

171 '수시반청收視反聽'은 시선을 거둬들이고 듣는 것을 돌이킨다는 뜻으로, 외부로 향하는 감각을 안으로 수렴하여 정신을 집중하는 것을 가리킨다.

172 전병훈은 '마음'(心)이 움직이는 것은 '뜻'(意)이라고 한다. 즉 '뜻'은 마음에 일정한 의지의

만나면 자연스럽게 안정된다. 신과 기가 응결되면 자연스럽게 고요해진다.)

空正定静. (空者, 內無思念, 了無牽罣. 正者, 外正其身不側, 內正其心不邪. 心
與意會, 則自然定. 神與氣凝, 則自然静.)

뜻을 현관에 집중하고, 신神을 마음에 둔다. (그때 천일생수天一生水[173] 법을
사용할 수 있으니, 뜻은 전적으로 현관에 집중한다. 뜻은 곧 마음이 일어난 바로, 뜻
이 머무는 곳에 신神 역시 머문다. 신이 머물면 기 또한 머무니, 이에 응결되어 기혈
炁穴로 들어간다.)

意關神心. (其時, 可用天一生水法, 意專注玄關. 意乃心之所發, 意之所住, 神亦
住焉. 神住氣亦住焉, 乃凝入炁穴.)

기운을 닫고(閉氣)[174] 허리를 빳빳이 곧추세운다. [폐기閉氣하지 않으면 몸
안의 정·기·신 삼보三寶가 온전하지 않게 된다. 그러므로 반드시 그 입을 다물고
(閉口), 숨을 죽여(屛息) 참기 어려운 지경까지 닫으며, 입안에 고인 침을 삼킬 때 짧
게 기를 한번 방출하고(放氣) 곧 닫으며 돌아와야 한다.[175] 허리는 한 몸의 중류지주

지향성이 생긴 것이다.

173 여기서 '천일생수天一生水法 법'은 곧 '천일天一이 물을 낳고 지육地六이 그것을 이루는'(天一
生水, 地六成之) 법으로, 타좌식에 대한 설명 뒤에 이어지는 '총론總論'을 참고한다.

174 '폐기閉氣'는 기운을 닫는다는 뜻이다. 흔히 폐기를 숨쉬기를 멈추는 것으로 오인하는 경우
가 많다. 그러나 '폐기'의 핵심은 기운이 단전에 머물러 밖으로 새지 않도록 하는 데에 있
다. 거기서 호흡 조절(屛息, 閉息)은 폐기를 위한 방법의 하나이지, 그 자체가 폐기이거나
폐기의 목적은 아니다. 본문에서는 '폐기'의 방법으로 폐구閉口[입을 다물기], 병식屛息[폐
식閉息][들숨 쉬기], 인진咽津[침 삼키기], 방기放氣[날숨 쉬기], 정신挺身[허리 곧추세우기] 등
을 아우르는 과정을 제시한다. 이런 일련의 과정 전부가 폐기의 방법이라고 할 수 있다.

175 폐기를 위해 병식屛息·폐식閉息을 활용하는데, 이는 날숨을 막아(屛息) 밖으로 새는 숨을
닫는(閉息) 것에 요령이 있지, 들숨마저 멈추고 아예 숨을 쉬지 말라는 것이 아니다. 내쉬
는 숨(呼: 날숨)을 닫아 막고, 들이쉬는 숨(吸: 들숨)을 더는 참을 수 없을 때까지 아주 가늘

中流砥柱**176**와 같으니, 반드시 몸을 곧추세워야만 정신을 진작할 수 있다.]

閉氣腰挺. (不閉氣, 則內精氣神三寶不全. 故必閉其口, 屏其息閉到難忍處, 與
咽津時, 略將氣放一陣, 卽爲閉回. 若腰爲一身中流砥柱, 必要挺身, 乃能振刷精
神.)

뜻(意)**177**에 집착하지 않는다. (뜻이 달라붙지도 않고 떠나지도 않아서, 있는
듯 없는 듯한 것이 '참된 뜻'이다. 만약 뜻을 너무 써서 후천에 떨어지면 무익하고 손
실만 있으니, 그러므로 집착하지 말라고 경계하였다.)

勿着意. (意以不卽不離, 若有若無爲眞意. 若太用意則 落後天, 無益而有損矣,
所以戒勿著[着].**178**)

잡념을 삼간다. (타좌는 '비움空' 한 글자를 위주로 하는데, 또한 비움을 모르고
무턱대고 비우기만 한다면, 문득 완공頑空**179**에 떨어진다. 안에 그 색色이 있는 것이

고 길게 쉬어 아랫배로 끌어내린다. 그러다가 침을 삼키며 짧게 숨을 내쉬고, 다시 폐식으
로 돌아온다.

176 '중류지주中流砥柱'는 황하黃河의 거센 물결 한가운데 솟아 있는 지주산砥柱山을 가리키는
것으로, 지주중류砥柱中流라고도 한다. 황하의 거센 물결에도 굳건히 견디는 지주산과 같
이, 어떤 풍파에도 의연하게 견디는 사람이나 사물 또는 그런 행위를 은유한다.

177 전병훈의 문맥에서 '뜻'(意)은 마음이 발동한 것을 가리킨다. 즉 마음이 무엇인가를 하려는
의지의 지향성을 가지고 움직이면 그것이 '뜻'인데, 타좌 중에는 이런 뜻에 집착하지 않는
것이 중요하다.

178 여기서 '著'는 '着'을 잘못 표기한 것으로 보이며, 따라서 '着'으로 번역했다.

179 '완공頑空'은 도교에서 말하는 5가지 공(五空) 가운데 하나이다. 불교에서 공空을 말하지만,
도교의 공은 불교의 공과 약간 다르다. 진단陳搏이 『관공론觀空篇』에서 완공頑空, 성공性
空, 법공法空, 진공眞空, 불공不空의 5공을 말한다. **완공**은 가장 낮은 수준의 공으로 "공허하
여 변하지 않고, 막혀서 통하지 않고, 음침하여 혼미하고, 맑은 기가 묻혀 있어 발휘되지
않고, 양기가 비어 질박하기 그지없으니, 지극히 우매한 것이다."(虛而不化, 滯而不通, 陰沉胚
渾, 淸氣埋藏而不發, 陽虛質樸而不止, 其爲至愚者也.) **성공**性空은 "비우되 받지 않고, 고요하며

필요하지만, 또한 색이 없는 것도 존재해야 비로소 진공眞空¹⁸⁰이 된다. 떠오르는 생각과 잡념을 가장 피해야 한다. 색은 곧 경색景色¹⁸¹이다.)

雜念忌. (坐以空字爲主, 又不知空徒空, 便落於頑空. 必要內有其色, 又無色之見存, 乃爲眞空. 若浮思雜念, 最忌. 色卽景色.)

혈심血心¹⁸²을 죽인다. (수련하여 마음이 죽으면 신神이 살아난다. 혈심은 음陰에 속하고, 신은 양陽에 속한다. 양이 왕성하면 음이 쇠퇴한다. 그러므로 타좌할 때 마음은 허정虛靜하고 몸은 무위無爲로 들어가야 하니, 움직임과 고요함을 모두 잊고 안팎이 합일하면 이에 [도를] 얻는다.)

능히 맑지만, 오직 리(離, ☲) 가운데의 비움에 임하여 감(坎, ☵) 가운데의 채움을 알지 못한다. 온갖 오묘함에 빗장을 걸어 잠그고 고독한 음(孤陰)을 고수하여 끝내 어두운 귀신이 된다. 이는 단견斷見이 되는 것이다."(虛而不受, 靜而能淸, 惟任乎離中之虛, 而不知坎中之滿. 扃其衆妙, 守乎孤陰, 終爲杳冥之鬼, 是爲斷見者也.) 법공法空은 "움직이되 어지럽지 않고, 고요하되 능히 생동한다. 고독하여 물에 잠긴 용에게 쓰지 못하지만, 건乾의 자리가 현곡玄谷에 처음 통하여 무색無色 무형無形한 가운데 있으니, 무사無事하고 무위無爲하여 天道에 합한다. 이는 도를 처음 얻은 것이다."(動而不撓, 靜而能生, 塊然勿用於潛龍, 乾位初通於玄谷, 在乎無色無形之中, 無事也, 無爲也, 合於天道焉, 是爲得道之初也.) 진공眞空은 "형상이 불변함을 알고 비움이 비움이 아님을 알면, 이에 참된 공이 한번 변하여 참된 도를 낳고, 참된 도가 한번 변하여 참된 신神을 낳고, 참된 신이 한번 변하여 사물을 갖추지 않음이 없다."(知色不變, 知空不空, 於是眞空一變而生眞道, 眞道一變而生眞神, 眞神一變而物無不備焉.) 마지막으로 불공不空이란 "하늘은 높고 맑으면서도 일월성신이 있고, 땅은 고요하고 편안하면서도 산천초목이 있고, 사람은 허무하면서도 신선이 된다. 세 가지는 허虛에서 나온 뒤에 이뤄진 것으로, 하나의 신이 변해 천 가지 신의 형상이 되고, 하나의 기가 변해 온갖 기(九氣)의 조화를 이룬다. 그러므로 움직이는 것은 고요함을 기틀로 하고, 있음은 없음을 근본으로 한다. 이는 날아오른 용(亢龍)이 고원한 진리(高眞)로 머리를 돌린 것이다."(天者高且淸矣, 而有日月星辰焉. 地者靜且寧也, 而有山川草木焉. 人者虛且無也, 而爲仙焉. 三者出虛而後成也者, 一神變而千神形矣, 一氣化而九氣和矣. 故動者靜爲基, 有者無爲本, 斯亢龍回首之高眞者也.)

180 위의 각주 참고.
181 '경색景色'은 경치 혹은 풍경인데, 여기서는 타좌 중에 보이는 현상을 가리킨다.
182 '혈심血心'은 흔히 지극히 정성스러운 마음을 뜻하며, '적심赤心'과 통한다. 하지만 본문에서 '혈심'은 혈기가 차서 들끓는 마음으로, 분심憤心이나 조급한 마음 따위를 가리킨다.

死血心. (煉以心死則神活. 蓋血心屬陰, 神屬陽. 陽盛則陰衰, 故坐時要心虛靜, 身入無爲, 動靜兩忘, 內外合一, 乃得.)

편안히 참으며(寧耐) 기다린다. [공자가 "꾸준히 하기 어렵다"고 말하여 꾸준함으로 성인이 되는 기틀을 삼았으니, 서두르면 달성하지 못한다. 그러므로 굳은 인내력으로 물이 빠질 때까지 의연히 지키면, 그런 뒤에 돌이 드러난다.[183] 언젠가 공을 이룸은 '편안히 참기'(寧耐) 두 글자에 전적으로 의지하니, 힘쓸지어다.]

寧耐俟. (孔聖云 "難乎有恒", 以有恒爲作聖之基, 欲速則不達. 所以有堅忍之力, 毅然有守, 直到水落, 然後石出也. 他日功成全賴寧耐二字, 勉俟.)

총론에서 말했다. "도를 '수련한다'(煉)고 말하는 것은 무엇인가? 대개 눈으로 수련한다. 신神이 눈에 있으며, 신으로 기氣를 제어한다. 『장자』가 '태극을 잡아 육기六炁를 제어한다'[184]고 말하는 것이다. 그런데 마음이 이를 주재하니, 대개 마음이 한 몸의 주인이 되고, 뜻은 정·기·신의 장수가 된다. 이를 깨닫는다면 문득 '수련' 한 글자의 종지를 얻으니, 여섯 가닥의 말고삐를 한 손에 쥔 것[185]과 같다. 이상 타좌법을 매일 두세 차례 편리한 대로, 매번 정좌해서 오래 할수록 좋다. 만약 오래 할 수 없다면, 향 한 자루가 타는 것을 척도로 해도 능히 공효가 드러난다. 어쨌든 시시각각 뜻을 현관에 두고 여기서 떨어지지 않아야 하니, 그런 뒤에 현관이 쉽게 열린다.

---

183 '물이 빠진다(水落)'는 것은 음이 쇠퇴하여 혈심血心이 죽는다는 은유이고, '돌이 드러난다(石出)'는 것은 양이 왕성하여 신神이 살아난다는 은유이다.

184 『장자』「소요유逍遙遊」편에 "若夫乘天地之正, 而御六氣之辯, 以遊無窮者, 彼且惡乎待哉!"라는 명구가 있는데, 전병훈이 본문에서 이를 "操太極以御六炁"로 축약한 것으로 보인다.

185 『시詩·진풍秦風·소융小戎』에 나오는 말이다. "四牡孔阜, 六轡在手."

타좌 시에 안정되고 고요해질 무렵, 혀를 가볍게 입천장 꼭대기에 대고 맑은 기운이 오르고 탁한 기운이 내려가게 하여 침이 가득 차면 하단전으로 삼킨다. 침을 삼킬 때 입안의 기운을 약간 방출할 수 있으니, 후천의 탁한 기(後天濁氣)까지 삼켜 병을 만들지 않도록 한다. 현관을 통한 뒤라면 논하지 않으나, 대개 후천의 탁한 기는 배출해야 하고 복용하면 안 되지만, 선천의 기(先天之氣)는 흡입해야 하고 복용할 수 있다. 이것이 「낙서洛書」에서 "천일天一이 물을 낳고 지육地六이 그것을 이룬다"(天一生水, 地六成之)는 법이다. 타좌를 마치면, 두 손을 마찰해 열을 내서 눈에 대고 화기(火)를 방출한다.(예닐곱 번 한다.) 또한 주먹을 쥐었다가 펴고 다리를 두드리는 운동을 한 번 하여 근육과 경락을 풀어 줘 오그라든 화기(屈火)를 배출시키고, 그것이 근육과 뼈로 흘러 들어 불편해지지 않도록 한다. 타좌하는 장소는 반드시 장막을 친 평상 아래로 하여 남이 올려다보지 못하게 하니, 대개 [정 · 기 · 신] 삼보가 드러나 마구니(魔)를 부를까 염려해서이다. 또한 착수하여 아직 현관을 통하지 않았을 때 배부르거나 배고프다면 마땅히 타좌하지 말라. 또한 천지의 어진 마음을 체현해서 살생하지 말고, 사람과 사물의 더러운 기운에서 벗어나고, 죽음을 가까이하지 말아야만 한다. 이것이 지극한 요령이다.

　이렇게 참됨을 쌓고 오랫동안 힘쓰면서[186] 기다리면, 기가 통하고 신이 돌아올 때 자연스럽게 현관이 열린다. 또한 마음을 써서 그것을 열면 안 된다. (만약 오랫동안 마음을 썼는데도 열리지 않는다면, 마땅히 의도가 없어야 문득 열 수 있다.) 장차 현관을 통할 때가 되면 삼보의 진기眞氣를 징험할 수 있는데, [진기가] 왕성하게 몰아 현관에 들어가려 해도 들어가지 못하면 반드시 이마

186　'참됨을 쌓고 힘쓰기를 오래한다(眞積力久)'는 명구는 『순자荀子』 「권학勸學」의 "眞積力久則入"에서 유래했다.

표면에서 행보하여 콧구멍 사방 주위로 감아 도니, 형세가 개미나 벌레가 기어가듯 하여 아주 질릴 만하다. 점차 가까이 닥치다가 현관을 깨물게 되는데, 깨물고도 들어가지 않고 휘감아 돌거나 혹은 니환泥丸을 따라서 들어간다. 다시 두 번째 깨물어서 아픈 때에 이르면, 곧 현관이 열리며 통한다. 통할 때 위아래의 기氣가 바짝 붙어서 시원하게 터지며(豁然), 마음이 후련하여 크게 상쾌하다. 그 뒤에 현관을 한결같이 지키면, 수화기제水火旣濟[187]하여 자연스럽게 운동하고, 질병 역시 이로부터 줄어든다. 이것을 제1층(第一層)[188]으로 분명히 당부한다."

總論曰: 夫道之云煉者何? 蓋以眼煉也. 神在眼, 而以神御氣. 莊子云 "操太極以御六炁"是也. 然心主之, 蓋心爲一身之主, 意爲精氣神之帥, 卽此悟之, 便得煉字之宗旨, 如六轡在手矣. 以上打坐法每日或兩次·三次隨便, 每坐以久爲佳. 如不能久, 以脚香燃一枝爲度, 乃能見功. 總要時時意在此關, 不離這個, 然後此關乃易開. 坐時到定靜之際, 以舌輕輕頂住上腭,[189] 使升淸降濁如滿, 咽下丹田. 咽時可畧放出口氣, 免帶後天濁氣咽入而作患也. 若通關後勿論, 蓋後天濁要出, 不可服, 先天之氣要入, 可服也. 此是 『洛書』天一生水, 地六成之之法. 坐完, 將兩手搓熱, 以出眼火. (六七番) 又要伸拳弄脚, 運動一番, 使舒筋活絡, 以出其屈火, 免其流入筋骨而不寧也. 然打坐處, 必以在床下帷, 不使人見爲上, 蓋恐三寶露而招魔也. 又入手未通關時, 遇饑飽勿宜打坐. 又當體天地之仁心, 勿殺生, 免人物之穢氣, 勿近死. 是爲至要者矣. 以待眞積力久, 氣通神迴時候, 自然關開. 又不可著意其開.(若著意久不開, 當無意便可開.) 至將通關時, 可驗三寶眞氣, 盛逼欲入關而未得入, 必於頭額面步, 鼻孔四圍走繞, 形如蟻行

---

187 '수화기제水火旣濟'는 심화心火와 신수腎水가 만나 생리적 조화를 유지하고, 더 나아가 단丹이 만들어지는 것을 의미한다.

188 여기서 '제1층(第一層)'은 가장 기초가 되는 중요한 토대라는 뜻이다.

189 '腭'는 '齶'과 같은 글자로, '상악上齶'은 입천장을 가리킨다.

虫走, 甚似可厭. 漸逼漸近, 至於咬玄關, 咬之不入, 走繞, 或從泥丸而入. 再至於再咬而痛時, 則關開通矣. 通時上下之氣緊接豁然, 爽心大快. 此後一守玄關, 水火旣濟, 自然運動矣, 而毛病亦從此少矣. 此第一層囑白.

【안설】 이는 현관을 통하는 공부의 첫걸음으로, 7~8개월 근실하게 행하면 신神이 과연 응취한다.

【(秉薰)謹按】 此是通關工夫初步, 勤行七八朔, 神果凝聚.

고선생이 또 말했다. "날마다 장생법을 행하라. 입을 다물고(가축을 도살하지 말고, 아울러 말을 함부로 하지 않는다), 단정히 앉는다. 일념도 일으키지 말고, 온갖 생각을 모두 잊는다. 신을 보존하고, 뜻을 안정시킨다. 눈으로 사물을 보지 않고, 귀로 소리를 듣지 않는다. 한마음(一心)으로 내면을 지키고, 면면히 숨을 고른다. 천천히 들이쉬고 내쉬어 끊어지지 않도록 하면, 마치 있는 듯 없는 듯 자연스럽게 물과 불이 오르내리고 신령한 진기(靈眞)가 몸에 붙으니, 장생하기 어렵지 않다."

古先生又曰: 日用長生法. 噤口(不盜殺牲禽, 並不狂肆言語)端坐. 莫起一念, 萬慮俱忘, 存神意定. 眼不視物, 耳不聽聲, 一心內守, 調息綿綿. 漸漸呼出, 莫敎間斷, 似有若無, 自然水火升降, 靈眞附體, 得至長生不難矣.

또 말했다. "도를 수련하려면 먼저 마음을 수련하라. 마음을 반드시 항복시켜야 하니, 사대四大가 모두 비면 도를 이룰 수 있다. '주酒'[술]·'색色'[색정]·'재財'[재물] 세 글자는 진실로 깨어 부숴야만 하고, '기氣' 한 글자는 평탄해지도록 더욱 애써야만 한다. 격노를 경계하고, 욕됨을 참아서(忍辱) 삼보에 해가 됨을 면해야 한다. 천지가 사람 몸에 갖춰 있고 기쁨이 봄날처럼 자라니, 그 분량이 큰 강과 바다(河海)와 같다. 마음이 평온하고 기가 조화로우면 혈맥血脈이 끊임없이 생겨서 그치지 않는다. 어찌 수명을 늘리고 장생하는(延年長生) 도가 아니겠는가! 등잔을 사르면서 기름을 붓는 것과 같으니, 누가 이를 꺼뜨릴 수 있으랴? 노년에 더욱 건장하니, 이처럼 한결같이 힘쓴다. 타좌식을 마친다."

又曰: 煉道先煉心. 必要降伏其心, 四大皆空, 乃可成道. 蓋酒色財三字, 固要勘破, 氣之一字, 更要加意推平. 當以暴怒爲戒, 忍辱以免害三寶. 蓋天地備於人身, 喜如春生, 量同河海. 心平氣和, 血脈生生不已. 豈非延年長生之道乎? 正如燃燈添油, 誰從熄之? 老年益壯, 如是同勉之哉. 坐式終.

【안설】 타좌법이 끝났다. 장차 현관을 통한 뒤에도, 모든 공부에 또한 반드시 타좌를 써야 한다. 그러므로 "이는 처음이자 끝을 이루는 요결이다"라고 말한다. 다른 정좌를 창시해 시행하는 여러분도 이 지극히 참된 철리의 신비한 요령을 얻어 보태서 연마한다면, 그 진보를 어찌 헤아릴 수 있으랴! 다음 장은 약藥과 화후火候를 논한다.

【(秉薰)謹按】 打坐法已終也. 將關通以後, 諸般用功, 亦必用打坐矣. 故曰 "此爲成始成終之要也." 他創行靜坐諸君, 得此至眞哲理神秘之要, 以加研則其進何可量乎! 次章論藥火.

제6장 불을 들여 약 채취하기를 논하다

第六章 論進火採藥

도장道藏 천 편이 모두 은어로, 연홍鈆汞·용호龍虎·감리坎離·수화水火 운운하는 서로 다른 이름이 아주 많다. 하지만 실제로는, 단지 신神·기氣 두 가지의 별명일 뿐이다. 신은 불(火)이고 기는 약藥이니, 불로 약을 달궈 단丹을 이루는 것이 지극히 참된 철리이다. 후세의 학인들이 그 이름말에 현혹되지 말아야 하는데, 그럴 수 있겠는가? (정精이 변하여 기가 되므로 단지 '기'만을 말하였다.)

道藏千篇皆隱語, 有云鈆汞·龍虎·坎離·水火, 異名衆多. 然其實, 只神氣二者別名而已. 神卽火, 氣卽藥, 以火煉藥而成丹者, 卽至眞哲理. 後之學人, 勿眩於其名詞也, 可乎? (精化爲氣, 故只言氣.)

광성자가 말했다. "진기眞炁가 음기陰氣를 싸워 물리치고 몸을 순수한 양(純陽)으로 단련하니, 그러므로 죽지 않는다. 몸을 나라로 삼고, 마음을 군주로 삼고, 정을 백성으로 삼고, 형形(형形은 곧 배이다)을 화로로 삼는다. 머리가 솥인데, 정이 뇌에 가득하므로 불을 써서 불살라 단련해 단을 이룬다. 정수精

髓에서 불이 일어나는데, 불은 양기陽炁이고 숨은 바람이다. 바람으로 불을 일으키니, 불로 형形·신神을 단련하는 것이 모두 오묘하다. 그러므로 말한다. '신神을 단련하는 도는, 안에서 마음을 보존하고, 진기眞氣가 조화를 이뤄 죽지 않고, 양정陽精을 누설치 않는 것이 훌륭하다.'"**190**(양정陽精은 진종자眞種子**191**이다.)

廣成子曰: 眞炁戰退陰氣, 煉體純陽, 故不死. 以身爲國, 以心爲君, 以精爲民, 以形(形卽腹)爲爐. 首者鼎也, 精滿於腦, 故用火煅煉成丹. 因精髓見火, 火者陽炁, 息者風也. 以風吹火, 火煉形神俱妙. 故曰 "煉神之道, 存心於內, 眞氣沖和不死, 陽精不洩者勝."(陽精是眞種子.)

제1절 약과 불을 함께 쓰는 것을 논하다
一節 論藥火同用

건乾·곤坤은 솥과 화로의 이름(名義)이니, 여기에서 명백하게 의심할 수 없으리라. 『단경丹經』에서 "성인이 약은 전해도 불은 전하지 않는다"**192**고 말

---

190 본문은 『음부경삼황옥결陰符經三皇玉訣』에서 인용했다. 원문에서는 광성자가 아니라 천진황인天眞皇人이 황제와 대화하는 내용이다. 이 책은 『음부경』을 얻은 황제가 광성자와 천진황인에게 질의하고 두 신선이 응답하는 문답형식을 취한다. 물론 후대의 위작僞作이지만, 금나라 명창明昌(1190~1196) 연간에 범역范懌이 『음부경주陰符經註』를 지으면서 서문에서 이를 인용한 것으로 볼 때, 비록 위서라도 그 제작 연대가 상당히 오래된 것을 알 수 있다.

191 '진종자眞種子'는 신단神丹의 씨앗이 되는 것으로, 전병훈은 양정陽精을 곧 진종자로 본다. '양정'은 내단수련으로 얻는 순수한 양陽의 정精을 가리키며, 생식기능을 하는 일반의 정액과는 그 차원이 다르다. 하지만 정액, 골수, 뇌수 등을 이루는 정수精髓가 또한 양정의 물질적 원천이므로, 내단학에서는 몸 안의 정수를 고갈시키는 과도한 두뇌활동이나 성관계 등을 금기시한다.

했다. 여기서 '양기陽氣'[193]라고 말하는 것은 곧 화후火候이다. 『입약경入藥鏡』에서 말했다. "선천기와 후천기를 얻은 자는 항상 취한 듯이 보인다." "하늘은 별에 응하고, 땅은 조수潮水에 응한다." "불은 참된 불(眞火)이고, 물은 참된 물(眞水)이다." "손풍巽風[194]을 일으키고 곤화坤火를 운용하여, 황궁黃宮으로들어가 지극한 보배를 이룬다."[195] 『참동계』에서 말했다. "타오르는 불을 아래에 벌여 설치하였네." 여동빈이 말했다. "순정한 하나의 양(正一陽)이 처음움직인다." "화후를 나아가게 하는 공부가 우牛·두斗·위危에 있다."[196] 장백단이 말했다. "하나의 양(一陽)이 돌아와 회복하면, 불 들이기(進火)를 지체하지 말라."[197] 이는 모두 화후를 명확히 가리키는 것이다.

근세에 윤진인尹眞人과 주운양朱雲陽[198]이 덧붙여 말했다. "활자시活子時[199]

---

192 설도광薛道光의 『환단복명편還丹復命篇』에 보이는 명구이다.

193 제6장 도입부에서 "불은 양기(火者陽炁)"라고 했던 것을 가리킨다.

194 화후에서 '손풍巽風'은 코로 깊고 부드럽게 호흡하는 숨이다. 봄날의 훈풍처럼 양기를 일으키는 들숨날숨을 가리킨다.

195 최희범崔希範이 저술한 『입약경入藥鏡』에 보이는 구절들이다. 최희범은 당나라 말의 인물로 추정되며, 호가 지일진인至一眞人이다.

196 여동빈의 『심원춘沁園春』에 보이는 시구절들이다. 우牛·두斗·위危는 28수 가운데 북방 7수에 속하는 별자리들이다.

197 장백단張伯端의 『절구64수絕句六十四首』에 보인다. 원문은 칠언절구 형식으로 "若到一陽來起復, 便堪進火莫延遲"인데, 전병훈이 축약해서 인용했다. 장백단(983~1082)은 도교 전진도의 도사로, 호가 자양紫陽이며 남종 자양파紫陽派의 시조가 되었다. 『오진편悟眞篇』 등을 남겼다.

198 주운양朱雲陽은 명말 청초 사람으로, 본명은 주유련(朱由樺, 1623~1662)이다. 명왕조의 익왕부益王府(지금의 강서성江西省 무주시撫州市 남성현南成縣)에서 황족으로 태어났는데, 6대조가 명나라 헌종憲宗이고, 아버지는 익경왕益敬王이었다. 명나라가 망하자 출가해서 도사가 되었으며, 도명道名이 주원육朱元育이고, 도호道號가 운양雲陽이다. 『참동계천유參同契闡幽』와 『오진편천유悟眞篇闡幽』 두 저술이 세상에 전한다. 윤진인尹眞人에 대해서는 더 상세한 정보가 없다. 다만 송명대에 나온 『성명규지性命圭旨』의 저자가 '윤진인의 제자'(尹眞人高弟)로, 이와 연관된 것으로 추정된다. 『성명규지』에 나오는 글을 인용하는 사례가 뒤에 나오므로 전병훈이 이 책을 읽은 것은 분명하고, 그 저자를 '윤진인'으로 여겼던 듯하다.

199 통상 자시子時(23~01)를 둘로 나눌 때, 앞의 한 시간(23~0)이 '활자시'이고 뒤의 한 시간

와 정자시正子時에 약이 만들어지면 신神이 안다고 하니, 분명히 이는 사람 몸의 양기陽氣가 움직인 것으로 곧 '약藥'이요, 물 가운데의 참된 불(水中之眞火)이다.[200] 불은 위로 타오르니, 따라서 참된 뜻을 사용해 끌어올릴 수 있다. 그런데 처음에는 뭉긋한 불(文火)을 써서 온양溫養[201]하고, 마침내 맹렬한 불(武火)로 푹푹 삶아 극도로 단련하는 것이 불을 들이는 법도이다." 종리권과 여동빈이 "양관陽關에 재갈을 물리고(부드러운 명주 수건으로 외양기外陽氣를 집지執持하니,[202] 비결이다.) 금정을 날린다(飛金晶)[203]"고 말하니, 참된 불을 일

(0~1)을 '정자시'라고도 한다. 혹은 양물이 일어나려는 시점이 몸 안의 활자시라고 한다. 명나라 때의 도사인 오수양의 『천선정리天仙正理』에서 "外腎欲擧之時, 卽是身中活子時"라고 한다. 그러나 대개 속설로 간주된다. 내단학에서 말하는 활자시와 정자시는 화후에서 약을 채취하는 순간을 가리킨다. '활자시'는 소주천 과정에서 채약이 이뤄지는 순간이다.

200 주운양이 『참동계천유』에서 "그믐과 초하루 중간이 활자시이고, 북소리가 울려 일양一陽이 처음 올라오면 곧 정자시에 속한다"(蓋指晦朔中間活子時也, 若擊至一陽初動則又屬正子時矣)고 하는 등 활자시와 정자시에 관해 말했다.

201 '온양溫養'은 내단술의 전문 술어로, 단을 이룬 후 잘 길러서 굳히는 과정을 가리킨다. 뒤의 제7장에서 상세히 논한다.

202 '집지執持'는 본래 불교 용어로, 요가에서 어떤 소리나 물체 또는 특정 신체 부위 등에 마음을 집중하는 다라나(dharana, 凝念) 수련을 가리킨다. 그것을 도교에서 변용하여, 명주 수건으로 몸 밖의 양기(外陽氣)를 포집捕執해 지니는 모종의 법술로 활용했다고 추정되는데, 그 구체적인 내용은 명확히 알 수 없다.

203 '늑양관勒陽關'과 '비금정飛金晶'은 모두 『영보필법靈寶畢法』에 보이는 개념이다. 『영보필법』은 종리권鍾離權이 지었다고 전하는데, 다른 이름으로 『종리수여공영보필법鍾離授呂公靈寶畢法』으로도 불린다. '종리권이 여동빈에게 준 영보필법'이라는 뜻으로, 전병훈이 본문에서 종리권과 여동빈을 함께 언급한 연유이다. 여기서 '비금정'은 '주후비금정肘後飛金晶'이라고도 한다. 금정金晶을 직역하면 '황금 결정'인데, 소주천 과정에서 등 뒤로 오르는 기 혹은 그 결정체를 가리킨다. 위에서 말했듯이 『영보필법』에서 그 개념이 나오지만, 전진도를 창건한 왕중양이 『중양진인금관옥쇄결重陽眞人金關玉鎖訣』에서 말한 것이 비교적 더 소상하다. "연鉛·홍汞 두 구슬을 봉래산에 쏜다고 의념하면서 뇌 뒤에서 천문天門을 열면, 붉은 노을이 자연스레 열려 통하며 진기眞氣가 뇌수(髓海: 골수의 바다)로 들어가 절로 따뜻해진다. 사람의 흰머리가 다시 검어지니, 이름하여 '팔꿈치 뒤로 금정을 날리는 법'(肘後飛金晶法)이라고 한다."(意想鉛汞二珠射蓬萊, 腦後開天門, 自開透紅霞, 眞氣入髓海, 自暖. 令人頭白再黑, 名曰肘後飛金晶之法.)

으켜 등 뒤로 올려 정수리 현관에 이르기를 36번 한다. 눈을 감고 위로 뇌를 응시하며 역시 36회 돌리니, '소주천小周天'이라고 한다. 한 주천을 마치면 '대주천大周天'을 행할 수 있다.(365회) 이를 일컬어 '불을 들인다'(進火)고 하고, 이를 일컬어 '약을 채취한다'(採藥)고 한다. [화후가] 몸 앞으로 내려오는 것을 '퇴음부退陰符'라고 하는데, 서서히 할 수 있다. 오래되면 감로甘露가 저절로 내려오는데, 내려오면 이를 삼키니 물은 능히 아래를 윤택게 하기 때문이다.

요약하면, 신神과 숨(息)이 서로 의지하는 것이 묘법인데, 숨은 차분하고 편안함을 위주로 한다. 이른바 '진인의 숨은 발뒤꿈치까지 이른다'[204]는 것으로, [숨이] 깊고 깊다는 뜻이다. 또한 좌로 오르고 우로 내려가며, 우로 오르고 좌로 내려가기를 36번 한다. 매번 뜻을 써서 용천湧泉[205]에서 일으켜 니환泥丸에 이르기까지 약간 더디게 하는 것이 요령이다.

乾坤鼎爐之名義, 於斯可以瞭然無疑. 『丹經』曰 "聖人傳藥不傳火." 然此言陽氣者, 卽火候也. 『藥鏡』曰 "先天氣・後天氣, 得之者, 常似醉." "天應星, 地應潮." "火眞火, 水眞水." "起巽風, 運坤火, 八[入]黃宮,[206] 成至寶." 『參同』曰 "炎火張設下." 呂純陽曰, "正一陽初動", "進火工夫牛斗危." 張紫陽曰 "若到一陽來復, 進火勿遲." 是皆指明火候者. 而近世尹眞人・朱雲陽益之曰 "活子時・正子時, 藥産神知者, 分明是人身陽氣動者, 卽藥也. 水中之眞火也. 火乃炎上, 故用眞意引而可升. 然始用文火溫養, 而竟用武火 猛烹極煉, 爲進火之法度也." 鍾呂云 "勒陽關(用軟綢巾執持外陽氣, 秘訣), 飛金晶", 起眞火而後升至頂玄關三十六度. 閉目上視腦, 亦六六轉,

---

204 『장자莊子』에 나오는 글로, 원문은 다음과 같다. "眞人之息以踵, 衆人之息以喉."(『莊子』「大宗師」)

205 용천湧泉은 발가락을 빼고 발바닥 길이를 3등분한 앞 부위의 중심에 있는 혈자리다. 지충地沖・지구地衢라고도 한다.

206 '팔황궁八黃宮'은 『입약경入藥經』에서 본래 '입황방入黃房'이다. '황궁黃宮'은 '황방黃房'과 통하지만, 문맥상 '八'은 '入'의 오자가 분명하다. 여기서는 '入'으로 번역했다.

曰小周天. 一周旣畢, 可行大周天."(三百六十五度) 是曰進火, 是曰採藥矣. 前降曰退陰符, 可以舒遲. 久久甘露自降, 降則咽之, 水能潤下故也. 要之神息相依爲妙, 息則晏然爲主, 所謂眞人息至踵者, 深深之意也. 又左升而右降, 右升而左降, 三十六度. 每用意起自湧泉, 至泥丸少遲爲要.

제2절 『태식경』이 진공眞功의 절요切要임을 논하다
二節 論『胎息經』爲[207]眞功之切要

태胎는 복기伏氣[208] 가운데 맺히고, 기炁는 태를 품은 가운데의 숨을 따른다. 기가 몸에 들어오면 살고, 신이 형체를 떠나가면 죽는다. 신神·기炁를 알면 장생하니, 허무를 굳게 지켜서 신과 기를 기른다. 신이 가면 기가 가고, 신이 머물면 기가 머문다. 장생코자 한다면 신과 기가 서로 물을 대 주어야 한다.[209] 마음에서 사념이 움직이지 않아 오고 감이 없고 들고나지 않으면, [신·기가] 자연스레 늘 머문다. 근실하게 행하면 이것이 참된 길이다.[210](명심컨대 36번 삼키기가 먼저이며, 날숨을 가늘게 내쉬고 들숨을 길게 들이쉰다.)

---

207 본문에는 '緯'로 되어 있는데, 상편 목록에는 '爲'로 표기되어 있다. 문맥상 '爲'가 자연스러워 이를 채택했다.

208 '복기伏氣'에는 여러 뜻이 있다. 숨을 내쉬고 들이쉬는 토납吐納(吐故納新), 혹은 이런 호흡 수련을 통해 기가 아랫배 하단전에 차곡차곡 쌓이는 것 등을 의미한다. 여기서는 후자로 본다.

209 '신과 기가 서로 물을 대 준다(神炁相注)'는 것은, 『주역』 '태괘兌卦'에 나오는 '이택상주麗澤相注' 구절을 연상시킨다. 잇닿은 두 연못이 서로 물을 대 주어 마르지도 넘치지도 않는다는 것인데, 이를 신과 기의 관계로 유비하여 말한다.

210 『고상옥황태식경高上玉皇胎息經』(『태식경』으로 약칭)에서 가져온 글이다. 『태식경』은 도교의 오래된 경전으로 비록 작자는 모르지만, 갈홍의 『포박자』에서 이미 그 경문을 인용하였고 도장에도 수록되어 있다. 경문에서 신과 기가 상호의존하는 작용을 특히 강조한다.

胎從伏氣中結, 炁從有胎中息. 氣入身來爲之生, 神去離形爲之死. 知神
炁可以長生, 固守虛無, 以養神炁. 神行卽炁行, 神住卽炁住. 若欲長生,
神炁相注. 心不動念, 無來無去, 不出不入, 自然常住. 勤而行之, 是眞道
路.(銘三十六咽爲先, 吐唯細細, 納唯綿綿.)

【안설】[211] 이것은 작자의 이름을 모르지만, 실로 참된 전승이다.
此不知姓氏作者, 然誠眞傳也.

장경화張景和[212]가 「태식결胎息訣」[213]에서 말했다. "참된 현빈은 절로 내쉬
고 절로 들이쉰다. 고요함이 극에 이르면 내쉬는데 마치 봄 연못의 물고기
같고, 움직임이 극에 이르면 들이쉬는데 온갖 곤충이 숨는 것 같다.[214] 큰 기
운(灝氣)이 융화하고, 신묘한 기풍(神風)이 훈습한다. 탁하지도 맑지도 않고,
입으로도 코로도 숨 쉬는 게 아닌 듯하다. 가고 옴이 없고, 나고 들어옴이 없
으며, 근본으로 돌아가고 근원을 돌이키니(返本還元), 이것이 참된 태식胎息이
다."(인온氤氳[215]이 열리고 닫히니, 그 오묘함이 무궁하다.)

---

211 원문에 '안설'의 표기가 따로 없으니, 내용상 안설이 확실하므로 독자의 편의를 위해 역자
   가 임의로 표기했다.
212 장경화張景和는 원말명초元末明初의 도사로, '철관도인鐵冠道人'으로 불렸다. 주원장朱元璋
   을 만나 장차 천하를 통일할 것을 예언하였고, 대장 남옥藍玉이 모반할 것을 예언하는 등
   예지력이 남다른 인물이었다고 전한다.
213 장경화張景和의 「태식결胎息訣」은 별도의 저술이 아니고,『성명규지性命圭旨』에 실린 것을
   본문에 인용하였다.
214 이 구절은 본래 주희朱熹의 「조식명調息銘」에 나오는데, 장경화가 「태식결」에서 '고요함이
   극에 이르면 내쉬는데'(靜極而嘘)와 '움직임이 극에 이르면 들이쉬는데'(動極而噏) 두 구절을
   생략하고 "似春沼魚, 如百蟲蟄"만 가져온 것을, 전병훈이 다시 주희의 본래 구절대로 인용
   했다.
215 인온氤氳은 습열濕熱을 머금고 몰려다니는 구름이 자욱한 것이다.

張景和『胎息訣』曰: 眞玄眞牝, 自呼自吸, 靜極而噓, 似春沼魚, 動極而喘, 如百蟲蟄. 灝氣融融, 靈風習習. 不濁不淸, 非口非鼻. 無去無來, 無出無入, 返本還元, 是眞胎息. (氤氳開闔, 其妙無窮.)

【안설】 이것은 현빈의 작용으로, 신을 응결해 기혈로 들어가고 마음과 호흡이 서로 의지해 단丹을 맺는 오묘함이다.

按: 此乃玄牝之用, 凝神入氣穴, 心息相依而結丹之妙也.

또한 소자허蕭紫虛[216]가 말했다. "날숨은 심장과 폐에서 나오고, 들숨은 신장과 간으로 들어온다. 숨을 내쉬면 하늘의 근원(天根)에 접하고, 숨을 들이쉬면 땅의 근원(地根)에 접한다. 숨을 내쉬면 용이 울고 구름이 일며, 숨을 들이쉬면 범이 휘파람을 불고 바람이 일어난다. 호흡하면서 바람과 구름을 일으키고 금액을 응결해 이루는 것이 『도경道經』에서 말하는 '참된 풀무의 작용'(眞橐籥之用)이요, '신령스런 물이 윤택한 연못에 들어가는'(神水入華池) 것이다. 지극하여라!"[217]

又蕭紫虛曰: 呼出心與肺, 吸入腎與肝. 呼則接天根, 吸則接地根. 呼則龍吟雲起, 吸則虎嘯風生. 呼吸風雲, 凝成金液者, 乃道經所謂眞橐籥之用, 而神水入華池者. 至哉!

---

216 소자허蕭紫虛의 본래 성명은 소정지蕭廷之로, 송대의 도사이다. 자는 천래天來, 호는 자허자紫虛子 등이다.

217 소정지(소자허)의 『수진십서금단대성집修眞十書金丹大成集』에서 가져온 글이다.

藥物火候圖

 氣　　 神

氣: 故曰鉛・曰虎. 是命・是藥・藥屬腎・腎爲坎. 藥從虛無中自來

神: 故曰汞・曰龍. 是性・是火・火屬心・心爲離. 從今可除別名 先天眞一氣・是眞 元神見而元氣生神氣合而凝

약물화후도

藥物火候圖

신神은 성性이고, 화火이다. 화는 심장에 속하고, 심장은 리離(☲)가 된다. 선천의 참된 일기一氣가 진실하니, 그러므로 '홍汞'이라고 하고 '용龍'이라 한다.

神是性・是火. 火屬心, 心爲離.　先天眞一氣, 是眞, 故曰汞, 曰龍.

기氣는 명命이고, 약藥이다. 약은 신장에 속하고, 신장은 감坎(☵)이 된다. 약이 허무한 가운데서 절로 오니, 그러므로 '연鉛'이라고 하고 '호虎'라고 한다.

氣是命・是藥. 藥屬腎, 腎爲坎.　藥從虛無中自來, 故曰鉛, 曰虎.

이제부터 별명을 제거할 수 있다. 원신元神이 드러나면 원기元氣가 살아나고, 신과 기가 합해 응결한다.

從今可除別名, 元神見而元氣生, 神氣合而凝.

제3절 뇌신경을 논하다
三節 論腦神經

【안설】근세 서양철학의 심리학은 전적으로 대·소뇌 신경을 위주로 말한다. 금단金丹의 법 역시 환정보뇌還精補腦[218]에 역점을 두고, 뇌 안의 원신元神이 이를 주관한다. 아! 중국·한국·서양의 철학이 모두 뇌수腦髓를 심心·신神의 작용으로 여기니, 어찌 신성한 지혜와 식견이 아니겠는가? 다만 그 운용이 달리 귀결되는 것은 지금부터 합치해서 원만하게 할 수 있으니, 또한 기쁘지 않은가! '뜻'(意)은 마음이 발현된 것[219]으로, 생각하여 운용하는 것을 도가는 '황파黃婆'라고 부른다. 여기서 불을 들이고(進火)·약을 채취하고(採藥)·단을 이루는(成丹) 것이 모두 뜻의 작용이요, 뜻의 힘이다.

按: 近世西哲心理學, 專主大小腦神經而言. 金丹之法, 亦專於還精補腦, 腦中元神主之也. 噫! 中韓西哲學, 俱以腦髓爲心神之作用者, 詎非神聖之智見耶? 但其運用殊歸者, 從今以後, 可就合致以圓滿, 不亦喜哉! 意乃心之所發, 商量運用者, 道家名以黃婆. 凡此進火採藥成丹, 皆意之用也, 意之力也.

제4절 여순양의 단기설을 논하다
四節 論呂純陽丹基說

여순양이 말했다. "도道로 형체를 보전하고, 술術로 수명을 연장한다. 무한

---

218 "정精을 되돌려 뇌를 보강한다"는 뜻으로, 내단술의 근본 원리를 설명한다.
219 이 구절은 "마음(心)이 몸을 주재하고, 의意는 마음이 발현된 것"(心者, 一身之主宰 意者, 心之所發)이라는 주희의 글(『朱子語類』卷五「性理」)에서 유래했다. '의意'는 어떤 것을 특별히 염두에 두는 속마음이라는 문맥에서 '뜻'으로 표기했다.

한 원기를 훔쳐서 유한한 신체를 존속한다. 사람이 원내園內[220]에 정좌하고 앉아 작위와 망상이 없는 가운데 마음을 돌이켜 내면을 관조할 수 있다면, 번개처럼 안개처럼 한 점 진양眞陽이 왕성하게 현관으로 들어간다. [등 뒤의] 긴 협곡을 통해 니환泥丸에 이르러 옥액玉液으로 변화하여 왕성[221]하게 오장 안으로 내려가니, 곧 손풍巽風[222]을 북돋우며 관절과 장부의 질병과 사기(病邪)를 몰아낸다. 또한 반드시 신으로 기를 제어하고 기로 숨을 안정시키며 [호흡이 드나들면서] 그 운행해 돌아감에 따라 태극·허공에 내맡기면, 한 조각 단丹의 기틀이 만들어진다. 마치 봄기운에 씨가 싹트고, 신령스런 용이 여의주를 기르는 것과 같다."

呂純陽曰, "以道全形, 以術延命. 竊無涯之元氣, 續有限之形軀. 人能靜坐園內, 於無爲無忘中, 反心內照, 如電如霧, 一點眞陽, 勃勃然引入玄關, 透乎長谷, 竟乎泥丸, 化爲玉液, 璀璨然降於五內, 卽鼓巽風, 驅蕩關節臟腑之病邪, 且必以神御氣, 以氣定息, [呼吸出入], 隨其運轉, 任他太極虛空, 打成一片丹基, 如春氣生核, 神龍養珠.[223]

또한 말했다. "활자시活子時를 알 수 있다면, 약에 단이 없을 것을 어찌 걱정하랴?"

---

220 '원園'은 보통 채소, 과수, 나무 등을 심어 놓은 녹지 공간이다. 여기서는 속세와 분리된 안정된 상태에서 수련에 집중하기에 적합한 사원, 정원 등을 가리킨다.
221 '장璀'은 장鏘과 통하여 금옥이 쟁쟁거리는 소리를 표현하고, '장장鏘鏘'은 왕성한 모양을 나타낸다.
222 '손풍巽風'은 코로 깊고 부드럽게 호흡하는 것으로, 봄날의 훈풍처럼 양기를 일으키는 들숨날숨을 가리킨다.
223 여동빈의 『오품선경五品仙經』에 보이는 단락으로, 원문과 대조할 때 몇몇 문구에 약간의 출입이 있다. 그러다 보니 뜻이 잘 통하지 않는 부분이 있다. [ ]는 전병훈의 인용에 누락된 『오품선경』의 글귀를 역자가 원전과 대조해 보완한 구절이다.

又曰: 能知活子時, 何怕藥無丹?

제5절 약과 불을 함께 써서 단을 이루는 것을 논하다
五節 論藥火同用成丹

음진군陰眞君[224](동한 황후의 증조부로, 노자에게 도를 받았다)이 말했다. "오행을 거꾸로 하는 술법으로 용이 불 가운데서 나오고, 오행이 순행順行하지 않아 범이 물을 향하는 가운데 생겨나니, 건과 곤이 교접을 그만두고 한 점이 황정黃庭으로 떨어진다."[225]

---

[224] '음진군陰眞君'은 한나라 때의 선인仙人인 음장생으로, 성이 음陰이고 이름이 장생長生이다. 동한東漢 화제和帝(재위 88~105)의 부인인 음황후陰皇后의 고조高祖로 알려져 있다. 음장생이 지었다고 전하는 『단경丹經』 9편이 『선원편주仙苑編珠』에 수록되어 있다.

[225] "불에서 나오는 용"과 "물을 향하는 범"은 연단술에서 아주 저명한 메타포다. 용은 깊은 물에 사는 신령스런 동물의 이미지를 수반한다. 큰 강이나 바다의 이무기가 용으로 승천한다. 범은 마른땅에 사는 동물이니, 당연히 물을 기피한다. 그런데 연단 화후에서는 거꾸로다. 용은 불인 리離괘(☲)에 상응하고, 범은 물인 감坎(☵)괘에 상응한다. 그러면서도 또한 용은 불 가운데 '참된 물(眞水)'이며, 범은 물 가운데 '참된 불(眞火)'이다. 다소 혼란스러운 이런 비유를 납득하려면, 음 가운데 양이 있고 양 가운데 음이 있다는 역설을 이해할 필요가 있다. 불을 상징하는 리괘의 형상을 보면, 위아래 두 개의 양효(—) 가운데 음효(- -)가 내장되어 있다. 물을 상징하는 감괘 역시 위아래 두 개의 음효 가운데 양이 내장되어 있다. 그러므로 '용'은 불인 리괘(심장)에 해당하지만, 동시에 그 가운데 음효로 상징되는 '참된 물'을 품고 있다. '범' 역시 같은 원리로 물인 감괘(신장)에서 나오는 '참된 불'을 품는다. 한편 오행의 원리에 따르면, 용은 목木으로 동방이며 간肝에 배속한다. 범은 금金으로 서방이며 폐肺에 배속한다. 통상 목(간)은 화(심장)를 살리고, 금(폐)은 수(신장)를 살린다. 따라서 간의 기운이 심장으로 들어가서 진액(眞水)을 낳는 것이 '용'이며, 폐의 기운이 신장으로 들어가서 참된 불길(眞火)을 일으키는 것이 '범'으로 비유된다. 그런데 평상의 생명 활동에서 이런 진수와 진화는 단지 잠복해 있을 뿐, 드러나지 않는다. 그러다가 화후주천 과정에서 오행이 거꾸로 역행하면, 심장의 불 가운데서 용(참된 물)이 나오고 신장의 물에서 범(참된 불)이 일어난다. 그 과정은 남녀가 만나 아이를 낳는 형화形化 및 기화氣化의

陰眞君(東漢皇后之曾祖, 受道於老子)曰, 五行顚倒術, 龍從火裏出, 五行不順行, 虎向水中生, 乾坤交媾罷, 一點落黃庭.

[【안설】 처음 한 톨의 기장쌀만 한 구슬(黍米珠)[226]이 생거나 점차 커져 자손을 낳는데, 아홉 번째 자식에 이르러 조화가 성스럽고 진실되다.]
(按: 始生一粒黍米珠, 漸大生子生孫, 至九子, 造化聖眞.)

[【안설】][227] 여기서 말하는 '용龍'은 간목肝木의 기氣가 심화心火 가운데서 진액을 낳는 것이다. 이를 일컬어 '불 가운데의 물'(火中之水)이라고 하니, 곧 참된 물(眞水)이다. '범(虎)'은 폐금肺金의 기가 신수腎水 가운데서 연기를 일으키는 것이다. 이를 일컬어 '물 가운데의 불'(水中之火)이라고 하니, 곧 참된 불(眞火)이다. 이 참된 물과 불을 참된 뜻으로 올리고 내려, 가볍게 운행하고 묵묵히 들어 올리면, 자연스럽게 금金·목木이 섞여 융화된다. 관윤이 "금과 목은 물과 불의 만남"이라고 하는 바가 곧 이것이다. 신은 원궁元宮에서 지키고, 기는 빈부牝府에서 오른다. 홀연히 한 점 기장쌀만 한 구슬이 황정黃庭에 떨어지니, 이것이 곧 아랫배의 화로(坤爐)에서 올라가 머리의 솥(乾鼎)으로 들어가고, 이로써 공기空氣의 금단金丹이 만들어진다. 종리권·여동빈과 수많은 진인들이 전한 것이 실로 이와 같다. 공부에 힘쓰는(用功) 것은 숨쉬고(吸)·혀로 받치고(舐)·죄고(撮)·막는(閉)[228] 무수한 작용이 있는데, 오직

발생학적 순서를 역행한다. 따라서 "건과 곤이 교접을 그만둔다"고 한다. 그 최종목표는 진수와 진화가 만나 단丹의 배아를 만드는 것이니, 곧 황정黃庭으로 떨어지는 '한 점'(一點)이 그것이다.

226 서미주黍米珠는 '기장쌀만 한 구슬'이라는 뜻으로, 신선가의 연단술에서 진수와 진화가 만나 만들어지는 단의 배아를 가리킨다.

227 원문에 별도의 언급은 없으나, 내용상 '안설'에 해당하므로 표기한다.

228 흡吸·지舐·촬撮·폐閉는 연단 채약의 사자결四字訣이다. 여동빈이 말했다고 전해진다. 그 내용에 대해 여러 설이 있는데, 대개 다음과 같은 의미로 해석된다. '흡吸'은 코로 들숨날숨을 쉬는 것이다. '지舐'는 입천장에 있는 독맥현督脈弦에 혀를 올려 받치는 것이다. '촬撮'은 괄약근을 조여 독맥으로 기를 올리는 것이다. '폐閉'는 임맥의 기운이 위로 오르는 것을 막고 독맥으로 오르는 길을 여는 것이다. 혹은 감각기관을 모두 닫고 내면을 관조하는

부지런히 행하되 과로하지는 말아야 한다.

　　이른바 "오행을 거꾸로 한다"(顚倒五行)는 것은 조화를 역으로 이용하는 것이니, 아이로 어미를 낳는 것이다.[229] 무릇 채취할 때는 이를 일컬어 '약'이라고 하니, 약 가운데 불이 있다. 수련할 때는 이를 일컬어 '불'이라고 하니, 불 가운데 약이 있다. 그러므로 행림杏林[석태石泰]이 말하기를 "선천의 기에서 약을 취하고, 태역太易의 정에서 불을 구한다. 약을 불에서 취함을 능히 알면, 안정된 가운데 단이 이뤄짐을 보게 된다"[230]고 한 것이 바로 이것이다. 이른바 '기장쌀만 한 구슬'(黍米珠)이 점차 커지는 것은, 경험한 사람이 아니면 알 수 없다. 단지 근면히 애쓰면 의혹이 풀릴 날이 반드시 있을 것이다. 공부에 나아가는(進功) 것은 하루 12시진時辰[24시간] 모두 할 수 있다. 이는 『천부경』에서 "셋[三木]과 넷[四金]을 운용해 둥근 고리를 이룬다'(運三四成環)"는 오묘함과 서로 부합하는 것이다.

此云龍, 卽肝木之氣, 在心火中生津液者, 謂之火中之水, 乃眞水也. 虎卽肺金之氣, 在腎水中生煙氣者, 謂之水中之火, 乃眞火也. 此眞水火, 用眞意以升降, 輕輕然運, 默默然擧, 自然金木混融. 關尹所謂 "金木者, 水火之交"是也. 神守於元宮, 氣騰於牝府. 忽然一點如黍米珠, 落於黃庭, 是乃從坤墟升入乾鼎, 以成空氣金丹. 鍾呂千眞的傳, 誠如是也. 用功有吸·舐·撮·閉, 無數作用, 惟在勤而行之, 不可愁勞. 所謂 "顚倒

것으로도 해석된다.

229　오행에서 '목→화→토→금→수(→목)'으로 전자가 후자를 살리는 사이클이 전개되는데, 이를 상생相生이라고 한다. 여기서 전자가 후자를 살리는 것을 모자母子관계에 비유하곤 한다. 즉 목이 어머니로 자식인 화를 살리는 셈이다. 그런데 연단 화후에서는 종종 이 조화를 역행해서 이용하고, 따라서 "아이로 어머니를 낳는다(以兒産母)"고 한다. 그렇다고 해서 '목→화' 대신 '화→목'처럼 반드시 그 방향이 바뀐다는 의미는 아니다. 다만 오행의 운동이 몸안에서 에너지를 발생시키고 그것을 소비하는 일상적인 흐름과 반대로, 발생된 에너지를 환원하고 축적하는 방향으로 진행된다는 문맥에서 "오행五行을 전도顚倒한다"고 말한다.

230　석태(石泰, 1022~1158)는 북송 말년의 강소江蘇 상주常州 사람으로, 전진도 남종의 오조五祖 가운데 한 사람이다. 호가 행림杏林이라 흔히 '석행림'으로 불리며, 저서로 『환원편還元篇』이 있다. 전병훈은 "樂覓先天炁, 火尋大易精. 能知藥取火, 定裏見丹成"이라고 인용했으나, 석행림의 『환원편』에서는 "藥取先天炁, 火尋太易精. 能知藥取火, 定裏見丹成"이라고 한다. 『환원편』 원문에 따라 번역했다.

五行", 逆用造化, 以兒産母者. 夫採時謂之'藥', 藥中有火, 煉時謂之'火',
火中有藥. 故杏林曰 "樂覓先天炁, 火尋大易精. 能知藥取火, 定裏見丹
成"者此也. 所謂"黍米珠"漸大者, 非經驗人, 則不能知矣. 只勤劬必有釋
疑之日乎. 進功則一日十二時, 皆可爲也. 此與天符經運三四成環之妙,
相合者也.

제7장 단을 맺어 온양하기를 논하다
第七章 論結丹溫養

광성자가 말했다. "방(室)이 계란 같아서 노란 것(黃)과 흰 것(白)이 한 집안이다. 그릇(器)을 만들어 방으로 삼으면, 단이 그 안에 생긴다. 조화가 절로 기이하니 참됨(眞) 가운데의 신神이다."[231]

廣成子曰: 室如雞子, 黃白一家. 製器爲房, 丹生其內. 造化自異, 眞中之神.

『참동계』에서 말했다. "흰 것을 알고도 검은 것을 지키면 신명이 절로 도래한다. 금金이 본성의 처음으로 돌아오니, 이에 '환단還丹'으로 불린다. 여덟 개의 적색 문을 지키며, 완벽하고 견실해지도록 힘써야 한다. 처음에는 뭉긋한 불로 다스릴 수 있고, 끝에 마침내 맹렬한 불로 완성한다. 아래에 아주 뜨거운 기(太陽氣)가 있으니 엎어서 찌는 것은 한순간이다. 먼저 진액이 되었다

---

231 본문은 광성자가 지었다고 알려진 『부려비조금약비결浮黎鼻祖金藥秘訣』에서 부분적으로 발췌한 글이다. 이 책은 『장외도서藏外道書』 제6책에 실려 있으며, 장자양張紫陽(張伯端)의 「서序」가 보인다. 하지만 광성자의 저작은 아니고, 장백단의 서문도 진위가 의심된다. 또한 전병훈의 인용문이 원전과 약간 출입이 있는데, 본래는 다음과 같다. "室象雞子, 黃白一家. 制器爲房, 丹生其內. 造化自異. 眞中之神."

가 다시 응결하니 '황여黃輿'로 호명한다. 형체形體가 흙으로 돌아가도, 상태(狀)는 마치 밝은 창의 먼지 같다."

『參同』曰: 知白守黑, 神明自來. 金來歸性初, 乃得稱還丹. 持入赤色門, 務令致完堅. 始文使可修, 終竟武乃成. 下有太陽氣, 伏蒸須臾間. 先液而復凝, 號曰黃輿焉. 形體化爲土,**232** 狀若明窓塵.**233**

(【안설】 신神의 '방' 운운하고 '계란' 운운하는 것에 현혹되지 말라.)

(按: 神之室云雞子云者, 勿眩.)

제1절 단을 맺는 오묘함을 논하다
一節 論結丹之妙

【안설】**234** 이것은 단을 이룬 경관이다. 금金은 선천 태극의 건금乾金**235**으로 사람의 성명을 이루는 것인데, 본래 건乾의 집안(乾家)에서 나온 것이 이제 건으로 되돌아가기 때문에 '환단還丹'으로 일컫는다. 정을 달궈 기로 변화시

---

232 '形體化爲土'는 『참동계』에서 본래 '形體爲灰土'이다. 여기서는 '形體化爲土'로 번역했다.

233 인용문은 『주역참동계』의 내용 일부를 발췌, 편집한 것이다. 팽효의 『주역참동계분장통진의』 23장, "知白守黑, 神明自來. 白者金精, 黑者水基. 水者道樞, 其數名一, 陰陽之始. 玄含黃芽, 五金之主, 北方河車. 故鉛外黑, 內懷金華. 被褐懷玉, 外爲狂夫." 37장, "以金爲隄防, 水入乃優游. 金計有十五, 水數亦如之. 臨爐定銖兩, 五分水有餘. 二者以爲眞, 金重如本初. 其三遂不入, 火二與之俱. 三物相合受, 變化狀若神. 下有太陽氣, 伏蒸須臾間, 先液而後凝, 號曰黃輿焉. 歲月將欲訖, 毁性傷壽年. 形體爲灰土, 狀若明窓塵. 38장, "持入赤色門, 固塞其際會, 務令致完堅. 炎火張於下, 晝夜聲正勤. 始文使可修, 終竟武乃陳. 候視加謹愼, 審察調寒溫. 周旋十二節, 節盡更須親. 氣索命將絶, 休死亡魄魂, 色轉更爲紫, 赫然成還丹. 粉提以一丸, 刀圭最爲神."

234 원문에 별도의 언급은 없으나, 내용상 '안설'에 해당하므로 표기한다.

235 팔괘 중의 건乾(☰)이 오행에서 금金에 속하므로 '건금乾金'이라고 한다.

키고(煉精化氣), 등 뒤로 올라가 몸 앞으로 내려오며(後升前降), 감坎을 취해 리離를 메우는(取坎塡離) 법은 앞 장에서 밝혔다. 금액金液이 단을 이루면 범인을 넘어 성인의 경지로 들어간다. 정신학이 이런 신화神化 작용에 이르면, 장차 어찌 헤아릴 수 있으리오! 여기(『참동계』)에서 말하는 '밝은 창의 먼지'(明窓塵)를 혹은 '형체를 벗어난 상태'라고 하고, 혹은 '대약이 문득 만들어지는 상태'라고도 한다. 하지만 단지 스스로 증험할 수밖에 없다. 3년 만에 신단神丹을 기른다는 설은 참으로 믿을 수 없으니, 다만 천천히 늦추고 조급히 효과를 구하지 말아야 한다. 고공섬 스승은 6년 만에 단을 이루고 8년을 면벽했으며, 나는 더욱더 지연되었다.(도가는 4천 년 전에 공기空炁가 결태結胎하는 이치를 말했으니, 공기가 단공丹工의 절요切要가 됨을 깨달을 수 있다.)

此卽丹成景象也. 金是先天太極乾金, 爲人性命者, 是本乾家所出, 而今還歸于乾, 故曰還丹. 煉精化氣, 後升前降, 取坎塡離之法, 前章明之. 金液成丹, 超凡入聖. 精神之學, 至此神化之用, 將何可量乎! 此云明窓塵, 或曰脫體之狀, 或曰大藥將産之象, 然只可自驗也. 三年養神丹之說, 誠不可准信, 只要舒遲, 勿求急效. 古空蟾師六年成丹, 八年面壁, 而余則尤加延遲也. (道家四千年前, 言空炁結胎之理, 空炁爲丹工之切要, 可以悟之.)

제2절 단을 이뤄 온양溫養하기를 논하다
二節 論丹成溫養

『도덕경』에서 노자가 말했다. "천지가 합하니 감로가 내린다." "기를 오롯이 하여 부드럽게 하라."[236] 관윤자가 말했다. "사람의 능력은 천지의 조화를

---

236 『노자』 32장의 "天地相合, 以降甘露." 『노자』 10장의 "專氣致柔, 能嬰兒?"에서 한 구절씩 가져왔다.

뛰어넘는 곳이 있다."**237** 정자程子가 말했다. "몸(形)을 단련해서 장생에 이르니, 이는 천지간에서 사람의 능력이 조화를 뛰어넘는 곳이 분명하다."**238**

『道經』老子曰: "天地合, 甘露降. 專氣致柔." 關尹子曰: "人之力, 有可以勝造化處." 程子曰: "煉形以至長生, 分明是天地間人力勝造化處."

주자가 말했다. "신으로 정기를 운용해 단을 이루는데, 기이한 모양이 마치 오리알 같다." 『참동계』에서 "자주子珠를 온양溫養**239**한다"**240**고 말했다. 여순양이 말했다. "태를 맺기 전에는 맹렬한 불(武火)을 쓴다. 음陰이 이미 다 물러나고 양체陽體**241**가 드러나면 단지 뭉긋한 불(文火)을 쓴다. 온양해서 견고해지면 이를 태연하게 가운데 안치한다."

---

237 『관윤자』에 보이는데, 원문은 "人之力, 有可以奪天地造化者, 如冬起雷."이다. 원문을 참조해 번역했다.

238 정이천程伊川이 말한 것으로 『이정전서二程遺書』 권22상 「이천어록伊川語錄」에 보인다. 원문은 다음과 같다. "세간에 세 가지 일이 몹시 어려우니, [천지] 조화의 힘을 뛰어넘는다. 나라를 다스리되 명운이 영원하기를 하늘에 기원하고, 몸(形)을 단련해 수양하여 장생하고, 배워서 성인에 이르는 것, 이 세 가지 공부는 매일반으로 분명히 사람의 힘이 [천지의] 조화를 이길 수 있는데, 사람이 하지 않을 뿐이다."(世間有三件事至難, 可以奪造化之力. 爲國而至於祈天永命, <u>養形而至於長生</u>, 學而至於聖人, 此三事工夫一般, <u>分明人力可以勝造化</u>, 自是力不爲耳.) 전병훈이 인용한 것은 밑줄친 부분인데, 원문과 약간 차이가 있다.

239 '온양溫養'은 직역하면 '따뜻하게 기른다'는 뜻이지만, 내단술의 전문 용어로 단을 이룬 후 이를 잘 길러 굳히는 과정을 가리킨다. 전병훈은 아래 구절에서 "신이 기를 감싸고 기가 신을 감싸며, 조화(沖和)로이 안을 둘러싸 한시도 끊어짐이 없는 것"(神抱於氣, 氣抱於神, 沖和包裏, 無時間斷者)이 이른바 '온양'이라고 명언했다.

240 『주역참동계』에 "三光陸沈, 溫養子珠"라는 구절이 보인다. 유염(兪琰, 1258~1327)이 「주역참동계발휘周易參同契發揮」에서 이렇게 주석했다. "삼광三光은 동방洞房의 신령한 현상이다. 사람이 삼광을 모아 그 안에 되비출 수 있으면, 정중앙에 현묘한 구슬(玄珠)을 낳는다."(三光 洞房之靈象也. 人能撮聚三光, 返照於其內, 則中央正位産玄珠矣.) 여기서 동방洞房은 곧 뇌 정중앙의 신실神室이고, '자주子珠'·'현주玄珠'는 모두 신단神丹을 가리킨다.

241 '양체陽體'는 곧 수수한 양陽의 정기로 이뤄진 단丹을 가리킨다.

朱子曰: "以神運用精氣以成丹, 異色如鴨子卵." 『參同』曰: "溫養子珠."
呂純陽曰: "結胎以前用武火. 退陰已盡, 陽體已露, 只用文火. 溫養保固,
使之泰然安處乎中."

(【안설】스스로 징험컨대 과연 감로가 떨어졌으니, 학인들은 의심치 말라.
'오리알' 역시 신실神室을 일컫는다.)

(按: 自驗則果有甘露降焉, 學人勿疑. 鴨卵亦神室之謂.)

【안설】모든 논설이 단을 이뤄 온양하는 것을 말한다. 대개 사념思念이 일어
나면 안 되고, 일어나면 불이 타오른다. 뜻이 흩어지면 안 되고, 흩어지면 불
이 차갑게 식는다. 다만 지나치거나 모자람이 없도록 하니, 마치 용이 여의
주를 기르듯이 하고 닭이 알을 품듯이 하여, 잡고 놓음(操舍)이 중도를 얻는
다. 신이 기에 안기고 기가 신에 안기며, 충화沖和의 기운이 안을 감싸서 한
시도 끊김이 없는 것이 이른바 '온양溫養'이다. 금정金鼎은 늘 끓어 따뜻하게
하고, 옥로玉爐는 불이 식지 않도록 한다.[242] 그러나 화후가 충분하다면, 단
지 온양만 해서 단이 상하지 않게 해야 한다. 이른바 '빼고 더한다'(抽添)는
것은 뭉긋한 불(文火)을 제때 가하는 것이다. 이른바 '목욕한다'(沐浴)는 것은
마음과 생각을 씻는 것으로, 별다른 깊은 뜻은 없다. 학인들이 이렇게 천지
의 지극한 신神과 지극한 도道가 응결되는 것을 믿고 증험할 수 있다면, 옥청
玉淸의 참나가 돌아와 회복되는 때가 있을 것이다. 어찌 유쾌하지 않겠는가!
(그러나 공부가 여기에 이르면 반드시 마구니가 희롱해서 해를 끼치는 것이
많으니, 주의해서 이를 막는다.) 이는 모두 큰 도의 자연스러운 경험이며,
신중해야 하고 급하게 구할 수 없다.

【謹按】諸論皆丹成溫養者. 蓋念不可起, 起則火炎. 意不可散, 散則火
冷. 但使毋過不及, 如龍養珠, 如雞抱卵, 操舍得中. 神抱於氣, 氣抱於

---

242 설도광의 『환단복명편』에 보이는 유명한 구절이다. 원문은 다음과 같다. "金鼎常令湯用暖,
玉爐不要火敎寒." "여기서 '금정金鼎'은 머리, '옥로玉爐'는 배를 가리킨다."

神, 沖和包裹, 無時間斷者, 所謂溫養. 金鼎常令湯用暖, 玉爐不要火敎
寒. 然火候足, 只須溫養莫傷丹也. 所謂抽添者, 時加文火. 所謂沐浴者,
卽洗心滌慮也, 別無深意. 學人於此, 可以信驗天地至神至道之凝, 有時
而玉淸眞我來復矣, 豈不愉快哉! (但工夫到此, 必有戱魔賊害者衆矣,
加意防之.) 是皆大道自然之經驗, 愼不可急求也.

제8장 양신의 출태를 논하다
第八章 論陽神出胎

광성자가 말했다. "하늘 향기가 솥에 가득하고, 붉은 빛이 삼태三台[243]를
비춘다." "숨고 드러남에 간섭이 없으니 하늘과 더불어 장생한다."[244] 노자가
말했다. "그 몸을 밖에 두어 몸을 보존한다." "천지가 장구하다."[245]

廣成子曰: 天香滿鼎, 露映三台. 隱顯無干, 與天長年. 老子曰: 外其身而
身存. 天地長久.

『입약경』에서 말했다. "마침내 탈태脫胎하여 사방[246]을 바라본다." (사방

---

243 '삼태三台'는 태미원太微垣에 속하는 총 6개의 별로, 윗별(上台) 가운뎃별(中台) 아랫별(下台)
 각 2개씩의 별이 이어져 큰곰자리를 이룬다. '삼태육성三台六星'이라고도 한다.
244 『부여비조금화비결浮黎鼻祖金華祕訣』의 구절을 발췌한 것이다. 이 책은 "廣成子著, 葛玄注,
 有張伯端序"라고 되어 있지만, 실은 이들에 가탁한 것이다. 『道藏精華錄』, 『道藏輯要』에 수록
 되어 있다. '露映'은 원문의 '霞映'에 따라 '붉은 빛이 비춘다'로 해석했다. 「妙香亚濟章第十一」,
 "天香滿鼎, 霞映三台. 沈痾痼疾, 俱得和諧. …", 「服食登眞章第十二」, "刀圭入口, 人化爲仙, 飛形拔
 宅, 隱顯無干, 梵氣合體, 與天長年, 秘行眞妙, 勿泄心箋."
245 『노자』 제7장에 보이는 글이다.
246 '사정四正'은 자子(정북)·오午(정남)·묘卯(정동)·유酉(정서)의 네 방위를 가리킨다.

으로 멀리 유람한다.)

『藥鏡』曰: 終脫胎, 看四正. (遠游四方.)

『참동계』에서 말했다 "3년간 복식服食하고 가벼이 날아올라 멀리 노니는
데, 불을 타넘어도 그을리지 않고, 물속에 들어가도 젖지 않는다. 있을 수도
있고 없어질 수도 있으며, 길이 즐거워 근심이 없다. 도와 덕을 성취하고 잠
복해 때를 기다리니, 태을太乙이 이에 불러 옮겨 가 중주中州에 머문다.[247] 마
치 계란과 같아서, 검은 것과 흰 것이 서로 붙들어 준다. 처음에는 가로세로
한 치(寸)이지만, 사지·오장·근육·뼈대가 이내 갖춰진다. 열 달을 꽉 채
워서 지나면 그 포태를 벗어난다. 뼈가 유연하여 몸을 말 수 있고, 살은 매끄
럽기가 납(鉛)과 같다."

『參同』曰: 服食三載, 輕擧遠游, 跨火不焦, 入水不濡. 能存能無, 長樂無
尤. 道成德就, 潛伏俟時, 太乙乃召, 移居中州. 類如雞子, 黑白相扶. 縱廣
一寸, 以爲其初. 四肢五臟, 筋骨乃具. 彌歷十月, 脫出其胞. 骨弱可捲, 肉
滑若鉛.

여동빈이 말했다. "화후가 이미 족하면 [태아가 솥을 바꿀 때] 현관을 크게
뚫고 나오는데, 하늘 문(乾戶)을 쪼개어 열어젖히고 신광神光이 용솟음친
다."[248]

---

247 '태을太乙'은 곧 태일太一(泰一)로 하늘의 신(天帝), 하느님이다. '중주中州'는 하늘 중심부의
   선계仙界이다.
248 『여조오품선경呂祖五品仙經』에 보이는데, 원문은 다음과 같다. "火候旣足 … 胎兒易鼎之時,
   透太佷關, 劈開乾戶. 神光湧湧." 번역은 원문을 참조했다.

呂純陽曰: 火候旣足, 透出太玄關, 劈開乾戶, 神光湧湧.

【안설】[249] 아! 정신의 공부가 여기에 이르면 '능히 일을 마쳤다'고 말할 수 있다. 관윤이 이른바 "나의 정으로 천지만물의 정에 합하고, 나의 신으로 천지만물의 신에 합한다"[250]고 한 것이다. 천지와 하나가 되어 신통변화神通變化할 수 있으니, 이른바 "몸 밖에 몸이 있고 빛이 세상 끝까지 비추며, 모이면 형체를 이루고 흩어지면 기가 된다"[251]는 것이다. 그러나 음신陰神은 형체를 바꿔 분신할 수 없고, 양신陽神만이 무량하게 화신化身할 수 있다. 변화가 무궁하여 쇠와 돌에 들어가도 거침없으며, 순식간에 만 리를 가고 삼계三界에 두루 통한다. 이른바 "성스러워 알 수 없는 것을 신이라고 한다"[252]는 것이다. 마땅히 젖을 물려 먹이는(乳哺) 공부를 더해야 하는데, 다음 절에서 설명한다. 이는 『천부경』에서 "다섯과 일곱과 하나로 미묘하게 넘친다"는 요지와도 서로 부합한다.

烏乎! 精神之功到此, 可謂能事畢矣. 關尹所謂以我之精, 合天地萬物之精, 以我之神, 合天地萬物之神. 與天地爲一, 可以神通變化, 所謂身外有身, 光燭九垓. 聚則成形, 散則成氣. 然陰神不能化形分身, 陽神可以萬億化身. 變化無窮, 入金石不碍, 頃刻萬里, 周通三界. 所謂聖而不可知之之謂神也. 當加乳哺之功, 次節明之. 此與天符經五七一妙衍之旨相孚者也.

---

249 원문에 별도의 언급은 없으나, 내용상 '안설'에 해당하므로 표기한다.
250 『관윤자關尹子』에 보이는 구절이다. 하지만 관윤의 저술은 아니고, 당·송 시기에 관윤의 이름을 빌려 지은 위작이다.
251 청나라의 응양자凝陽子가 저술한 『갈선옹태극충현지도심전葛仙翁太極沖玄至道心傳』에 보이는 문구이다. 본래는 "身外有身, 光燭九天, 聚則成形, 散則成氣"인데, 전병훈은 여기서 '구천九天'을 '구해九垓'로 표기한 정도만 다르다.
252 『맹자·진심하盡心下』에 보이는 구절이다.

제9장 신을 연마해 허로 돌아가 하늘에 합하고 참나 이루기
第九章 煉神還虛合天成眞

『참동계』에서 말했다. "백세百世 뒤까지 인간세상에서 노닌다." "좋은 사람끼리 서로 승부乘負253하며 안온하게 장생할 수 있다." "태허太虛에서 노닐며 원군元君을 알현하고, 하늘 도록(天圖)을 받아 진인으로 불린다."(여기서 말하는 '원군'은 곧 우리 하느님이다.)

『參同』曰: 百世而下, 遨游人間. 吉人相乘負, 安穩可長生. 游太虛兮謁元君, 受天圖兮號眞人. (此云元君卽我上帝也.)

【안설】 신을 단련하는 법에 지원증도地元證道가 있다.(『도장道藏』에는 없다.) 『능엄경』에서 말했다. "형체를 이뤄 출태하니 부처의 자손이 된다. 용모가 부처 같고, 심상 역시 동일하다. 십신十身의 신령스런 모습을 동시에 구족俱足한다. '동진주童眞住'254로 호명하니, 이는 금강석처럼 단단하며 수천

---

253 '승부乘負'는 도교 응보론의 용어로 흔히 '선악승부善惡乘負'라고도 한다. 한漢대의 『태평경』에서 그 개념이 유래했다. 사람이 행하는 선악의 결과가 자기 자신이나 가족, 혹은 후손에게까지 미친다고 본다. '길인상승부吉人相乘負'는 좋은 사람끼리 만나 서로 선한 영향을 주고받는 것, 혹은 좋은 사람이 살면서 좋은 사람과 길한 인연을 맺는 것을 가리킨다.

억으로 몸을 변화한다." 아! 그 가장 높은 경지가 과연 이처럼 일치하는구나.

【(秉薰)謹按】煉神之法, 有地元證道, 而(道藏未有也.)『楞嚴』曰: 形成出
胎, 爲佛覺胤. 容貌如佛, 心相亦同. 十身靈相, 一時俱足. 名童眞住, 是
乃金剛不壞, 千億化身也. 吁! 其最上乘, 果如是一致哉.

여순양이 말했다. "영아가 포태를 나오면 반드시 딴딴히 보호해 지키며 젖을 먹이고(乳哺) 온양溫養해야 한다. 바깥 인연이 침범하거나 내면의 망상이 혼란을 끼치지 못하게 해야 한다. 가고 머물고 앉고 누우면서 잠시라도 잊으면 안 되고, 말하고 침묵하고 움직이고 멈추면서 잠시라도 소홀해서는 안 된다. 용이 여의주를 기르고, 자애로운 어머니가 자식을 기르듯이 한다. 아침저녁으로 막아 지키고, 깨었을 때나 잠들었을 때나 자식을 돌본다. 더 나아가 관원關元[255]을 반드시 엄히 지켜서 경솔하게 제멋대로 나갈 수 없게 하니, 한번 나가면 길을 헤매서 집을 잃어버리고 돌아오지 못할까 근심하는 것이다. 세월이 지나 장성하기를 기다리면 9년 만에 공이 완성된다. 양신이 출현하면 참된 공을 깨닫고, 금강처럼 단단해 무너지지 않는 몸을 이뤄 천지와 수명을 함께하는 노옹(翁)이 되니, 내게 법의 기름을 붓고 널리 중생을 구제한다. 3천 가지 덕이 원만하고 8백 가지 공을 이루면, [하늘이] 단서丹書[256]로 조서詔書를 선포하고 흰 학이 와서 영접한다."[257]

---

254 '동진주童眞住'는 '어린아이처럼 순수한 참나가 머무른다'는 뜻이다.

255 '관원關元'은 곧 현관玄關을 가리킨다.

256 '단서丹書'는 붉은 글씨로 쓰인 상서로운 책으로, 하늘에서 내리는 조서를 가리킨다. 중국 고대 전설에서 붉은 새가 물고 왔다고 전한다. 『여씨춘추呂氏春秋·응동應同』에서 말했다. "문왕 때 하늘이 먼저 불을 일으키고, 붉은 새가 단서丹書를 물고 주나라 사직에 모였다." (及文王之時, 天先見火, 赤烏銜丹書集於周社.) 이 전설에서 '단서'는 하늘이 문왕에게 천명을 내린 조서를 암시했다. 이런 전설에서 비롯하여 훗날 제왕들이 공신들에게 붉은 글씨로 쓴 녹권(錄券)을 내려 대대손손 면죄부를 주었는데, 이 역시 '단서'로 불렸다.

257 『여조오품선경·탈태출양품脫胎出陽品』에 보이는 글이다.

呂純陽曰: 嬰兒出胞, 須密加護持, 乳哺溫養. 勿使外緣所侵, 內妄所亂.
行住坐臥, 不可暫忘. 語默動靜, 不可稍忽. 如龍養珠, 慈母育子. 朝夕防
衛, 寤寐顧復. 更須嚴守關元, 不可輕縱出去, 恐一出迷途, 失舍而忘歸.
待歷年老成, 九載功完. 陽神出現, 了却眞空, 成金剛不壞之體, 天地同壽
之翁. 施我法油, 普渡衆生. 三千行滿, 八百功成, 丹書宣詔, 白鶴來迎.

【안설】출태出胎한 신神이 홀연히 갔다가 홀연히 돌아오니, 열 걸음이든 백
걸음이든 모두 잘 돌봐야 한다. 양신陽神이 무상無象**258**에 들어가면, 신이 태
허太虛와 한 몸이 되고, 일월과 함께 빛나고, 우주를 손아귀에 넣어 온갖 조
화를 마음대로 부린다. 나의 신기神氣가 천지에 꽉 차서 가서 이르지 않는 곳
이 없고, 물질 현상을 초월해 하늘과 더불어 장구하니, 이것이 이른바 '대라
상선大羅上仙'이다. (종리권과 여동빈 때에 주서朱書**259**가 하늘에서 내려왔으
니 증험할 수 있다.)

　선인의 품계는 대개 셋이 있다. 신이 응결되고 목숨을 보존해, 병을 물리
치고 장생하는 자는 '인선人仙'이다. 단을 이루고 세상에 머물러 오륙백 세를
사는 자는 '지선地仙'이다. 신을 연마해서 허虛에 합하고, 공이 원만해 하늘로
오르는 자는 '천선天仙'이다. 그렇지만 이는 모두 정신의 작용이니, 그러므로
지금 '정신 전문학'(精神專學)을 표명해 온 세계 사회에 전한다. 학인들에게
그윽히 바라건대, 장차 신을 응결하고 참나를 이룬 뒤에라도 염세厭世의 사
사로운 감정으로 흐르지 말고, 세상을 구제하고 사람을 돕는 사업에 뜻을
두고 정신을 사용하라. 그런 연후에야 [유·불·도·서양철학] 4교의 본뜻
을 등지지 않고, 한 조각 겸성兼聖의 원만한 덕을 성취한다.

【又按】出神忽去忽來, 十步百步, 均宜照顧. 陽神入於無象, 神與太虛同

---

258 '무상無象'은 직역하면 형상이 없음으로, 도가에서 현玄·허虛·무형無形 등과 함께 도道를
　　형용하는 용어로 널리 쓰인다. 여기서 '무상'은 형상을 초월한 도, 내지는 형이상의 세계(우
　　주)를 가리킨다.
259 '주서朱書'는 곧 여동빈의 글에서 말하는 단서丹書와 통한다. 위의 각주에서 '단서' 항목을
　　참고한다.

體, 日月同明, 宇宙在手, 萬化從心. 吾之神氣, 充塞天地. 無往不周, 超
然物表, 與天長久, 此所謂大羅上仙也.(鍾呂時降朱書可驗) 蓋仙之品,
大概有三: 神凝命住, 却病年長者, 人仙也; 丹成而住世, 五六百歲者, 地
仙也; 煉神合虛, 功滿上升者, 天仙也. 然是皆精神作用也, 故今表明爲精
神專學, 以脫宇內社會. 竊願學人, 如將凝神成眞之後, 勿行厭世私情, 而注
用精神于救世濟人事業, 然後不背四敎之本旨, 打成一片之兼聖圓德矣.

(여순양은 즉시 승천하지 않고 세상 사람을 남김없이 인도한 뒤에 승천하기를 원
했으니, 그러므로 '인선仁仙'이라고 한다. 주자도 말하길 "종리권과 여동빈이 개국
초에 내려왔는데, 최근에는 얘기를 듣지 못했다"고 운운했다. 하지만 원나라와 명나
라를 거치며 [그들이] 오히려 내려왔으니, 참으로 신기하고 기이하다.[260] 하지만 용
龍의 변화와 매미의 탈피로 증험한다면, 도리어 이상한 일도 아니다.)

(呂純陽不卽上升, 而要以度盡世人後乃升, 故云仁仙也. 朱子曰: 鍾呂國初下降,
近年則未聞云云. 然歷元明而猶降也, 誠是神異哉. 然驗諸龍之變化, 蟬之脫殼,
則不是異事也.)

【안설】 광성자가 말했다. "형체가 부족한 것은 기로 보충하고, 정이 부족한
것은 진미(味)[261]로 보충한다." 아! 나는 중늙은이로 쇠로한 사람이라 약이藥
餌로 보조하지 않을 수 없다. 하지만 주사(丹砂)로 만든 여러 약들은 가벼이
쓸 수 없고, 오직 『진고眞誥』에 자미부인紫微夫人 복출법服朮法[262]이 있어 가

---

260 종리권·여동빈은 당나라 때의 전설적인 신선인데, 후대에 세상에 나타났다는 목격담이
근대 초까지 중국 민간에서 적잖이 유행했다. 본문에서 주자가 "개국초에 내려왔다"고 한
것은, 송나라가 개국할 때 종리권과 여동빈이 세상에 모습을 나타냈다는 설화가 유행했음
을 시사한다.

261 여기서 '진미'(味)은 장생을 돕는 약과 음식을 가리킨다.

262 '복출법服朮法'은 장생에 도움이 되는 출朮을 복용하는 식이요법을 가리킨다. 여기 인용된
'자미부인紫微夫人 복출법'은 『진고眞誥』 권10에 보인다. 『진고』는 도교 상청파上淸派의 핵

장 좋다. "성치출成治术[263] 1곡斛[264][10말]을 맑은 물에 씻어서 가득 담는다. 미세하게 찧어 가루로 만들고, 맑은 물 2곡[20말]으로 개어 삶아 충분히 익힌다. 비단 주머니에 채워 짜서 즙을 얻고, 이를 청동 그릇 안에 담아 물을 끓여 찌면서 백밀白蜜 1말을 넣는다. 말린 큰 대추에서 씨를 빼서 익혀 미세하게 찧고, 껍질 및 과육과 섞어 1말을 얻으며, 이를 다시 성치출과 백밀 가운데 넣고 꼬아서 문고리 모양으로 만든다. 하루에 총알 크기의 환 서너 개 정도를 먹으면, 한 번에 온갖 병(百病)이 물러가고, 두 번에 온갖 재앙(萬害)에 상하지 않으며, 세 번에 낮에 광택이 흐르고, 네 번에 눈귀가 총명해진다. 삼 년이면 얼굴이 여자 같아지고, 신선으로 불사한다." 살피건대, 이는 청보清輔[265]의 처방임에 틀림없다. 단지 수도자가 아니라도 상복할 수 있지만, 빠른 효험을 기대할 수는 없다.

【又按】廣成子曰: "形不足者補之以氣, 精不足者補之以味." 嗟! 我中晚歲衰耗之人, 不可不佐以藥餌. 然丹砂諸藥不可輕試, 惟 『眞誥』有紫微夫人服术法, 最宜. "成治术一斛, 淸水潔洗, 令盛訖, 乃細搗爲屑, 以淸水二斛合煮令爛. 以絹囊盛絞取汁, 置銅器中, 湯上蒸之, 納白蜜一斗. 大乾棗去核, 熟細搗, 令皮肉和會, 取一斗. 又納术蜜之中, 絞令相得如鋪狀. 日食如彈丸三四枚, 一時百病除, 二時萬害不傷, 三時面有光澤, 四時耳目聰明. 三年顏如女子, 神仙不死." 按此爲淸輔之劑無疑, 非但修養人可以常服, 然不須責望速效耳.

심 전적으로, 중국 남조南朝 양梁나라의 도홍경(陶弘景, 456~536)이 당시까지 도교의 철학과 방술을 집대성해 편찬했다.

263 '출术(삽주)'은 국화과의 다년생 약초로, 가을에서 봄까지 뿌리줄기를 채취해서 약으로 쓴다. "맛이 달고 쓰며 따뜻하다. 독이 없다. 풍한습으로 인해 수족이 저리고 아픈 증상(비증痺症)을 치료한다. 죽은 기육肌肉(근육, 살)을 살리고 몸이 뻣뻣해지는 증상(硬)과 악성 종기(疽)를 다스린다. 땀을 그치게 하고 열을 제거한다. 음식을 잘 소화시킨다. 오래 먹으면 몸이 가벼워지고 배고픔을 잊게 된다."(『신농본초경神農本草經』) 모산茅山의 창출蒼术이 유명한데, 이를 '모창출茅蒼术'이라고 한다. 창출은 동진東晉 시기(AD317~420) 모산에서 발한 상청파에서 선약仙藥으로 각광받았고, 특히 도홍경이 애호했다. '성치출成治术'은 『진고』 등에 드물게 보이는 약명藥名으로, '모창출'의 다른 이름으로 추정된다.

264 '곡斛'은 10말의 용량으로, '휘' 혹은 '곡'이라고도 한다.

265 '청보清輔'는 체내의 기를 맑게 하고 보충하는 작용을 가리킨다.

【안설】예로부터 지금까지 남북 7진의 책이『수언粹言』266에 대략 실려 있으나, 지금 상세히 구비하지는 않는다. 하지만 여기에267 간추린 대략의 요지(大要)만으로도 또한 참나를 이루고 성인이 될 수 있다. 의선醫仙 전원기全元起가 말했다. "음악과 색을 끊지 않으면 정이 소모되고, 탐욕과 질투를 그치지 않으면 정이 흩어진다. 오직 성인이라야 정을 아끼고 누설을 삼가서 [골수가 충만하고] 뼈가 견고해진다."268

【又按】自古至今南北七眞書, 略載於『粹言』, 今不俱詳. 然大要於斯亦足以成眞成聖也. 惟醫仙全元起, 對唐宗問曰: 樂色不絕則精耗, 貪妬不止則精散. 惟聖人愛精重施則骨堅.

신라국 빈공진사 김가기金可紀269는 성품이 침착하며 고요하고, 문장이 맑고 수려했다. 종리권鍾離權의 가르침을 받아 복기服氣 · 연진煉眞270하고, 도사옷을 입고 음덕을 힘써 행했으며, 하늘의 조서를 받들어 승선升仙했다.(무인

---

266 『수언粹言』은 곧 『도진수언道眞粹言』이다. 『도진수언』은 '예로부터 지금까지 남북 7진의 책', 즉 도교 내단학 도서 전반의 내용을 '간추려 기재(略載)'한 10권 분량의 책이다. 사실상 서우가 『도장』을 읽으면서, 그 가운데서 발췌한 글을 엮은 일종의 선집選集이었던 셈이다. 하지만 아쉽게도 지금은 전하지 않는다.

267 '여기에'(於斯)는 『정신철학통편』 제2편인 「정신을 운용해 참나를 이루는 철리 요령(精神運用成眞之哲理要領)」의 내용(전반 1장~9장)을 가리킨다. 이 장절은 내단학의 정신수련법을 집중적으로 소개하는 부분이다. 전병훈은 여기에 간추린 "대략의 요지(大要)만으로도 또한 참나를 이루고 성인이 될 수 있다"고 말한다.

268 전원기全元起는 남조 때 사람으로, 『황제소문黃帝素問』을 주해한 것으로 유명하다. 하지만 그의 저서가 전하지는 않는다. 인용문은 『삼원참찬연수서三元參贊延壽書』에 삽입된 것으로, 『정통도장正統道藏』 「동신부洞神部」 '방법류方法類'에 실려 있다. 거기에 "당종唐宗의 질문에 대해(對唐宗問)"라는 구절은 보이지 않고, 문맥상으로도 불필요한 첨언이라 번역에서 제외했다. 한편 전원기의 원문에는 '뼈가 견고하다(骨堅)'는 문자 앞에 '골수가 충만하다(髓滿)'는 문자가 더 있는데, 문맥상 그것이 더 완미하여 번역에 보충했다.

269 김가기(金可紀, ?~859)는 신라 출신의 신선이다. 당나라에 유학하여 급제하였으나 벼슬을 버리고 종남산終南山에 입산 수도하여 만인이 보는 가운데 등선登仙했다고 전한다. 『속선전續仙傳』 등에 전기가 있다.

270 '복기服氣'는 호흡을 조절하는 조식調息수련이고, '연진煉眞'은 신선의 도를 연마하는 것이다.

戊寅년 2월 25일.)

新羅國貢進士金可紀, 性沈靜, 屬文淸麗. 得鍾離雲房指敎, 服氣煉眞, 衣
道服, 務行陰德, 奉詔上升.(戊寅二月二五十日.)

고려 예종睿宗이 조서에서 말했다. "옛날 신라에서 신선술이 크게 유행하
여 사람과 하늘이 모두 기뻐했다. 네 성인(四聖)의 자취가 더할 수 없이 영예
로우니, 네 성인은 영랑永郎·술랑述郎·남랑南郎·안상랑安詳郎이다."[271]

高麗睿宗詔曰: 昔在新羅, 仙術大行, 人天咸悅. 四聖之跡, 不可不加榮,
四聖者, 永郎·述郎·南郎·安詳郎也.

조선에 정북창鄭北窓(鄭磏)[272]이 있었다. 나면서부터 신령스러웠고, 3교에
널리 통했으며, 수련하여 참나를 이뤘다. 일찍이 부친을 따라 중국에 들어갔
는데 곧바로 중국어를 말했고, 외국 사신을 만나면 곧바로 외국어를 말했다.
입산해 여러 날이 지나도 산 아래 백리 사이의 일을 목격한 듯이 모두 알았
으니, 그는 양신이 출태하여 천선天仙이 된 진인이었다. 애석하게도 그것이
전기傳記가 없는 일사逸史이므로, 따라서 편장 끄트머리에 이를 기록한다.

至朝鮮, 有鄭北窓. 生而靈異, 博通三敎, 修煉成眞. 嘗隨父入華, 便作華
語, 遇外國使便作外語. 入山數日, 盡知山下百里間事如目擊, 是蓋陽神
出胎, 以成天仙之眞人也. 惜其無傳之逸史, 故篇末記之.

---

271 이는 고려 예종睿宗과 의종毅宗 연간에 따로따로 내린 조서의 내용을 예종의 조서로 혼동
한 것이다. "四仙之跡所宜加榮, 依而行之不敢失也."(『고려사·세가』'예종睿宗' 3年.) "昔新羅仙
風大行, 由是龍天歡悅民物安寧. 故祖宗以來崇尙其風久矣."(『고려사·세가』'의종毅宗' 2年.)
272 정렴(鄭磏, 1505~1549)은 중종 때의 인물로, 자는 사결士潔이고 호는 북창北窓이다. 저서에
『북창비결北窓秘訣』, 『용호비결龍虎秘訣』등이 있다.

(여순양이 이르기를 "여자가 수양하는 법 역시 같으나 다만 유방에 기炁[273]를 모으는 것이 다르다"고 하였다. 내 아내[274] 한진숙韓眞淑이 평소 병이 많아 이 법을 시험 삼아 행했더니 병을 물리치고 평상을 회복했다. 실제 증험으로 삼기에 충분하다.)

(呂純陽云, 女子修養之法亦同, 而惟聚炁乳房爲異也. 家眷韓眞淑, 素多病, 試行此法, 病却而復常, 足爲實驗也.)

【안설】공功이 원만하고 덕이 쌓여야만 승선升仙할 수 있다. 공덕功德은 사람을 살리고(活人), 나라를 사랑하고(愛國), 만물을 이롭게 하고(利物), 세상을 구제하는(濟世) 것으로, 마음과 힘을 다해 이를 성취해야 한다. 하지만 나라의 경계를 깨고 온 세상(十方)을 널리 제도하는 것이 각 종교의 한결같은 심법心法이니, 그렇기에 노자도 서역에 가르침을 폈다. 훗날 신선이 되는 자가 마음에 깊이 새겨 거울로 삼고, 그 공덕심公德心[275]을 세상 온갖 일(世務)로 확충하면 곧 정신학의 본뜻에 위배되지 않는다.[276]

【又按】功滿德積, 惟能上升. 功德乃活人·愛國·利物·濟世, 克盡心力以成之. 然破國界而普渡十方, 各敎之同一心法也, 是以老子宣敎西域. 後之爲仙者, 佩作鑒本, 擴充其公德心於世務, 乃不背精神學之本旨也.

---

273 전병훈의 용어에서 '기炁'로 주로 선천의 원기를 가리키는 것으로, '기氣'와 구별된다.

274 '가권家眷'은 일가권속一家眷屬의 준말로, 한 집안의 가장에 딸린 식구들을 가리킨다. 한편 남에게 자기 아내를 겸손하게 이르는 말이기도 하다. 여기서는 후자로, 한진숙韓眞淑은 전병훈의 부인으로 추정된다. 본문 내용으로 볼 때, 그녀 역시 전병훈의 지도로 내단 수련을 했음을 알 수 있다.

275 '공덕심公德心'은 공중(公衆)을 위하는 덕스러운 마음이다.

276 여기서 '공덕功德'과 '공덕公德'의 차이에 주목할 필요가 있다. '공덕功德'은 활인活人·애국愛國·이물利物·제인濟世 등, 선인仙人이 되기 위해 쌓아야 하는 공로와 덕을 가리킨다. 한편 '공덕公德'은 세상에 두루 미치는 공변된 덕으로, 개인적인 차원에 그치는 '사덕私德'과 서로 비교된다. 전병훈은 선인이 되는 데 필요한 공덕功德과 함께, 그것이 공변된 덕으로 세상에 널리 베풀어져야 함을 강조한다.

총결론
總結論

이 편이 비록 간략하나, 범인을 넘어 성인의 경지에 들고 참나(眞)를 닦는 조리를 일목요연하게 다 갖췄다. 하물며 『천부경』이 또한 간명한데다가 극히 정밀하기까지 한 것이랴! 근면히 힘써 성취하는 것은 그 사람에게 달렸다. 비록 사무가 급하고 바쁜 사람이라도, 남는 시간을 활용해 성심껏 공부한다면 족히 효험을 볼 것이 틀림없다. 만약 이와 반대로 일을 멀리하고 사물과 단절해 세상을 버린 채 단을 이룬다면, 수명이 비록 오류백 세가 된들 끝내 인간 세상에 무슨 이익이 되겠는가? '시체만 지키는 귀신'(守屍鬼)이라고 칭할 수 있을 뿐이다. 내가 정신의 공학公學으로 개작하는 까닭은, 위로 참나를 이루고 성인이 될 수 있으며, 다음으로 정신을 길러 병을 물리치고 수명을 늘일 수 있으니, 사람들이 각자 이익을 얻어서 세상을 구제하는 데 힘쓰기를 희망하기 때문이다.

엄기도嚴幾道(嚴復)[277]는 서양 학문을 겸비한 철학가로, 일찍이 내게 권해

---

277 엄복(嚴復, 1853~1921)은 중국 근대의 저명한 사상가, 번역가이다. 자는 '우릉又陵' '기도幾道'이고, 만년의 호는 야노인壄老人이다. 복건성福建省의 후관候官 사람이었으므로, '후관엄

말했다. "서양철학이 날로 위생을 강구하지만, 수명을 연장하는 데는 끝내 또한 방법이 없습니다. 청컨대 이 책을 저술해서 세상을 구제하고 사람들을 인도하는 것을 어찌 미룰 수 있겠습니까?" 참되도다! 이 말이여. 사람이 장차 자기를 이루고 남도 이뤄 주며(成己成物) 세상을 구제하고 나라를 다스리는 박학博學으로 이 책에 합치하고, 이로써 정신을 증진하고 연년익수延年益壽하는 큰 도의 진량津梁[278]을 삼는다면, 또한 어찌 저마다 그 덕량(分量)을 충족시키지 않겠는가?

더구나 일월성신은 천지의 정신이 되니, 정신이 충만하고 왕성하면 세상이 태평하고 사물이 번성한다. 사람과 사물에 깃든 정신 역시 이와 같다. 정신이 왕성하거나 쇠락하면 생명이 이를 따르니, 덕을 증진하고(進德) 학업을 닦고(修業) 일을 처리하고(處事) 사물을 대하는(接物) 데에 이르기까지, 어찌 정신이 오묘하게 작용하지 않음이 있겠는가? 그러므로 내가 지금 '신선이 되는' 정신학을 돌이켜서 '세상을 구제하고 성스러움에 들어가는'[279] 정신학으로 만든다. 아! 학인들이여.

此篇雖約, 而超凡入聖修眞條理, 瞭然該備. 況『天符經』旣又簡明精盡者乎. 勉而成之, 存乎其人矣. 雖事務忽忙之人, 誠能暇以進功, 足以效驗不差矣. 若反是而遠事絶物, 遺世成丹, 壽雖五六百歲, 而究竟何益於人世

씨候官嚴氏' 혹은 '후관엄기도候官嚴幾道' 등으로 불리기도 했다. 1877년에 영국으로 유학을 떠나 구(舊)왕립해군학교(지금의 그리니치대학)에 입학했고 1879년에 졸업 후 귀국해 중국의 근대 해군 인재를 양성하는 한편, 『천연론天演論』 등을 번역해 서구의 과학과 사상을 중국에 소개했다. 중국 근대의 형성에 큰 영향을 미친 인물로, 전병훈과 교우했으며 『정신철학통편』 앞머리에 실린 여러 대가의 평론 가운데 그의 찬평도 포함돼 있다. 엄복이 1853년 생으로, 1857년 생인 전병훈보다 나이는 네 살이 많았다.

278 '진량津梁'은 나루터와 다리로, 곧 수행의 방편을 비유한다.
279 원문에는 '濟事入聖'으로 되어 있는데, 문맥이 잘 통하지 않는다. '濟世入聖'의 잘못된 표기로 보고, 그에 따라 번역했다.

哉? 可稱爲守屍鬼耳. 余所以改作精神之公學者, 上可以成眞成聖, 而次
可以增益精神, 却病延年, 人各受益以濟世務之希望也. 嚴君幾道, 是兼
西學之哲學家, 嘗勸余曰: 西哲日講衛生, 而至於增益壽命, 終亦無術. 請
著此書, 以救世度人, 何可緩乎? 誠哉是言也. 人將以成己成物, 濟世經邦
之博學, 合致此書以作增益精神 · 延年益壽之大道津梁, 則盍亦各充其分
量乎?

矧乎日星爲天地之精神, 精神充旺則世泰而物盛. 精神之在人與物者,
亦猶是焉. 精神之旺衰, 生命從之, 以至進德. 修業 · 處事. 接物, 何逞非
精神爲妙用乎? 故余今以成仙之精神學, 回作濟事[世]入聖之精神學. 烏
乎! 學人.

또한 책을 엮은 뒤에, 『지원地元』²⁸⁰ 여러 글을 다시 살펴보았다. 이른바
'삼원三元'이란 것은, 구지중루九地重樓가 지원地元이고, 구전혼원九轉混元이 인
원人元이고, 구정신실九鼎神室이 천원天元이다. 법이 비록 셋으로 나뉘지만 수
련법은 하나다. (혹은 이르기를, 아홉 차례 제련해서 평범한 자석 · 기와 · 조약돌
을 보석으로 만드는 것을 '지원地元'으로 부른다고 한다.) 혹은 초탈超脫을 말하는
데, 둘째 아들이 태어나 다섯째 아들²⁸¹에 이르기까지 한 점이 변화해 영靈이
통하고 영으로 성스러움을 기르니, 범의 기운과 용의 검은빛이 없다. (첫째
아들이 기장 한 톨만 하다가 4~5개월 안에 아들을 낳고 손자를 낳는데, 다섯째 아들
에 이르면 스스로 증험할 수 있다.) 여섯째에서 아홉째 아들은 신실神室에 계란
모양으로 만들어진다. 조화가 내게 있고 내 목숨(命)이 내게 있으니, 단공丹功
이 이에 완성된다. 대개 신神이 출태한 뒤에는, 여순양의 뜻²⁸²에 한결같이

---

280 아래 전병훈의 주석을 보건대, 여기서 '지원地元'은 곧 『지원진결地元眞訣』을 가리킨다.
281 '둘째 아들(次子)' '다섯째 아들(五子)' 등은 단丹이 결성되어 성장하는 과정으로, 참나의 잉
    태라는 문맥에서 '아들'로 표현한 것이다.
282 여기서 '여순양의 취지(純陽之旨)'는, 제9장에서 여순양의 글을 인용해 "영아가 포태를 나오

의지해서 젖을 물려 먹이고 돌봐 기른다. 용이 여의주를 기르듯 하는 것이 연환煉還[283]의 요긴한 도(要道)로, 더 이상 다른 방법은 없다.

[『지원진결地元眞訣』[284] 여러 글을 다시 살펴보면, 단지 고요하게 지키며(守靜) 온양할 따름이다. 일찍이 '태를 옮기며 솥을 바꾼다'(移胎換鼎)는 설을 의심했는데, 대개 그 태를 허공의 거처로 옮겨, 이로써 거센 바람(罡風)[285]을 피해 온양한다는 뜻이다. 무릇 1백일 안에는, 우선 하관下關[하단전]에 두고 1백일간 주의하며, 2달간 목욕시킨다.[286] 1년간 화후가 족하면 영아를 상단전으로 옮기고, 단정히 두 손을 맞잡고 고요한 마음으로 자연에 합한다. 이것이 또 하나의 설이다. 하지만 스스로 증험하는 것이 가장 귀하다. 오직 고요함과 돈독함을 지키는 자라면 성공할 것이 틀림없다.]

又編成後, 再攷地元諸書. 所謂三元者, 九地重樓爲地元, 九轉混元爲人元, 九鼎神室爲天元. 法雖分三, 而煉法則一也. (又曰煉至九轉, 凡磁瓦礫成珍曰地元.) 且云超脫, 自次子産至五子, 則點化通靈, 以靈育聖, 無虎氣而龍黑也. (初子黍米一粒, 四五個月內産子産孫, 至五可以自驗.) 至六至九子, 則鑄神室雞子樣. 造化在我, 我命在我, 丹功乃完也. 蓋神出後, 一依純陽

면 모름지기 더욱 보호해 지키고, 젖을 물려 먹이며 온양해야 한다" 운운하는 유포온양乳哺溫養의 취지를 가리킨다.

283 '연환煉還'은 곧 내련內煉 환단還丹을 함축한다.

284 『지원진결地元眞訣』은 백옥섬白玉蟾이 지었다고 전하는 도서로,『장외도서藏外道書』제6책에 실려 있다. 땅에서 나왔다 하여 '지원地元'의 이름을 얻었는데, 그 저자가 실제로 백옥섬인지는 분명치 않다. 책의 '제사題辭'에 따르면, 명나라 가정(嘉靖, 1522~1566) 연간에 부마도위駙馬都尉였던 소백애邵伯崖에게 어떤 사람이 "남방에서 땅을 파다가 얻었다"며 이 책을 바쳤다고 한다. 책이 「虛無歌」「眞鉛歌」「眞汞歌」「眞土歌」「煉精化氣」「煉氣化神」「煉神還虛」「鼎器妙用」「鼎器歌」「元會眞機」등의 여러 가결歌訣로 이뤄져 있으므로 전병훈이 "지원 여러 글"이라고 말했다.

285 '강풍罡風'은 북풍北風 혹은 강풍强風의 거센 바람을 가리킨다.

286 전병훈이 제8장에서 "소위 '목욕시킨다(沐浴)'는 것은 마음을 씻고 생각을 깨끗이 하는 것"이라고 말한 바 있다.

之旨, 乳哺顧養, 如龍養珠者, 煉還之要道, 更無別法也. (再攷『地元眞訣』
諸書, 則只守靜溫養而已. 嘗疑移胎換鼎之說矣, 蓋遷其胎於虛空之處, 以避罡風
而溫養之意也. 凡百日之內, 先於下關住意百日, 沐浴兩個月, 一年火候足, 嬰兒
移在上丹田, 端拱冥心合自然. 此又一說, 然最貴自驗也. 惟守靜篤者, 成功無疑.)

이는 양신이 출태한 뒤에 몰라서는 안 되는 요법要法[287]이다. 여기에 진아
眞我, 상선上仙의 개요와 핵심이 이미 갖춰졌다. 그러니 학인들은 깊이 탐구하
고 독실히 믿은 뒤에, 규단閨丹[288] 등의 샛문과 사이비 설법에 현혹되지 말아
야 한다. 서양철학자 칸트가 말했다. "사람이 장생長生과 무병無病 두 가지를
보전하길 바라지만, 장생하려는 마음이 더욱 심하니, 덕을 닦고 도를 체득하
는 공을 폐지할 수 없다. 마음이 능히 스스로 주인이 되면 정신도 편안하고
조화로워 그 즐거움이 참되니, 그러므로 마음과 정신(心神)의 즐거움이 생명
의 유쾌함을 일으킨다." 훌륭한 말이로다! 그 정신설을 또한 하편下篇에 함께
싣는다.

此是陽神出胎後, 不可不知之要法也. 於是眞我上仙之總要肯綮已具, 然
學人深究篤信然後, 勿眩於閨丹等旁門近似之說乎. 西哲康德曰, "人欲長
生與無病兩全之, 長生之心爲更甚, 不可廢修德體道之功. 心能自主, 神
遂安和, 其樂乃眞, 故心神之樂, 可以興生命之愉快." 旨哉言乎! 其精神
說, 又具載下篇耳.

서양철학이 법률 중의 평등·자유설을 크게 창도했다. 그런데 무릇 천지
간에 자유로운 것으로, 용과 호랑이만 한 것이 없다. 하지만 그도 먹이를 탐

---

287 '요법要法'은 요체가 되는 중요한 법을 가리킨다.
288 '규단閨丹'은 방중술房中術을 가리킨다.

내는 욕망이 있으니, 그러므로 사람이 제어할 수 있다. 오직 성인과 신선만이 무욕無慾하니, 그러므로 세상이 그를 제어하지 못한다. 이야말로 참으로 더없이 높은 자유로, 학인이 이를 깨달을 수 있다. 아! 동아시아의 정신학이 위와 같으나, 방외方外에 사적으로 감춰져[289] 오늘에 이르렀는데, 서양철학은 정신의 공용功用을 능히 앞서 말하니 어쩌면 그렇게도 특별한 것인가! 지금 이후로 상호교환(互換)하여 조제調劑해야 마땅하니, 능히 세계를 좌우하면서 아울러 동포형제의 참된 즐거움을 즐긴다면, 그것은 반드시 정신겸성精神兼聖의 새로운 학문원리에 있을 것이다.[290] 아! 사람과 만물이 실로 정신이 아니라면 어찌 하루인들 생존할 수 있으리오! 스스로 경계하고 깨우칠 수 있다.

西哲盛道法律中平等自由說. 然凡天地間自由者, 莫如龍虎, 而因其有貪餌之慾, 故人得以制之. 惟聖仙無欲, 故世莫能制之. 是眞無上之自由也, 學人可以悟之. 烏乎! 東亞之精神學如上, 而私秘方外者至今, 西哲則能先言精神之功用, 何其特殊哉! 從玆以後, 可當互換調劑, 能左右世界, 兼善同胞兄弟之眞樂, 其必在精神兼聖之新學理乎. 噫! 人物苟非精神, 則安能一日生存者乎! 可自儆醒乎!

---

289 '방외方外'는 정치·경제·사회·문화·교육 등의 공식 영역(方內)을 넘어선, 비공식의 영역을 가리킨다. 동아시아의 전통에서 유교가 방내方內를 담당했다면, 도교의 연단술은 "방외에 사적으로 감춰진 것"(私秘方外者)이었다. 즉 사회의 비공식 영역에서 사적으로 은밀히 전승되었다는 뜻이다. 이는 지금도 마찬가지여서, 학교 교육이나 의학 같은 사회의 공식 영역에서 볼 때 내단학은 여전히 비공식의 사적인 영역에 머문다. 전병훈은 이런 한계를 넘어서, 이른바 '정신학'의 정립을 통해 내단학을 공공의 학문으로 재건립할 것을 주장했다.

290 서양의 철학과 과학, 그리고 동아시아의 정신학(내단학)이 서로 그 장점을 호환하여 조제할 것을 말하는 전병훈의 통찰은 오늘날에도 여전히 유효하다. 실제로 서양에서 명상·요가 등이 유행하고 그에 대한 과학 및 이론적 탐구가 갈수록 활발해지는 반면, 동아시아에서는 서양의 과학과 철학이 주류가 되었다. 하지만 전병훈이 말한 '상호 교환(互換)', '조제(調劑)'의 단계로 나아갔다고 보기는 어려우며, '정신학의 과학화'와 '과학의 정신화'는 여전히 인류 미래의 과제로 남아 있다.

아! 천지의 정신이 사람의 정신이 되는 이치가 이처럼 참되고 확실하다. 오직 수양을 잘해서 성명性命을 응결해 보존하는 사람이라야, 천지와 더불어 처음과 끝을 함께할 수 있다. 그러니 학인은 반드시 위에서 진술한 '하늘과 사람의 근원'(天人之源), '우주 한 마음'(宇宙一心), '국경 철폐'(破除國界), '오대주 형제'(兄弟五洲)를 먼저 밝게 알아야 한다. 그런 뒤 타고난 천성을 인간사에서 극진히 실천해 구현하면,[291] 곧 세상에 살면서 효제孝悌하고 자비롭고 선한 참나가 된다. 어진 사람이 하늘을 섬기면, [하늘의] 명을 받들어 뜻을 기르는 '하늘의 자식'(肖子)[292]으로 '으뜸가는 신선'(上仙)이 된다. 아, 지극하도다! 정신 겸성의 전문학이여. '심리철학'으로 뒤를 잇는다.

> 烏乎! 天地之精神, 爲人精神之理, 若是其眞的也. 惟其善能修養, 凝住性命者, 可與天地相終始. 然學人必先明乎上述天人之源, 宇宙一心, 破除國界, 而兄弟五洲, 然後克盡踐形於人事, 則在世爲孝悌慈善之眞我. 仁人事天, 爲顧命養志之肖子上仙矣. 烏乎至哉! 精神兼聖之專學也. 繼以心理哲學.

---

291 '천형踐形'은 타고난 천성을 실천하여 구현한다는 뜻이다. 맹자가 "形色, 天性也. 惟聖人, 然後可以踐形"(『孟子』「盡心上」)이라고 한 데서 유래했다.
292 '초자肖子'는 아버지를 빼닮은 아들로, 여기서는 하늘의 뜻을 받들어 실현하는 '하늘의 자식'이라는 문맥이다.

정신철학 상편 권2

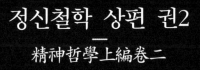

精神哲學上編卷二

서우曙宇 한인韓人 전병훈 편찬

曙宇韓人全秉薰編纂

제3편

심리철학

心理哲學

서론

緒言

사람의 자유는, 이치에 통달해 성인의 자리에 오르기만 한 것이 없다

人之自由, 莫如通理位聖者

심리는 하늘에서 근원한다. 정신이 곧 심리이고, 심리가 곧 도다. 도가 사람에게 있으니, 이로써 정을 기르고 신을 응결하면 곧 목숨을 보존하고 참나를 이루는 학문이 되고, 이로써 이치를 궁구하고 성품을 다하면 곧 세상을 경영하고 성인의 경지에 들어서는 학문이 된다. 그러니 어찌 정신과 심리를 구분할 수 있으랴? 그런데 내가 [정신과 심리] 두 편을 나누는 까닭은, '정신'[편]이 수양의 내공內攻에 전념했다면, '심리'편은 안팎을 총괄하여 성스럽고 참됨(聖眞)과 일용의 인간사(日用人事)를 합쳐 말하기 때문이다.

동아시아 도통道統의 전승은 심학心學을 위주로 한다. 하지만 경전이 흩어져 있어서 요령을 얻기 어렵다. 그러므로 진덕수眞德秀[1]가 『심경心經』과 『정

---

1   진덕수(眞德秀, 1178~1235)는 남송 후기의 이학자로, 본래 성은 신愼인데, 송 효종孝宗의 휘
     諱와 같은 연유로 성을 진眞으로 바꿨다. 자는 '실부實夫' '경원景元' '희원希元'이고, 호는 '서

경政經』을 편찬해서 그 요지를 드러냈다. 하지만 단지 유교의 종지만을 가려 뽑았을 뿐이니, 그 시대가 그랬다. 학문은 경험을 귀히 여기는데, 다른 2교 [道·佛]의 심리와 서양철학의 심리학 모두 실제 증험으로 진리를 대거 발명 한 것이니, 어찌 이단이라고 취하지 않을 수 있겠는가? 하늘의 마음으로 이 를 가늠하면 신·구 학문이 모두 한쪽에 치우침을 면치 못한 듯하니, 그러므 로 내가 부득이하게 취사 절충하고 새것과 옛것을 조제하여 이로써 겸성兼聖 과 원덕圓德[원만한 덕성]을 이루는 요지로 삼으며, 고금 여러 학파의 학설을 채록하여 이로써 본 편을 엮어 '하늘에서 근원하는 심리(原天心理)'를 대신 밝 힌다.

'심리'는 본성 안 원신元神의 한 점 영명靈明이 한 몸을 주재하고 만사를 처 리하는 것이다. 『천부경』에서 [본마음이] 본래 태양으로 밝게 빛난다"고 말 하여 또한 심리학의 비조가 되었는데, "변화를 활용해도 근본은 움직이지 않 는다"는 것이 실로 주요할 따름이다.

心理, 原天也. 精神, 卽心理. 心理卽道也. 道之在人, 以之養精凝神, 則爲 住命成眞之學, 以之窮理盡性, 則爲經世入聖之學也. 若是乎精神心理, 何可區分乎? 然余所以分作兩篇者, 精神專於修養之內功, 而心理篇則統 內外, 合聖眞日用人事而言也. 東亞道統之傳, 心學爲主, 而散在經傳, 難 得要領. 故眞西山(德秀)撰輯心政二經, 以示其要, 然只選儒宗而已, 其時 則然也. 蓋學貴經驗, 他二家(仙佛)心理與西哲心理學, 皆實驗而多發明 眞理者, 烏可以異端而不取乎? 若以天心律之, 凡新舊學, 恐未免均有一 偏, 故余不得已取舍折衷, 調劑新舊, 以成兼聖圓德爲要, 摭採古今諸家 說, 以纂此篇, 俾明原天之心理. 心理卽性內元神之一點靈明, 主宰一身, 宰制萬事者也. 『天符』云 "木太陽昂明"者, 亦爲心理學開山之祖, 而"用變

산西山'이다. 그는 학문상 주희를 계승하여 이른바 '서산진씨학파西山眞氏學派'를 창건하였 다. 『진문충공집眞文忠公集』이 전한다.

不動本"誠爲主要者耳.

엮은이(編者)가 쓰다.

編者識

제1장 심리는 본래 하늘에서 근원한다
第一章 心理本源於天

『주역』에서 말했다. "복復에서 천지의 마음을 볼 수 있다."[2]

『易』曰: 復其見天地之心乎.

【안설】 천지는 만물을 내는 것으로 마음을 삼는다.[3] 복復▦은 순음純陰 안에서 하나의 양(一陽)이 처음 움직이는 것으로, 하느님이 만물을 낳는 심리[4]를 주재하여 운용하고 발동하는 지점이다. 사람이 이런 이치를 품수해 얻어 이로써 마음을 삼으니, 그러므로 '인仁은 사람의 마음이다'[5]라고 한다. 어진 마음은 본래 하늘에서 근원한다. 그것이 하늘에서 근원하여 한 몸을 주재하고 성정性情·의지·감각·지식을 통솔하니, 그러므로 또한 "마음이 태극이다"[6] "삼계가 오직 마음이다"[7] "온갖 변화가 마음에 있다"고 말한다.

---

2   『주역·복괘復卦·단전彖傳』에 보인다.
3   "天地以生物爲心"은 주희朱熹가 남긴 명구이다.『맹자집주孟子集註』「공손추장구상公孫丑章句上」에 보인다.
4   전병훈이 이 책에서 말하는 '심리心理'는 글자 그대로 '마음의 이법'을 의미한다. 마음의 움직임이나 의식 상태를 다루는 경험과학의 한 분야로서 현대적인 심리(학)psychology과는 그 문맥이 다르다.
5   '仁人心也'는『맹자』「고자상告子上」에 보이는 구절이다.

【(秉薫)謹按】天地以生物爲心. 復乃純陰之裏, 一陽初動者, 即上帝主宰
生物之心理, 運用發行處. 人得稟受此理, 以爲心者也, 故云"仁人心也".
仁心即本源於天地. 以其源天而主宰一身, 統性情·意志·感覺·知識,
故亦曰"心爲太極""三界惟心""萬化在心"**8**也.

『예기』에서 말했다. "사람이 천지의 마음이다."**9**

禮曰: 人者, 天地之心也.

【안설】천지는 만물을 낳는 것으로 마음을 삼지만, 모름지기 사람을 통해 그
덕을 완성하지 않을 수 없다. 무릇 만물이 나서 자라고 거두고 저장하는데
(生長收藏), 사람 마음의 힘이 아니라면 어찌 그 공을 완성할 수 있겠는가? 그
러므로 하늘이 신령한 성인(聖神)을 내려보내 군주와 재상으로 삼으니, 군주
가 주재하고 재상이 보좌하며 서로 화합해 다스려**10** 이를 완성한다. 성인의
마음이 바로 천지의 마음임을 보니, 그 일하는 범위와 만물을 골고루 이뤄
주는 것이**11** 하느님의 마음을 우러러 체현해 실행치 않는 바가 없다. 그러
므로 "사람은 천지의 마음"이라고 말한다. 따라서 마음을 논하면서 그것이

---

6   북송의 소옹(邵雍, 1011~1077)이 『관물외편觀物外篇』에서 말했다.
7   송대의 도사 장백단張伯端이 말한 명구로, 이 구절을 제목으로 하는 시가 유명하다. 원문은
    다음과 같다. "三界惟心妙理, 萬物非此非彼, 無一物非我心, 無一物是我己."(「三界惟心」)
8   왕양명王陽明의 시에 나오는 구절로, 본래 시구는 "萬化根源總在心"이다. 원문은 다음과 같
    다. "人人自有定盤針, 萬化根源總在心"(「詠良知四首示諸生」)
9   『예기·예운禮運』에 보인다.
10 전권을 행사하는 '재제宰制'는 군주의 직능이고, 이를 보좌하는 '보찬輔贊'은 재상의 소임이
    며, 협화協和해 다스는 '섭리燮理'는 군주와 재상의 상호적 책무이다.
11 '범위제작範圍制作'은 성인이 천지와 같은 범위에서 마음을 정해 일한다는 뜻이고, '곡성만
    물曲成萬物'은 구석구석 만물을 두루 성취시킨다는 뜻이다. 『주역·계사상系辭上』의 "範圍
    天地之化而不過, 曲成萬物而不遺"에서 유래한다. 『노자』 제22장에서 "굽으면 온전하다"(曲即
    全)고 하는데, 이는 천지 만물이 구불구불 제 각자대로 살아가므로 어떤 획일적 기준으로
    사물을 재단할 수 없다는 통찰을 담는다. 성인은 천지만물의 이런 속성을 잘 알아 구석구
    석 살피며 만물의 살림을 성취시키는데, 그것이 곧 '곡성만물曲成萬物'이다.

하늘에서 근원함을 모른다면, 곧 마음을 모르는 것이다. 사람이 천지의
정·기·신을 받아서 사는 철리로 미뤄서 궁구하건대, 마음(心)과 정신(神)
의 허령虛靈한 지각이 하늘이 아니면 무엇이겠는가?

【謹按】天地以生物爲心, 然不能不須人以成其德. 凡生長收藏, 非人之心
力, 則安能成其功哉? 是以天降聖神, 以爲君相宰制輔贊燮理以成之. 觀
聖人之心卽天地之心, 其範圍制作曲成萬物, 毋非仰體上帝之心而行用.
故曰: "人者, 天地之心也." 是以論心而不知其源於天, 則不知心者也.
推究人受天地之精炁神, 以生之哲理, 則心神之虛靈知覺, 非天而何?

『상서』에서 말했다. "위대한 상제上帝께서 아래 백성에게 참된 속마음(衷)
을 내려 주시어, 그 한결같은 성품(恒性)을 따르게 하였다." 『시경』에서 말했
다. "상제께서 너를 내려다보고 계시니, 그대여 두 마음을 품지 말라."[12]

『書』曰: "惟皇上帝, 降衷下民, 若有恒性." 『詩』曰 "上帝臨汝, 無貳爾心."

【안설】사람이 마음을 꼭 붙들어(操心) 경계해 삼가고 두려워해야 마땅하다.
하느님께서 실제로 위에서 내려다보시는 듯이 삼간다면, 삿됨을 막고 정성
스러움을 보존하는 공부가 또한 근실하지 않겠는가? 위[『주역』, 『예기』]의
두 구절에서 '마음의 이치'(心理)를 이미 밝혔는데, 여기[『상서』, 『시경』]에서
는 '성품의 이치'(性理)를 아울러 말한다. '성품의 이치'가 곧 마음이다. 삿됨
을 막고 하늘을 섬기는 공이 더욱 명백하고 절실하다.

【謹按】人當操心, 戒愼恐懼. 懍若上帝之實臨其上, 則閑邪存誠之功, 不
亦謹實乎? 上兩節已明心理, 而此則兼言性理. 性理, 卽心也. 閑邪事天
之功, 加明且切也.

---

12 앞 구절은 『상서尙書·탕고湯誥』에, 뒤 구절은 『시경詩經·대아大雅·대명大明』에 보인다.
    "그대의 마음을 둘로 하지 말라(無貳爾心)"는 것은 곧 '두 마음을 품지 말라'는 뜻이다.

『시경』에서 말했다. "그대가 방 안에 있음을 보건대, 으슥한 구석에서도 부끄럽지 않도록 하라. 드러나지 않는다고 해서 나를 보는 이가 없다고 말하지 말라. 신령의 강림을 헤아릴 수 없는데, 하물며 싫어할 수 있겠는가."[13]

『詩』曰: 相在爾室, 尙不愧于屋漏. 無曰不顯, 莫予云覯. 神之格思, 不可度思, 矧可射思.

【안설】이는 사람이 하는 일을 신神이 본다는 말이다. 어두워 깜깜하니 나를 보는 자가 없다고 말하지 말라. 신이 너를 본다. 신이 만물의 본체가 되어 빠뜨리지 않음[14]이 이와 같으니 따라서 군자의 마음은 늘 경외敬畏를 보존한다. 경외는 마음을 보존하는 법문의 처음과 끝으로, 이것이 곧 심학心學의 절실한 공부이다. 아! 밝은 세계(陽界)는 태양이 다스리지 않는 바가 없으니, 심리가 하늘에 근원하는 것 역시 명백하지 않은가?[15]

【謹按】此言神見人之所爲也. 汝無謂幽昧不明無見我者. 神見汝矣, 蓋神體物不遺如是. 故君子之心, 常存敬畏. 敬畏爲存心之始終法門, 此乃心學之切功也. 烏乎! 陽界則太陽無所不統, 心理之原於天, 不亦明白乎.

13　『시경·대아·탕지십湯之什』에 보인다.
14　여기서 '만물의 본체가 되어 빠뜨리지 않는다'(體物不遺)는 구절은 『예기·중용』에 처음 보인다. 본래는 귀신의 덕을 말하는 구절의 일부였다.(神之爲德, 其盛矣乎! 視之而弗見, 聽之而弗聞, 體物而不可遺.) 이는 고대사회의 영혼숭배에서 유래했으며, 훗날 주희의 귀신론에서 논변의 주제가 되기도 했다.
15　'양계陽界'는 모든 것이 살아 있는 밝은 세계로, 죽은 뒤의 세상인 '음계陰界' 혹은 '유계幽界'와 대비된다. 전병훈은 앞서 본편의 서론에서 "본마음이 본래 태양으로 밝게 빛난다"[本心本太陽昂明]는 『천부경』의 구절을 인용해 "심리는 곧 본성 안 원신元神의 한 점 영명靈明이 한 몸을 주재하고 만사를 처리하는 것"이라고 설명하였다. 이처럼 신령스럽고 밝은 사람의 원신은 곧 하늘의 원신으로부터 비롯하는 것이니, 따라서 "심리가 하늘에서 근원한다"고 말한다. 즉 태양이 세상을 환히 비추듯이 사람은 밝은 마음으로 세상사를 골고루 살필 수 있는데, 이런 마음은 사람이 하늘로부터 부여받은 정신이 신령스럽고 밝게 작용하는 것이라는 문맥이다. 이를 다음 장에서는 '하느님이 부여한 양심'(上帝所賦之良心)이라고 하고, 그것이 또한 요·순이 서로 전한 심법에서 말하는 '도심道心'이라고도 한다.

제2장 인심·도심·정일의 요지
第二章 人心道心精一之旨

요·순이 말했다. "인심人心은 위태롭고 도심道心은 미약하다. 오직 정밀하고 한결같이 진실로 그 중심을 잡으라!"**16**

堯舜曰: 人心惟危, 道心惟微. 惟精惟一, 允執厥中.

【안설】 이는 만세토록 전하는 심학의 연원을 연 것이다. '정신' 편에서 이미 말했는데 여기서 거듭 밝히니, 그것이 심학의 비조가 됨을 중시하기 때문이다. 마음의 허령한 지각은 하나이되 나눠서 말하는 것으로, [본래부터 인심과 도심의] 두 마음이 있지 않다. 하느님이 부여한 양심이 바로 '도심'인데, 육신의 기(形氣)와 물욕의 사사로움에 이끌리면 반대로 '인심'이라고 일컫는다. 오직 정밀하게 관찰할 수 있어야 사욕에 물들지 않고 능히 하나를 지키니, 그러면 도에 적중해 극단으로 치우치지 않는다. 그리하여 위태로운 것[인심]이 안정되고 미약한 것[도심]이 드러나며, 움직이고 고요하고 일하고 행하는 것에 과하거나 모자란 편차가 없게 되니, 비로소 천심天心에 합치한다.

【謹按】 此啓萬世心學之淵源者. 精神篇已言之. 然中明于此, 以重其爲

---

16 『서경書經·우서虞書·대우모大禹謨』에 보인다.

心學開山之祖也. 蓋心之虛靈知覺, 則一而分以言之者, 非有二心也. 上帝所賦之良心, 是道心, 而爲牽於形氣物慾之私, 則謂之人心也. 惟能精察者不雜乎私慾而能守一, 則中道而無適, 故危者安, 微者顯, 而動靜事爲無過不及之差, 始合於天心矣.

도표로 하면 다음과 같다.

開圖於左.

```
        道 心                        源 天
                     感發
                      上
      七情                        四端

                              惻   辭   恭   是
                              忍   讓   敬   非
 欲   愛   哀   喜   心        之   之   之   之
      惡   樂   怒   一        心   心   心   心
                    也
                    而
                    發
                    於
 爲   節   天   初  〔 〔      純   天   公   乃
 人   則   理   發   肉  腦    乎   理   者   道
 慾   流   過   亦   團  中    全   之   是   心
                    識  元
                    神  神
                    者, 者,
 名   貨   鼻   耳   形  純    精   一   無   道
      利   四   目   氣  全    則   則   偏   心
      功   肢   口   私  天    省   靜   私   乃
                    慾  理    察   存   之   全
                    卽  卽    而   自   害   矣
                    人  道
                    心  心
 國   竟   而   肉 〕 〕
 不   至   不   心
 亦   亡   能   之
 危   身   制   欲
 哉   僨   則   縱
```

[도표 번역]¹⁷ 하늘에서 근원하는 도심이 [사물에] 감응하여 사단과 칠정이 일어난다. 옳고 그름을 가리는 마음(是非之心), 공경하는 마음(恭敬之心), 사양하는 마음(辭讓之心), 측은해하는 마음(惻忍之心)이 곧 도심이다. 공변되면(公) 천리天理가 순수하고 온전해지니, 도심이 이에 온전하다. 편벽되고 사사로운 해악이 없으면 한결같이 고요함을 보존하고, 스스로 정밀하면 성찰이 이뤄져 마음이 전일하다.

기쁘고(喜) 성내고(怒) 슬프고(哀) 즐겁고(樂) 애착하고(愛) 미워하고(惡) 욕망하는(欲) 감정(뇌 가운데의 원신元神은, 순전한 천리로 곧 도심이다. 몸뚱이의 식신識神은, 형기形氣의 사욕私慾으로 곧 인심이다)에서 일어나는 마음도 처음 발동할 때는 역시 천리이지만, 절도를 넘으면 인욕으로 흐른다. 귀와 눈과 입과 코(耳目口鼻), 팔다리(四肢), 재물과 이익, 공명심, 육신에 깃든 마음(肉心)의 욕망이 방종해서 제어할 수 없다면, 곧 몸을 망치고 나라가 망하는 지경에 이르니, 또한 위태롭지 않은가?

[도표 원문] 源天道心, 感發四端七情, 是非之心, 恭敬之心, 辭讓之心, 惻忍之心, 乃道心. 公者, 是天理之純乎全, 道心乃全矣. 無偏私之害, 一則靜存, 自精則省察而心一也. 而發於(腦中元神者, 純全天理卽道心, 肉團識神者, 形氣私慾卽人心)喜怒哀樂愛惡欲, 初發亦天理, 過節則流爲人慾. 耳目口鼻四肢貨利功名, 肉心之欲, 縱而不能制, 則竟至亡身僨國, 不亦危哉?

이것이 동아시아 인심·도심의 개요다. 신경神經의 제반 논의는 뒷장에 갖춰져 있다. 하지만 신神에 원신·식신의 구별이 있다는 것은 중국과 서양의 여러 학문이 꿰뚫지 못했던 바로, 오직 도가와 요·순이 이를 드러내 밝혔다. 학인들이 먼저 원신과 식신을 밝게 구별한다면, 그런 뒤에 인심·도심의 작용을 정밀히 관찰할 수 있을 것이다. 그런데 서양철학의 심리학설은 아직

---

17 위 도표에서 원문을 추출해 평이하게 서술하여 이를 번역했다.

여기까지 보지 못했으니, 어찌 마음을 다하지 않을 수 있겠는가? 아! 우리 동아시아의 심리학이 또한 『천부경』을 얻은 이후에 뇌신경(腦神)과 도심의 이치가 더욱 정미롭고 명백하게 되었다.

此乃東亞人心道心之槪要也. 神經諸論, 乃備於左. 然神有元神識神之別者, 乃中西諸學之所不透也, 而惟道家與堯舜發明之也. 學人苟能先明乎元神識神之別, 然後乃能精察人心道心之用矣. 然西哲心理學說, 尙未見及於此也, 可不盡心乎. 嗟! 我東亞心理學, 又得 『天符』以後, 腦神道心之理, 愈臻精美明白耳.

제3장 마음의 체용, 언행을 정성스럽고 근실하게 하기
第三章 心之體用, 言行誠謹

『주역』에서 말했다. "조용히 움직이지 않고 있다가 감응하여 마침내 천하 모든 일에 통달하게 된다."[18] 또한 말했다. "평소에 말을 미덥게 하고 평소에 행동을 삼가서 사특함을 막고 그 진실함을 보존한다."[19] 또한 말했다. "마음을 깨끗이 씻어 은밀한 곳에 감추어 둔다."[20]

『易』曰 "寂然不動, 感而遂通天下之故." 又曰 "庸言之愼, 庸行之謹. 閑邪存其誠." 又曰 "洗心, 退藏於密."

【안설】 공자의 이 말은 마음의 본체와 작용을 말한다. 고요하고 담박하며(寂湛) 영명해서 움직이지 않는 것이 성품의 리理요, 마음의 본체다. 사물에 감응해서 마침내 온갖 차이(萬殊)[21]에 통달하고, 이로써 온갖 사물을 주재하는 것은 마음의 작용이다. 본체가 확립되고(體立) 작용이 행해지는(用行) 것[22]이

---

18 『주역 · 계사상繫辭上』의 글이다.
19 『주역 · 건괘乾卦 · 문언文言』에 보이는데, '庸言之愼'이 본래는 '庸言之信'이다.
20 『주역 · 계사상』의 글이다.
21 '만수萬殊'는 천차만별인 사물의 다양한 현상, 온갖 변화를 가리킨다.
22 '체립體立' '용행用行'은 주희 체용론의 개념이다. 『중용장구中庸章句』에 "본체가 확립되고

본래부터 이와 같으며, 요령은 일상 언행을 삼가는 데 있다. [마음의] 먼지와 때를 씻고 사특함을 막으면 신神이 절로 보존되고 성실하며 총명해지니, 특히 마음공부(心功)의 절실한 요체가 된다.

【謹按】孔子此言心之體用也. 其寂湛而靈明不動者, 性之理也, 心之體也. 感於物而遂通萬殊之故, 以宰制之者, 心之用也. 體立用行, 本自如是, 而要在庸謹言行. 洗滌塵垢以閑邪, 則神自存而誠實精明矣, 極爲心功切要.

기자가 『홍범』에서 말했다. "생각하는 것을 슬기롭다고 하고, 슬기로움은 성스러움을 만든다." 『상서』에서 말했다. "정의롭게 일을 처리하고, 예의로 마음을 다스린다."[23]

箕子 『洪範』曰 "思曰睿, 睿作聖." 『書』曰 "以義制事, 以禮制心."

【안설】경전에서 "마음의 기능은 생각하는 것이니, 생각하면 얻는다" "생각하지 않으면 미혹된다"[24]고 하니, 역시 이런 뜻이다. 하지만 생각에도 올바르고(正) 사특한(邪) 구분이 있다. 생각이 순수하고 올발라서 예지가 열리면, 실로 성스러워지는 기틀이 된다. 진실로 단군 성조의 마음공부와 같다. "정의롭게 일을 처리하고, 예의로 마음을 다스리는" 것이 곧 마음을 다잡고 일을 성사시키는 요령이다.

【謹按】經曰 "心之官則思, 思則得之." "不思則罔" 亦此意也. 然思有正邪之分. 思純乎正而睿開者, 誠爲作聖之基. 誠與檀祖之心學, 同一也. 以義制事, 以禮制心, 卽操心濟事之要也.

난 뒤에 작용이 이로 인해 행해진다(體立而後用有以行)"는 구절이 보인다.

23　『상서尙書·상서商書』의 글이다.

24　『맹자·고자상』에서 "心之官則思, 思則得之, 不思則不得也"라고 한다. "不思則罔"은 『논어·위정』의 "學而不思則罔"에서 왔다.

『주역』곤坤괘 육이六二에서 말했다. "군자는 경건함으로 내면을 곧게 하고, 의로움으로 밖에 드러나는 행동을 방정하게 한다. 경건함과 의로움이 서면 덕이 고립되지 않는다." "마음이 곧고 광대하면 따로 배우지 않아도 불리함이 없으니, 그 행하는 바를 의심하지 않는다."

『易』坤之六二曰: 君子敬以直內, 義以方外. 敬義立而德不孤. 直方大, 不習, 無不利. 則不疑其所行也.

【안설】 정자程子가 말했다. "마음을 하나로 집중하는(主一) 것을 경敬이라고 한다. '내면을 곧게 함(直內)'은 마음을 하나로 집중한다는 뜻이다. 감히 속이거나 거만하지 않고 으슥한 방구석에서도 부끄러울 게 없도록 하니, 그것이 모두 경敬이다. 다만 이를 오랫동안 함양하면 자연스레 천리가 밝아진다."[25]
【謹按】 程子曰 "主一之謂敬, 直內主一之義, 至於不敢欺・不敢慢, 尙不愧于屋漏, 皆是敬也. 但此涵養久之, 自然天理明."

구산 양씨龜山楊氏[26]가 말했다. "그 정성스런 마음을 다하여 허위가 없는 것이 이른바 '곧음(直)'이다. 이를 일에 시행하면 두터움과 얇음(厚薄) 번영과 쇠퇴(隆殺)[27]가 일정하여 바꿀 수 없으니, 방정함이 있게 된다."

龜山楊氏曰: "盡其誠心而無僞焉, 所謂直也. 若施之於事, 則厚薄隆殺一定而不可易, 爲有方矣."

---

25 『하남정씨유서河南程氏遺書』 권제16에 보인다.
26 정이천程伊川 문하의 양시(楊時, 1053~1135)를 가리킨다. 말년 구산龜山에 은거하여 학자들이 '구산선생'으로 불렸고, 저서로 『구산집龜山集』이 있다.
27 '후박厚薄'은 후하고 박한 것이며, '융쇄隆殺'는 융성하고 쇠퇴하는 것이다.

마음을 보존하고 일 처리 하는 공부로, '마음에 정성(誠)과 경건(敬)을 지키면서 밖에 드러나는 행동을 방정하게 하기'만 한 것이 없다. 정성과 경건이 마음을 보존하는 요체가 된다.

蓋存心應事之功, 莫如心存誠敬而方外也. 誠敬爲存心之切要也.

제4장 분노를 경계하고 탐욕을 막아 개과천선하기
第四章 懲忿窒慾遷善改過

손괘損卦 상象에서 말했다. "산 아래 연못이 있는 것이 손損▤이다. 군자는 이로써 분노를 경계하고 탐욕을 막는다."

損之象曰: 山下有澤損, 君子以懲忿窒慾.

익괘益卦 상象에서 말했다. "바람이 불고 우레가 치는 것이 익益▤이다. 군자는 이로써 선善을 보면 실행하고 잘못이 있으면 고친다."

益之象曰: 風雷益, 君子以見善則遷, 有過則改.

【안설】분노를 경계하고 탐욕을 막으며, 잘못이 있으면 능히 고치는 것이 마음공부의 요체다. "마음을 깨끗이 씻어 은밀한 곳에다 감추어 둔다"[28]는 것 역시 잘못을 고치며 덕업을 닦는다는 뜻이다.

【謹按】懲戒其忿, 窒塞其慾, 過而能改者, 爲心功之切要也. 若曰洗心退

---

28 『주역 · 계사상繫辭上』의 말로 앞에서 이미 인용했다.

藏於密者, 亦改過而進修之意也.

공자는 네 가지를 끊었다. 뜻대로 하지 않고(毋意), 반드시 하고자 하지 않고(毋必), 고집하지 않고(毋固), 나를 내세우지 않았다(毋我).

孔子絶四, 毋意 · 毋必 · 毋固 · 毋我.[29]

【안설】 여기서 '의意'란 사사로운 뜻이고, '나(我)' 역시 사사로운 자기를 말한다.
【謹按】 意卽私意, 我亦私己也.

---

29 『논어論語 · 자한子罕』에 보인다.

제5장 공자 문하에서 전수한 심법의 요지
第五章 孔門傳授心法之要

안연顏淵이 인仁에 관해 묻자, 공자가 말했다. "극기복례克己復禮[30]가 인이다. 하루라도 사욕을 이기고 예로 돌아가면, 천하가 인으로 돌아간다. 인을 행하는 것이 자기에게 달려 있지 남에게 달렸겠느냐?" 안연이 그 조목을 묻자, 공자가 말했다. "예가 아니면 보지 말고, 예가 아니면 듣지 말고, 예가 아니면 말하지 말고, 예가 아니면 움직이지 마라." 안연이 말했다. "제가 비록 불민하나 이 말씀을 받들길 청합니다."[31]

顏淵問仁. 子曰: 克己復禮爲仁. 一日克己復禮, 天下歸仁焉. 爲仁由己, 而由人乎哉? 顏淵請問其目. 子曰: 非禮勿視, 非禮勿聽, 非禮勿言, 非禮勿動. 顏淵曰: 回雖不敏, 請事斯語.

【안설】 이 극기복례의 가르침은 곧 요·순 정일집중精一執中[32]의 뜻이다. 예

---

30 사욕을 이기고 예로 돌아가는 것, 혹은 예를 회복하는 것이다.
31 『논어·안연顏淵』에 보인다.
32 요堯가 순舜에게 선양을 하며 전했다는 유명한 교훈으로,『서경書經·우서虞書·대우모大禹謨』에 보인다. "人心惟危, 道心惟微, 惟精惟一, 允執厥中."

는 하늘의 이치가 절도 있게 드러난 무늬요, 인간사의 마땅한 준칙(儀則)**33**
이다. 마음에 하늘의 이치(天理)를 보존하고 그 사사로움을 이겨 제거한다
면, 곧 성스러움을 회복하는 공이 아니겠는가? 사씨謝氏가 말했다. "모름지
기 성질이 편벽되어 극복하기 어려운 곳부터 극복해 나가야 한다."**34** 하지
만 편벽됨을 극복해 변화하는 공부야말로, 내가 증험하기 가장 어렵다고 여
기는 것이다. 이는 공자가 하느님의 심리를 우러러 체현해서 심법心法의 도
통道統으로 전수한 것이다. 학인이 마음을 다하고(盡心) 하늘의 뜻을 알(知
天)**35** 수 있다면, 이에 어짊(仁)을 알고 어짊을 행한다. 어짊은 곧 사랑의 원
리(愛之理)**36**니, 마치 춘원春元**37**에 만물을 낳는 것과 같다.

【謹按】此克己復禮之訓, 卽堯舜精一執中之旨, 而禮是天理之節文, 人事
之儀則. 心存天理而克去己私, 則不是復聖之功乎? 謝氏云 "須從性偏難
克處克將去." 然克偏變化之功, 余以爲驗之最難. 此是孔子仰體上帝之
心理, 而爲傳授心法之道統也. 學人可以盡心知天者, 乃知仁行仁. 仁卽
愛之理, 如春元之生物者也.

중궁仲弓이 어짊에 대해 묻자 공자가 말했다. "문밖에 나서면 큰 손님을 뵙
듯이 하고, 백성 부리기를 큰 제사 받들기처럼 하라. 자기가 바라지 않는 바
를 남에게 베풀지 마라. 나라에 원망이 없고 집안에 원망이 없게 하라." 중궁
이 말했다. "제가 비록 불민하나 이 말씀을 받들길 청합니다."**38** 공자가 또한
말했다. "안회는 그 마음이 석 달 동안 어짊을 어기지 않았다."**39**

---

33 의칙儀則은 사람이 마땅히 지켜야 할 규칙이나 규범을 가리킨다.
34 사씨謝氏는 곧 사량좌謝良佐로, 이 구절은 주희의 『논어집주』 「안연顔淵」편에 보인다.
35 '진심盡心' '지천知天'은 『맹자・진심盡心』에서 강조하는 바이다.
36 "仁者, 愛之理"라는 주희의 언명은 『논어집주論語集註』 「학이學而」 등에 보인다.
37 춘원春元은 봄의 근원으로, 보통 정월초하루를 가리킨다.
38 『논어・안연顔淵』에 보인다.
39 『논어・옹야雍也』에 보인다.

仲弓問仁. 子曰: 出門如見大賓, 使民如承大祭. 己所不欲, 勿施於人. 在邦無怨, 在家無怨. 仲弓曰: 雍雖不敏, 請事斯語. 孔子又曰: 回也其心三月不違仁.

【안설】주자가 말했다. "경敬으로 자기를 지키고 서恕로 남에게 미치면, 사사로운 뜻이 용납되는 바가 없어 마음의 덕이 온전해진다." 대개 군자가 마음을 잡는 공부는 그 극치를 쓰지 않는 때가 없으니, 본체가 확립되고(體立) 작용이 행해지는(用行) 것이 어디에 가도 절도에 맞지 않음이 없다. 이 역시 공자 문하에서 전수한 심법의 요체다. 어짊은 하늘에서 근원하는 도심道心이다. 훗날 유가에서 심리를 논하는 것이 더욱 상세해졌지만, 체험하고 실천하기에 이보다 더 긴요한 것은 없다.

【謹按】朱子曰 "敬以持己, 恕以及物, 則私意無所容而心德全矣."[40] 蓋君子操心之功, 無時不用其極, 而體立用行, 無往不中節矣. 此亦孔門傳授心法之要. 仁則源天之道心也. 後儒之論心理, 雖若加詳, 而體驗實踐, 莫要於此矣.

---

40 『논어집주論語集註 · 안연顏淵』에 보인다.

제6장 뜻을 성실히 하고 마음을 바로 하기
第六章 誠意正心

　『대학』[에서 말했다.] "이른바 '그 뜻(意)을 성실히 한다'는 것은 자신을 속이지 않는 것이다. 악을 미워하기를 나쁜 냄새를 싫어하듯이 하고, 선을 좋아하기를 좋은 색을 좋아하듯이 한다. 이를 일러 '자겸自謙'[41]이라고 한다. 그러므로 군자는 반드시 그 홀로를 삼간다. 소인은 한가히 머물며 착하지 않은 짓을 하되 못 하는 바가 없다가, 군자를 본 뒤에 겸연쩍게 그 착하지 않음을 감추고 착한 척을 한다. 그러나 남들이 자기 보기를 그 폐와 간을 들여다보듯이 하니, 무슨 유익함이 있겠는가? 이를 일러 '마음속에서 성실하면 겉으로 드러난다'고 한다. 그러므로 군자는 반드시 그 홀로를 삼간다. 증자가 말하길 '열 눈이 지켜보는 바이고 열 손이 가리키는 바이니, 그 엄중함이여!'라고 했다. 부유함은 집을 윤택하게 하지만, 덕은 몸을 윤택하게 한다. 마음이 넓으니 몸이 편안해진다. 그러므로 군자는 반드시 그 뜻을 성실하게 한다."[42]

41　'자겸自謙'은 외적인 것이 아니라 내면에서 만족을 찾는다는 문맥에서 '자기 만족' 또는 '자기 충족'을 의미한다.

『大學』: 所謂誠其意者, 毋自欺也. 如惡惡臭, 如好好色. 此之謂自慊. 故君子必愼其獨也. 小人閒居爲不善, 無所不至, 見君子而後, 厭然揜其不善而著其善. 人之視己, 如見其肺肝然, 則何益矣? 此謂誠於中形於外, 故君子必愼其獨也. 曾子曰: 十目所視, 十手所指, 其嚴乎! 富潤屋, 德潤身. 心廣體胖. 故君子必誠其意.

【안설】 '뜻'(意)은 마음이 발동하는 곳이다. 그러므로 그 마음을 바르게 하려면, 반드시 먼저 그 뜻을 정성스럽게 해야 한다. '홀로'(獨)란 다른 사람은 모르는 바로, 자기만 혼자 아는 지경이다. 반드시 그 의념意念[43]이 움직이거나 움직이지 않으려고 하는 기미를 잘 살펴서 선을 행하고 악을 제거하면, 곧 뜻을 정성스럽게 하는 절묘한 공부이다.

【謹按】 意者, 心之所發. 故欲正其心, 必先誠其意也. 獨者, 人所不知而己所獨知之地. 必察其意念欲動未動之幾, 而爲善去惡, 乃誠意之切功也.

"이른바 '몸을 닦음이 그 마음을 바르게 함에 있다'는 것은, 마음에 분하고 노여워하는 바가 있으면 그 바름을 얻지 못하고, 두려워하는 바가 있으면 그 바름을 얻지 못하고, 좋고 싫은 바가 있으면 그 바름을 얻지 못하고, 근심하는 바가 있으면 그 바름을 얻지 못하는 것이다. 마음이 없으면 보아도 보이지 않고, 들어도 들리지 않고, 먹어도 그 맛을 알지 못한다. 이를 일러 '몸을 닦음이 그 마음을 바르게 함에 있다'고 한다."[44]

所謂修身在正其心者, 心有所忿懥, 則不得其正. 有所恐懼, 則不得其正.

---

42   『대학』 제6장에 보인다.
43   여기서 '의념意念'은 뜻(意)이 움직여서 처음 염두에 두는 상태, 내지는 염두念頭에 두는 뜻을 가리킨다. 의념의 기미를 살펴서 제어한다는 것은, 비유컨대 움직이기 시작하는 한 마리 말이 뜻(意)이라면 그 말고삐를 잡아채는 것인 셈이다.
44   『대학』 제7장에 보인다.

有所好惡,**45** 則不得其正. 有所憂患, 則不得其正. 心不在焉, 視而不見,
聽而不聞, 食而不知其味, 此謂修身在正其心.

【안설】네 가지**46**는 모두 마음의 작용인데, 하나라도 생겨 과도해지면 반드
시 그 올바름을 잃는다. 그러므로 성찰하는 공부가 뜻을 정성스럽게 하고
마음을 바르게 하는(誠正: 誠意正心) 가장 긴요한 것이 된다. 마음을 물에 비유
하면, 뜻은 풍랑이다. 바람이 불지 않으면 물결도 일어나지 않으니, 곧 물이
저절로 맑고 고요해진다. 그러므로 '맑은 거울과 고요한 물'(明鏡止水)이라는
말이 있으니, 스스로 체험할 수 있다면 유익하다. 이 '성의誠意' '정심正心' 두
장은 학인의 동공動功**47**에서 절실하게 필요한 것이다.

【謹按】四者皆心之用, 然一有之而過度, 則必失其正矣. 是以省察之功,
爲誠正之最要者. 心譬之水, 則意是風浪. 風不動, 浪不起, 則水自淸靜.
故有曰明鏡止水者, 自可取驗有益也. 此誠正兩章, 竊爲學人動功之切
要者也.

『중용』[에서 말했다.] "하늘이 명한 것을 성性이라 하고, 성을 좇는 것을 도
道라고 하고, 도를 닦는 것을 교敎라고 한다. 도는 한순간도 떠날 수 없으니,
떠날 수 있다면 도가 아니다. 따라서 군자는 보이지 않는 데서 삼가고 들리
지 않는 것을 두려워한다. 숨기는 것보다 잘 보이는 게 없고, 하찮은 것보다
잘 드러나는 게 없다. 그러므로 군자는 반드시 그 홀로를 삼간다. 희로애락
이 아직 일어나지 않음을 '중中'이라 하고, 일어나 모두 절도에 들어맞음을

---

45 『대학』의 원문은 '有所好樂'으로 '좋고 즐거워하는 바가 있으면'이라는 뜻이다. 하지만 여기
    서는 『정신철학통편』의 표기대로 '有所好惡'을 살려 '좋고 싫은 바가 있으면'으로 번역했다.
46 위 『대학』의 인용문에서 말하는 분치忿懥(분노), 공구恐懼(두려움), 호오好惡(좋고 싫음),
    우환憂患(근심)을 가리킨다.
47 '동공動功'은 마음이 움직일 때 그것을 다스리는 공부를 말한다.

'화和'라고 한다. '중'은 천하의 큰 근본이요, '화'는 천하의 마땅한 도이다. '중화'에 이르면 천지가 자리를 잡고 만물이 발육한다."

『中庸』: 天命之謂性, 率性之謂道, 修道之爲敎. 道也者, 不可須更[臾]離也,⁴⁸ 可離非道也. 是故君子戒愼乎其所不覩, 恐懼乎其所不聞. 莫顯乎隱, 莫顯乎微. 故君子必愼其獨也. 喜怒哀樂之未發謂之中, 發而皆中節謂之和. 中也者, 天下之大本也, 和也者, 天下之達道也. 致中和, 天地位焉, 萬物育焉.

【안설】주자가 말했다. "자사子思는 도의 큰 근원이 하늘에서 나와 바뀌지 않고, 그 실체가 자기에게 갖춰져 떠날 수 없음을 먼저 밝혔다. 다음으로 착한 본성을 보존해 기르고 성찰하는 요령을 말했다. 끝으로 신령한 성인(聖神)의 공적과 교화의 극치를 말했다." 또한 말했다. "군자의 마음은 항상 경외함이 있어 비록 보고 듣지 않아도 또한 감히 소홀치 않으니, 그리하여 천리天理의 본연을 보존해 잠시도 떠나지 않게 한다."⁴⁹ 호계수胡季隨⁵⁰가 말했다. "경계하고 두려워하는 것은, 이로써 희로애락이 아직 발생하기 전에 함양하는 것이다. 홀로를 삼가는(愼獨) 것은, 희로애락이 이미 발생한 뒤에 성찰하기 때문이다." 마음공부가 여기에 이르면 천지가 자리를 잡고 만물이 발육하니, 성인이 할 수 있는 일을 마친다. 그러나 공자도 "나이 일흔에 마음 내키는 대로 따라도 법도에 어긋남이 없었다"고 말했으니, 마음공부의 어려움을 가히 볼 수 있다.

【謹按】 朱子曰"子思首明道之大源出於天而不可易. 其實體備於己而不可離, 次言存養省察之要, 終言聖神功化之極." 又曰"君子之心, 常存敬畏, 雖不見聞, 亦不敢忽, 所以存天理之本然, 而不使離於須更[臾]⁵¹之

---

48 여기서 '갱更'은 '유臾'의 오자로, 『중용』원문은 "道不可須臾離也"이다. 『중용』원문에 따라 번역했다.

49 주희의 『중용장구中庸章句』에 보이는 구절이다.

50 호계수胡季隨는 남송 이학가로, 호굉(胡宏, 대략 1105~1155 혹은 1106~1162)의 아들인 호대시(胡大時, ?~?)를 가리킨다. '계수季隨'는 호대시의 자字이다.

頃也." 胡季遂[隨][52]曰"戒懼者, 以涵養於喜怒哀樂未發之前. 愼獨者, 所
以省察於喜怒哀樂已發之後." 心功到此, 天地位而萬物育矣, 聖人之能
事畢矣. 然孔子云七十從心所欲不違矩者, 可見心功之難也.

『예기』에서 말하길 "군자는 예악禮樂을 잠시라도 몸에서 뗄 수 없다"고 하
니, 태만하고 삿된 마음이 들어오기 때문이다. "간사한 소리와 음란한 색을
귀와 눈에 두지 않고, 음란한 음악과 사특한 예절을 마음에 접하지 않는다"[53]
고 하니, 마음과 지혜와 몸과 이목구비가 모두 순정함에서 비롯하여 그 의로
움을 행한다.

『禮』曰 "君子, 禮樂不可斯須去身",[54] 怠慢邪僻之心八[入][55]之矣. "姦聲
亂色, 不留聰明, 淫樂慝禮, 不接心術." 使心智百體耳目鼻口, 皆由純正
以行其義.

【안설】 예악으로 몸과 마음을 다스리니, 역시 공자 문하에서 마음을 전한 요
령이다.
【謹按】禮樂以治身心, 亦孔門傳心之要.

---

51   위와 같이 여기서 '更'도 '更'의 오자이다. 『중용』 원문에 따라 번역했다.
52   본문의 '遂'는 '随'의 오자이다.
53   『예기·악기樂記』에 보이는 글이다.
54   『예기·악기』의 원문은 약간 달라 다음과 같다. "君子曰, 禮樂不可斯須去身."
55   『정신철학통편』 여러 판본에 '八'로 되어 있다. 문맥상 '入'이 합당하다.

제7장 맹자 심리의 요지
第七章 孟子心理之要

  맹자가 말했다. "사람은 모두 남의 고통을 참지 못하는 마음(不忍人之心)이 있다. 옛 임금에게 남의 고통을 참지 못하는 마음이 있으니, 이에 남의 고통을 참지 못하는 정치를 행했다. 남의 고통을 참지 못하는 마음으로 남의 고통을 참지 못하는 정치를 행하니, 천하 다스리기를 손바닥 위에서 운영할 수 있었다. 사람은 모두 남의 고통을 참지 못하는 마음이 있다고 말하는 까닭은, 지금 어떤 사람이 갑자기 어린애가 우물 속에 빠지려는 것을 본다면 누구나 놀라고 측은해하는 마음을 가질 것인데, 어린애의 부모와 교분을 맺으려 해서도 아니고, 고을과 친구에게 명예를 얻고자 해서도 아니며, 또한 그 오명을 듣기 싫어서도 아니다.

  이로 말미암아 보건대, 측은해하는 마음이 없으면 사람이 아니고, 잘못을 부끄러워하고 악을 미워하는 마음이 없으면 사람이 아니고, 옳고 그름을 가리는 마음이 없으면 사람이 아니다.[56] 측은해하는 마음은 인(仁)의 단서이고,

---

56   『맹자』 원문에는 이 구절 중에 "사양하는 마음이 없으면 사람이 아니다(無辭讓之心, 非人也)"라는 구절이 있다.

잘못을 부끄러워하고 악을 미워하는 마음은 의義의 단서이고, 사양하는 마음은 예禮의 단서이고, 옳고 그름을 가리는 마음은 지知의 단서이다. 사람에게 이 사단이 있는 것은 그에게 두 손과 두 발이 있는 것과 같다. 이 사단四端이 있는 데도 스스로 할 수 없다고 말하는 자는 자신을 해치는 자이다. 무릇 내게 사단이 있는 것을 모두 넓혀서 채울 줄 안다면, 그것은 마치 불이 처음 타오르고 샘물이 처음 솟아나는 것과 같으니, 만약 그것을 채울 수 있다면 족히 온 세상을 보전하지만, 만약 그것을 채울 수 없다면 부모를 모시기에도 충분치 않다."[57]

孟子曰: 人皆有不忍人之心. 先王有不忍人之心, 斯有不忍人之政矣. 以不忍人之心, 行不忍人之政, 治天下可運於掌上. 所謂[58]人皆有不忍人之心者, 今人乍見孺子將入於井, 皆有怵惕惻隱之心, 非所以內交於孺子之父母也, 非所以要譽於鄕黨朋友也, 非惡其聲而然也. 由是觀之, 無惻隱之心, 非人也. 無羞惡之心, 非人也. 無是非之心, 非人也. 惻隱之心, 仁之端也. 羞惡之心, 義之端也. 辭讓之心, 禮之端也. 是非之心, 知之端也. 人之有是四端, 猶其有四體也. 有是四端而自謂不能者, 自賊者也. 凡有四端於我者, 知皆擴而充之矣, 若火之始燃, 泉之始達. 苟能充之, 足以保四海. 苟不充之, 不足以事父母.

【안설】맹자가 사단의 마음을 발명하고 가르친 것은, 세상을 밝게 계몽했다고 말할 수 있다. 사람의 심리가 이보다 절실할 수 없으니, 참으로 그는 일세에 뛰어난 아성亞聖의 인재다.

【謹按】孟子創出四端之心以垂戒者, 可謂光啓宇宙. 人之心理, 莫切於此, 眞是命世亞聖之才也.

57　『맹자·공손추公孫丑』에 보이는 글이다.
58　여기서 '所謂'는 『맹자』 원문 '所以謂'를 잘못 인용한 것이다. 번역은 『맹자』 원문에 따른다.

맹자가 말했다. "대인이란 갓난아이의 마음을 잃지 않은 자이다."[59]

孟子曰: 大人者不失其赤子之心者也.

【안설】['갓난아이'라는 말로] 순일하고 거짓 없는 천리를 비유했을 뿐이니,
다른 말로 어찌 같은 맛을 느낄 수 있겠는가?
【謹按】取譬其純一無僞之天理而已, 他何嘗同乎?

맹자가 말했다. "우산牛山의 나무가 예전에는 아름다웠는데, 큰 나라 근교
에 있어서 도끼와 자귀로 베어 버리니 어찌 아름다울 수 있겠는가? 밤낮으로
생장하고 비와 이슬이 윤택하게 적시니 싹트는 것이 없지 않건만, 소와 양을
또 놓아서 기르기 때문에 저처럼 벌거벗은 모양이다. 사람들은 그 벌거벗은
모양을 보고 예전부터 재목이 없었다고 하지만, 이것이 어찌 산의 본성이겠
는가? 하물며 사람에게 있는 것으로 어찌 인의仁義의 양심이 없겠는가? 그 양
심을 놓아 버리는 연유가 또한 도끼와 자귀가 아침마다 나무를 베는 것과 같
으니, 아름다워질 수 있겠는가? 밤낮으로 생장하는 바와 새벽의 기운은, 그
호오好惡가 사람들과 가까운 것이 거의 드물다.[60] 그런데 아침부터 낮까지 행
하는 바가 이를 옭아매 없애니, 옭아매기를 반복하면 밤기운(夜氣)[61]이 족히
보존될 수 없다. 밤기운을 보존하기 어려우면, 금수禽獸와 거리가 멀지 않게

---

59 『맹자·이루離婁』의 글이다.
60 "밤낮으로 생장하는 바와 새벽의 기운"이란, 산에서 나무가 밤낮으로 생장하고 비와 이슬
    이 이를 적시는 것처럼, 양심과 인의仁義가 밤낮으로 자라고 고요한 새벽 기운에 윤택해지
    는 것을 가리킨다. 한데 "그 호오好惡가 사람들과 가까운 것이 거의 드물다"는 것은, 양심과
    인의가 사람들의 세속적 정감과는 거리가 멀다는 뜻이다.
61 '밤기운(夜氣)'은 사람이 자기 마음을 성찰하여 양심이 성장하도록 돕는 밤부터 신새벽까지
    의 고요한 기운을 가리킨다. 위에서 말하는 '새벽 기운(平旦之氣)'과도 통한다.

된다. 사람들이 그 금수 같은 면을 보고 애초부터 [양심의] 재질이 없었다고 여기지만, 이것이 어찌 사람의 정情이겠는가?"

孟子曰: 牛山之木嘗美矣, 以其郊於大國也, 斧斤伐之, 可以爲美乎? 是其日夜之所息, 雨露之所潤, 非無萌蘖之生焉, 牛羊又從以牧之, 是以若彼濯濯也. 人見其濯濯也, 以爲未嘗有材焉, 是豈山之性也哉. 雖存乎人者, 豈無仁義之良心哉? 其所以放其良心者, 亦猶斧斤之於木也, 旦旦而伐之, 可以爲美乎? 其日夜之所息, 平旦之氣, 其好惡與人相近也者幾希, 則其旦晝之所爲, 有梏亡之矣, 梏之反覆, 則夜氣不足以存. 夜氣不足以存, 則其爲禽獸不遠矣. 人見其禽獸也, 而以爲未嘗有才焉者, 是豈人之情也哉?

"그러므로 진실로 양육되면 자라지 않는 사물이 없고, 진실로 양육되지 못하면 소멸하지 않는 사물도 없다. 공자께서 이르길 '잡아 쥐면 있고 놓으면 없어지니, 무시로 드나들어 제 자리를 모르겠다'고 하니, 오직 마음을 두고 한 말이리라."[62]

故苟得其養, 無物不長; 苟失其養, 無物不消. 孔子曰: 操則存, 舍則亡. 出入無時, 莫知其鄕. 惟心之謂歟.

【안설】 '사단四端' 장과 더불어 '야기夜氣' 장이 유교에 지대한 공이 있으니, 심리를 발명한 것이다.
【謹按】 四端章與此夜氣章, 大有功於聖門, 發明心理者也.

맹자가 말했다. "인仁은 사람의 마음이고, 의義는 사람의 길이다. 그 길을 버리고 따르지 않으며, 그 마음을 잃어버리고 찾을 줄 모르니, 슬프다! 사람

---

62 『맹자·고자상告子上』의 글이다.

이 닭과 개를 잃어버리면 이를 찾을 줄 알면서도, 그 마음을 잃어버리고도 찾을 줄을 모른다. 학문의 길이 다른 데 없고, 그 잃어버린 마음을 찾는 것일 뿐이다.[63]

孟子曰: 仁人心也, 義人路也. 舍其路而不由, 放其心而不知求, 哀哉! 人有雞犬放則知求之, 有放其心而不知求. 學問之道無他, 求其放心而已矣.

【안설】마음은 본래 착한데, 착하지 않음에 흘러 밖으로 치달리는 것을 일컬어 '마음을 놓아 버린다'(放心)고 하니, 붙잡아 지키려고 힘써야 한다.
【謹按】心本善, 而流於不善, 馳騖於外者謂之放心, 務要操存.

맹자가 말했다. "군자가 마음을 보존하고 본성을 기르는 것은, 하늘을 섬기는 것이다."[64]

孟子曰: 君子存心養性, 所以事天也.

또한 말했다. "그 마음을 다하는 자는 그 본성을 안다. 그 본성을 알면 곧 하늘을 안다."[65]

又曰: 盡其心者, 知其性也. 知其性則知天矣.

또한 말했다. "닭이 울면 일어나 부지런히 착함을 행하는 자는 순舜의 무리이고, 부지런히 이익을 탐하는 자는 도척盜跖[66]의 무리이다. 순과 도척의

---

63 『맹자·고자상告子上』에 보이는 글이다.
64 『맹자·진심상盡心上』의 글로, 원문은 "存其心, 養其性, 所以事天也"이다.
65 『맹자·진심상』에 보이는 글이다.

구분을 알려면 다른 것이 없다. 이익과 착함의 사이에 있을 뿐이다."[67]

又曰: 雞鳴而起, 孶孶[孳孳][68]爲善者, 舜之徒也. 孶孶[孳孳][69]爲利者, 蹠之
徒也. 欲知舜與蹠之分, 無他, 利與善之間也.

또한 말했다. "마음을 기르는 데 욕심 줄이기(寡慾)보다 좋은 게 없다. 그
사람됨이 욕심이 적으면, 비록 [본심을] 보존치 못하는 것이 있더라도 적을 것
이다. 그 사람됨이 욕심이 많으면, 비록 [본심을] 보존하는 것이 있더라도 적
을 것이다."[70]

又曰: 養心莫善於寡慾. 其爲人也寡慾, 雖有不存者, 寡矣. 其爲人也多
慾, 雖有存焉者, 寡矣.

【안설】 사람의 사대四大・육근六根[71]이 모두 욕구하니(欲), 어찌 능히 욕망
(慾)이 없을 수 있겠는가? 절제하여 이를 줄이는 것이 요령이다. 오직 욕구
를 줄인 뒤에야 마음을 보존하고 본성을 기를(存心養性) 수 있다. 존심양성은
하늘을 섬기는 도가 된다. 아! 동아시아 심학이 정일精一・신독愼獨부터 극기
복례克己復禮・과욕寡慾・사천事天의 가르침에 이르기까지 서양학문에서 할

---

66 '척蹠'은 춘추시대 노魯나라 사람으로 무리를 모아 천하를 횡행하고 다니면서 약탈해 나중
에 도척盜跖으로 불렸다고 하는데, 일설에는 황제黃帝 때의 큰 도둑이라고도 한다. 이에 도
적의 대명사가 되었다.
67 『맹자・진심상』에 보이는 글이다.
68 '孶孶'은 잘못 인용한 글자로, 『맹자・진심상』 원문은 '孳孳'이다. 번역은 『맹자』 원문에 따
른다.
69 위 각주와 같다.
70 『맹자・진심하盡心下』에 보이는 글이다.
71 '사대四大'는 땅・물・불・바람의 네 가지 원소로 이뤄진 사람의 몸이고, '육근六根'은 눈
(眼)・귀(耳)・코(鼻)・혀(舌)・몸(身)・뜻(意)의 여섯 감각기관이다. 본래 불교 용어에서
비롯해, 몸과 감각기관을 가리키는 관용어로 널리 쓰였다.

수 없는 것으로, 그 [서양학문의] 결점을 보완할 수 있다.

【謹按】 人之四大六根皆欲也, 安能無慾乎? 節制以寡之爲要. 惟寡欲然
後能存心養性. 存心養性, 爲事天之道矣. 烏呼! 東亞之心學, 自精一.
愼獨至克己復禮・寡慾. 事天之訓, 則西學之所不能也, 可以補其缺點矣.

第八章 宋賢心性理氣哲學

주렴계周濂溪가 말했다. "마음 기르기(養心)는 욕심을 줄이고 [본심을] 보존하는 데에 그치지 않는다. [욕심을] 줄여 무욕에 이르면, 성실함(誠)이 확립되고 밝음(明)이 통한다. 성실함이 확립되면 현자이고, 밝음이 통하면 성인이다. 성인과 현자는 타고나는 것이 아니며, 반드시 마음을 수양하여 그 경지에 이른다. 마음을 기르는 좋은 방책은 큰 것이 이와 같으니, 그 사람에게 달려 있다."[73]

周子濂溪曰: 養心不止於寡而存焉耳. 寡而至於無之, 則誠立明通. 誠立, 賢也. 明通, 聖也. 聖賢非性生, 必養心而至之. 養心之善有大焉如此, 存乎其人.

---

72 '송현宋賢'은 송대의 현자라는 뜻이지만, 이 책에서는 특히 송대의 성리학자들을 전적으로 가리킨다.

73 주돈이周敦頤의 『양심정설養心亭說』에 보이는 글이다. 글자에 약간의 출입이 있지만 뜻은 거의 통한다. 『양심정설』의 원문은 다음과 같다. "予謂養心不止於寡焉而存耳, 蓋寡焉以至於無. 無則誠立·明通. 誠立, 賢也, 明通, 聖也. 是聖賢非性生, 必養心而至之. 養心之善有大焉如此, 存乎其人而已."

또한 말했다. "배워서 성인이 될 수 있는가? 하나(一)가 요체이니, '하나'란 무욕無慾이다. 무욕하면, 고요할 때 텅 비우고 움직일 때 올곧아진다. 고요할 때 텅 비우면 밝아지고, 밝아지면 통한다. 움직일 때 올곧으면 공변되고, 공변되면 두루 미친다. 밝게 통하고 공변되게 두루 미치면, 거의 성인에 가깝다."[74]

又曰: 聖可學乎? 一爲要, 一者無慾也. 無慾則靜虛動直. 靜虛則明, 明則通. 動直則公, 公則溥. 明通公溥, 庶矣乎!

【안설】주선생[주렴계]이 심학心學을 분명히 드러내 밝히고, 옛것을 이어 송학宋學[75]을 열었다. '과욕'으로부터 '무욕'의 가르침에 이르렀으니,[76] 오직 유학에 공이 있을 뿐만 아니라 당시 학문의 부족한 점을 보충할 수 있었다.
【謹按】周先生闡明心學, 繼往而開宋學. 寡欲而至無慾之教, 不惟有功於儒門, 而可補時學之不足處也.

범씨范氏가 「심잠心箴」에서 말했다.[77] "망망히 드넓은 천지는 굽어보나 우러러보나 끝이 없는데, 사람이 그 사이에 미약하게 몸을 두었네. 이 몸의 작음이 큰 창고의 낟알과 같은데, 천지에 참여하여 삼재三才가 됨은 오직 마음

---

74 주돈이의 『통서通書・성학聖學』에 보이는 글이다. 그런데 "聖可學乎? 一爲要." 사이에 생략된 부분이 있다. 본래는 "聖可學乎? 曰可. 有要乎? 曰有要."라는 문답형식의 구절이다.

75 '송학宋學'은 곧 송대 성리학을 가리킨다.

76 애초부터 유학은 사람의 욕망을 인정하는 토대에서 다만 그것을 절제하는 '과욕寡慾'을 말했을 뿐인데, 송대 이후 성리학자들은 욕망을 인심人心의 발로發露로 보고 '무욕無慾'을 강조하기 시작했다. 여기에는 불교의 영향이 크다는 것이 학계의 통설이다. 본문은 주돈이로부터 이런 사상적 변화가 일어났음을 말하는 것이다.

77 범씨는 남송南宋의 이학자인 범준范浚(1102~115)으로, 자는 무명茂明 호는 향계香溪다. 저서인 『향계집香溪集』에 「심잠心箴」이 실려 있는데, 주희를 비롯한 후대 학자들이 매우 존중했다.

이 있기 때문이네. 예로부터 지금까지 누군들 이 마음 없겠는가만은, 마음이 몸의 부림을 받아 이내 금수가 되었네. 오직 입·귀·눈과 손발의 동정動靜이 그 틈을 파고들어, 그 마음 병이 들었네. 한 마음 미약한데 수많은 욕심이 공략하니, 그 보존된 것이 오호라 희소하네. 군자가 정성을 보존하여 능히 생각하고 능히 경건하면, 천군天君[78]이 태연하여 온몸이 그 명령을 따르리라."

范氏「心箴」曰: 茫茫堪輿, 俯仰無垠, 人於其間, 眇然有身. 是身之微, 太倉稊米, 參爲三才, 曰惟心爾. 往古來今, 孰無此心, 心爲形役, 乃獸乃禽. 惟口耳目, 手足動靜, 投間抵隙, 爲厥心病. 一心之微, 衆慾攻之, 其與存者, 烏乎幾希. 君子存誠, 克念克敬, 天君泰[79]然, 百體從令.

【안설】진晉·당唐 사이에[80] 다만 이 범씨의 「심잠」만이 철리의 분명한 곳을 보았다고 말할 수 있으니, 공경하고 공경할지어다! 또한 정자程子의 「사물잠四勿箴」[81] 역시 절실하고 요긴한데, 거기서 말했다. "마음이 본래 비어 있으니, 사물에 감응해도 자취가 없네. 마음을 잡는 요령이 있으니, 보는 게 곧 법칙이라네. 외물에 접하는 것을 제어하여, 그 내면을 안정시키네." 주자朱

---

78 '천군天君'은 곧 마음이니, 하늘과 통해 내 몸을 통솔하는 군주라는 문맥이다.
79 『정신철학통편』국중본에는 '恭', 명문본에는 '泰'로 되어 있다. 「心箴」 원문에 따르면 '泰'가 합당하다.
80 범준은 남송 초의 학자인데, 전병훈이 그 연대를 진晉·당唐 사이로 오기誤記한 것으로 보인다.
81 '사물잠四勿箴'은 '~~하지 말라'는 금기의 언명으로 이뤄진 4종의 잠언이다. "예가 아니면 보지 말며, 예가 아니면 듣지 말며, 예가 아니면 말하지 말며, 예가 아니면 움직이지 말라 (非禮勿視, 非禮勿聽, 非禮勿言, 非禮勿動)"[『논어·안연』]는 공자의 명언에서 비롯되었다. 남송의 정이程頤는 '보고' '말하고' '듣고' '움직이는' 4가지를 '몸'의 작용으로 보고, 마음에서 비롯돼 몸으로 반응하는 것이니 '몸가짐'을 제어해서 또한 그 '마음'을 배양할 수 있다고 여겼다. 그리하여 시잠視箴, 언잠言箴, 청잠聽箴, 동잠動箴의 「사물잠四勿箴」을 지어 스스로를 경계하였다. 그것이 후대 성리학자들에게 큰 영향을 끼쳤다. '잠箴'은 본래 바늘을 가리키는데, 바늘 끝처럼 날카롭게 자기 자신을 경계한다는 의미로 쓰였다.

子가 「경재잠敬齋箴」에서 말했다. "마음을 가라앉혀 거처하고, 상제上帝를 대하듯 하라." 진서산眞西山[82]이 「심경찬心經贊」에서 말했다. "순이 우에게 16자의 말을 전하니,[83] 만세의 심학心學이 여기에 그 연원을 두었네. 상제께서 실로 굽어보시니 어찌 감히 두 마음을 품겠는가. 하늘이 내게 준 이 큰 것을 사방 한치[方寸: 마음]에 감추니, 태극이 몸에 있다네." 이는 모두 마음을 보존하고(存心) 하늘을 섬기는(事天) 요령을 말한다.

【謹按】 晉唐之間, 只此范氏「心箴」, 可謂見哲理分明處. 欽哉欽哉. 且如程子「四勿箴」, 亦爲切要, 其曰: 心兮本虛, 應物無跡. 操之有要, 視爲之則. 制之於外, 以安其內. 朱子「敬齋箴」曰: 潛心以居, 對越上帝. 眞西山「心經贊」曰: 舜虞授受, 十有六言. 萬世心學, 此其淵源. 上帝寔臨, 其敢或貳, 天之與我, 此其大者, 欽之方寸, 太極在躬. 此皆言存心事天之要也.

장횡거張橫渠가 말했다. "마음은 성性·정情을 통괄하는 것이다."

張子橫渠曰: 心統性情者.

소강절邵康節이 말했다. "마음이 태극이 된다."

邵子康節曰: 心爲太極.

정명도程明道가 말했다. "마음이 리理이고, 리가 마음이다."

---

82   진서산은 남송의 진덕수眞德秀(1178~1235)로, 자는 경원景元 혹은 경희景希이고, 호가 서산西山이다.
83   『서경』의 이른바 정일심법精一心法 16글자를 가리킨다. "人心惟危, 道心惟微, 惟精惟一, 允執厥中."

程子明道曰: 心是理, 理是心.

정이천程伊川이 말했다. "성性이 마음이고, 마음이 성이다."

伊川曰: 性卽心, 心卽性也.

주회암朱晦庵[84]이 말했다. "성性은 마음의 리理이고, 정情은 마음의 작용이
며, 마음은 성과 정을 주재한다." "[마음의 지각(心之知覺)]은 곧 이런 리를 갖추
고 이런 정을 실행하는 것이다. 지혜(智)로 말하자면, 옳고 그른 이치를 알게
끔 하는 것은 성이고, 옳고 그름을 알아서 옳거나 그르다고 하는 것은 정이
며, 이런 리를 구비하여 그것이 옳거나 그르다고 지각하는 것은 마음이다."[85]

朱子晦菴曰: 性者, 心之理, 情者, 心之用, 心者, 性情之主. 卽所以具此理
而行此情者也. 以智言之, 所以知是非之理則性也, 所以知是非而是之
者情也. 具此理而覺其爲是非者, 心也.

또한 말했다. "마음 전체가 맑게 텅 비어 빛나되, 만 가지 리를 모두 갖추
어 그 유행이 동動·정靜에 관통하네. 아직 일어나지 않아 전체인 것이 성性
이요, 이미 일어나 오묘하게 작용하는 것이 정情이라네."[86]

---

84 주회암朱晦庵은 주희朱熹이다.
85 주희의 「원형이정설元亨利貞說」과 「답반겸지答潘謙之」에 각각 보인다. 뒤 구절은 '마음의
    지각(心之知覺)'에 관해 말하는 내용으로, 주어를 본문 [ ] 안에 보충하였다. 또한 "옳고 그
    른 이치를 알게끔 하는 것은 성"이라는 구절에서 주희의 원문은 "옳고 그른 이치를 알게끔
    하는 것은 지智이고 성이다"(所以知是非之理則智也, 性也)인데, 전병훈은 여기서 '智也'를 생
    략하였다. 전병훈의 인용에 따라 번역하였다.
86 주희, 「성정심의등명의性情心意等名義」(『주자어류朱子語類』 제5권)에 보인다.

又曰: 心之全體, 湛然虛明, 萬理具足, 其流行該貫乎動靜. 未發而全體者, 性也, 已發而妙用者, 情也.

또한 말했다. "마음은 기氣의 정밀하고 맑은 것이다."[87]

又曰: 心者, 氣之精爽也.

【안설】송대의 뭇 선현들이 심리를 논한 것이 이와 같다. 대개 허령하기 때문에 밝고, 밝음이 극치에 이르기 때문에 지각이 감응하여 움직이고 운행하여 작용하는데, 이를 능히 주재하는 것은 모두 마음의 능력이다. 그러니 내가 태극에 [운동] 능력이 있다고 단언하는 것이니, 마음의 본체와 작용(體用)에서 실제로 증험할 수 있다.

【謹按】宋賢諸先正[88]之論心理者如此. 蓋虛靈故明, 明極故知覺感動運用, 而能主宰之者, 皆心之能力也. 是卽余斷以太極有能力者, 可以實驗於心之體用也.

왕양명王陽明(수인守仁) 선생이 말했다. "마음이 곧 리理다. 천하에 마음 밖의 사물, 마음 밖의 리가 또한 있는가?"

陽明王先生(守仁)曰: 心卽理也. 天下又有心外之事·心外之理乎?

또한 말했다. "성인이 성인이 되는 까닭은, 단지 이 마음이 천리天理에 순수하고 인욕이 한 털끝만큼도 섞이지 않기 때문이다."

---

87 주희, 「성정심의등명의性情心意等名義」에 보이는 글이다.
88 '송현宋賢'은 송대의 현자, '선정先正'은 선대의 현자를 가리킨다. 동어반복에 의한 강조의 문구이다.

又曰: 聖人之所以爲聖, 只是此心純乎天理, 而無一毫人欲之雜.

또한 말했다. "지(知: 良知)는 마음의 본체이니, 마음이 자연스레 알게 된다. 아버지를 보면 자연스레 효를 알고, 형을 보면 자연스레 공손함(悌)을 아니, 이것이 곧 양지良知이다."

又曰: 知是心之本體, 心自然會知. 見父自然知孝, 見兄自然知悌, 此便是良知.

또한 말했다. "정일精—의 '정'은 리理로 말한 것이고, 정신精神의 '정'은 기氣로 말한 것이다. '리'는 '기'의 조리이고, '기'는 '리'의 운용이다."

又曰: 精一之精以理言, 精神之精以氣言. 理者, 氣之條理, 氣者, 理之運用.

또한 말했다. "이 리의 신령스러운 거처를 알아서, 그 주재하는 자리로 말하면 '마음'(心)이라고 하고, 그 선천적으로 타고나는 자리로 말하면 '본성'(性)이라고 한다."**89**

又曰: 知是理之靈處, 就其主宰處, 說便謂之心, 就其稟受處, 說便謂之性.

【안설】 황리주黃梨洲가 주자와 왕양명의 학설을 평론했다. 하지만 우매한 내가 두 선생의 심리 · 지행 학설을 탐구하건대, 서로 다른 추세가 있는 듯해도, 그 심성心性의 견해가 어찌 한쪽에 치우쳐서 리의 본체(理體)를 주관적으로 여겼겠는가? 그러므로 후학은 태극에 [운동] 능력이 있는 것을 마음의 본

---

89 이상은 모두 『전습록傳習錄』에 보이는 글이다.

체와 작용(體用)으로 삼아야만 하니, 그러면 바로 편중되지 않는다. '마음이 곧 리'(心卽理)라는 설에 무슨 잘못이 있겠는가? 다만 [왕양명의] '지행합일知行合一'설이 너무 급박한 모양새라서, 아마도 [주자의] '지행병진知行並進'설이 원용하여 급박하지 않은 것만은 못한 듯하다. 하지만 모두 미숙한 학문(未學)의 치우친 곳을 보완할 수 있는 것은 한결같다. 어찌 내가 그 사이에서 편을 들어 공평치 않은 곳에 치우치겠는가?

【謹按】 黃梨洲, 有調辨朱王之說. 然以余檮昧, 深究兩先生心理知行之說, 若有異趣, 然其心性之見, 曷嘗不均以理體爲主觀的耶? 然則後學當以太極有能力, 爲心之體用, 正是不偏也. 心卽理之說, 恐何病哉? 但知行合一之說, 便有迫急之象. 恐不如知行並進之說, 渾圓不迫也. 然皆可以抹末學之偏處則一也. 何可自祖於其間, 偏就不公處耶.

제9장 성·정·지·의·념·려·사, 아울러 한국철학을 통론하다
第九章 統論性情志意念慮思, 並東韓哲學

공자가 말했다. "성性은 서로 가까우나 습習은 서로 멀다."[90] (이는 기질지성 氣質之性을 말한다.)

孔子曰: 性相近也, 習相遠也.(此言氣質之性.)

맹자가 성이 착함(性善)을 말하면서 그때마다 반드시 요堯 · 순舜을 일컬어 서 이를 실증했다.[91]

孟子道性善, 言必稱堯舜以實之.

【안설】 이는 『주역』 「계사전」의 "[도를] 잇는 것은 선善이며, [도를] 이루는 것은 성性이다"[92]라는 논의에 원천을 둔다. 하지만 순자荀子가 성악설을 주

---

90 『논어 · 양화陽貨』의 글이다.
91 『맹자 · 등문공상滕文公上』에 보이는 원문은 "孟子道性善, 言必稱堯舜"이다. 전병훈이 그 말 미에 "以實之"를 더했는데, 그에 따라 번역했다.
92 『주역』 「계사전繫辭傳」의 원문은 "一陰一陽之謂道, 繼之者善, 成之者性"이다.

창하여, 이사李斯가 진나라의 재상을 맡아 분서갱유의 환난을 일으키도록 이끌었다. 진실로 학설은 하늘을 배반해 제멋대로 편견을 세울 수 없음이 분명하다. 양웅揚雄[93]에게 선·악이 혼재한다는 설(善惡混之說)이 있고 한문공韓文公[94]에게 성삼품설性三品說(三性之論)[95]이 있었는데, 모두 맹자 이후에 성性을 논한 것으로, 본연本然과 기질氣質을 구별하지 못한 데서 기인했기 때문이다. 본연의 성(本然之性)은 순전히 선하여 악이 없지만, 기질의 성(氣質之性)은 맑고 탁함과 순수하고 불순함이 있으니, 그러므로 선·악이 있다.

【謹按】 此源泉於易係"繼之者善, 成之者性"之論也. 然荀卿唱性惡之學說, 以啓李斯相秦坑焚之禍. 信乎學說不可背天而自立偏見也, 審矣. 楊雄有善惡混之說, 韓文公有三性之論, 皆孟子以後之論性者, 由不辨本然氣質故也. 蓋本然之性, 純善無惡, 氣質之性, 有淸濁粹駁, 故有善惡也.

정자程子가 말했다. "성性을 논하되 기氣를 논하지 않으면 완비되지 않고, 기를 논하되 성을 논하지 않으면 밝지 않다."[96]

程子曰: 論性而不論氣則不備, 論氣而不論性則不明.

장자張子가 말했다. "기질의 성(氣質之性)은 군자가 성性이 아니라고 하는 것이다."[97]

張子曰: 氣質之性, 君子有不性焉者.

---

93   양웅揚雄(B.C.53~A.D.18)은 서한 말의 학자이자 사상가로『태현경太玄經』등의 저술이 있다.
94   한문공韓文公(768~824)은 당나라 중엽의 학자로 이름은 유愈, 자는 퇴지退之다.
95   인간의 본성에 상·중·하의 3등급이 있다는 설이다. '상'은 가르치지 않아도 선한 것, '하'는 이도 저도 안 되는 악이며, '중'은 가르치기에 따라 선도 악도 될 수 있는 것이다.
96   주희의『근사록近思錄』에 보이는 글로, 원문은 다음과 같다. "程子云: 論性不論氣不備, 論氣不論性不明."
97   장재張載의『정몽正蒙·성명誠明』에 보이는 글귀로, 원문은 "氣質之性, 君子有弗性者焉"이다.

【안설】 성선론이 여기에 이르러 비로소 명백하고 통쾌해졌다. 주자가 말했다. "만물의 한 근원으로 보면, 리가 같고 기가 다르다. 만물의 서로 다른 형체로 보면, 기가 오히려 서로 가깝고 리는 끊어져 같지 않다."**98** 그런데 이는 후학이 의혹에 빠지도록 이끌 것이 우려되니, 심각하게 논할 필요가 없다.**99** 리ㆍ기의 온전함을 받아 통하는 것이 사람이 되고, 편벽하고 잡된 것은 사물이 된다.

【謹按】 性善之論至此始乃明白洞快也. 朱子曰 "觀萬物之一原, 則理同而氣異. 觀萬物之異體, 則氣猶相近, 而理絶不同." 然恐此啓後學之疑竇者, 不必刻論, 而受理氣之全且通者爲人, 偏且駁者爲物也.

주자가 말했다. "마음이 움직여 정情이 되고, 뜻이 유정有情**100**에 연유해 작용한다. 그러므로 마음이 고요해 움직이지 않는 것을 일컬어 '성性'이라고 하고, 마음이 감응해 드디어 [온갖 사물에] 통하는 것을 일컬어 '정情'이라고 하고, 마음이 느끼는 바에서 실마리를 찾아 생각하는 것을 일컬어 '의意'라고 한다." (이 논의가 명백하고 통쾌하니, 곧 공자가 심성心性의 이치를 논한 것에서 실로 다시는 군더더기가 없는 것이다.)

朱子曰: 心之動爲情, 意緣有情而用, 故心之寂然不動者, 謂之性, 心之感而遂通者, 謂之情. 心之所感而紬繹思量者, 謂之意. (此論明白洞快, 卽孔子論心性之理誠無復餘蘊者也.)

조선의 조정암(趙光祖)**101** 선생이 말했다. "마음이 아니면, 도가 의지해서

---

98 『주자어류朱子語類』 권4, 「성리일性理一」에 보이는 글이다.

99 리理ㆍ기氣의 관계에 대한 주희의 모호한 진술에서 후대의 논쟁이 일어났고, 특히 조선에서 리와 기에 관한 논변이 극심하여 공리공론으로 흐른 병폐를 염두에 둔 말이다.

100 '유정有情'은 감정이 일어난 것, 혹은 그 감정을 가리킨다.

101 조광조趙光祖(1482~1519)는 조선 중기에 도학 정치를 실현하기 위해 활동했던 유학자이

설 바가 없다. 정성이 아니면, 마음이 또한 의지해서 행할 바가 없다." 또한 말했다. "마음은 살아 있는 물건(活物)이다. 만약 욕심이 어느 한 가지에 집착한다면 마음을 잡아 보존하는 도가 아니다. 다만 허정虛靜을 굳게 지키고 공경함으로 마음을 바르게 하니,[102] 비록 일을 하고 사물에 접하는 때가 아니라도 맑게 깨어 있음(惺惺)을 말한다." 또한 말했다. "마음을 텅 비우면 삿됨(邪)이 쉽게 들어올 듯해도 들어오지 못하니, 그 경건함을 위주로 하기 때문이다."

朝鮮靜菴趙先生(光祖)曰: 道非心無所依而立, 心非誠亦無所賴而行. 又曰: 心是活物, 若欲著於一處, 則非操存之道也. 但矜持虛靜, 敬以直內, 雖非應事接物之時, 而惺惺之謂也. 又曰: 心虛則邪似易入而不能入者, 以其敬爲主也.

조선의 이퇴계(李滉)[103] 선생이 말했다. "리·기를 겸하고 성·정을 통괄하는 것이 마음이다. 성性이 일어나 정情이 될 즈음에, 곧 마음의 한 낌새(幾微)가 온갖 변화의 관건이 되고, 선악이 나뉘는 바가 된다. 마음은 실로 리·기의 결합인데, 가리켜 말하는 것이 '리'를 주로 함은 어째서인가? 인·의·예·지가 [리] 가운데 있고, 4가지[104]가 그 단서이기 때문이다. 칠정七情의 일

다. 호는 정암靜庵이고, 자는 효직孝直이며 시호는 문정文正이다. 저서로 『정암집靜庵集』이 있다.

102 "공경함으로 마음을 바르게 한다(敬以直內)"는 구절은 본래 『주역·문언전』에 보인다.

103 이황李滉(1501~1570)은 조선 중기의 유학자로서 자는 경호景浩이고, 호는 퇴계退溪·도옹陶翁·퇴도退陶·청량산인淸凉山人 등이며, 시호는 문순文純이다. 호조좌랑戶曹佐郎·수찬修撰·정언正言 등을 거쳐 형조좌랑刑曹佐郎으로서 승문원교리承文院校理를 겸직했다. 저서로 『퇴계전서退溪全書』가 있고 작품으로는 시조에 『도산십이곡陶山十二曲』, 글씨에 『퇴계필적退溪筆迹』 등이 있다.

104 여기서 '4가지(四者)'는 곧 사단四端으로, 측은惻隱·사양辭讓·수오羞惡·시비是非의 4가지

어남 역시 실로 리·기를 겸하는데, 가리켜 말하는 것이 '기'를 주로 함은 어째서인가? 외물이 닥치면 쉽게 감응해서 먼저 움직이는 것이 몸의 기운(形氣)만 한 게 없고, 7가지[105]가 그 실마리이기 때문이다."

> 朝鮮退溪李先生(滉)曰: 兼理氣·統性情者, 心也. 性發爲情之際, 乃一心
> 幾微萬化之樞要, 善惡之所由分也. 心固理氣之合也, 然而所指而言者主
> 於理, 何也? 仁義禮智之在中, 而四者其端緒也. 七情之發, 固亦兼理氣
> 也. 然而所指而言者主於[氣][106]何也? 外物之來, 易感而先動者, 莫如形
> 氣而七者其苗脈也.

또한 말했다. "기氣가 온갖 일의 본성이 되니, 이것이 온갖 선의 근원이다. 심중에 한 사물도 있어서는 안 되니, 이것이 경건함을 지키는(持敬) 법이다. 마음이 사물에 대하여, 아직 닥치지 않으면 생각하지 않고, 바야흐로 닥치면 끝까지 비춰 보고, 이미 대응했으면 미련을 두지 않는다. 본체가 고요해 '밝은 거울과 고요한 물'(明鏡止水) 같아서, 비록 날마다 온갖 일을 접하지만 심중에 한 사물도 없으니, 오히려 마음에 어찌 해로움을 끼치겠는가?"

> 又曰: 氣爲萬事之本性, 是萬善之源. 心中不可有一事, 此乃持敬之法. 心
> 之於事物, 未來而不迎, 方來而畢照, 旣應而不留. 本體湛然如明鏡止水,

마음을 가리킨다.

105 여기서 '7가지(七者)'는 곧 칠정七情으로, 희喜·로怒·애哀·락樂·애愛·오惡·욕欲의 7가지 감정을 가리킨다.

106 『정신철학통편』에는 '氣' 자가 없는데, 그러면 문맥이 통하지 않아 퇴계의 원문(「退溪答高峯四端七情分理氣辯」)에 따라 빠진 '氣' 자를 보충했다. 본문의 출처인 퇴계의 글은 다음과 같다. "四端之發, 孟子旣謂之心, 則心固理氣之合也. 然而所指而言者, 則主於理, 何也? 仁義禮智之性, 粹然在中, 而四者其端緒也. 七情之發, 朱子謂 '本有當然之則', 則非無理也. 然而所指而言者則在乎氣, 何也? 外物之來, 易感而先動者, 莫如形氣, 而七者其苗脈也."(「退溪答高峯四端七情分理氣辯」) 여기서 "所指而言者則在乎氣"를 『정신철학통편』에서 "所指而言者主於[氣]"로 인용했다.

雖日接萬事, 而心中未嘗有一物, 尙安有爲心害哉?

또한 말했다. "고요할 때 천리의 본연을 함양하고, 움직일 때 낌새를 차려서 인욕人欲을 끊는다. 이처럼 진실함을 쌓기에 오랫동안 힘쓰면 순수하고 원숙해져서, 고요할 때 텅 비우고 움직일 때 올곧아지기(靜虛動直)[107]에 이른다. 일상생활 중에 비록 온갖 일이 일어났다가 사라져도, 마음이 참으로 태연하여 잡스러운 근심이 내 우환거리가 되지 못한다." 또한 말했다. "경건함이 주재(主宰: 마음)를 세울 수 있다."

又曰: 靜而涵天理之本然, 動而決人欲於幾徵. 如是眞積力久,[108] 至於純熟, 則靜虛動直. 日用之間, 雖百起百滅, 心固自若, 而閒雜思慮自不能爲吾患矣. 又曰: 敬可以立主宰.

【안설】 조선은 참으로 단군과 기자의 신성한 나라이다. 고려 말에 이르러, 훌륭한 유학자들이 나와 오로지 공자와 주자를 숭상했다. 조선(韓朝[109])에 들어와 더욱 번성하여, 공자묘(孔廟)에 배향된 자가 (19인으로) 많았다. 그 밖에 이름난 석학이 많아서 끊임없이 나타난 사람들이 또한 부지기수였다.

---

107 '정허동직靜虛動直'은 "고요할(靜) 때는 텅 비우고 움직일(動) 때는 올곧아진다"는 뜻으로, 주돈이周敦頤가 성인이 되는 방법을 교시한 내용 중에 나오는 말이다. 『통서通書』권20 「성학聖學」에 보인다. 번역과 원문은 다음과 같다. "성인은 배워서 될 수 있는가? 그렇다. 요체가 있는가? 있다. 그 요체가 무엇인가? 일(一)이 요체이니, 일은 무욕이다. 무욕하면 고요할 때는 텅 비고 움직일 때는 올곧아진다. 고요할 때 텅 비면 밝아지고, 밝아지면 통한다. 움직일 때 올곧으면 공정하고, 공정하면 두루 미친다. 밝게 통하고 공정하게 두루 미치면, 거의 성인이다."(聖可學乎? 曰可. 有要乎? 一爲要, 一者無欲也. 無欲則靜虛動直, 靜虛則明, 明則通, 動直則公, 公則溥. 明通公溥, 庶矣乎.)

108 '진적력구眞積力久'는 진리를 알고 몸소 구현하는 데 오랜 시간이 걸린다는 뜻으로, 『순자荀子·권학勸學』에서 유래했다. "眞積力久則人, 學至乎沒而後止也."

109 '한조韓朝'로 조선왕조를 표기하는데, 전병훈이 동한東韓·한인韓人 등으로 '한韓'을 즐겨 쓰고 강조한 연장에서 사용한 것으로 보인다.

정일精一 심법[110]이 주나라·송나라와 동방 한국에 전해진 뒤로, 이학理學 문장이 번성하여 울연히[111] 천하의 으뜸이 되었다. 그래서 일본의 명사 아무개가 공공연히 칭송해 말했다. "한국에 퇴계의 학문이 있음을 서양이 알도록 하면, 곧 나라의 가치가 더욱 빛날 것이다." 아! 사리에 맞는 말이로다. [퇴계] 선생의 학문이 가장 순수하며 정밀하고 독실하다.

【謹按】朝鮮固檀箕聖國, 而至麗季, 賢儒輩出, 專尙孔朱. 入韓朝尤盛, 配享於孔廟者, (十九人)之多也. 此外名碩, 磊落相望者, 亦不知凡幾. 蓋自精一心傳周宋而東韓, 理學文章之盛, 蔚然爲天下冠也. 是以日本 名士某人公稱曰: 使西洋知韓有退溪之學問, 則增光邦國之價値矣. 嗚 乎! 其知言哉. 先生之學, 最純粹精篤也.

조선의 이율곡(이이李珥)[112] 선생이 말했다. "경건하게 내 마음을 지켜 함양하기를 오래 하면, 스스로 의당 힘을 얻는다. 소위 '함양한다'는 것이 또한 다른 술법이 아니라, 단지 고요하여 근심 걱정이 일어나지 않고, 맑게 깨어 (惺惺) 조금의 혼매함도 없는 것이다. '감정(情)'은 마음에 감응하는 바가 있어 움직이는 것이다. 약간만 움직여도 감정이 자유롭지 못한 것은, 평소 마음을 다스리는 힘이 없어서 절도를 많이 잃은 것이다. '의지(志)'는 마음에 지향하는 바가 있음을 말한다. 선을 지향하든 악을 지향하든 모두 의지이다. '뜻(意)'은 마음에서 계산하고 비교하는 것을 말한다. 감정이 이미 일어나 헤아

---

110 여기서 '정일심精一心'은 본편 제2장에서 말하는 요·순의 인심人心·도심道心에 관한 심법 心法을 가리킨다.

111 '울연蔚然'은 크게 번성한 모양을 가리킨다.

112 이이李珥(1536~1584)의 자는 숙헌叔獻이고 호는 율곡栗谷·석담石潭이며, 시호는 문성文成 이다. 호조좌랑을 시작으로 관직에 진출, 예조·이조의 좌랑 등의 육조 낭관직, 사간원정 언·사헌부지평 등의 대간직, 홍문관교리·부제학 등의 옥당직, 승정원우부승지 등의 승 지직 등을 역임하여 중앙관서의 요직을 두루 거쳤다. 주요저서로『동호문답東湖問答』,『만 언봉사萬言封事』,『성학집요聖學輯要』,『격몽요결擊蒙要訣』,『기자실기箕子實記』,『경연일 기經筵日記』등이 있다.

리고 운용하는 것이다. 염念·려慮·사思 세 가지는 모두 '뜻'의 다른 이름이다. '사'는 비교적 무겁고, '염' '려'는 비교적 가볍다.[113] 뜻은 작위로 할 수 있으나, 감정은 작위적으로 할 수 없다. 그러므로 '정성스러운 뜻'(誠意)이라고 말해도, '정성스러운 감정'(誠情)이라는 말은 없다. 감정이 일어나되, 일어나는 것은 '기'이고 일어나게 하는 것은 '리'이다. 기가 아니면 일어날 수 없고, 리가 아니면 일어나게 할 것이 없다. 리는 형체가 없고, 기는 형체가 있다. 그러므로 리는 통하고, 기는 국한된다. 리는 무위하고, 기는 유위하다. 그러므로 기가 발하고 리가 올라탄다(氣發理乘)."

朝鮮栗谷李先生(珥)曰: 敬守此心, 涵養積久則自當得力. 所謂涵養者, 亦非他術, 只是寂寂不起念慮, 惺惺無少昏昧而已. 情者, 心有所感而動者也. 纔動, 情有不得自由者, 平居無治心之力, 則多有不中者矣. 志者, 心有所之之謂, 之善之惡, 皆志也. 意者, 心有計較之謂也. 情旣發而商量運用者也. 念·慮·思三者, 皆意之別名, 而思較重, 念較輕. 意可以僞爲, 情不可以僞爲. 故有曰誠意, 無曰誠情. 情之發也, 發之者氣也, 所以發者, 理也. 非氣則不能發, 非理則無所發, 理無形而氣有形, 故理通而氣局, 理無爲而氣有爲, 故氣發而理乘.

또 말했다. "'하나로 집중해 흐트러짐 없음'(主一無適)[114]이 경건함의 요법要法[115]이고, '술잔을 주거니 받거니 하듯 무궁히 변화함'(酬酌萬變)이 경건함의 활용법(活法)이다. 천리天理의 오묘함을 보려면, 마땅히 홀로 있을 때 삼가기

---

113 전병훈은 '思較重, 念較輕'으로 인용했으나, 『栗谷全書』 「聖學輯要」 '修己·窮理' 장에는 '思較重, 念·慮較輕'으로 되어 있다. 율곡의 본래 글에 따라 번역했다.
114 '주일무적主一無適'은 마음을 하나로 집중해 흐트러짐이 없는 것으로, 정이程頤가 처음 주창하고 주희가 이어받아 강조한 성리학의 거경居敬 공부법이다.
115 '요법要法'은 요체가 되는 중요한 법을 가리킨다.

(謹獨)부터 시작한다. 마음이 안정된 사람은 말이 적으니, 마음의 안정은 말 줄이기(寡言)부터 시작한다."

> 又曰: 主一無適, 敬之要法. 酬酢萬變, 敬之活法. 欲見天理之妙, 當自謹獨始. 心定者言寡, 定心自寡言始.

또 말했다. "사람의 기는 천지와 서로 통하기 때문에, 양심의 참된 기운 역시 그와 더불어 함께 자란다. 인의仁義의 양심을 잘 기르면, 가려진 것을 걷어내서 그 천성을 보전할 수 있다. 진원眞元의 기氣[116]를 잘 기르면, 곧 허한 것을 실하게 하여 그 목숨을 보존할 수 있다. 양심을 해치는 것은 귀·눈·입·코와 사지의 욕망이며, 진기眞氣를 해치는 것 역시 이 욕망을 벗어나지 않는다. 때맞춰 모름지기 정신을 진작하고 마음자리를 세척하여, 이로써 맑고 조화로운 기상氣象을 불러들여 오랫동안 순수하게 숙성하면 응결해 안정되기(凝定)[117]에 이른다. 그런즉 본체의 밝음이 가려지는 바가 없고, 예지로 비추는 바가 법도에 어긋나지 않는다."

> 又曰: 人之氣, 與天地相通故, 良心眞氣, 亦與之俱長. 善養仁義之良心, 蔽可開而全其天矣. 善養眞元之氣則虛可實而保其命矣. 害良心者, 耳目口鼻四肢之欲, 而害眞氣者, 亦不出是欲焉. 時須抖擻精神, 洗滌心地, 以來淸和氣象, 久久純熟, 至於凝定, 則本體之明, 無所掩蔽, 睿智所照, 權度不差矣.

---

116 '진원의 기'(眞元之氣)는 북송의 정이程頤가 제시한 개념이다. "기는 자연스럽게 생긴다. 사람의 기가 생길 때, 진원眞元에서 생긴다"(氣則自然生. 人氣之生, 生於眞元)고 하여(『河南程氏遺書』권15), 진원지기眞元之氣로 기가 생겨나는 근원(氣之所由生)을 가리켰다.

117 '응정凝定'은 응결해 고정되는 것을 이른다. 양심을 진기眞氣가 응결된 상태로 보기 때문에 이 표현을 쓴다.

【안설】 선생은 영명하고 문장이 맑게 통했는데, 단지 이 '이통기국理通氣局' 이론만으로도 전에 없던 것을 발명했다고 말할 수 있다. 그러니 성리性理와 심기心氣 이론이야 규명할 필요도 없이 절로 명백하지 않겠는가?

【謹按】 先生英明清通, 只此理通氣局之論, 可謂發所未發也. 然則性理也, 心氣也之論, 不待辨明而可自辨乎?

【안설】 심성心性·이기理氣의 변론은 원신元神·식신識神을 알지 못했으므로, 정情·지志·의意·사思 감각의 작용을 이처럼 훤히 밝히고도, 요·순 '정일 심학'의 도통 정맥은 그 개요만을 대략 거론했다. 그리하여 주렴계가 다만 "신神이 지知를 일으킨다"(神發知)고 했고, 주자 역시 단지 "[마음이] 텅 비고 신령하여 어둡지 않다"(虛靈不昧)[118]고 말하는 데 그쳤다. 왕양명이 비록 영명靈明[119]을 언급했으나, 역시 "마음이 곧 리理"라고 말했을 뿐이다.

아! 동아시아의 도가는 뇌 속 원신과 도심의 이치를 앞서 보았다. 그러나 우리 유가의 심학은 심령이 반드시 뇌 부위의 신경에 의지한다는 것을 알지 못했다. 다만 근세 서양철학이 전적으로 대뇌·소뇌·숨골[120]을 심령의 작용으로 여기니 특이하지 않은가? 하지만 반대로 마음이 하늘에서 기원하는 이치, 욕심을 줄이고 마음을 수양하는 요령에는 어두워서 특히 그 결점이 된다. 내가 유·도·불과 철학을 합치하는 이론을 감히 주장하니, 이것이 새로 발명하여 서로 조제할 수 있는 것이 아니겠는가?

따라서 도를 숭상하는 자라면, 어찌 유가 심리의 견해가 이처럼 하늘에서 기원해 세상을 경륜하는 것임을 모를 수 있겠는가? 유가 역시 어찌 도가의 뇌·신神·마음(心)의 독창적 견해(創見)를 따르지 않을 수 있겠는가? 황제의

---

118 '허령불매虛靈不昧'는 '마음이 텅 비고 신령하여 어둡지 않다'는 뜻으로, 본래 『대학』에 보인다.

119 '영명靈明'은 양지良知의 다른 이름으로, 왕양명은 양지가 지행知行의 주체로 스스로 결단하고 판단한다는 문맥에서 영명이라고 했다.

120 원문에서 '대소연뇌大小連腦'는 대뇌(大腦, cerebrum)·소뇌(小腦, cerebellum)·숨골(延髓, medulla)을 통칭한다. 여기서 '連'은 '延'의 잘못된 표기로, 숨골(연수)을 다른 말로 '연뇌延腦'라고도 한다.

경전[121]에서 뇌수腦髓를 가리켜 단이 맺히는 곳이라고 하고, 뇌궁腦宮은 곧 원신이 거처하는 '신의 집'(神舍)이라고 했다. 애석하게도 유가는 마음을 말하면서 일찍이 뇌신경을 보지 못했고, 오로지 황제와 광성자의 견해가 근세 서양철학에 꼭 들어맞는다. 지금 이를 한집안(一家)[122]으로 만드니, 또한 원만하지 않은가.

【愚謂】心性理氣之辨論, 由不識元神・識神之故也, 情・志・意・思・感覺之用, 則發明如是, 而堯舜精一心學之道統正脈, 畧擧其槪要矣. 然濂溪只云神發知矣, 朱子亦但言虛靈不昧而已, 陽明雖道靈明, 而亦曰心卽理也. 烏乎! 東亞道家, 先見腦中元神・道心之理, 而吾儒之心學, 固未有知得心靈必寄於腦部神經者也. 惟近世西哲, 專以大小連腦爲心靈之用者, 不是特異哉? 然反昧心原於天之理, 而寡慾養心之要, 則殊爲其缺然也. 予敢主張以儒道佛哲合致之論者, 此非新發明之可相調劑者耶? 是以尙道者, 安可不識儒家心理之見, 若是源天而經世乎? 儒家亦安得不從道家腦神心之創見乎? 黃帝經指腦髓爲結丹之處, 腦宮卽是元神所居之神舍. 惜儒家言心, 未曾見及腦神經, 而惟黃帝・廣成之見, 脗合近世西哲. 今乃以打成一家, 則不亦圓滿哉.

---

121 '黃帝經'의 이름을 가진 책은 없지만 도교에서 황제의 저술을 표방하는 문헌이 많으므로, 이를 '황제의 경전'이라는 뜻에서 '黃帝經'으로 통칭한 것으로 보인다.

122 여기서 '한집안(一家)'은 유・불・도와 서양철학을 조제해서 하나의 통합 학문, 학설, 이론으로 만드는 것을 가리킨다.

제10장 도가가 뇌·신실을 말해 서양 신경의 철리를 앞서 획득하다
第十章 道家言腦神室先攫西洋神經之哲理

『황제내경』에서 말했다.[123] "'온갖 변화(萬化)[124]가 몸에서 생긴다는 것은 무슨 말입니까?' 광성자가 대답했다. '온갖 변화란 신神이다. 정이 흩어지지 않으면 신이 [몸을] 떠나지 않는다. 신실神室은 온갖 신(萬神)이 모여 만나는 고을로, 곤륜 가운데 있다. 오기五炁[125]가 안으로 모여들면, 사람이 정기精炁를 가지고 신태神胎를 결성해 솥 위에서 조회할 수 있다.'"

黃帝內經曰: 萬化生乎身者, 何謂也? 廣成子對曰: 萬化者, 神也, 精不散而神不離. 神室者, 萬神聚會之鄕, 在崑崙之中. 五炁聚於內, 人能將精炁結成神胎, 朝於鼎上.

【안설】머리가 솥이 되니, 그러므로 여기서 말하는 솥은 곧 머리다. 도가는 머리를 곤륜에 비유한다.

---

123 이는 『황제내경』이 아니라 『음부경陰符經』에 보이는 구절로 전병훈이 출처를 착각해 오기한 것이다.

124 '만화萬化'는 곧 천변만화千變萬化로, 수없이 변화한다는 뜻이다.

125 선천의 木·火·土·金·水 다섯 기운으로, 후천의 오기五氣와 구분해 '오기五炁'로 표기한다.

【謹按】首爲鼎, 故此云鼎卽首也, 道家以首比崑崙也.

광성자가 말했다. "정이 뇌에 가득하니, 그러므로 불을 써서 단련해 단丹을 이룬다."[126] (이 구절은 위의 정신편에서 이미 보았다.) 광성자가 말했다. "지토 地土 가운데서 살피면 두 경로가 뇌로 통한다. 뇌 가운데 부府가 있어, '영양靈 陽의 부'라고 이름한다. 두 혈穴이 있는데, 왼쪽을 '태극의 혈'로 일컫고 오른 쪽을 '충령沖靈의 혈'로 일컬으며, 위로 천기天炁에 통하고 아래로 해원海源에 이른다. 그러므로 호흡해서 천기天氣가 하강하고 지기地氣가 상승하여 두 기 가 서로 접해, 이로써 참된 정(眞精)을 기른다. 오래 단련해 단을 이루면, 이 에 양신陽神이 몸 밖으로 초탈한다." 또한 말했다. "하늘은 두 도(二道)가 없 고, 성인은 두 마음(二心)이 없다."[127]

廣成子曰: 精滿於腦, 故用火煨煉成丹. (此節已見於上精神篇)
廣成子曰: 按於地土中, 有二經通於腦. 腦中有府, 名靈陽之府. 有二穴,
左曰太極之穴, 右曰沖靈之穴, 上通天炁, 下至海源. 故呼吸天氣下降, 地
氣上騰, 二氣相接, 以養眞精. 久煉成丹, 乃陽神超於身外. 又曰: 天無二
道, 聖人無二心.

【안설】이는 곧 뇌수腦髓가 심心·신神 조화의 근원이 됨을 가리킨다. 또 "마
음에 아홉 구멍이 있다"고 하는데, 뇌에 구궁九宮이 있으므로 말하는 것이
다. 또 "참된 정이 위로 옮겨 가 뇌 가운데로 들어간다"고 말하니, 정기精炁를
운용해 위로 니환에 들어간다. 무릇 단공丹功이란, 정을 되돌려 뇌 보호하기
(還精補腦)가 아닌 것이 없다. 뇌 가운데 신神이 응결되면 '마음(心)'이라고 하

---

126 본문은『음부경삼황옥결陰符經三皇玉訣』에서 인용한 것인데, 본래는 광성자가 아니라 천진
황인天眞皇人과 황제의 대화로 나온다.
127 여기 인용한 글은 모두『음부경삼황옥결』에서 가져왔다.

고, 변화해서 출신出神하면 '단'이라고 한다. 신통神通하여 하늘에 합하면 '도가 이뤄졌다'(道成)고 한다.

【謹按】此乃指腦髓以爲心神造化之原. 又曰 "心有九竅", 言腦有九宮故也. 又曰 "眞精上移, 入於腦中", 運用精炁, 上入泥丸. 凡丹功, 罔非還精補腦. 腦中神凝曰心, 變化出神曰丹, 神通合天曰道成也.

노자가 말했다. "그 마음을 비우고 그 배를 채운다."[128] 또 말했다. "텅 빔의 극치에 이르고 고요함을 돈독히 지킨다."[129] "그 흰 것을 알고, 그 검은 것을 지킨다."[130] 또 말했다. "마음이 항상 청정하면 천지가 돌아온다."[131]

老子曰: 虛其心, 實其腹. 又曰: 致虛極, 守靜篤. 知其白, 守其黑. 又曰: 心常淸靜, 天地歸焉.

【안설】이는 모두 청허淸虛 · 무욕無欲[132]을 말하니, 마음을 기르고 하늘을 섬기는 요체가 된다. 마음이 뇌에 있고 신은 눈에 깃드니, 그러므로 보는 것이 중요하다. [마음과 신을] 아울러 수양하여 '텅 빔의 극치에 이르고 고요함을 돈독히 지키며' '그 흰 것을 알고 그 검은 것을 지키며' '마음이 항상 청정하'면, '천지가 저절로 돌아오는' 효험을 스스로 징험할 수 있다.

【謹按】此皆言淸虛無欲, 爲養心事天之要. 心在腦而神棲於眼, 故視卽爲要. 而並致修養者, 虛極靜篤, 知白守黑, 心常淸靜, 則天地自歸之效, 自

---

128 『노자』제3장의 글이다.
129 『노자』제16장의 글이다.
130 『노자』제28장의 글이다.
131 이 마지막 구절은 『노자』에 없다. 『태상노군설상청정경太上老君說常淸靜經』에 "人能常淸靜, 天地悉皆歸"라는 구절이 있는데, 여기서 가져온 것으로 추정된다.
132 '청허淸虛'는 마음을 맑히고 비우는 것이다. 잡스럽고 탁한 것이 섞이지 않게 하는 것이 맑힘(淸)이고, 마음에 한 사물도 들어 있지 않게 하는 것이 비움(虛)이다. '무욕無欲'은 욕심이 없는 것이다.

可驗矣.

관윤자가 말했다. "화火가 토土를 살리니, 그러므로 신神이 의意를 살린다.
토土가 금金을 살리니, 그러므로 의意가 백魄을 살린다. 신神이 움직인 것은
'신'이라고 하지 않고 '의意'라고 한다. 의意가 움직인 것은 '의'라고 하지 않고
'백魄'이라고 한다. 오직 성인이라야 […] 만물이 도래할 때 내가 이를 모두 본
성으로 대하며, 마음으로 대하지 않는다. 본성은 마음이 아직 싹트지 않은
것이다."133

> 關尹子曰: 火生土, 故神生意. 土生金, 故意生魄. 神之所動, 不名神名意;
> 意之所動, 不名意名魄. 惟聖人, 萬物之來, 我皆對之以性, 而不對之以
> 心. 性者. 心未萌也.

> 【안설】 여기서 말하는 심心·성性·의意가 아주 정밀하다. 오직 성인이라야
> 내가 없고 사물이 없으니, 그러므로 이와 같다.
> 【謹按】 此言心性意甚精. 惟聖人能無我無物, 故如是.

관윤자가 말했다. "감정은 마음에서 일어나고, 마음은 본성에서 일어난다.
감정은 파도이고, 마음은 흐름(流)이고, 본성은 물이다. 전광석화처럼 내게
닥치는 것을 즉각 본성으로 받아 내면, 마음에 사물이 둥둥 떠다니는 일이
생기지 않는다.134"135

---

133 『관윤자關尹子·사부四符』의 글인데, '惟聖人~' 이하에 축약된 부분이 있다. 축약 부분은 번
역에서 대부분 따로 표기하지 않으나, 이 부분은 문맥상 필요하여 '…'로 표시했다. 원문은
다음과 같다. "惟聖人知我無我, 知物無物, 皆因思慮計之而有. 是以萬物之來, 我皆對之以性, 而不對
之以心. 性者, 心未萌也, 無心則無意矣."

134 "마음에 사물이 둥둥 떠다니는 일이 생기지 않는다"(心不生物浮浮然)는 것은 마음에 분분한

關尹子曰: 情生於心, 心生於性. 情波也, 心流也, 性水也. 來于我者如石火, 頃以性受之, 則心不生, 物浮浮然.

【안설】 이것은 마음이 본성에서 생기는 설을 말하는데, 참으로 투철하다. 본성은 어미(母)이고 마음은 그 자식(子)이라는 데서, 3교의 성인이 심성을 논하는 바가 일치한다. 본성을 물로, 마음을 그 흐름으로, 감정을 파도로 비유한 관윤자의 논설은 더욱더 친절하고 명쾌하다.

【謹按】 此言心生於性之說, 誠透徹也. 然則性爲母, 心爲子. 勘合三敎聖人之論心性一也, 而喩以性水・心流・情波, 則尤爲親功[136]明快也.

관윤자가 말했다. "사물이 무궁하게 도래하는데 내 마음은 제한이 있다. 그러므로 내 양심良心이 감정(情)에 제한받고, 내 본정本情이 사물에 제한받는다. 가도록 할 수 있고 오도록 할 수 있지만 저 오고 감이 애당초 내게 있지 않으며, 조화造化[137]가 그것을 부리는데 실로 휴식함이 없어서 도무지 알 수 없다. 천지가 비록 크지만, 형체 있는 것을 부릴 수 있어도 형체 없는 것을 부리지는 못한다. 음양이 비록 미묘하지만, 기가 있는 것을 부릴 수 있어도 기가 없는 것을 부리지는 못한다. 마음이 가는 바에 기가 따르고, 기가 가는 바에 형체가 응한다. 태허가 한 기운(一氣) 가운데서 변하여 만물을 이루지만 '한 기운'을 '태허'로 부르지 않는 것처럼, 내 한 마음(一心)이 능히 변해 기가 되고 능히 변해 형체가 되지만, 내 마음은 기가 없고 형체도 없다. 내 마음에

생각이 일어나지 않는다는 뜻이다.

135 『관윤자・오감五鑑』의 글이다.
136 친공親功의 '공功'은 '절切'의 오자로 추정된다. 문맥상 친절親切로 번역했다.
137 '조화造化'는 만물을 낳고 자라게 하고 죽게 하는, 영원무궁한 대자연의 이치를 가리킨다. 『장자莊子』 「대종사大宗師」에서 '조화자造化者'로 부르기도 했다.

기가 없고 형체도 없음을 알면, 천지·음양이 그것을 부리지 못한다."**138**

關尹子曰: 物來無窮, 我心有際, 故我之良心, 受制於情, 我之本情, 受制
於物. 可使之去, 可使之來, 而彼去來, 初不在我, 造化役之, 固無休息, 殊
不知. 天地雖大, 能役有形, 而不能役無形, 陰陽雖妙, 能役有氣, 而不能
役無氣. 心之所之, 則氣從之, 氣之所之, 則形應之. 猶如太虛於一氣中變
成萬物, 而一氣不名太虛, 我之一心, 能變爲氣, 能變爲形, 我之心無氣無
形, 知夫我之心無氣無形, 則天地陰陽, 不能役之.

【안설】 관윤자의 이론이 극히 신묘하고 통달한데, 사물을 부리지 않는(不役
物) 철리가 더욱 오묘하기 그지없다.
【謹按】 尹子之論, 極其神通, 不役物之哲理, 尤極悟妙.

관윤자가 말했다. "성인은 마음으로 사물을 제어하고 본성(性)으로 마음을
다잡으니, 마음이 조화造化와 같아서 오행 역시 구속하지 못한다. 마음에 가
는 바가 있으면 애착(愛)이 따르고, 애착이 따르면 정精이 따른다. 마음에 맺
힌 바가 있으면 먼저 엉겨 물이 되니, 마음이 사물을 생각하면 침이 나오고,
마음이 사물에 슬퍼하면 눈물이 나오고, 마음이 사물에 수치를 느끼면 땀이
나오는데, 짧아서 오래가지 않는 것이 없고 오래도록 변치 않는 것도 없다.
비유컨대 큰 바다가 변화무쌍하고 억만 상어들이 들끓어도 물은 하나일 뿐
이니, 내가 사물과 더불어 울울창창하게 큰 조화(大化) 가운데 있지만 본성은
하나일 뿐이다. 본성 하나를 알면, 남과 내가 없고 죽음과 삶이 없다. 마음이
울적하면 오히려 배고픔을 잊고, 마음이 분하면 오히려 추위를 잊는다. 마음
을 기르면 오히려 병을 잊고, 마음이 숨쉬면 오히려 아픔을 잊는다."(기를 들

---

138 『관윤자·오감』의 글이다.

이쉬어 그 조화로움을 기르면 무엇이 그를 굶길 수 있겠는가? 신神을 보존해 그 따뜻함을 보태면 무엇이 그를 춥게 할 수 있겠는가? 오행으로 오장을 기르면 무엇이 그를 병들게 할 수 있겠는가? 오행을 돌이키면 무엇이 그를 아프게 할 수 있겠는가?)

關尹子曰: 聖人御物以心, 攝心以性, 則心同造化, 五行亦不可拘. 心有所之則愛從之, 愛從之則精從之. 蓋心有所結, 先凝爲水, 心慕物涎出, 心悲物淚出, 心愧物汗出, 無暫而不久, 無久而不變. 譬如大海變化億萬鮫魚, 水一而已, 我之與物, 翕然蔚然, 在大化中, 性一而已. 知夫性一者, 無人無我, 無死無生. 心憶者猶忘饑, 心念者猶忘寒, 心養者猶忘病, 心吸者猶忘痛.(苟吸氣以養其和, 孰能饑之? 存神以滋其暖, 孰能寒之? 養五臟以五行則孰能病之? 歸五行則孰能痛之?)

또한 말했다. "눈이 교묘한 조각품을 보면 눈밝음이 더욱 상하고, 마음이 현묘한 것을 생각하면 마음이 더욱 상한다. 이익과 손해를 따지는 마음(利害心)이 더욱 분명할수록 친척이 화목하지 않고, 잘나고 못나고를 따지는 마음(賢愚心)이 더욱 분명할수록 친구와 사귀지 못하고, 옳고 그름을 따지는 마음(是非心)이 더욱 분명할수록 일이 이뤄지지 않고, 좋고 싫어하는 마음(好醜心)이 더욱 분명할수록 사물에 부합하지 않는다. 그래서 성인은 이를 뒤섞으니, 내 마음으로 저것을 헤아리지 않고 저 마음으로 저것을 헤아린다. 이 설을 아는 자는 일을 두루 할 수 있고, 덕을 행할 수 있고, 도를 꿰뚫을 수 있고, 사람과 사귈 수 있고, 나를 잊을 수 있다."[139]

又曰: 目視雕琢者明愈傷, 心思玄妙者心尤傷. 利害心愈明, 則親不睦; 賢愚心尤明, 則友不交; 是非心愈明, 則事不成; 好醜心愈明, 則物不契. 是

---

[139] 여기 인용된 글은 모두 『관윤자』에서 가져온 것이다.

以聖人渾之, 勿以我心揆彼, 當以彼心揆彼. 知此說者, 可以周事, 可以行德, 可以貫道, 可以交人, 可以忘我.

【안설】관윤자의 심성·혼백 이론에서 투철한 것을 다 게재하기 어렵다. 다만 [앞에 인용된] 이것만으로 보아도, 그가 '영명靈明'과 '신묘한 이치'(神理)를 심성의 체용本用으로 삼았음[140]을 알 수 있다. 신이 뇌궁腦宮에 머물며 관장하지 않는 바가 없으니, 마음의 체상體象[141]이다. 관윤자가 심성을 논한 것이 불교 학설과 딱 들어맞는 것이 많다. 아! 역시 기이하다.

【謹按】尹子心性魂魄理論之明透者, 不可勝載. 只以此觀之, 可知其以靈明神理, 爲心性之體用也. 神居腦宮, 無所不管, 心之體象也. 尹子之論心性, 多有契合佛說者, 吁! 亦異哉.

---

140 전병훈은 앞의 「천부경주해」에서 '사람의 본마음'(人之本心)은 "태양太陽의 신기神氣가 뇌 가운데 맑게 응결돼 영명靈明한 것"(太陽之神氣, 凝晶於腦中而靈明者)이라고 하였고, 또한 「심리철학·서론」에서 "심리는 곧 본성 안 원신元神의 한 점 영명靈明이 한 몸을 주재하고 만사를 처리하는 것"(心理卽性內元神之一點靈明, 主宰一身, 宰制萬事者也)이라고 하였다. 여기서는 '영명靈明'을 심성의 체體로 보고, 그 '신묘한 이치'(神理)를 심성의 용用으로 본다.

141 '체상體象'은 형체를 이뤄 현상이 있는(體成而可象) 것을 가리킨다.

제11장 선진의 심리설은 단지 뇌신경만을 말하지 않으니, 단이 곧 마음이며 마음이 곧 도이다
第十一章 仙眞心理說, 不惟言腦神, 而丹卽心, 心卽道

【안설】유학자로 신선이 된 이가 많은데, 여순양呂純陽이 가장 저명한 유선儒仙이다.

【謹按】以儒子成仙者多, 而呂純陽最著之儒仙也.

여순양이 말했다. "[『중용』에서 말하는] '희로애락이 일어나지 않은'[142] 때의 기상氣象이 도·불 양교의 가르침과 비교하여 본래 면목이 어찌 다르겠는가? 하물며 성인 공자는 만세의 유종儒宗이다."[143] "마음이 곧 단이고, 단이 곧 마음이다. 이를 능히 깨닫는 사람은 '단의 마음'(丹心)을 지킬 수 있다. '단의 마음'은 곧 도道이며 피와 살(血肉)의 마음이 아니니, 이에 '원신元神'으로 일컫는다. 중앙에 하나를 보존하고 현빈을 꿰뚫어 천정天庭[144]에 이르도록 운행한다."[145]

---

142 『중용中庸』에 "喜怒哀樂之未發, 謂之中"이라는 명구가 있다.

143 원문이 『동참경同參經』에 보인다. 『중간도장집요重刊道藏輯要』에 실려 있다.

144 '천정天庭'은 통상 양미간이나 이마 가운데를 가리키는데, 전병훈은 이를 현빈玄牝 안의 뇌궁腦宮으로 보았다.

呂純陽曰: 喜怒哀樂未發時氣象, 與道釋兩門敎參本來面目豈有異乎? 況
孔聖爲萬世儒宗. 心卽是丹. 丹卽是心, 能悟之者, 可保丹心. 丹心是道,
非血肉心, 乃云元神. 存一於中, 貫乎玄牝, 達運天庭.

【안설】원신이 현빈 안의 뇌궁腦宮에 거주한다. 여기서 말하는 '마음'은 곧 원
신으로, 아마도 뇌신경을 가리켜 말하는 것이리라!

【謹按】元神位住玄牝內腦宮. 此云心乃元神者, 其指腦神經而言乎!

장자양張紫陽이 말했다. "감[☵]괘 중심의 실질[實: 眞火][146]을 취해서, 리[☲]
괘 뱃속의 음陰을 점화點化[147]한다. 이로부터 변해 건乾의 강건한 몸체를 이루
니, 잠겨서 숨었다가 비약하는 것이 모두 마음(心)에서 말미암는다."[148]

張紫陽曰: 取將坎位中心實, 點化離官[宮][149]腹內陰. 從此變成乾健體, 潛
藏飛躍總由心.

【안설】이는 도가의 '감에서 취해 리를 메우기'(取坎塡離)로, 정을 되돌려 뇌를
보호하는(還精補腦) 참된 법이다. 뇌가 마음의 신경이 됨이 또한 분명하지 않
은가?

【謹按】此是道家取坎塡離, 還精補腦之眞法. 腦爲心神經, 不亦明乎?

---

145 원문이 『십육품경十六品經』에 보인다. 『중간도장집요』에 실려 있다.
146 감坎[☵]은 오행 가운데 수水로 신장에 해당하는데, 그 중심의 실질은 곧 위아래 두 개의 음
     효-- 가운데 양효ー로 표상되는 진화眞火를 가리킨다. 전병훈은 앞서 「천부경주해」에서
     "감수坎水 가운데의 불을 일컬어 '참된 불'(眞火)이라고 한다"(坎水中之火, 謂以眞火)고 하였다.
147 '점화點化'는 도교에서 본래의 사물을 고쳐 새롭게 변화시키는 것을 가리킨다.
148 송나라 장백단張伯端의 『오진편悟眞篇』에 보인다.
149 여기서 '官'은 '宮'의 오자이다. 『오진편』 원문을 고려할 때 '宮'이 합당하다.

시견오施肩吾가 말했다. "마음이 기炁와 신神을 부린다." 석행림이 말했다. "마음은 본성 안의 신이다."

施肩吾曰: 心爲使炁神. 石杏林曰: 心爲性內神.

【안설】 '마음'은 뇌궁의 원신인데, 어떻게 "신神이 신神을 부린다"고 말할 수 있는가? 내가 깊이 생각건대, 원신이 능히 식신을 통솔할 수 있으므로 그처럼 말한 것이다. 하지만 특히 이것이 아니라도, 원신은 태극이고 태극은 동능력動能力이 있으니, 따라서 능히 한 몸을 주재하며 몸 전체(百體)를 통솔할 수 있다. 이를 '마음'으로 부르더라도 또한 타당하지 않은가?
【謹按】 心乃腦官[150]元神, 則何以云以神使神耶? 予乃熟思則元神能司令識神, 故云爾. 然不特此也, 元神是太極, 太極有動能力, 故能主宰一身, 司令百體也. 名之曰心, 不亦妥乎.

백옥섬이 말했다. "마음이 곧 도이고, 도가 곧 마음이다. 하늘의 도에 두 이치가 없는데, 성인의 마음이 어찌 두 갈래로 작용하겠는가? 몸 가운데서 신神이 군주가 되니, 신이 몸에게 명령한다. 신 가운데 본성이 극치가 되니, 본성이 신에게 명령한다. 몸 가운데의 신으로부터 신 가운데의 본성으로 들어가면, 이를 곧 '근본으로 돌아가 목숨을 돌이킨다(歸根復命)'고 한다."[151]

白玉蟾曰: 心卽道, 道卽心. 天之道, 旣無二理, 聖人之心, 豈兩用耶? 形中以神爲君, 神乃形之命也. 神中以性爲極, 性乃神之命也. 自形中之神, 以

---

150 여기서 '官'은 '宮'의 오자이다. 윗단락에서 이미 '뇌궁腦宮'이라고 하였고, 문맥상 '宮'이 합당하다.
151 백옥섬白玉蟾이 『지현편指玄篇』「사장자양서謝張紫陽書」에서 『도덕경』 제16장의 '歸根復命'을 해석한 구절이다.

入神中之性, 此謂之歸根復命矣.

또한 말했다. "마음(心)은 신의 집이니, 마음이 안녕하면 신이 영명하고, 마음이 황폐하면 신이 발광(狂)한다. 그 마음을 비우고 바른 기를 응결하며 그 마음을 담담히 하면, 온화한 양기(陽和)[152]가 모인다."[153]

又曰: 心者神之舍, 心寧則神靈, 心荒則神狂. 虛其心而正氣凝, 淡其心, 則陽和集.

【안설】동아시아 학술에서 특히 뇌신경과 심단心丹의 이치를 발명한 자는 오직 우리 광성자와 황제이다. 옛 유학자들이 말한 '사방 한 치'(方寸)란 단지 몸뚱이의 마음이었고, 따라서 뇌신경을 한마디도 언급하지 않았다. 오직 도가의 신령한 성인만 이런 독창적 견해를 가졌으니, 이를 드러내 밝혀 유가 심론心論의 빈자리를 어찌 보충하지 않을 수 있으리오? 이것이 내가 [유·불·도·서양철학] 4교를 합치해서 원만해지기를 바라는 뜻으로 고심하는 까닭이다. 아! 도교와 유교가 상호보완해야 함이 여기에 이르러 역시 명확하지 않은가?

【謹按】東亞學術, 特發明腦神心丹之理者, 惟我廣成黃帝. 而先儒之云方寸者, 只是肉團心也, 故一言不及腦神經矣. 惟道家神聖有此創見, 安得不表章之以補儒家論心之遺缺處耶? 此余所以苦心合致四家以期圓滿之意也. 烏乎! 道與儒之當互相補完者, 至此不亦明甚乎?

양진옹養眞翁이 말했다. "사람이 선을 행하면 신神이 모여 신령해지고, 악을 행하면 신이 흩어져 떠나간다."[154] 대개 신이 몸에 들어오면 살고, 몸을

---

152 '양화陽和'는 화창한 봄날처럼 따뜻한 양기陽氣를 가리킨다.
153 백옥섬의 『해경백진인어록海瓊白眞人語錄』(『道藏』 제33책)에 보인다.

떠나면 죽는다. 아! 악을 행하는 자가 어찌 또한 여기까지 생각하겠는가?

> 養眞翁曰: 人爲善, 則神聚而靈; 爲惡, 則神散而去. 蓋神入身來則生, 離
> 身去則死. 烏乎! 爲惡者, 盍亦念及於此乎.

---

154 청나라 말의 도사 왕사단王士端이 지은 『양진집養眞集』에 보인다. 왕사단은 양진옹養眞
翁·양진자養眞子 혹은 백발노인白髮老人 등으로도 불렸는데, 그 행적은 알려진 바가 거의
없다.

불가 심성의 가장 뛰어난 철리
第十二章 佛家心性之最上乘哲理

『금강경金剛經』에서 말했다. "그 마음을 항복받는다."『능엄경』에서 말했다. "여래장如來藏은 오묘한 진여의 성품이다.""성품이 색色인 참된 공(眞空)과 성품이 공空인 참된 색(眞色)이 본연 그대로 청정하고, 법계에 두루 미친다.""적묘寂妙[155]하여 항상 응결된 것을 '정심주定心住'라고 한다.""관정灌頂을 거행하니 '관정에 머문다'고 한다.""청정하고 원만한 성체性體가 견고히 응결하니, 마치 금강왕金剛王이 항상 머물며 부서지지 않는 것과 같다."

『金剛經』曰: 降伏其心. 『楞嚴經』曰: "如來藏, 妙眞如性." "性色眞空, 性空眞色. 淸淨本然, 周遍法界." "寂妙常凝, 名定心住." "陳列灌頂, 名灌頂住," "淸淨圓滿, 性體堅凝, 如金剛王, 常住不壞."

【안설】마음이 늘 치달리므로, 따라서 항복 받는 것이 중요하다. 여기서 "항상 응결한다"(常凝) "견고히 응결한다"(堅凝)고 말하니, 어디에 견고히 응결하는가? 비록 '뇌수'라고 명언하지는 않았지만 '정수리에 물 뿌리기'(灌頂)를 말

---

155 '적묘寂妙'는 열반(涅槃寂靜)의 오묘한 경지를 일컫는다.

하니, 정수리 안이 곧 뇌수로 신의 집(神舍)이며, 신이 응결하는 곳이다. 아!
지극하다. 도가에서 신이 응결하는 현관의 취지와 정확히 서로 합치한다.
한데 그 무욕하고 자비로운 마음의 능력은, 혹시 서양철학 역시 일찍부터
유념했던 것이 아닐까? (그리스문화에 인도로부터 전해진 것이 있는 게 확
실하다.)

【謹按】心常馳驚, 故降伏爲要. 此云常凝堅凝者, 凝堅於何處耶? 雖不及
明言腦髓, 而言灌頂, 則頂內卽腦髓神舍也, 神凝之處. 吁! 亦至哉! 與
道家神凝玄關之旨, 脗然相合, 而其無慾慈悲之心力, 倘西哲亦嘗致意
否耶?(希臘文化有自印度之漸確的.)

"아난(阿難, Ananda)이여! 눈동자를 부라려 주시해 피로한데" [눈으로 보는]
안입眼入은 허망하여 자연 그대로의 성품이 아니다."[156]

"阿難, 目睛瞪發勞者" "眼入虛[157]妄, 非自然性."

【안설】시각 정보(眼入)가 허망하고, 그다음으로 귀·코·혀·몸·의식의 여
섯 근성(六根性)이 모두 자연 그대로의 성품(自然性)이 아니다. 형상·소리·
냄새·맛·감촉·의식의 여섯 감각대상(六塵)이 모두 허망하다. 그리고 18
계(十八界)[158]를 논하니, 시각 인식계(眼識界), 소리 인식계(耳識界), 냄새 인식
계(鼻識界), 맛 인식계(舌識界), 몸 인식계(身識界), 의식 인식계(意識界)가 모두
참된 성품이 아니다. 비유를 취해 분석하는 것이 세밀하기 그지없어, 신학
문에서 심리를 말하는 것과 거의 유사하다. 그리고 땅·물·불·바람이 공
성空性[śūnyatā]이라는 이론 역시 서양철학에서 숭상하니, 그것이 극도로 정

---

156 이는 『능엄경』의 다음 두 구절에서 가져온 글귀들을 혼합한 것이다. "阿難, 卽彼目睛瞪發勞
者, 兼目與勞, 同是菩提瞪發勞相.""是故當知, 眼入虛妄, 本非因緣, 非自然性."
157 국중본에는 '妄', 명문본에는 '虛'로 되어 있다. 아래 주해에서 '虛妄'을 말하거니와, 문맥상으
로도 '虛'가 합당하다.
158 '십팔계十八界'는 육근六根과 육진六塵에 육식六識을 더한 것이다.

밀하고 명철하기 때문이다. 그 문장이 많아서 모두 게재할 수 없지만, 사물의 성질(物性)을 끝까지 꿰뚫어 본 것이라고 말할 수 있다.

【謹按】眼入虛妄, 繼以耳鼻舌身意六根性, 皆非自然性. 色聲香味觸意六塵, 俱虛妄也. 且論十八界, 眼識界·耳識界·鼻識界·舌識界·身識界·意識界, 皆非眞性. 其取譬剖折, 極其細微, 正類乎新學之說心理者. 而地水火風空性論, 亦西哲之所崇尙者, 極其精明故耳. 其文繁不能俱載, 可謂盡見物性者也.

"네가 소멸함을 깨달아 안다고 하지만, 또한 소멸할 때 너는 몸 안에 소멸하지 않는 것이 있음도 아는가?" "마음과 성품이 한번 미혹되어 육신 안에 매였으니,[159] 육신 밖의 산하와 허공과 대지가 모두 오묘하게 밝은 참 마음(眞心) 가운데의 사물임을 모른다."(서양의 피에르 벨Pierre Bayle[160]이 말하기를 "죽은 몸 안에 파괴할 수 없는 생명이 있다"고 하니, 이와 암암리에 부합한다.)

"悟知汝滅, 亦於滅時, 汝知身中有不滅耶." "心性一迷惑, 爲色身之內, 不知色身之外洎山河·虛空·大地, 咸是妙明眞心中物.(西哲培爾云, 死體之內, 有不可破之生命者, 與此暗合也.)

"성품을 살펴보면 원래 진실하니, 오직 오묘한 깨달음이 밝다." "… 오묘하게 깨달은 밝은 마음(妙覺明心)을 발한다. 여래장如來藏은 본래 오묘하게 원만

---

159 『능엄경』에서 "어둡고 흔들리고 시끄러운 모양을 심성心性으로 여겨서, 한번 미혹하여 마음으로 삼고는 헷갈려 몸 안에 있다고 결정한다"(昏擾擾相以爲心性, 一迷爲心, 決定惑爲色身之內)고 하는데, 전병훈은 이를 "마음과 성품이 한번 미혹되어 육신 안에 매였다"(心性一迷惑, 爲色身之內)고 축약했다.

160 피에르 벨(Pierre Bayle, 1647~1706)은 프랑스 계몽시대의 철학자로 M. E. 몽테뉴의 후계자이자, 이른바 백과전서파 지식인의 선구로 평가받는다. 저서로 1697년부터 출판을 시작한 『역사적·비평적 사전 Dictionnaire historique et critique』이 가장 널리 알려져 있다.

한 마음(本妙圓心)¹⁶¹이요,¹⁶² … 근원이 밝은 마음의 오묘함이요(元明心妙), … 오묘하게 밝은 마음의 근원(妙明心元)이다."¹⁶³(이 장의 주해가 매우 많은데 지금 간략한 요지만 취해 게재하니, 급히 해석하려고 하지 않는 것이 좋다.)

"觀性元眞, 惟妙覺明." "妙覺明心, 如來本妙圓心, 元明心妙, 妙明心元." (此章註解頻繁, 今取簡要載之, 可以勿求急解.)

【안설】 여기서 '마음을 밝히고 본성을 깨닫는'(明心見性) 오묘함을 볼 수 있다. '오묘한 깨달음'(妙覺)과 '오묘한 밝음"(妙明)이 실로 맛깔이 있다. 거기서 말하길 "같은 생각이 애착을 이루고, 애착이 흘러 종자가 되며, 생각을 받아들여 태를 이룬다. …¹⁶⁴ 같은 업장끼리 끌어당긴다. 그러므로 인연이 있어 (태생·난생·습생·화생이) 생겨난다"고 하니, 대개 생멸하는 성품(生滅性)을 말한다.

【謹按】 於此可見其明心見性之妙也. 妙覺妙明, 誠有味哉. 其曰: 同想成愛, 愛流爲種, 納想爲胎. 吸因同業, 故有因緣生(胎卵濕化), 蓋言生滅之性也.

"'하나'(一)는 마치 넓은 허공에 여러 가지 그릇을 섞어 놓고, 그릇 모양의

---

161 '원심圓心'은 시방 법계의 어느 무엇도 누락된 것 없이 한 마음에 다 구비한 '원만한 마음'을 가리킨다.

162 이 구절은 『능엄경』에서 본래 앞뒤로 끊어진 단락이다. "~, 滅塵合覺故發眞如妙覺明性. 而如來藏本妙圓心, ~."

163 이 문장은 『능엄경』에서 '여래장如來藏'에 관해 말하는 긴 글의 앞뒤 문맥을 모두 잘라내고, 결론적으로 제시하는 '本妙圓心' '元明心妙' '妙明心元'의 개념만 가져와 나열한 것이다. '여래장'은 여래를 내장한다는 비유적인 표현으로 중생의 청정한 본마음(佛性)을 가리키는데, 전병훈은 이를 '여래如來'라고만 인용했다. 『능엄경』의 본뜻을 살려 여기서는 '여래장'으로 표기했다. 전병훈의 인용문에는 없지만 『능엄경』 원문에서 중간에 생략된 부분을 …로 표기했다.

164 앞뒤 단락 간에 『능엄경』 원문을 생략한 것이 있으므로 …로 표기했다.

차이에 따라 다르게 이름 부르다가, 그릇을 치우고 허공을 보면서 허공은 하나라고 말하는 것과 같다. 저 큰 허공이 …"[165] "깨달음의 밝음과 허공의 어두움이 서로 마주하여 움직임을 이루니, 그러므로 바람바퀴(風輪)가 있다. … 밝은 깨달음이 견고해지니, 그러므로 황금바퀴(金輪)가 있다. … 불꽃이 위로 치솟으니, 그러므로 물바퀴(水輪)가 있다. … 불이 오르고 물이 내려오는데, … 저 큰 바다 가운데서 불꽃이 항상 일어난다."[166]

"一, 如太虛空參合羣器, 由器形異, 名之異, 空除器觀,[167] 空說爲一. 彼太虛空," "覺明空昧, 相待成搖, 故有風輪. 明覺立堅, 故有金輪. 火光上蒸,

---

165 이 문단 앞에 "[아난아…] 너는 수다원須陀洹이 되어, 여섯 감각 대상(六: 육진六塵)을 소멸하였으나, 아직은 하나를 없애지 못했으니(汝須陀洹雖得六銷猶未亡一)라는 말이 있으며, 여기서 '하나'(一)는 아난이 아직 집착하는 하나를 가리킨다. 또한 "저 큰 허공이" 다음에는 "어찌 너를 위해서 같기도 하고 같지 않기도 하겠으며, 더욱이 어찌 또한 하나라고 하거나 하나가 아니라고 하겠느냐?"는 말이 이어지는데(彼太虛空云何爲汝成同不同, 何況更名是一非一?), 글의 뒷부분을 생략하여 뜻이 순조롭지는 않다.

166 인도 신화에서 세계를 이루는 구산九山·팔해八海와 사주四洲 밑에는 그것들을 떠받치는 거대한 바퀴통형의 세 층層이 있는데, 위층을 황금바퀴(金輪), 중간층을 물바퀴(水輪), 아래층을 바람바퀴(風輪)라고 한다. 본문은 『능엄경』에서 이 신화적 우주에 관해 말하는 것인데, 생략된 부분이 많아 뜻을 파악하기 다소 어렵다. 『능엄경』 원문은 다음과 같다. "<u>깨달음의 밝음과 허공의 어두움이 서로 기다려 요동치니, 그러므로 바람바퀴(風輪)가 있어서</u> 세계를 잡아 유지한다. 허공이 움직임을 낳고 견고한 밝음이 울타리를 세우니, 저 황금 보배(金寶)는 <u>밝은 깨달음이 견고해진 것이니, 그리하여 황금바퀴(金輪)가 있어서</u> 국토를 보존하고 지탱한다. 견고한 깨달음이 보배가 되고 밝음이 흔들려서 바람이 나오는데, 바람과 쇠가 서로 마찰하니, 그러므로 불꽃(火光)이 일어나서 변화의 성질(變化性)을 이룬다. 보배의 밝음이 윤택함을 낳고 <u>불꽃이 위로 치솟으니, 그러므로 물 바퀴가(水輪)가 있어서</u> 시방 세계를 감싼다. <u>불은 올라가고 물은 내려가며</u> 교차하여 견고해진다. 습하면 큰 바다가 되고 건조하면 육지가 된다. 이런 이치로 인해 <u>저 큰 바다 가운데서 불꽃이 항상 일어나고</u>, 대륙에는 강하江河가 항상 흐른다."(<u>覺明空昧相待成搖</u>, <u>故有風輪執持世界</u>. 因空生搖堅明立礙, 彼金寶者<u>明覺立堅</u>, <u>故有金輪保持國土</u>. 堅覺寶成, 搖明風出, 風金相摩, 故有火光爲變化性. 寶明生潤<u>火光上蒸</u>, <u>故有水輪含十方界</u>. <u>火騰水降交發立堅</u>, 濕爲巨海乾爲洲潬, 以是義故<u>彼大海中火光常起</u>, 彼洲潬中江河常注.) *전병훈이 인용한 글귀는 밑줄(_)로 표기했다.

167 '空除器觀'은 뜻이 잘 통하지 않는데, 『능엄경』에는 '除器觀空'으로 되어 있다. 『능엄경』 원문에 따라 번역한다.

故有水輪. 火騰水降, 彼大海中, 火光常起.

【안설】 이것은 '생멸하는 성품'(生滅性)을 말하는데, '세 바퀴'(三輪)는 그뿐만
이 아니다. 몸·입·뜻의 세 바퀴[168]가 만물에 대응해 막힘이 없으며, 모두
바퀴이므로 둥글다. 원만한 밝음(圓明), 오묘한 원(妙圓), 맑은 원(湛圓)이 모
두 심성心性을 가리켜 말한다. 해·달의 바퀴도 모두 둥그니, 이로써 추정컨
대 하늘과 땅이 둥근 것을 알 수 있다. 둥글기 때문에 쉬지 않고, 머물지 않
고, 새지 않는다. 하늘과 사람이 같은 기氣이니, 그러므로 심성이 둥글고 밝
다. 이른바 '적멸寂滅'은, 성품이 '참된 공이자 오묘한 있음'(眞空妙有)이라서
본체가 적연寂然하다는 것이다. '소멸'(滅)은, 여섯 감각기관의 욕망이 소멸
해서 우리 공자의 무아無我와 같다는 것이다. '물 가운데의 불'이 선仙·불佛
양가兩家에서 참나를 이루는 녹봉(祿)이 된다.[169]

【謹按】 此言生滅性, 而三輪不特此也. 身口耳三輪,[170] 應物無滯, 蓋輪故
圓. 圓明·妙圓·湛圓, 皆指心性而言, 如日月之輪皆圓, 推以可知天地
之圓. 圓故不息·不停·不漏, 天人同一氣, 故心性圓明也. 所謂寂滅
者, 性是眞空妙有, 故本體寂然. 滅者, 滅度六根之慾, 如吾孔子之無我
者也. 水中火, 爲仙佛兩家成眞之祿也.

"시방세계 모든 향수해香水海[171]는 성질이 '참된 공'에 합치해서 둘이 아니

---

168 불교에서 '삼륜三輪'은 크게 다음과 같은 여러 뜻이 있다. ① 전륜성왕의 정법 수레로 부처
님의 세 가지 교화를 비유하는 신륜身輪·구륜口輪·의륜意輪이 있다. ② 수미산 아래의 대
지 밑에서 사바세계를 지탱하는 풍륜風輪·수륜水輪·금륜金輪을 가리킨다. ③ 보시普施할
때 보시하는 사람, 보시 받는 사람, 보시하는 물건의 세 요소를 가리킨다. 여기서 ①③의
수레는 '굴린다' '전한다'는 의미를 함축하고, ②의 수레는 원형 모양의 수레바퀴를 표상
한다.
169 '물 가운데의 불'(水中火)이 단丹을 결정해 참나를 이루는 데 필요하다는 문맥에서, 관원의
생계유지를 위해 필요한 '녹봉'(祿)으로 비유하였다.
170 여기서 '耳'는 '意'의 오자로, 불교에서는 身·口·意 삼륜을 말한다. 본문에서는 '意'로 번역
했다.

고 다르지도 않으니, … 나는 물의 성질이 한 맛으로 유통한다고 본다."[172]
"공에 의지해 세계 중생이 존립한다." "공이 큰 깨달음 가운데 생겨나니, 바다에서 한 거품이 일어나는 것과 같다." "[모두] 공에 의지해 생겨나는데, 물거품이 소멸하면 공마저 본래 없다."[173]

"十方界諸香水海, 性合眞空, 無二無別. 我以水性, 一味流通." "依空立世界衆生" "空生大覺中, 如海一漚發." "依空所生, 漚滅空本."

【안설】 이것은 관윤자가 [마음을] 물에 비유한 장절[174]과 서로 합치한다. 성품(性)은 참된 공이자 오묘한 있음(眞空妙有)이다. 텅 비었기 때문에 그 참됨(眞)을 수용하는데, 참됨은 곧 리理이다. 물에 비유하면 맑디맑아 둥근 거울처럼 밝게 빛나며(圓明)[175] 청정한 것으로, [진공묘유가] 곧 참된 리(眞理)이고 성품의 본체[176]이다. 거품이 일어나 육신이 되는데, 거품은 생겼다가 소멸한다. 하지만 물의 본성(水性)은 자연 그대로라서, 이것은 죽지도 않고 소

---

171 인도 신화에서 수미산을 둘러싸고 있는 여덟 바다 가운데 맨 바깥쪽의 바다만 짠물이고, 나머지 일곱 바다는 향수로 된 바다라고 한다. 그 일곱 바다를 '향수해香水海'라고 한다.

172 두 문장 사이에 생략된 부분이 있으며, 『능엄경』의 원문은 다음과 같다. "與十方界, 諸香水海, 性合眞空, 無二無別. [今於如來, 得童眞名, 豫菩薩會, 佛問圓通,] 我以水性 一味流通, [得無生忍, 圓滿菩提, 斯爲第一.]" 전병훈이 인용하면서 생략한 부분은 …로 표기했다.

173 『능엄경』 원문은 "皆依空所生, 漚滅空本無"로, 전병훈이 '漚滅空本'으로만 인용한 것은 뜻이 잘 통하지 않는다. 『능엄경』 원문에 따라 번역했다.

174 앞의 제10장을 참고한다.

175 '원명圓明'은 원경명량圓鏡明亮의 준말로 본래 둥글고 원만한 거울이 밝게 빛나는 것을 가리키는데, 불교에서는 '원명'으로 완벽한 깨달음의 경지를 비유한다. 본문에서는 문맥에 따라 '원만한 밝음' 혹은 '거울처럼 밝게 빛나는' 등으로 번역했다. '밝은 거울'(明鏡)과 '정지된 물'(止水)로 고요하고 깨끗한 마음을 은유하는 것은, 『장자莊子』 「덕충부德充符」에서 "사람은 흐르는 물에 비춰 볼 수 없고, 고요한 물에 비춰 보아야만 한다"(人莫鑑於流水, 而鑑於止水)고 한 데서도 볼 수 있다.

176 여기서 '본체本體'는 서양철학에서 현상(phenomenon)에 대응하는 noumenon이나 substance와 동일시할 수 없고, 동양철학의 '본말本末' '체용體用' 문맥에서 말하는 것이다. 군이 우리말로 바꾸면 '본바탕' 정도로 순치할 수 있다.

멸하지도 않는다. 이 때문에 물 한 가지의 본성으로 오행五行을 깨달을 수 있으니, 살리는 성품이 곧 목木이고, 증발하는 성품이 곧 화火이고, 응결하는 성품이 곧 토土이고, 견고한 힘의 성품이 곧 금金이다. 이것은 지地·수水·화火·풍風[177]의 이치와 합한 듯이 차이가 없다. 단지 질흙으로 그 청결한 본연을 흐리지 않는 것이 곧 성품 공부(性功)이다.

【謹按】 此與關尹子譬水章相合. 性是眞空妙有. 空故容受其眞, 眞卽理也. 譬諸水則湛然圓明而淸淨者, 卽眞理, 性之本體也. 漚發者爲肉身, 漚生漚滅, 而水性自然矣, 此乃不死不滅也. 以一水性而可悟五行者: 生性卽木, 蒸性卽火, 凝性卽土, 堅力性卽金. 此與地水火風之理, 若合無異. 但不以瓦土, 混其淸潔本然者, 乃性功也.

"청정한 계율을 지키고, 음란한 마음을 영원히 끊고, 술과 고기를 먹지 않고, 음식을 불로 익혀 정화하고, 날것을 먹지 말아야 한다."[178] "마음으로 훔치거나 탐내지 않고, 육신에 집착하지 않는다." "마음 다잡기(攝心)로 계戒를 삼고, 계로 인해 선정(定)이 생기고, 선정으로 인해 지혜(慧)가 발하니, 이름하여 '세 무루학'(三無漏學)[179]이라고 한다.

"淸淨戒律, 永斷淫心. 不餐酒肉, 以火淨食, 無啖生氣." "心不偸不貪, 舍[180]肉身." "攝心爲戒, 因戒生定, 因定發慧, 名爲三無漏學."

---

177 지地·수水·화火·풍風은 이른바 '사대四大'로, 불교에서 말하는 물질의 기본 구성요소이다.

178 『능엄경』은 인용문 앞에 "아난아, 만일 중생이 삼마지(三摩地, samādhi)에 들어가려면, ~ 해야만 한다"(如是衆生入三摩地, 要先嚴持)는 구절로 시작한다. 그 문맥을 감안해 번역했다.

179 '삼무루학三無漏學'은 곧 계戒·정정·혜慧 삼학三學을 가리킨다. 『능엄경』은 이 3가지 공부가 번뇌를 없앤다는 문맥에서 '무루無漏'를 첨언했다. 무루는 산스크리트어 'asāsrava'로, 번뇌가 없는 것을 가리킨다. '루漏'는 누설되어 흘러간다는 의미인데, 곧 번뇌를 뜻한다.

180 여기서 '舍'는 '捨'와 통한다.

【안설】음란함(淫)·살상(殺)·도둑질(盜)은 삼교가 똑같이 금하는데, 유독 불교만 출가해서 결혼하지 않는 것으로 음란함을 끊으니, 이는 석가의 본뜻이 아니라 뒷사람이 오해한 폐단이다. 아! 저 불교를 숭상하는 자들이 낳고 화육하는 근원을 끊어 버리는데, 이것이 어찌 원만하고 밝은 하늘의 이법이겠는가? 하늘과 땅이 일 년에 한 번 교합하고 해와 달이 한 달에 한 번 교합하니, 그러므로 능히 [만물을] 낳고 화육한다. 사람도 또한 반드시 몸소 실행해야 하고, 그런 뒤에야 올바른 이치에 합한다. 만약 너무 빈번해서 절도가 없다면 그것을 '음란하다'고 해야 마땅하니, 의당 이로써 바르게 고치는 것이 옳다.

【謹按】淫·殺·盜, 均爲三家之戒, 獨佛家以出家不娶爲斷淫, 此非釋迦之本旨, 而後人誤解之弊也. 噫彼崇佛者, 因絶生化之源, 是豈圓明之天理哉. 如天地一年一交媾, 日月一朔一交媾, 故能生化也. 在人亦須體行, 然後合於正理也. 若頻數無度者, 則宜名之曰淫, 當以此改正, 可也.

"비유컨대 마치 유리 안에 밝은 달이 걸린 것과 같으니, 몸과 마음이 상쾌하고 오묘하고 원만하고 평등하여 각자 매우 안온하며, 일체 여래의 은밀하고 원만하며 청정하고 오묘함이 모두 그 안에 나타난다." "가는 곳마다 선행을 베풀어서 성인의 자리에 편안히 선다." "집착하는 마음이 텅 비고 밝아지면 순수한 지혜만 남는다." "참된 원만함을 따라 오묘한 믿음이 항상 머물러 일체의 망상이 남김없이 소멸하고,[181] 중도中道가 순전히 참된 것을 '신심주信心住'라고 한다."

"譬如琉璃, 內懸明月, 身心快然, 妙圓平等, 各大安穩. 一切如來密圓淨妙, 皆現其中." "隨所發行, 安立聖位." "執心虛明, 純是智慧." 從眞圓, 妙

---

181 『능엄경』원문은 "참되고 오묘한 원만함을 따라서 참된 오묘함이 거듭 발생하고, 오묘한 믿음이 항상 머물러서 일체의 망상이 남김없이 소멸한다"(從眞妙圓, 重發眞妙, 妙信常住, 一切妄想滅盡無餘)고 한다.

信常住, 一切妄想滅盡無餘, 中道純眞名信心住.

【안설】 이로부터 마음을 논하는데, 마흔한 가지 마음(四十一心)이 되도록 많아서 그중 가장 중요한 것을 대략 골랐을 따름이다. 이 경전이 아주 난해하고 심오한 데다가 주해까지 없어서, 더욱더 통하기 어려운 부분이 있다. 하지만 학인이 스스로 이해할 수 있다.

【謹按】 自是論心, 爲四十一心之多, 然略撰其最切要者而已. 本經多艱奧而廢註解, 則尤有難通處, 然學人可自意會.

"오직 정밀하고 밝음(精明)으로 참되고 청정함을 향해 나아가는 것을 '정진심精進心'이라고 한다.[182] 마음의 정기가 눈앞에 나타나 순수하게 지혜로운 것을 '혜심주慧心住'라고 한다. 지혜의 밝음을 잡아 가져서 두루두루 맑고 고요하며, 선정의 광명이 밝게 빛나고 밝은 본성에 깊이 들어가서 오직 나아가기만 하고 물러남이 없는 것을 '불퇴심不退心'이라고 한다.[183] 밝은 깨달음을 보존하여 능히 오묘한 힘으로 부처님의 자비 광명을 돌이키니,[184] 마치 두 개의 거울이 광명을 서로 대하는 것과 같아서 그 가운데 오묘한 그림자가 거

---

182 『능엄경』 원문은 "唯以精明, 進趣眞净, 名精進心"으로 전병훈의 인용과 약간 다르다. 여기서는 『능엄경』 원문을 참작해 번역했다.

183 『능엄경』에서 '정심주定心住'와 '불퇴심不退心' 두 가지를 말하는 것인데, 전병훈이 인용하며 이를 한 구절로 엮었다. 『능엄경』 원문은 다음과 같다. "지혜의 밝음을 잡아 가져서 두루두루 맑고 고요하여, 고요하고 오묘한 것이 항상 엉겨 있음을 '정심주定心住'라고 한다. 선정이 밝음을 발하여 밝은 본성에 깊이 들어가서, 오직 나아가기만 하고 물러남이 없음을 '불퇴심不退心'이라고 한다."(執持智明, 周遍寂湛, 寂妙常凝, 名定心住. 定光發明, 明性深入, 唯進無退, 名不退心.) 앞서 능엄경의 41심(四十一心) 가운데 "그중 가장 요긴한 것을 대략 골랐다"(略撰其最切要者而已)고 했던 것을 참조할 때, 다분히 의도적인 축약으로 볼 수 있다. 아래에도 이런 축약의 사례가 여럿 보인다.

184 『능엄경』에는 이 뒤에 "부처를 향해 편안히 머물러(向佛安住)"라는 구절이 있는데, 여기서는 생략됐다.

듭거듭 서로 들어가는 것을 '회향심迴向心'이라고 한다. 마음의 빛이 은밀히 돌아와 부처님께 늘 엉겨 있는 더없는 청정함과 오묘함을 얻고, 무위에 편히 머물러서 잃음이 없는 것을 '계심주戒心住'라고 한다. 계에 머물되 자유자재하여, 능히 시방十方에 노닐면서 가는 곳마다 원하는 대로 되는 것을 '원심주原心住'라고 한다. 참된 방편으로 이 열 가지 마음을 발하고, 마음의 정기가 빛을 발해 열 가지 작용을 섭입涉入[185]하여 한 마음을 원만하게 이루는 것을 '발심주發心住'라고 한다."

"惟以精明, 進取眞淨, 名精進心. 心精現前, 純以智慧, 名慧心住. 執持智明, 周遍湛寂, 定光發明, 明性深入, 惟進無退, 名不退心. 覺明保持, 能以妙力, 迴佛慈光, 猶如雙鏡, 光明相對, 其中妙影, 重重相入, 名迴向心. 心光密迴, 獲佛常凝, 無上淨妙, 安住無爲, 得無遺失, 名戒心住. 住戒自在, 能游十方, 所去隨願, 名原心住. 以眞方便, 發此十心, 心精發輝, 十用涉入, 圓成一心, 名發心住."

"이미 도태道胎[186]가 놀고 부처의 자손(覺胤)[187]을 친히 봉양하니, 태아가 이미 완성되어 사람 모양으로 결함이 없는 것을 '구족주俱足住'[188]라고 한다. 용모가 부처와 같고[189] 심상心相[190] 역시 같은 것을 '정심주正心住'라고 한다.

---

185 '섭입涉入'은 여섯 가지 감관과 그 대상이 서로 관계하여 인식이 성립되는 것을 의미한다.

186 '도태道胎'는 도를 잉태했다는 뜻으로, 자기 안에 부처(불성)가 잉태되었음을 말한다. 도교에서는 내단으로 잉태된 태아를 가리킨다.

187 '각윤覺胤'을 직역하면 '깨달은 자의 후손' 혹은 '깨달음의 자손'인데, 흔히 '부처의 후손'으로 번역하기도 한다. 자기 안에 형성된 도태가 부처의 자손이라는 문맥이다.

188 『능엄경』 원문은 '방편구족주方便具足住'이다.

189 『능엄경』의 원문은 '容貌如佛'인데, 전병훈이 인용하면서 '容貌亦同'으로 착오했다. 『능엄경』 원문을 참작해 번역했다.

190 '심상心相'은 마음에 비친 객관적 사물의 영상, 혹은 그것을 인식하는 주관적 작용을 가리킨다.

몸과 마음이 합하여 날마다 점차 자라서, 십신十身[191]의 신령한 모양을 일시에 구족한 것을 '동진주童眞住'라고 한다.[192] 형체를 이뤄 태에서 나와 친히 부처의 자식이 되고, 일체중생을 능히 이익 되게 하는 것을 '요익행饒益行'이라고 한다. 자기가 깨닫고 남도 깨닫게 하여 거스르고 거역함이 없는 경지[193]를 증득한다. 삼세三世에 평등하고 시방十方에 통달한다. 참된 선근善根을 이미 이뤄서 시방 중생이 모두 나의 본성인지라, 성품을 원만하게 성취하여 중생을 잃지 않는다. 서로 다른 성품이 같은 데로 들어가고 같은 성품 또한 없어진 것을 '이구지離垢地'라고 한다."[194]

> "既遊道胎, 親奉覺胤, 如胎已成, 人相不缺, 名俱足住. 容貌亦同, 心相亦同, 名正心住. 身心合成, 日益增長, 十身靈相, 一時俱足, 名童眞住. 形成出胎, 親爲佛子, 善能利益, 一切衆生, 名饒益行. 自覺覺他, 得無違拒. 三世平等, 十方通達. 眞根旣成, 十方衆生, 皆我本性, 性圓成就, 不失衆生. 異性入同, 同性亦滅, 名離垢地."

---

191 『화엄경』에 의하면 '십신十身'은 크게 두 범주로, 하나는 융삼세간십신融三世間十身이요 다른 하나는 불구십신佛具十身이다. 여기서는 후자를 가리키며, 부처에게 구비된 열 가지 몸을 가리킨다.

192 『능엄경』에서 '불퇴주不退住'와 '동진주童眞住' 두 가지를 말하는 것인데, 전병훈이 인용하며 이를 한 구절로 엮었다. 『능엄경』 원문은 다음과 같다. "몸과 마음이 합하여 날마다 점차 자라는 것을 '불퇴주不退住'라고 한다. 십신의 신령한 모양을 일시에 구족한 것을 '동진주童眞住'라고 한다."(身心合成, 日益增長, 名不退住. 十身靈相, 一時具足, 名童眞住.)

193 이런 경지를 '무진한행無嗔恨行'이라고 한다. 『능엄경』에서 "自覺覺他, 得無違拒, 名無嗔恨行"이라고 한다. 이는 십행위十行位의 3번째 행위行位로, 중생을 자비롭게 살펴 보호하며 불사佛事를 행하는 단계(位)이다. '10가지 행위 단계'를 의미하는 십행위는 구도자가 수행정진하여 도달한 삼현三賢 중의 '중현中賢'에 해당한다.

194 『능엄경』에서는 본래 '법왕자주法王子住'와 '요익행饒益行'을 말하는 별개의 구절이다. 『능엄경』 원문은 다음과 같다. "형체를 이뤄 태에서 나와 친히 부처의 자식이 된 것을 '법왕자주法王子住'라고 한다. … 일체중생을 능히 이익 되게 하는 것을 '요익행饒益行'이라고 한다."(形成出胎 親爲佛子 名法王子住. … 善能利益, 一切衆生, 名饒益行.)

"맑음이 지극하여 밝음이 생기는 것을 '발광지發光地'라고 한다.[195] 밝음이 지극하여 깨달음이 가득한 것을 '염혜지燄慧地'라고 한다. 자비의 그늘과 오묘한 구름이 열반의 바다를 덮는다. 여래는 생사의 흐름을 거스르지만, 이처럼 보살은 흐름을 따라 행하여 [깨달음에] 이른다. 비로소 금강심金剛心 가운데서 첫 건혜지乾慧地를 얻는다. 또한 이름하여 '관정灌頂'이라고 한다."[196]

"淨極明生, 名發光地. 明極覺滿, 名燄慧地. 慈陰妙雲, 覆涅槃海. 如來逆流, 如是菩薩行而至. 始獲金剛心中初乾慧地, 亦名灌頂."

【안설】마흔한 가지 마음(四十一心) 가운데 단지 이를 선별해 학인에게 준다. 처음 읽을 때 비록 아무 맛이 없는 듯해도, 숙독熟讀하면 그 오묘함을 얻을 수 있을 것이다. 내가 소싯적에 선대 유학자들이 도교의 '허무'와 불교의 '적멸' 설을 이단으로 배척하므로, 양가兩家를 달갑게 여기지 않았다. 도를 깨닫고 연달아 『능엄경』을 읽다가 제8권에 이르러, 나도 모르게 마음이 기쁘고

---

195 이 역시 『능엄경』의 여러 구절을 축약한 것이다. 『능엄경』 원문은 다음과 같다. "스스로 깨닫고 남도 깨닫게 하여 어기고 막음이 없음을 증득한 것을 '무진한행無瞋恨行'이라고 한다. ⋯ 삼세에 평등하고 시방에 통달한 것을 '무진행無盡行'이라고 한다. ⋯ 참된 선근이 이미 이뤄져 시방 중생이 모두 나의 본성인지라 성품을 원만하게 성취하여 중생을 잃지 않는 것을 '수순등관일체중생회향隨順等觀一切衆生迴向'이라고 한다. ⋯ 다른 성품이 같은 데로 들어가고 같은 성품 또한 없어진 것을 '이구지離垢地'라고 한다. 맑음이 지극하여 밝음이 생기는 것을 '발광지發光地'라고 한다."(自覺覺他, 得無違拒, 名無瞋恨行. ⋯ 三世平等, 十方通達, 名無盡行. ⋯ 眞根旣成, 十方衆生, 皆我本性, 性圓成就, 不失衆生, 名隨順等觀一切衆生迴向. ⋯ 異性入同, 同性亦滅, 名離垢地, 淨極明生, 名發光地.)

196 이 구절들이 보이는 『능엄경』 원문은 다음과 같다. "자비의 그늘과 오묘한 구름이 열반의 바다를 덮은 것을 '법운지法雲地'라고 한다. 여래는 시류를 거스르지만, 이처럼 보살이 순하게 행하여 깨달음을 향해 어울리는 것을 '등각等覺'이라고 한다. ⋯ 아난이여! 건혜심乾慧心으로부터 등각等覺에 이르러야, 그 깨달음이 비로소 금강심金剛心 가운데서 첫 건혜지乾慧地를 얻는다. ⋯ 이 경전의 이름은 ⋯ 또한 이름은 '관정장구제보살만행수능엄灌頂章句諸菩薩萬行首楞嚴'이다."(慈陰妙雲, 覆涅槃海, 名法雲地. 如來逆流, 如是菩薩, 順行而至, 覺際入交, 名爲等覺. ⋯ 阿難! 從乾慧心, 至等覺已, 是覺始獲金剛心中初乾慧地. ⋯ 是經名 ⋯ 亦名 '灌頂章句諸菩薩萬行首楞嚴'.)

홍분되며, 무릎을 치면서 좋아 미칠 지경이 되었다. 노자가 마음을 비우고 무욕한 것과 같으며, 극기克己로 무아에 이르는 유교의 근본 취지를 저버리지 않는다. 불교의 '적멸寂滅'에서, '적寂'은 곧 공자가 말하는 '고요하여 움직이지 않는'(寂然不動) 본성이요, '멸滅'은 온갖 욕망을 남김없이 소멸하는 것으로 역시 극기克己·무아無我와 같은 것이다. 그러니 '적멸'설을 가지고 불교를 배척하면, 누가 그 과오에 승복하겠는가?

그리고 '본마음'(本心)을 말하는데, '마음'(心)과 '이법'(理)을 둘로 보는 논리는 또한 무엇을 말하는 것인가? 불교의 경서는 전적으로 심성心性의 책이다. 그것이 주로 관찰하는 것은 청정한 성품의 본체(性體)인데, 본성의 이치(性理)는 하늘에서 근원하는 것이 아닌가? 오묘한 몸과 마음을 깨달아서 정기를 운용하면, 이로써 금강석 같은 성품의 본체를 견고히 응결해 이루니, 곧 지극히 참된 최상의 철리哲理이다. 그러나 부처가 오탁五濁[197]에 물든 세계를 지나치게 싫어해서 설산雪山에 들어가 수행하며 그 고결함을 다하고, 아래에서 배우는(下學)[198] 한 갈래 길을 전적으로 폐지했다. 그러므로 훗날 오히려 폐단이 생겼다. 하지만 어찌 그 폐단으로 그 지극한 견해를 비방하겠는가?

이것이 그 가장 뛰어난 가르침이며, 그 방편(權法) 같은 것은 말할 가치가 없다. 자애로운 능력(慈力)·오묘한 능력(妙力)·자선의 근력(慈善根力)·큰 자비의 원력(大慈悲願力)·부처의 능력(大雄力) 같은 여러 능력의 설을 말했으니, 마음 능력학을 처음 열었다고 말할 수 있다. 모두 중생을 널리 제도하는 마음의 능력이다. 어찌 훌륭하지 않은가? 아! 3교의 심리학이 모두 '무욕'을 극치로 삼으니, 다른 신학문의 '심리'가 어찌 서로 결점을 바꿔 원만한 데로

---

197 '오탁五濁'은 말세에 일어난다는 다섯 가지 혼란이다. ① 겁탁劫濁: 말세에 일어나는 재앙과 재난, ② 번뇌탁煩惱濁: 번뇌가 들끓음, ③ 중생탁衆生濁: 악한 중생이 날뜀, ④ 견탁見濁: 그릇된 견해가 걷잡을 수 없이 퍼짐, ⑤ 명탁命濁: 인간의 수명이 단축됨.

198 '아래에서 배운다'(下學)는 것은 공자가 『논어』「헌문憲問」에서 "아래로 일상적인 것을 배워 위로 천리에 통달한다"(下學而上達)고 말한 데서 유래하는 것으로, 유교의 일상적인 공부를 가리킨다. 본문에서 하학下學은 '아래에서 배운다' 혹은 '일상적인 배움' 등으로 문맥에 따라 번역했다.

나아가지 않으리오. 나머지 '칼로 빽빽한 산의 지옥'(刀山地獄) 같은 설은 의심스러워 취하지 않는다. 불교를 숭상코자 하면, 유교와 철학에서 날마다 쓰는 떳떳한 윤리의 덕행과 실업實業에 합치해야 더욱더 마땅하니, 그런 뒤에야 부여받은 막중함[199]을 거의 저버리지 않을 것이다.

【謹按】四十一心中, 只此選與學人. 初讀雖若無味, 熟讀可得其奧妙矣. 余少時因先儒氏斥以異端虛無寂滅之說, 故不屑於兩家矣. 因悟道而讀 『楞嚴』至八卷, 不覺心悅情酣, 擊節欲狂也. 如老子之心虛而無慾者, 不背於克己而至於無我之孔敎本旨也. 佛氏之寂滅者, 寂乃孔子所謂寂然不動之性, 而滅卽滅度衆慾, 亦如克己無我者也. 然則以此斥之, 恐誰服其過耶? 且云本心, 而心與理爲二看之論, 亦何謂者耶? 釋氏書專是心性書. 而其主觀者, 淸淨性體, 則性理非原天者耶? 以覺妙身心, 運用精昺, 以凝堅成金剛性體, 則可謂無上至眞哲理也. 但佛氏過厭五濁世界, 入雪山修行, 極其高潔, 專廢下學一路, 故後仍弊生. 然何可以其弊而遂訾其至見耶? 此其最上乘, 而若其權法則不足道也. 如云慈力・妙力・慈善根力・大慈悲願力・大雄力, 諸力之說, 可謂力學之開山, 而皆普度迷生之心能力也. 曷不韙哉? 烏乎! 三家之心理學, 皆以無慾爲極點焉, 則他新學心理者, 安得不互換缺點, 以就圓滿乎? 餘如刀山地獄之說, 存疑不取也. 惟願尙佛者, 尤當合致儒哲日用彝倫之德行實業, 然後庶不負賦畀之重矣.

【안설】우리 유가[200]의 마음공부가 뜬 생각・잡념・편벽됨・태만의 싹을 성찰해서 쉽게 제어하지만, 오직 제멋대로 유동하는 사념(流註想)은 가장 제어하기 어렵다. 그러므로 위산선사潙山禪師[201]가 "참선 십여 년에 아직도 유동

---

199 여기서 '부여받은 막중함'(賦畀之重)은 하늘에서 부여받은 인간된 도리의 막중함이다. 전병훈이 강조하는 것은 만물을 낳는 천지의 덕에 합하여 후손을 낳아 양육하고, 일상의 떳떳한 윤리(彝倫)에 속하는 덕행과 생업에 종사하는 것을 가리킨다.

200 전병훈은 '우리 유학'(吾儒) 등으로 자신이 유학자임을 천명했고, 여기서 '자가自家'도 곧 유가를 함축한다.

201 위산(潙山, 771~853)은 당나라 때 고승으로, 법명은 영우靈祐, 시호는 대원선사大圓禪師이

하는 사념을 끊지 못했다"고 했다. 이는 곧 부지불식간에 쏜살처럼 흘러왔다가 절로 떠나가는 마음이다. 학인들은 모름지기 포원수일抱元守一[202] 공부로 이를 제압할 수 있다. 『주자어류』에서 "정이천程伊川이 불교의 교설을 훔쳐와 자기가 사용했다"고 하니, 이것이 무슨 말인가? 정말 그렇다면, 우리 유교의 일상적인 배움(下學)으로 그[불교의] 폐단을 교정함이 어떠한가? 그리고 그 참된 견해를 장려하는 것이 공정한 이치가 아닌가? 아! (이『능엄경』첫 권에 만卍자가 있다. 내가 이를『능엄경』에서 뽑아 유장儒將 장소증張紹曾[203]에게 주었다. 그 사람됨이 영명하고 학식이 있는데, 만卍자에 의지해 공부한 지 한 달만에 신령과 통했다고 한다. 학인이 이에 그것을 시험한들 또한 어찌 해롭겠는가?)

【又按】家心功, 惟浮思雜念‧放僻怠慢之萌, 則省察而易以制之, 惟流注想者最難制之. 故潙山禪師云"參禪十餘年, 未斷得流注想"者, 此乃不知不覺中, 流射自去之心也. 學人須用抱元守一之功, 可以勝之也. 『語類』云"伊川偸佛說以爲己用", 此何言耶? 苟如是, 則何如矯整其弊以吾儒下學, 而奬許其眞見, 不是公理耶? 噫!(此楞嚴初卷有卍字. 余以楞嚴選, 並授以儒將張紹曾. 其人英明有學, 於卍字用工一個月通靈云. 學人於斯試驗之, 亦何妨哉.)

다. 복주福州 출신으로, 호남성湖南省 영향현寧鄕縣에 있는 위산潙山에서 7년 동안 수도하여 '위산'이라는 법호를 얻었다. 백장百丈 회해懷海의 법을 이어 선종 5대 종파의 하나인 위앙종潙仰宗을 개창했다.

202 '포원수일抱元守一'은 원기元氣를 품고 일기一氣를 지키는 공부이다. 도교의 초기 경전인 『태평경』에서 그 개념을 볼 수 있다.

203 장소증(張紹曾, 1879~1928)은 중화민국 초기의 정치가이자 군인으로, 1923년 여원홍(黎元洪)이 재차 총통에 올랐을 때 국무총리 겸 육군총장을 역임했다. 전병훈이 북경에 거주하던 시절에 그의 수제자가 되었다.

제13장 서양 중고²⁰⁴ 심리철학
第十三章 歐西中古心理哲學

내가 서양 학문을 배운 적이 없고, 단지 번역된 새 책들을 연구하고 서로 비교해 해석해 보았을 뿐이다. 그런데 이른바 '철학'이 단지 최고 학술일 뿐만 아니라 실로 원리의 근본을 다루는 학문이었다. 그리하여 이제 과학을 지엽말단에 불과하다고 여기게 되었다. 종교도 반드시 철학에서 발원하지 않음이 없고, 과학 역시 반드시 종교의 폐단에서 자극받아 격동하여(종교의 폐단으로 끝내 잔혹한 형벌을 행했다.) 떨쳐 일어나지 않은 것이 없다. [그런데 과학이] 65종의 원소(原質)²⁰⁵를 발명하고 무신론을 일으키며 철학가의 허령설 虛靈說을 힐난하기에 이르니, 폐단을 고치려다 도리어 잘못되어²⁰⁶ 죄다 편견

---

204 '중고中古'는 역사에서 상고上古와 근고近古의 중간 시대를 가리키는데, 오늘날 철학사 연구에서는 이를 통상 '서양 고대'로 분류한다.

205 오늘날 '원질原質'은 arche의 번역어로, 고대 이오니아Ionia의 자연철학자들이 만물의 근원이나 시원을 가리키던 라틴어의 principium에 해당하는 의미로 쓰인다. 하지만 여기서 전병훈이 말하는 '원질'은 화학의 '원소元素'를 가리킨다. 지금은 110여 종의 원소가 알려져 있지만, 러시아의 화학자 멘델레예프(Dmitrii Ivanovich Mendeleev, 1834~1907)가 1869년 근대적인 주기율표를 발표하기 전에는 65종까지만 밝혀져 있었다.

206 원문의 '교폐과정矯弊過正'은 '교왕과정矯枉過正'에서 온 말이다. 구부러진 것을 바로잡으려다가 너무 곧게 되었다는 뜻으로, 폐단을 고치려다가 지나쳐서 나쁘게 된 경우를 이르는

에 빠지는 것을 면치 못한다.

　사람에게 허령虛靈한 지식이 있는 것은 곧 마음(心)과 신神이 발현된 바이다. 만약 마음과 신이 없다면 앎과 의식도 없을 것이니, 어찌 사람이라고 하겠는가? 천지와 해와 별에 기체氣體[207]가 있어 만물을 낳는 것을 미뤄 보면, 신神이 있지 않음이 없음[208]이 또한 분명하지 않은가? 그러나 단지 신의 이법(神理)은 형체가 없으며, 빠르지 않으면서도 신속하고, 가지 않으면서도 도착한다. 그러므로 오로지 성인과 철인이라야 밝게 살펴보고 항상 경외심을 지녀서, 마치 하느님이 혁혁히 여기에 강림하신 듯이 한다. 따라서 철학과 과학 여러 학문은 양쪽을 서로 조제하여 한쪽을 버리지 말아야 하니, 그런 뒤에야 학문의 원리가 또한 비로소 원만하게 모일 것이다.

　　余未嘗西學, 只攷究譯行新書, 參互索解, 則其所謂哲學者, 不但爲最高學術, 而誠原理根本之學也. 是以今以科學克不過猶夫枝葉焉. 然宗敎者未必不發源於哲學, 而科學者亦未必不刺激於敎弊(敎弊竟行炮烙之刑)而憤興者也, 創明六十五原質而起無神論, 詆及於哲學家虛靈說, 則未免矯弊過正, 俱陷於偏見者矣. 人之有虛靈知識者, 乃心神所發也. 苟或無心無神, 則却便無知無識矣, 烏可謂之人乎? 推而天地日星, 有氣體生物, 罔不有神, 不亦明甚乎? 但神理無形, 不疾而速, 不行而至, 故惟聖哲明見, 而常存敬畏, 如上帝之於赫斯臨也. 然則哲科諸學, 兩相調劑而不至偏廢, 然後學理亦始臻於圓滿矣.

　소크라테스(서양력 기원전 432년, 그리스인)가 말했다. "우리의 마음 가운데

　　말이다.

207　여기서 '기체氣體'는 기氣의 몸체(본체)로 기운 덩어리를 가리키며, 오늘날 물질의 4가지 상태 중의 하나를 일컫는 기체(gas)와는 다르다.

208　신神이 모든 것에 깃들어 있다는 뜻으로, 여기서 신은 제1편에서 말하는 우주적 '원신元神'을 함축한다.

절로 허령한 지혜가 존재한다. 하지만 이 지혜는 우리가 스스로 만들어 낸
것이 아니요, 반드시 그 본원이 있다. 이 세계와 만물을 창조한 본원을 돌아
보면, 그것이 바로 우리의 지혜가 유래하는 바이다. 이로써 세계에 하나의
큰 지혜를 스스로 가진 자가 존재함을 알 수 있으니, 그것이 이른바 '신'이다."

梭格拉底²⁰⁹(西歷紀元前四百三十二年, 希臘人)曰: 吾人之心中, 自有虛靈之
智慧存. 然此智慧者, 非爲吾人所自造, 必有其本原也. 顧造此世界造物
之本原, 正爲吾人智慧所自出者. 是知世界自有一大智慧者存也, 此卽所
謂神也.

【안설】 서양철학은 탈레스를 시조로 하는데, '삼원론三元論'을 저술했다.²¹⁰
하지만 그리스 3대 철학²¹¹이 서양철학을 처음 열었다. 소크라테스는 예로
부터 전해 온 학문에 일대 변화를 일으켜 전적으로 도학과 정의·덕행을 주
장하고, 지극한 선을 위주로 했다. 그가 사람들을 가르쳐 말했다. "그대의
정신이 바야흐로 진리를 품으면 광대해진다. '하늘'을 말하지만, 눈으로 보
는 하늘이 아니라 형체가 없고 허령한 지혜이다." 서구에도 이때는 심리학
의 분과 학설이 아직 없었다. 그렇지만 동서양 학술을 막론하고, 어찌 심리
이외의 학문이 있겠는가? 큰 강령(大綱)이 이미 소크라테스의 철학 가운데
갖춰져 있다.

【謹按】 西哲以廷禮²¹²爲初祖, 著三元論. 然希臘三大哲學, 卽西哲之開

---

209 소크라테스(Socrates, B.C.469~B.C.399)는 고대 그리스의 철학자로서 아테네에서 출생하
였다. 그로부터 자신과 자기 근거에 대한 물음이 철학의 주제가 되었다는 점에서 서양철학
의 비조가 된다.

210 이른바 '서양철학의 아버지' 탈레스는 밀레투스의 명문가 출신이고, 그의 조상이 페니키아
사람이라는 외에 행적이 알려진 바가 거의 없다. 그가 남긴 철학적 주장은 '만물의 근원은
물이다' '지구는 물 위에 떠 있다' '세상 모든 것은 신으로 가득 차 있다'는 세 마디를 원리로
삼았다고 한다. 본문에서 그가 '삼원론三元論'을 저술했다고 하는데, 이는 잘못 알려진 것
이다.

211 여기서 그리스 3대 철학은 소크라테스, 플라톤, 아리스토텔레스의 철학을 가리킨다.

山也. 梭氏一變古來學問, 專以主張道學, 正義德行, 以至善爲主. 其敎
人曰 "汝之精神, 方懷孕眞理, 而成爲膨大矣. 談天, 非目覩之天, 而無形
虛靈之智慧也." 歐西此時, 亦未有心理學分說. 然毋論東西學術, 豈有
心理以外之學耶? 大綱已具於梭氏哲學中也.

플라톤[213](기원전 420년, 그리스인)이 말했다. "사물의 본질(根性: 근본 성질)
은 곧 사물의 종種과 류類로, 이는 우리의 지혜 속에 홀로 존재하지 않는다.
마음 밖에 실제로 이 허령虛靈한 사물이 있으니, 이것이 뭇 사물의 실상實狀이
된다. 우리의 지혜는 곧 무형의 영물靈物이다. 뭇 사물의 본질 역시 무형의
영물이다. 허령의 본질은 혼연하여 밖이 없으며, 말할 수 없이 아름답다. 하
계下界[214]의 여러 사물 중에 그에 비할 것은 거의 없다. 만물이 생존할 수 있
는 까닭은, 곧 극치의 힘으로 인해 그렇게 된 것이다. 어째서인가? 진실로 극
치 가운데 '스스로 있어 생존하는 자'의 지극한 리理가 있기 때문이다. 인자
한 성품이 있고 진리를 인식하는 지혜가 있는 것은, 극치가 나눠 빌려준 것
에 불과하다. 지혜의 성질은 만약 온갖 사물을 합하여 하나가 되는 것이 아
니라면, 끝내 스스로 확고할 수 없다. 그러므로 극치 가운데 하나의 큰 극치
가 반드시 존재하니, 이는 온갖 극치 사이의 잡다함을 통합해서 하나로 만든
다. 본질로 말하자면 곧 완전무결한 일체가 되니, 즉 선善이다. 무릇 지극히
크고 장구하고 고요한 선善이 신이 아니라면 무엇이겠는가? 그러므로 '신'이
란 사람의 지혜가 층층이 포개진 위의 가장 높은 꼭대기[215]에 거주하는 자

---

212 탈레스(Thalēs, B.C.624~B.C.545)는 그리스의 자연철학자이자 수학자였다.
213 플라톤Plato은 그리스의 철학자로, 소크라테스의 제자이자 아리스토텔레스의 스승이다.
     생몰년이 통상 B.C.428~427년 또는 B.C.424~423년 등으로 알려져 있다. 여기서 기원전
     420년이라는 것도 정확한 연도는 아니다.
214 천상의 이데아 세계에 상대하여, '하계下界'는 사람이 사는 이 세상을 가리킨다.

로, 학문이 극치에 이르는 지점이다. 다시 말해, 신이 생존의 본원이자 지식의 본원이다."

> 柏拉圖(紀元前四百二十年, 希**216**臘人)曰: 物之根性, 卽物之種類, 是不獨存於吾人之智慧中, 而心外實有此虛靈之物者, 此乃爲庶物之實狀也. 吾人之智慧, 乃無形之靈物也. 庶物之根性, 亦無形之靈物也. 虛靈之根性, 則混然無外, 美不可言. 下界庶物中, 殆無有比之者也. 夫物之所以能生存者, 則以極致之力使然也. 何也? 誠以極致之中自有生存者之至理在也. 有仁慈之性, 有識眞理之智慧者, 不過爲極致之分貸耳. 夫智慧之性, 苟非合衆物以爲一, 則終不能自固. 是故極致之中, 必有一大極致者在, 以統合衆極致之間雜而爲一也. 就有根性而言, 則爲完粹無疵之一體, 卽善也. 夫至大至久至靜之善, 非神而何也? 是故神者, 乃居人智層累而上最高之巓者, 爲學問極盡之地者. 更而言之, 卽神者生存之本原, 智識之本原也.

【안설】플라톤은 소크라테스의 수제자로, 그 언설이 더욱 상세하다. 여기서 신이 가장 높은 꼭대기에 머문다는 것은, 도가에서 원신이 [머리] 꼭대기 위의 천궁天宮에 머문다는 취지와 서로 딱 들어맞는다. 아! 동양의 도가와 서양의 철학, 양자가 신이 뇌수에 머무는 이치를 먼저 보았다고 말할 수 있다. 근세에 비로소 뇌신경을 발명한 것이 어찌 그 독창적 견해겠는가? 도리어 더욱 정교한 좋은 법을 성취해 진술했으니, [이는] 다음 편에서 다시 상세히 다룬다. 『신약』에서 이르길 "하느님이 내 머리 안에 계시다"고 하니, 그 역시 여기서 발원한 것일까? 여기서 말하는 "허령"은 마음의 본체이니, 온 세계에서 보는 바가 똑같음을 알 수 있다.

【謹按】柏氏乃梭氏之高弟, 其言加詳. 此云神居最高之巓者, 與道家元神居巓上天宮之旨相脗合. 烏乎! 東西之道哲兩家, 可謂先見神居腦髓之

---

215 국중본에는 '령嶺', 명문본에는 '전巓'으로 되어 있다.
216 원문에 '希'자가 빠져 있어서 보충했다.

理. 而近世之始發明腦神經者, 豈其創見乎? 乃述益就精之良法也, 更詳
于後篇. 而『新約』云, 上帝在我頭裡者, 其亦發源於此乎? 此云虛靈者
心之本體, 可見宇內所見之同然也.

"허령한 사물(虛靈物)의 큰 근본은, 지극한 선(至善)의 본성이다. 신이 온갖
허령한 사물에 대하여, 마치 태양이 온갖 유형의 사물에 대하는 것과 같다.
태양이 지극한 선과 함께 근엄하기가 제왕과 같다. 형체가 있는 곳에서는 태
양이 이를 통솔해 제어하고, 형체가 없는 곳에서는 지극한 선이 이를 통솔해
제어한다."(이는 훤히 꿰뚫어 보는 지극한 말로, 아주 좋다!)

虛靈物之大本者, 卽至善之性也. 神之於衆虛靈物, 猶太陽之於衆有形物
也. 太陽與至善, 儼然如帝王. 在有形之境, 則太陽統御之, 在無形之境,
則至善統御之.(此是洞見至言, 極好.)

"정신은 스스로 운동력이 있는 사물이다. 그러므로 정신이 우리 몸뚱이에
서 그 운동의 본원이 된다. 세계 대정신[217]은 세상 만물이 운동하는 본원이
된다. 무릇 본원에 속하는 것은, 움직이지 않는 것보다 반드시 먼저 존재한
다.[218] 이로써 신神이 곧 세계 대정신으로 엄연히 존재함을 알 수 있다. 천지
만물을 제조하는 것이 곧 신의 능력이니, 진실로 능하지 못한 것이 없다."

---

[217] 여기서 이른바 '세계 대정신(世界人精神)'은 플라톤의 저술에서 통상 '세계영혼' 혹은 '우주
혼(Soul of the world, Anima Mundi)'으로 번역되는 우주적 정신을 가리킨다. 우주혼에 관
한 진술은 플라톤의 후기 저작인 『티마이오스Timaios』에서 주로 볼 수 있다. 거기서 우주
는 불·물·공기·흙의 질료로 만들어지는 물질적인 몸체에 혼이 깃든 한 개의 가시적인
'살아 있는 것'으로 묘사된다.

[218] '움직이지 않는 것'(其所不動)은 단지 질료로 구성된 세계 만물로, 세계영혼이 운동인(運動
因: 作用因, efficient cause)으로 반드시 사물보다 먼저 존재해야 그로 인해 세계가 비로소
운동할 수 있다는 문맥이다.

精神, 乃自有運動力之物也. 故精神之於吾人軀殼, 卽爲其運動之本原.
世界大精神之於世界庶物, 卽爲運動之本原. 凡屬本原者, 必先於其所不
動而存在也. 是知神者, 乃世界之大精神, 儼然存在也. 製造天地庶物者
卽神之力, 固無所不能也.

"신은 아버지이고, 실질은 어머니이고, 만물은 자손이다. 신은 천하의 지
극히 선하고, 지극히 의로운 자이다. 그리하여 온갖 허령한 사물을 제조하
고, 이로써 세상의 아름다움(美)과 착함(善)의 전형을 삼는다. 그러므로 무릇
형체가 없는 이법은 모두 신과 더불어 서로 일체가 되고, 신의 아름답고 착
한 덕행이 깃들인다. 우리의 정신은, 허령한 지혜로 말하든지 활발한 운동으
로 말하든지를 막론하고, 모두 불멸의 사물이 되며 신체와는 아득히 먼 다른
성질이다."

神者, 父也. 實質者, 母也. 萬物者, 兒孫也. 神者, 天下之至善而至義者
也. 於是製造衆虛靈物, 以爲下界美善之典型. 故凡無形之理, 皆與神相
爲一體, 而爲神美善之德行寓也. 吾人之精神, 毋論由虛靈之智慧以言之,
由活潑之運動以言之, 皆爲不滅之物, 而夐乎與軀殼異性也.

【안설】플라톤의 철리와 도학이 이처럼 극진하여, 학문이 이미 성스러운 지
경에 이르렀다. 세계를 만든 신을 '지극한 선'이라고 하고 '하느님'이라고 일
컫지 않은 것은, 대개 번역어에 자세하고 간략한 차이가 있기 때문이다. 그
러나 그것이 기독교의 앞선 기원임은 실로 의심할 수 없다.[219] 근세에 창궐

---

219 실제로 플라톤 철학은 기독교 교리에 심대한 영향을 끼쳤다. 하지만 그것은 외재적 유일신
을 섬기고, 교회나 교리의 절대적 권위를 정당화하는 후대 기독교의 숭배적 종교와는 거리
가 있었다. 플라톤이 말하는 신은 인간 내면에 깃든 영성과 지성의 보편적 근원이다. 그리
고 개별자의 신성은 어디까지나 신에 대한 숭배가 아니라, 각자의 허령한 마음과 지성(이

한 무신론자들이 허령설마저 고루하다고 하기에 이르니, 그 또한 깊이 생각지 않음이 심하다. 마음에 실로 영靈이 없고 지知가 없다면, 물질과 과학의 성질인들 어찌 알겠는가? 여기서 반성할 수 있으니, 편협함에 빠지지 말라. 플라톤의 학문은 실로 서양철학의 비조로, 우리 학문의 지극한 말에도 딱 들어맞는다. 아! 융성하다.

【謹按】柏氏之哲理道學, 如是極盡, 學已到聖域也. 製造世界之神稱以至善, 而不云上帝者, 蓋譯語有詳畧故也. 然其爲基督敎之先因, 固無疑矣. 近世之叛無神論者, 至以虛靈說亦爲頑固, 其亦不思甚矣. 心苟無靈無知, 則何以知物質科學之性質乎? 於斯可以反省, 毋陷偏隘矣. 柏氏之學, 誠西哲之祖, 而脗合乎吾家之至言者也. 猗歟盛哉!

아리스토텔레스[220](기원전 384년, 그리스인)가 말했다. "무릇 성품(性)의 본원 역시 신神이다. 신은 온전한 허령虛靈 관념으로 이뤄진 것이다. 오직 마음에서 생각하는 바가 도리에 적절할 때, 우리가 가장 유위有爲하면서 완벽하게 순수한 상태가 된다. 세상의 사물은 모두 신으로부터 성품 및 힘을 받아 가지며, 아름다움과 착함이 성품과 삶 가운데 실제로 존재한다. 하지만 부여받은 성품과 삶이 불균등하기 때문에 순전히 허령할 수는 없고, 따라서 순전히 아름답고 착할 수도 없다. 이른바 '큰 원인'(大原因)이 처음으로 뭇 사물을 움직여 흔드니, 그 [큰 원인의] 사물됨은 반드시 적막하고 고요해서 움직이지 않는다. 이 '움직이지 않으면서 움직이게 하는 사물'(不動之動物)[221]이 곧 내가

성)에 의해서만 성취되는 것이다. 플라톤의 이런 사상을 서우는 '철리'·'도학'으로 일컬었다.

220 아리스토텔레스(Aristoteles, B.C.384~B.C.322)는 고대 그리스 스타게이로스 출생의 철학자로 플라톤의 제자이다. 플라톤이 초감각적인 이데아의 세계를 말한 것에 대해, 아리스토텔레스는 감각되는 자연물을 존중하고 이를 지배하는 원인들을 탐구하는 현설주의 입장을 취하였다. 주요저서로 『오르가논』, 『니코마코스 윤리학』 등이 있다.

221 '움직이지 않으면서 움직이게 하는 사물'(不動之動物)은 아리스토텔레스 철학에서 통상 '부

말하는 '신'이다. 모든 생명력(生氣, entelechy) 있는 것의 근본이 신에게 있다."

亞里士多德(紀元前三百八十四年, 希臘人)曰: 夫性之本原, 亦神也. 神也者,
乃全以虛靈觀念而成者也. 惟心有所思, 而適切於道理之時, 即爲吾人最
爲有爲而完粹之候. 凡下界之物, 皆由神而受有性及力, 而美善實存於性
與生之中. 然受性與生不均, 故不能純然虛靈, 是以不能純然美善也. 夫
所謂大原因始而動盪庶物者, 其爲物必也寂靜不動. 此不動之動物, 即予
所謂神也. 凡屬生氣之本, 在於神也.

【안설】아리스토텔레스는 플라톤의 수제자로, 그가 성품(性)·신神·마음
(心)을 논한 언명이 이와 같다. "신을 본성으로 삼는다"는 말은 도가의 "신이
곧 참된 성품"이라는 말과 서로 딱 들어맞는다. 그가 중용中庸의 도를 주창
해 밝힌 것은 '도덕철학' 편에서 상세히 논할 것이다. 그런데 서구의 철학이
세 철학가 이후 쇠미해져 중간에 끊어졌다. 근세에 이르러 고명한 철학자들
이 출현하니, 끊어졌던 학문이 드디어 크게 드러나 빛을 발했다. 하지만 그
학설이 매우 복잡하고 번쇄해서 요령을 얻기 어렵다. 하물며 다시 학파가
열일곱 파에 이르고, 입론이 각자 서로 다른 것에 있어서랴? 그래서 내가 다
만 최고 대가大家 십여 명의 정수를 가려 뽑아서, 마음 본바탕[心地]의 실제
공부에 나아가고자 힘쓴다. 계곡에 피어오르는 안개 같은 나머지 학설들은,
반대로 사람들의 심리를 어지럽힐까 두려워 채록하지 않는다. 무릇 학문은
실제로 얻음을 귀히 여기며, 단지 박식함만을 좇지 않는다.

【謹按】亞氏爲柏氏之高足, 其論性神心之言如是. 而以神爲性之言, 與道
家神即性眞之言相脗合也. 其倡明中庸之道者, 可詳於道德編. 而歐西
哲學, 自三家以後, 即衰微中絶矣. 至近紀名哲輩出, 遂大闡絶學而發明
之. 然其學說甚複[222]雜而繁瑣, 難得要領. 況復學派至十七派之多, 而

동不動의 원동자原動者'(Unmoved mover)로 번역되는 개념으로, 자신은 다른 것에 의해 움
직이지 않으면서 다른 것을 움직이게 하는 존재라는 문맥에서 신(God)을 가리킨다.
222 국중본은 '復', 명문본은 '複'으로 되어 있다. 문맥상 '複'이 타당하다.

立論各有異同者乎？是以余卽只揀取最高十數大家之精要，務進心地上
之實功也．餘如如谷騰霧之說，恐反亂人之心理，故不錄．凡學貴實得，
不在徒博也．

제14장 서양 근세 심리철학
第十四章 歐西近世心理哲學

몽테스키외[223](서양력 1689년, 프랑스인)가 『법의 정신(法意)』[224]에서 말했다. "우주에 주재자가 있으니 '하느님(上帝, God)'으로 이름 부른다. 만물에 대하여, 하느님은 그것을 창조한 자이다. 그가 이 이법(理)으로 만물을 창조하고, 그가 이 이법으로 만물을 유지한다. 하늘이 만백성을 내시니 사물이 있으면 법칙이 있어서,[225] 만백성이 이 법칙을 좇는다."

孟德斯鳩(西曆一千六百八十九年, 法國人) 『法意』云: 宇宙有主宰, 字曰上帝. 上帝之於萬物, 創造之者也. 其創造之也以此理, 其維持之也亦以此理. 天生烝民, 有物有則, 其循此則也.

---

223 몽테스키외(Montesquieu, 1689~1755)는 프랑스의 사상가로, 보르도 고등법원의 평정관과 원장을 지냈고 아카데미 회원이 되었다. 사법·입법·행정의 3권 분립 이론으로 왕정복고 王政復古와 미국의 독립 등에 영향을 주었다. 주요 저서에 『법의 정신(DE L'ESPRIT DES LOIS: The Spirit of Law)』이 있다.

224 1909년 엄복嚴復이 세계 8대 명저의 하나로 『법의 정신』을 번역했다. 당시 번역서 제목이 『법의法意』였으며 상무인서관商務印書館에서 출간되었다.

225 이 구절(天生烝民, 有物有則)은 본래 『시경』 「대아大雅」 '증민烝民'에 보이는 명구인데, 이를 몽테스키외의 글을 번역하는 데서 원용한 것이다.

【안설】[226] 후관候官 엄복嚴復[227]이 말했다. "유교에서 '리理'를 말하고 불교에서 '법法'을 말하는데, 법·리가 애초에 두 사물이 아니다."

候官嚴君復曰, "儒所謂理, 佛所謂法, 法·理初非二物."

"심령心靈의 세계가 있고, 형기形氣의 세계가 있다. 심령이 법을 준수하더라도, 형기가 순전한 것에 크게 미치지 못한다. 심령에 법이 있어서 실로 바꿀 수 없더라도, 심령이 법을 따르는 것을 돌이켜보면 형기가 법을 떠날 수 없는 것에 미치지 못한다."[228]

"有心靈之世界, 有形氣之世界. 心靈之守法, 遠不逮形氣之專. 心靈雖有法, 且實不可易, 顧其循之也, 不若形氣之不可離也."

"종교의 설이 일어나고 교법敎法이 드러났다. 교법은 하늘이 사람을 깨우치고자 하는 것이다. 철학이 일어나고 도법道法이 정립했다. 도법은 선각자가 사람을 깨우치고자 하는 것이다."

---

226 '안설'에 해당하는 표기는 따로 없지만, 책의 줄·칸 배치에서 안설에 해당하는 위치에 두었고 내용상으로도 엄복의 말을 인용해 몽테스키외에 대한 견해를 피력하므로 【안설】로 표기했다.

227 엄복(嚴復, 1854~1927)은 중국 근대 사상가로, 특히 헉슬리의 『천연론天演論』(Evolution and Ethics) 등 서양의 다양한 서적을 중국어로 번역해 중국의 계몽에 크게 기여했다. 엄복이 복건성福建省의 후관候官 사람이었으므로, '후관엄씨候官嚴氏' 혹은 '후관엄기도候官嚴幾道' 등의 호를 썼다.

228 본문은 『법의 정신』 제1편 제1장 '다양한 존재와 맺고 있는 관계 속에서의 법'에 포함된 내용이다. '심령의 세계'는 곧 '지적 세계'이고, '형기의 세계'는 곧 '물질세계'이다. 최근의 번역서에서 해당 내용을 참고로 옮기면 다음과 같다. "지적 세계는 물질세계처럼 잘 지배되지 않는다. 왜냐하면 지적 세계도 본질상 불변하는 법을 가지고 있긴 하지만, 물질세계가 법을 따르듯 한결같이 그 법을 따르는 것은 아니기 때문이다."(진인혜 옮김, 『법의 정신』 1, 나남, 2023, 37쪽.)

"宗敎之說起, 而敎法著焉. 敎法者, 天之所以警人者也. 哲學起而道法立焉. 道法者, 先覺之所以警人者也."

【안설】몽테스키외는 근세의 철학 대가이다. 먼저 떳떳한 인륜과 사물의 법칙을 말하면서도, 하느님을 주재자로 삼았다. 사람의 심리가 한 몸을 주재하는 것은 곧 하느님이 부여한 것이다. 몽테스키외가 비록 심리를 명언하지는 않았지만, 심리가 하늘에서 근원하는 것이 여기서 또한 명료하지 않은가?

【謹按】孟氏乃近世哲學大家. 先言民彝物則, 而以上帝爲主宰焉. 人之心理主宰一身者卽上帝所賦者也. 孟氏雖不明言心理, 而心理之原天者, 於斯不亦瞭然乎?

칸트(1797년, 독일인)가 말했다. "우리의 지식에는 반드시 다음 세 가지가 있다. 하나는 감각능력(感覺之能)으로 일컫고, 다른 하나는 추리능력(推理之能)으로 일컫고, 다른 하나는 양지良智로 일컫는 그것이다.[229](이목구비가 감촉하는 것에 아울러 마음 안에서 감각되는 것을 언급하니, 귀에 들리는 소리나 눈에 보이는 색 같은 것이다.) 추리능력의 경우는 실로 참된 지식(眞知)과 참된 인식(眞識)을 이루기에 충분한데, 이는 다섯 감각기관의 능력으로 미칠 수 있는 바가 아니라, 고찰하는 공부로 이룰 수 있는 것이다. 양지 능력의 종지宗旨는 '정신'

---

229 이른바 '감각능력'·'추리능력'·'양지'는, 오늘날 보통 '감성感性(Sinnlichkeit)'·'이성理性(Vernunft)'·'통각統覺(Apperzeption)'으로 번역되는 칸트철학의 개념들이다. 감각능력(感覺之能), 즉 감성은 대상에서 기인하는 감각경험으로 표상을 받아들이는 능력이다. 추리능력(推理之能), 즉 이성은 사유의 형식에 기초해 추리를 담당하는 고차적인 인식능력이다. 양지良智, 즉 통각은 감성 및 이성적으로 주어진 바들을 하나의 의식 속에서 통일하는 자기의식이다. 칸트는 이를 '경험적 통각'과 '근원적 통각'으로 나눈다. 전자(경험적 통각)는 경험으로 주어진 바들에 통일성을 부여하는 심리적이고 상대적인 자기의식이다. 후자(근원적 통각)는 모든 의식에 초월적 통일을 가져오는 근원적인 자기의식이다.

'세계' '신'으로 일컫는데, 이를 양지의 세 의상意象[230]이라고 말한다. 이 세 가지는 '사물의 근본'(物之根本: 물자체)[231]으로, 온갖 이법이 연계된 것이다."[232]

康德(西曆一千七百九十七年, 德國人)曰: 吾人之知識, 必須此三者. 一曰感覺之能, 一曰推理之能, 一曰良智, 是也.(耳目口鼻所觸, 並及心內所感覺, 如耳之聲, 目之色之類) 如推理之能, 固足以爲眞知眞識, 非五官之力所能及, 考察之功所可爲. 良智之能之宗旨則曰精神 · 曰世界 · 曰神, 是謂良智之

---

230 오늘날 통상 '표상表象(Vorstellung)'으로 번역되는 칸트철학의 용어이다. 칸트에게서 표상은 우리 인식의 기반인 '직관' 및 '개념'과 관련된다. 더 정확히 말하자면, '직관 중에 주어지는 인식'과 '개념을 통한 인식'이 모두 표상과 관계를 맺는다. 칸트가 말했다. "우리의 인식은 심성의 두 기본원천에서 발생한다. 하나의 원천은 표상을 받아들이는 능력이다. 또 하나의 원천은 이런 표상을 통해서 대상을 인식하는 능력이다. 전자에 의해서 대상이 우리에게 주어지고, 후자에 의해서 대상의 표상에 관계해서 생각한다."[임마누엘 칸트, 최재희 옮김, 『순수이성비판』, 박영사, 1977, 96쪽.]

231 칸트철학에서 통상 '물자체', '사물자체' 등으로 번역되는 Ding an sich를 가리킨다.

232 전병훈은 중국 근대의 계몽사상가인 양계초(梁啓超, 1873~1929)의 글을 통해 칸트를 이해했다. 양계초가 1903년부터 1904년까지 발표한 「근세 제일의 대철학자 칸트의 학설」[梁啓超, 「近世第一大哲康德之學說」, 『新民叢報』 25 · 26 · 28號(1903), 46~48號(合刊號)(1904)]이 칸트의 생애와 사상을 중국에 처음 체계적으로 소개한 글이었다. 그런데 이는 단지 칸트철학을 알리는 데 그치지 않고, 유식불교와 양명학 등 중국 전통철학을 활용해서 칸트철학을 해석한 것으로 유명하다. 본문에 보이는 '양지良智', '의상意象' 등의 개념은 당시 동아시아에서 널리 유통된 철학 개념들이었다. '양지'는 사람의 선천적인 지능, 혹은 지혜를 가리킨다. 천부적인 능력이라는 문맥에서, 맹자는 이를 '양능良能'이라고도 했다. 특히 양명학에서 '양지'는 사람이 나면서부터 지니는 본성(지성), 우주의 모든 이치를 함축한 마음의 본체를 가리킨다. '의상' 개념은 『주역 · 계사전』에서 유래했다. "상을 세워 뜻을 다한다(立象以盡意)"는 구절에서 왔다. 본래는 '괘의 이미지로 사물의 의미를 온전히 표현한다'는 기호학적 함의를 담고 있었다. 그로부터 비롯되어 의식적 표상, 즉 의미를 담은 표상을 '의상'으로 부르게 되었다. 그리고 훗날 그 의미가 확장되어, 주관적 정감과 사물의 이미지가 서로 융합된 심상心象을 함축하는 철학적이고 문예적인 개념이 되었다. 양계초는 칸트가 말한 '물자체'도 맹자에 보이는 '양지'의 문맥에서 판독하거나, 혹은 양명학에서 말하는 마음의 본체와 거의 같은 문법으로 읽었다. 이런 번역은 중국 독자들에게 일종의 격의格義로 진술된 것이다. 격의 방법론은 중국 사상사에서 낯선 것이 아니어서, 기원 전후의 시기에 도가사상을 통해 불교를 해석했던 사례를 들 수 있다. 마찬가지로 양계초의 초기 번역에서, 낯선 문화에 속하는 칸트를 중국철학의 개념을 통해 해석하는 경향이 두드러졌다. 이는 동양철학을 매개로 이뤄진 칸트 이해, 내지는 오해의 한 사례를 보여 준다.

三意象. 此三者乃物之根本, 而衆理所繫者也.

"'검핵檢覈'은 우리의 지혜 가운데서 세밀하게 조사하여 밝히는 것을 일컫
는다. '사전의 인식'(事前之識: 선험적 인식)은 고찰하고 실험할 필요가 없이 얻
는 것이다. '사후의 인식'(事後之識: 경험적 인식)은 반드시 고찰하고 실험하여
얻는 인식을 일컫는다. 사람에게는 한 가지 일도 있기 전의 인식이 절로 존
재하니, 곧 '우주'와 '영겁'[233] 두 가지가 그것이다. 그런데 이 두 가지는 실로
'없는 것'에 속한다."

> 檢覈者, 謂就於吾人之智慧中, 細密以檢覈之之謂也. 事前之識者, 不須
> 考察實驗而得之, 事後之識者, 必須考察實驗而得之之謂也. 吾人自有一
> 事前之識在, 卽爲宇宙・永劫二者是也. 然二者實屬無之.

"[우주・영겁은] 우리의 마음에 불과하며, 이로써 사물을 규율할 뿐이다. 무

---

233 여기서 '우주'와 '영겁'은, 사실상 칸트철학에서 '사물에 관한 우리의 직관의 형식'으로 불리
는 '시간(Zeit)'과 '공간(Raume)'을 함축한다. 이런 입론은 시간과 공간이 '사물 그 자체의
형식'이 아니라, 사물의 존립 이전에 선행하는 관념의 형식이라는 문맥에서 성립한다. 이
로부터 칸트는 전통적인 '실재론'의 문제점을 해결하고, '관념론'으로 가는 실마리를 찾았
다. 그런데 양계초는 시간과 공간이 불경에서도 통용되는 번역이라고 강조했다. 즉 불경에
서 말하는 '허공'과 '영겁'이 공간과 시간의 형식에 다름 아니고, 중국 고유의 개념에서 '우'
와 '주' 역시 그렇다고 한다. "時間・空間者, 佛典通用譯語也. 佛經又常言橫盡虛空, 竪盡來劫, 卽其
義也. 依中國固名, 則當曰宇, 曰宙."[梁啓超,「近世第一大哲康德之学说」,『梁啓超哲學思想論文選』
(北京大學出版社, 1982), 157쪽.] 그런데 이런 시공 개념이 있었다고 해서, 불교나 중국철학
의 시공관이 과연 칸트가 말한 '사물에 관한 직관의 형식'을 함축했다고 말할 수 있을까? 물
론 이 질문에 대한 응답은 회의적이다. 지구상의 거의 모든 언어와 철학적 관념 안에 '시간'
과 '공간'의 개념이 분포하지만, 그렇다고 해서 어디에나 칸트의 철학이 있다고 말할 수는
없다. 칸트는 시간과 공간이 순전히 우리의 '직관의 형식'이라고 논증했고, 이런 발상은 엄
밀히 말해 그의 발명이다. 칸트 이전에 누구도 이런 인식론적 명제를 분명하게 적시하지
못했다. 다만 격의가 범람하던 동・서양 학문 교섭기의 시대적 한계를 고려할 필요는 있다.

룻 색채·소리·냄새와 맛·감촉은 외물外物이 실제로 이로써 성질을 이룬다. 그래서 우리의 다섯 감각기관이 이를 접해 인지하니, 그것이 밖으로부터 오기 때문이다. 지금 '우주'와 '영겁' 두 가지는 외부에서 오는 것이 아니며, 우리 마음이 사물을 볼 때, 우리가 문득 사물을 가지고 이 [우주·영겁] 두 의미(義)를 좇아 순서를 매기는 것에 불과하다. 이처럼 우주·영겁 두 가지를 아는 것은 특히 우리 감각의 구조 가운데 절로 있는 것으로, 이 밖에는 본래 없다. 그러므로 이를 일컬어 '감각의 형식'(款式)이라고 한다."

不過吾人之心, 以此律物而已. 夫色也, 聲也, 臭味也, 堅脆也, 外物實以此爲性, 是以我五官接而知之, 以其自外而來故也. 今之宇宙·永劫二物, 非自外而來者, 不過當我心之觀物時, 我輒以物循此二義, 而就於次序而已. 是知宇宙·永劫二者, 特爲吾人感覺之搆[234]造中, 自能有之, 而外此本無之也, 故名之爲感覺之款式.

【안설】 이것이 칸트 철학의 대강으로, 유심론唯心論[235]이다. 내가 서양철학에서 플라톤이 이미 성스러운 지경에 이르렀다고 추앙했는데, 그 뒤로는 오직 칸트가 그 전통을 다시 빛내 아성亞聖[236]의 경지에 들어선 사람이라고 말할 수 있다. 원리지식이 철학의 근본인데, 심리를 표방하여 철학에서 이탈하면 크게 잘못될까 두렵다. 그러므로 내가 오히려 '심리철학'으로 명명한다. 그 자세한 내용은 아래에 있다.

【謹按】 此乃康氏哲眼大概, 惟心論也, 愚於西哲推柏氏已到聖域, 其後惟

---

234 여기서 '구搆'는 '구構'와 같은 자이다.
235 전병훈은 '유심론'과 '유물론' 개념을 사용하는데, 다만 문자를 惟物論과 惟心論으로 표기한다. '惟'는 '唯'와 통한다.
236 '아성亞聖'은 성인 다음에 '버금가는 성인'으로, 유교에서 성인으로 추앙된 공자 이후에 맹자를 통상 '아성'으로 부른다. 여기서는 성인의 경지에 오른 플라톤 이후에 칸트가 그 뒤를 이었다는 문맥에서 '아성'이라고 하는데, 이는 또한 서양철학 주류의 계보에 대한 전병훈의 인식을 반영한다.

一康氏, 可謂增光其統而進亞聖之域者也. 原理知識, 爲哲學之本, 而表
心理以脫離於哲學者, 恐爲大謬也. 故予仍以命名爲心理哲學也. 其詳
在下.

"감각에서 얻어진 재료는, 재단하고 정돈하는 과정을 거쳐 이를 판단하게
된다. 곧 복잡한 데서 순수하고 간단한 데로 들어가고, 속된 견해에서 참된
지식으로 들어간다. 사물의 근본을 일컬어 '정신'·'세계'·'신'이라고 한다.
세 가지는 천하 만물의 근본이 되며, 사물의 가장 심원深遠한 곳이다. 우리의
지식으로 이에 투철하게 통달하려면, 유독 양지良智[237]의 한 가지 능력만 있
을 뿐이다."

感覺所得之材料, 因以裁制整頓而判斷之, 則由複雜而入純簡, 由俗見而
入眞識矣. 物之根本曰精神, 曰世界, 曰神. 三者爲天下萬物之根本, 事物
之最高深遠處也. 吾人之智識, 欲透徹洞達於是者, 獨有良智之一能而已.

"정신·세계·신의 세 가지 의상意象은 과연 무엇인가? 세상에서 말하는
'이학理學[238]의 3대 이법'[239]이 천하 모든 학술의 기초가 되며, 가장 심원한 곳
이다. 예로부터 사변 철학자(性理家)[240]들은 자기를 아는 능력에 기인하여 우
리 마음의 감각·사상·결단을 인식했으며, 정신의 본체가 허령虛靈하고 순
일純一하다고 여겼으니, 세계가 실로 우주 내부와 영겁 가운데 있다."

---

237 여기서 '양지良智'는 곧 '초월적 통각'(Apperzeption)을 가리킨다.
238 여기서 '이학理學'은 유교 성리학이 아니라, '이성의 학문'이라는 문맥에서 사변 철학을 가
     리킨다.
239 이른바 '이학의 3대 이법'(學之三大理)은 이 글의 문맥상 정신·세계·신을 가리킨다.
240 여기서 '성리가性理家'는 유교 성리학자가 아니라, 사변 철학자들을 가리킨다.

夫精神·世界·神之三意象, 果爲何物? 世所謂理學之三大理, 而爲天下
萬般學術基礎, 最深遠處也. 古來之性理家, 因自知之能, 以爲我心之感
覺思想決斷, 而遽以精神之本體爲虛靈·爲純一, 世界固在於宇宙之內,
永劫之中也.

【안설】이런 위대한 식견의 요지는 모두 '심리철학'이라고 말할 수 있다. 어
째서 꼭 둘로 나눠야 하는가? (심리와 철학은 두 분과로 나눌 수 없음이 분
명하다.)

【謹按】此偉見大旨, 皆可謂心理哲學也. 何必分而二之乎? (心理與哲學.
不可分作二科也, 審矣.)

"우리의 양지는 사물을 관찰하는 것만을 목적으로 하지 않고, 또한 도덕의
원리를 인도하려는 것이기도 하다.(「도덕」편에서 더욱 상세히 논한다.) 양지의
능력에 전념하여 허령한 실상 세계로 들어가서 그 불생불멸의 근본을 연구
하면, 오래될수록 망연하니 보이는 것이 없게 된다. '신'은 현묘하여 생각으
로 헤아릴 수 없다고 모두 말하며, 이른바 '정신'은 본디 신체와 더불어 소멸
하는 것이 아니다. 마음 가운데 순수하게 완비된 의상意象이 고유하고, 또한
세계 만물을 보면 눈부시게 밝은 질서가 있다. 이것이 세계에 절로 있으며
더없이 성스럽고 지혜로운 '신'이다. 이에 신이 세상을 굽어보는(鑒臨)**241** 것
을 믿어 의심할 수 없다."

吾人良智, 不獨觀察事物爲目的, 亦所以導行道德之理也.(更詳于道德編)
專以良智之能, 注入於虛靈實相之世界, 研究其不生不滅之根本, 則久而

---

241 '감림鑒臨'은 거울에 비춰 보는 것으로, 감찰·감시의 뜻이 있다. 여기서는 신이 세상을 감
림하는 것이니, '굽어보다'로 번역했다.

久之, 茫無所見. 神皆謂玄妙不可思議, 所謂精神, 是固不與軀殼俱滅者也. 心中固有精粹完備之意象, 又見世界萬物, 粲然而有秩序. 是世界上自有無上聖智之神矣. 乃信神之鑒臨世上爲不可疑.

【안설】 칸트의 철학은 실로 '원리도학'이라고 말할 수 있다. 이에 검증해 살피고(檢察) 판단하는(判斷) 법을 창립하여 종전의 공상적이고 이상한 이론의 폐단을 일거에 쓸어버리고, 철학의 신세계를 크게 열었다. 아! 융성하다. 어찌 뭇 철학을 집대성하여 과거를 빛내고 미래를 개척한 사람이 아니겠는가? 학파가 지금까지 성대하니, 그 나라가 온 세상에서 학술이 가장 진보한 대국으로 번성한 것이 실로 이유가 있다. 그런데 그 나라가 오로지 부강하기만을 숭상해서 도덕에 힘쓰지 않으니, 칸트의 도학을 위배한 것이 아닌가? 「도덕」 「정치」 양편에서 다시 상세히 논하겠다.

【謹按】 康氏哲學, 誠可謂原理道學也. 於是創立檢察判斷之法, 一掃從前空想異論之弊, 而大開哲新世界. 猗歟! 盛哉. 詎非集羣哲而大成, 光前啓後者耶? 學派至今爲盛, 其邦蔚然爲宇內學術最進步之大國者, 良有以哉! 然其國專尙富强, 而不務道德者, 無乃違背康氏之道學者耶? 再詳於道德政治兩篇耳.

베이컨[242] 남작(18세기[243] 영국인)이 귀납법을 주창했다. 귀납법은 결과에 기인하여 원인을 구하며 이에 말미암아 종합하니, 곧 원리의 시작이다. 내가 이를 몰랐기 때문에 탐구했는데, 행위·관념을 바꾸지 않을 수 없었다. 치우

---

242 베이컨(Francis Bacon, 1561~1626)은 영국의 철학자이자 정치가이다. 서양철학 근대경험론의 선구자로, 스콜라 철학을 비판하고 관찰과 실험에 기초를 둔 귀납법을 확립하였다. 근대 과학의 방법론에 커다란 영향을 주었다. 저서에 『신기관新機關(Novum Organum)』, 『수상록隨想錄』 등이 있다.

243 전병훈은 16세기의 베이컨부터 19세기에 태어난 케베르까지 모두 18세기 인물로 소개하는데, 이는 잘못된 연대로 서양철학에 대해 당시 중국에 소개된 지식이 제한적이었던 데서 기인한다.

친 데서 비롯해 온전해지고, 아래에서 비롯해 위에 오른다는 뜻이다. 관찰의
종합이 삼각뿔 바닥에서 비롯해 그 꼭대기로 거슬러 올라가는 것과 같으니,
그러므로 이를 '귀납'이라고 일컫는다.(또한 경험설을 창시했다.)

> 培根男爵(十八世紀英國人)唱歸納法. 歸納法者, 因果而求因, 因之綜合,
> 則原理之始也. 余未知之, 故探究之, 不可以不逆行爲觀念. 由偏而全, 由
> 下而上之義也. 觀察之綜合, 如由三角錐之底, 而溯其巔, 故謂之歸納. (亦
> 創始經驗說.)

데카르트[244](18세기 프랑스인)가 연역법을 주창했는데, 연역법은 또한 전진
법前進法이라고도 한다. 높은 데서 비롯해 아래로 내려가고, 산꼭대기에서 비
롯해 바닥으로 내려가고, 원인에서 비롯해 결과에 이른다. 철학자가 혹은 신
神을 근본으로 삼고, 그 [신의] 표상 및 분포를 통해 우주의 현상을 설명하고
자 하니, 이를 '연역법'이라고 일컫는다. 또한 말하자면, 여럿을 하나로 합친
다는 뜻이다. 곧 온갖 현상을 총체적인 의미로 증명하는 것이니, 그러므로
이를 '연역'이라고 일컫는다.

> 笛卡[245]兒(十八世紀法國人)唱演繹法, 演繹法者, 亦謂之前進法, 由高而
> 下, 由巔而底, 由因而及果. 哲學者或欲以神爲抵,[246] 而以其表示及分布,
> 說宇宙之現象, 是謂演繹法. 又曰合衆於一之義也. 卽種種之現象而以總

---

244 데카르트(René Descartes, 1596~1650)는 프랑스의 철학자이자 수학자로, 근대철학의 아
    버지로 불린다. 그의 철학은 방법적 회의에서 출발한다. 그 끝에서 '나는 생각한다, 고로
    나는 존재한다(cogito, ergo sum)'는 원리가 정립되어, 이 명제가 세계에 관한 모든 인식의
    근거로 작동한다. 주요저서로 『우주론』, 『방법서설』, 『성찰록』 등이 있다.
245 '卡(biàn)'은 '卡(ka)'의 잘못된 글자이다. 데카르트는 중국어로 통상 '笛卡兒(díkaér)'로 표기
    한다.
246 '抵'는 '柢'의 오자로, 근본 · 기저 · 뿌리 등을 함축한다.

義證明之, 故謂之演繹.

【안설】이 두 철학자가 [귀납과 연역] 두 가지 법을 발명해서, 철학의 새로운
정채精采가 되었다. 쓰임이 넉넉하지만, 그 법 역시 우리 마음으로 사물을 추
구하는 것에 지나지 않는다. 아래로부터 위에 이르고, 이것에서 기인해 저
것을 밝히며, 이로써 그 본원을 궁구하니, 우리 유가의 이른바 '궁리窮理'의
법과 같다.

【謹按】此兩家發明兩法, 爲哲學之新精采. 有足多者, 然其法亦不過以吾
心推究事物. 自下而達上, 因此而明彼, 以窮其本原, 如吾家所謂窮理之
法也.

리뇔247이 아리스토텔레스의 언설에 대해 논술하여248 말했다. "심성心性
은 감성 인식(感照)249과 지식의 덕이 있다. 비록 지식의 성질이 있어도, 반드
시 오감五感이 작용하는 바에서 비롯해야 그 지식을 능히 드러낸다. 천지간
의 만물은 그 성질의 고하를 막론하고 조물주가 주재하지 않는 것이 없다.
인류도 피조물이지만 고등한 가운데 가장 고등하니, 따라서 그 사상思想 역

---

247 리뇔(Ligneul, François-Alfred-Désiré, 1847~1922)은 프랑스 신부로, 파리 외국 선교회에
   속했다. 선교사로 일본에 와서 32년간 체재하며, 도쿄東京 쓰키지築地의 신학교 교장을 맡
   아 가톨릭 출판물 등을 간행했으며 또한 논쟁가로 알려졌다. 『철학논강哲學論綱』은 본래
   1897년 일본에서 출간된 책으로 리뇔이 구술한 것을 마에다 나가타(前田長太, 1867~1939)
   가 기록했다. 1903년(光緖 癸卯) 중국의 천펑陳鵬이 이를 한역해 간행하여 중국 독서계에서
   도 널리 읽혔다.
248 원문은 '甲論多德之言'인데, 뜻이 잘 통하지 않는다. '갑론甲論'은 '논술하다'는 뜻의 '신론申
   論'으로 의심되고, '多德'은 아리스토텔레스亞里士多德의 약자로 추정된다. 하지만 『철학논
   강』 원문을 고려할 때, 전병훈이 반드시 리뇔의 아리스토텔레스에 대한 논의만 가져온 것
   은 아니다. 뒷부분의 실체학에 관한 내용은 아리스토텔레스와 상관없는 부분에서 발췌
   했다.
249 '감조感照'는 뒤에서 "오감五感이 작용하는 바에서 비롯하는"(因五感所爲) 것을 가리키니, 곧
   감성 인식(sensuous cognition)이다.

시 특별한 것이 된다. 과학은 세계에 실재하는 사물을 탐구하여 그 범위가
아주 좁다.(가령 전기학의 경우 범위가 단지 전기에만 있다.) 과학의 성립은 그
감각과 경험에서 말미암을 뿐만 아니라 반드시 사변 철학(性理之學)[250]을 빌
려야 하니, 실체학實體學[251]의 원리가 곧 그 명백한 증거이다."

> 李奇若(十八世紀法國人)甲論多德之言曰, 心性者, 有感照知識之德也. 雖
> 有知識之性, 然必須因五感所爲 , 乃能見其知識也. 夫天地間之萬物, 毋
> 論其性之高低, 莫不有造物主之, 卽如人類乃爲被造物, 高等之最高等,
> 故其思想, 亦爲特別者也. 科學者, 乃討究世界實在物, 其範圍極隘(如電
> 氣學, 則範圍只在電), 其成立不獨因其感覺與經驗, 而必須假於性理之學
> 也, 而實體學之原理, 卽其明證也.[252]

> 【안설】리놀 역시 저명한 철학가로, 그가 심성을 논한 것도 영혼의 능력을
> 위주로 한다. 감각의 능력 · 지식의 능력 · 지식 관찰력 · 판단력 · 사상과 의
> 지 그리고 마지막으로 영혼 불멸을 말하니, 연원이 크게 같음을 알 수 있다.
> 【謹按】李亦哲學名家, 而其論心性, 亦主靈魂之能力. 感覺之能力, 知識
> 的能力, 觀知力, 判斷力, 思想與意志而終言靈魂不滅, 可見淵源之大
> 同也.

---

250 여기서 이른바 '성리의 학'(性理之學)은 서양의 사변 철학(idealism)을 가리킨다.
251 리놀이 『철학논강』에서 말하는 '실체학'은 형이상학에 속한다. 리놀은 형이상학을 실체학,
  우주학, 심리학, 신학 네 가지로 구분한다.
252 여기서 '證'은 '燈'을 잘못 표기한 것이다. 『철학논강』 원문은 "實體學之原理, 卽爲之明燈也, 爲
  之向導也, 能使之明之, 能使其不失其道"이다. 즉 실체학의 원리가 과학을 위한 밝은 등불이자
  향도로, 과학을 밝혀 주고 도를 잃지 않게 해 준다는 문맥이다. 번역은 『철학논강』의 본래
  뜻에 따른다.

스펜서[253](18세기 말 영국인)가 말했다. "신은 세계만물의 정신으로, 곧 그 본질이 된다. 하나(一)가 허령虛靈의 사상이 되고 하나가 실체의 면적이 되니, 순수하고 지극히 선하며, 존귀한 하나는 무적이다. 신이 비록 늘 하는 바가 있으나, 그 실상은 고요하여 움직임이 없으니 무위無爲와 다름없다."

斯賓塞(十八世紀末英國人)云: 神者, 乃世界萬物之精神, 而卽爲其本質也. 一爲虛靈之思想, 一爲實體之面積, 純粹至善, 而尊一無敵. 神雖常有所爲, 其實則寂然不動與無爲無異也.

【안설】 스펜서는 근세 철학 최고의 명망가로, 정신이 허령하여 움직이지 않는다는 설이 마음과 정신의 원리를 꿰뚫어 밝혔다.

【謹按】 此斯氏爲近世哲學最名家, 精神虛靈不動說, 洞明心神之理者也.

---

253 스펜서(Herbert Spencer, 1820~1903)는 영국의 철학자인데, 특히 사회진화론의 주창자로 널리 알려졌다. 별들의 생성부터 인간사회의 도덕까지 모든 것을 진화(evolution)의 원리에 따라 조직적으로 서술하였으며, 철학과 과학과 종교를 융합하려고 하였다. 저서로 『종합철학체계Synthetic philosophy』 등이 있다.

케베르[254](18세기 말 독일인, 현존)가 말했다. "과학으로 보건대, 철학은 과학원리의 학문이다. 그러므로 '과학의 과학'이 되며, 또한 이를 '태극의 과학'(太極之科學)이라고 일컫는다.[255] (중략) 마음세계(心界)의 철학은 전적으로 정

---

254 케베르(Raphael Gustav von Koeber, 1848~1923)는 독일인 학자로 러시아에서 태어나 독일에서 공부했다. 1893년부터 1914년까지 21년간 일본의 동경제국대학에서東京帝國大學에서 철학을 가르쳤는데, 특히 그리스 철학, 중세철학, 미학을 강의했다. 그는 동경대학에서 퇴임한 후 1923년 사망할 때까지 요코하마에 있는 러시아 영사관에서 살았고, 사망한 뒤에는 도쿄의 묘지에 묻혔다. 1903년 채원배蔡元培가 케베르의『철학요령哲學要領』을 상무인서관商務印書館에서 출판했다. 이 책은 케베르가 대학의 강의교재로 엮은 것으로, 사실상 엉성한 계몽적 성격의 출판물에 지나지 않았다. 그 내용은 서론(緒言), 철학의 이념(哲學之總念), 철학의 분류(哲學之類別), 철학의 방법(哲學之方法), 철학의 계통(哲學之系統) 다섯 분문으로 이뤄졌다. 하지만 서양철학에 목말랐던 당시 중국 식자층 사이에서, 케베르는 꽤 영향력 있는 철학자의 한 명으로 널리 알려졌다. 전병훈도『철학요령』을 통해 케베르를 접했다고 추정된다.

255 채원배가 중국어로 번역한『철학요령』의 일본어 저본底本에서는 철학이 "최상의 과학, 과학의 과학, 혹은 절대적 과학이 된다"(下田次郎,『哲學要領』, 南江堂, 1897)고 하였다. 시모다지로下田次郎가 '절대적 과학'이라고 한 것을 채원배가 '태극의 과학'으로 다시 격의格義한 셈이다. 이런 종류의 격의는 20세기 초 중국의 다른 번역가에게서도 종종 발견되는 것으로, 서양 학문에 대한 적잖은 중국식 오독을 불러왔다. 불교의 중국 전래 초기에 '격의 불교 시대'가 있었다면 서양 학문의 중국 전래 초기에는 '격의 서학西學시대'가 있었던 셈이다. 마찬가지로 서양에서도 서구식으로 동양을 오독했다. 19세기 초 목사이자 동양학자였던 프리드리히 마이어(Friedrich Majer, 1772~1818)를 통해 불교와 힌두교를 알게 된 쇼펜하우어가 이 종교들의 핵심교리 속에 자신 및 칸트가 도달한 결론과 같은 것이 있다고 토로했듯이, 전병훈 역시 그가 살았던 시대의 한계 안에서 오해 가득한 번역물을 통해 서양 학문을 나름의 방식으로 이해했다. 따라서 거기에는 반드시 구분해서 검토해야 할 학문적 이슈들이 있다. 예컨대 '격의 서학시대 중국어 번역물의 한계'를 곧바로 '전병훈의 서양철학 독법의 한계'로 평가한다든가, 혹은 '전병훈이 왜 서양철학 원전들과 번역물의 내용 차이를 몰랐는가' 등을 따져 묻는 게 불가능하지는 않지만, 그렇다고 썩 합당하지도 않다. 쇼펜하우어가 산스크리트어든 한역漢譯이든 불경을 읽지 못했다고 해서, 그 나름대로 불교를 이해하고 수용한 철학사상이 틀렸거나 무가치하다고 딱 잘라 말하기 어려운 것과 같다. 서로 다른 시대와 문화 간에서는 제3의 매개(번역물, 소개자 등)를 통한 오독이 으레 발생하고, 그것이 이른바 '창조적 오해'로 작동하는 경우가 적지 않다. 사상의 교섭사에서 보면, 외래문화를 창조적으로 오해한 경우에 사상과 지식의 변용이 일어나고, 새로운 담론과 문화가 싹튼 사례가 오히려 많다. 번역을 통한 이해는 결국 여러 지평의 융합이라는 가다머(H.G. Gadamer, 1900~2002)의 유명한 '지평융합'의 통찰이 아니라도, 우리는 전병훈과『정신철학통편』에 그 나름의 해석학적 지평융합 권리를 부여하지 않을 수 없다.

신세계의 운동을 기본으로 하여 합리적인 심리학 및 신을 추구하는데, 모두 상상에 의탁하니 칸트가 '반드시 드러내 밝히기 어렵다'고 지칭한 것이다. 하트만[256]의 언명에 따라 말하면, 사람과 태극은 두 본질로 드러남이 없다. 이 드러남은 우리의 심광心光에서 홀연히 일어나는데, 실로 우주의 큰 근본과 우리의 심령이 확연히 동일하기 때문에 생기는 것이다. 신비로운 상태에서 비롯하여 종교 및 철학이 혁신의 계기를 얻은 것이 역사의 사실이다. 대개 이성 가운데 세 관념이 있는데, 일컫되 '영혼'이요 일컫되 '자유'요 일컫되 '신'이다. 이 관념이 없는 자는 사람이 아니며, 신과 태극은 하나의 뜻이 된다."

科培爾(十八世紀末德人, 現存)曰: 自科學觀之, 則哲學者, 科學原理之學也. 故爲科學之科學, 亦謂之太極之科學也. (略) 心界哲學, 則專以精神世界之運動爲基本, 而求之合理之心理學及神. 皆託於想像, 康德所指爲必難發明者也. 因哈脫門之言曰, 人與太極, 無二質之見而已. 是見也, 忽起於吾人之心光, 而實宇宙大本, 與吾人心靈, 確然同一之所致也. 由神秘狀態而宗敎及哲學, 有革新之機, 歷史之事實也. 蓋理性中有三觀念: 曰靈魂·曰自由·曰神. 無此觀念者, 非人也, 神與太極, 爲一義者也.

【안설】케베르는 현존하는 저명한 철학자다. 언어가 매우 정밀하고 간략하며, 이치가 조리 있고 유려하다. 마음이 태극이라고 하니, 그 논의가 투철하다고 말할 수 있다.

【謹按】科氏現存之名哲. 語甚精簡, 理則條暢. 心是太極, 而其論可謂透徹也.

우리의 심령은 자유로우니, 독단 아래서 결코 오랫동안 압제를 받을 수 없

---

256 하트만(Karl Robert Eduard von Hartmann, 1842~1906)은 독일의 철학자이자 심리학자로 『무의식의 철학Philosophie des Unbewussten』 등을 저술했다.

다. 칸트가『순수이성비판』의 '서언'에서 회의와 독단을 끊어 버렸다. 요약하면, '우주'는 우리가 직관하는 선험적 형식이요, '인과'는 사상의 선험적 형식이다. 인과 외에도 선험적 형식의 사상이 있지만, 인과가 가장 중요하다. 칸트는 과학 및 철학의 한계를 분석한 사람이요, 종교 및 심리학의 파괴자였다. 이성은 합리적 지식이며, 진리의 본원이다. 이원론은 물질·정신이고, 심리학은 몸·마음 이원이다. 안에 이원을 함축하니, 태극론과 더불어 양의兩儀의 성질을 함축한 것이다.

> 吾人之心靈自由者也, 決不能長受壓制於獨斷之下, 康德純理批判之緒言, 掃絶懷疑獨斷. 要之, 宇宙者, 吾人直觀之先天形式也; 因果者, 思想之先天形式也. 因果以外, 尙有先天形式之思想, 而因果爲其最重要. 康德者, 分析科學及哲學之界限者也, 宗敎及心理學之破壞者也. 理性者, 合理之知識也, 眞理之本原也. 二元論者, 物質精神也. 心理學身心二元也. 內涵二元, 並與太極論涵兩儀之性質者也.

> 【안설】 철학가마다 일원一元·이원二元·삼원三元의 여러 이론이 일정치 않다. 나는 이원론을 취하고, 나머지는 모두 거론하지 않는다.[257]
> 【謹按】 哲學家一元二元三元, 諸論不一, 而余則取二元論, 而餘不俱擧.

지극히 선하고 완비한 것은 신이며, 사람의 이성은 신의 이성과 그 본질이 같다. 신은 사람을 그 의지의 기관으로 삼는다. 사람이 선을 알고 선을 좋아

---

257 여기서 전병훈이 말하는 '이원론'은 음·양 양의兩儀의 이원론으로, 이를 서양 철학과 심리학의 심신 이원론과 혼동하고 있다. 그런데 케베르가 서양철학의 이원론을 말하면서 태극론과 양의를 언급해 설명하는 것을 보면, 서양철학을 동아시아에 도입하는 과정에서 동·서양의 지식인들이 공히 서로의 사상적 체계와 언어를 오해하는 데서 이런 혼란이 발생했음을 알 수 있다.

하는 것은, 곧 그가 '태극의 주체'에 감응하는 것이다. 따라서 신이 인간에게 있으면서 또한 태연하게 '태극의 주체'가 되는데, 전체가 인간에게 들어오지는 않고 일부분이 강림한다.(이상에서 케베르가 피히테[258]의 말을 거듭 해명했다.) 마음(心)과 물질(物) 이원二元을 합하지 않으면 생명이 불완전하다.

> 至善至備者, 神也, 而人間之理性, 與神之理性, 同其本質. 神者, 以人間爲其意志之機關. 人之知善而好善者, 卽其對於太極主體之感應也. 是故神者存於人間, 而又泰然爲太極之主體, 不以全體入人間, 而降以一部分也.(以上科氏申明費斯德之言.)非合心物二元, 則生命不完全也.

> 【안설】 케베르 철학의 달통한 논의가 정밀하고 밝아 채록할 만한 것이 많지만, 지면이 한정되어 이쯤에서 요지를 갈무리하고 그친다.
> 【謹按】 科氏哲學達論, 精明多可採者, 而限於篇幅, 祗此撮要而已.

엄복嚴復(전 북경대학 총장, 현재 생존)이 말했다. "노자와 공자의 철학이 중간에 불교의 혁신(更張)[259]을 거쳐, 송宋의 여러 유학자가 이를 다시 조직하기에 이르렀다. 대체로 중국의 옳고 그름(是非)은 구미歐美와 동일 선상에서 논할 수 없음이 분명하다. 학자가 반드시 그 마음을 지극히 큰 경지로 확충하고, 그런 뒤에야 한 시대의 책을 읽을 수가 있다. 이것이 장자莊子가 먼저 소

---

258 피히테(費斯德, Johann Gottlieb Fichte, 1762~1814)는 독일의 철학자이다. 작센주 랑메나우 출신으로 청년 시절 프랑스 혁명에 깊이 공감했으며 칸트철학을 공부했다. 예나대학 교수, 베를린대학 초대 총장 등을 역임했다. 1908년 나폴레옹 점령하에서 『독일 국민에게 고함(Reden an die deutschen nation)』이라는 애국적인 연속 강연으로 명성을 얻었고, 저술로 『전지식학의 기초(Grundlage der gesamten Wissenschaftslehre)』 등을 남겼다.
259 '경장更張'은 느슨해진 사물을 기존체제의 연장에서 다시 새롭게 개혁하는 것이다. 여기서는 불교가 중국에 들어온 뒤, 그 영향을 받아 도교와 유교의 이론 및 체계가 일신된 것을 가리킨다.

요의 놀이(逍遙之游)를 하고 이후에 만물에 대한 논의를 가지런히 할(齊其物論)[260] 수 있었던 까닭이다."

嚴復氏(曾北京大學校長, 現生存)曰: 老聃孔子之哲學, 中經釋氏之更張, 復得有宋諸儒爲之組織. 蓋中國之是非, 不可與歐美同日而語明矣. 學者必擴其心於至大之域, 而後有以讀一世之書. 此莊生所以先爲逍遙之游, 以後能齊其物論也.

또한 말했다. "사람의 삶은 형기形氣에서 성립하지만, 지려志慮[261]가 이를 통솔한다. 형기에 내맡기는 사람은 늘 방일함을 즐기지만, 지려에 따르는 사람은 간혹 얽매이는 듯하다. 방일한 기세에 따르는 것은 즐거운 일이고, 얽매는 기세로 막는 것은 괴로운 일이다. 사람과 금수의 관계가 실로 여기서 나뉜다.[262] 성현聖賢의 공부에 다른 것이 없으니, 능히 지려로서 그 형기를 부려서 도리에 따르도록 할 따름이다."

又曰: 人之生也, 成於形氣, 而志慮帥之. 任形氣者每樂於放肆, 而循志慮者或類於拘牽. 放肆之勢順, 所樂也, 拘牽之勢逆, 所苦也. 人禽之關, 實分於此. 夫聖賢人者工夫無他, 能以志慮馭其形氣, 使循理也耳.

【안설】 중국 역시 철학에 이름난 선비가 많지만, 오직 엄군嚴君의 학문이 새 것과 옛것을 겸하고, 도道가 중국과 서구를 포괄한다. 그가 번역으로 내게 은혜를 베푼 것을 어찌 헤아릴 수 있으랴! 지극한 언설을 많이 채록할 수 없

---

260 『장자莊子』 제1편이 '소요유逍遙遊'이고 제2편이 '제물론齊物論'인 데서 비롯해 말한 것이다.
261 '지려志慮'는 사물을 헤아리고 판단하는 작용으로, 오늘날 철학에서 '이성의 작용'을 의미하는 사유思惟에 가까운 개념이다.
262 사람은 괴롭더라도 지려에 따라 형기의 방일함을 제어한다는 점에서 금수와 구분된다는 문맥이다.

어 유감스럽다. 그 말에 이르길 "우주에 큰 법칙이 있어 반드시 진실하고도 이로우니, 거짓과 망령됨이 없고 해롭지 않은 것이다. 철인이 학문을 하는 까닭은 참된 도리를 구할 따름이다"라고 하였다. 아! 역시 지극한 말이다.

【謹按】中國亦多哲學名儒. 惟嚴君學兼新舊, 道括中西. 其譯解以嘉惠斯人者, 何可量也! 至言不能多採, 歔歔. 其言曰: 宇宙有大例焉, 必誠而利, 未有僞妄而不害者也. 哲人所以爲學者, 求理道之眞耳. 吁! 亦旨哉言乎!

『철학대강哲學大綱』[263]에서 말했다. "정감, 의지 및 사상이 과연 한 종류의 원소에서 나올까? 정감 및 의지와 사상은 과연 동일한 원소인데, 단지 동작의 강약 및 길고 짧음으로 잠시 구별되는 것인가? 의지 및 사상은 과연 한 종류 의식의 변화인가? 물질계(物性界)와 심리의 관계는 어떤 원칙을 따르는가? 이것은 모두 오늘날 적극적인 철학가들이 힘써 연구하는 것이다."(이 책은 북경대학 총장 채원배蔡元培[264]가 저술한 것이다.)

『哲學大綱』云, 情感・意志及思想果出自一種之原素乎? 情感及意思, 果同一原素, 而特以動作之强弱及久暫爲別乎? 意志及思想, 果爲一種意識之變化乎? 物性界與心理之關係, 循何種原則乎? 此皆今積極哲學家孜孜研究者也.(此書乃北京大學校長蔡元培所著也.)

---

263 『철학대강哲學大綱』은 채원배(蔡元培, 1869~1940)가 1915년 상무인서관商務印書館에서 출판한 철학서적이다. 이 책은 '통론通論' '본체론本體論' '인식론認識論' '가치론價値論' 4부분으로 구성되며 「통론」에서 철학의 정의, 철학과 과학의 관계, 철학과 종교, 철학의 분류 등을 다룬다. 특히 철학을 '자연철학'과 '정신철학'으로 나누면서, 자연철학은 우주론・생물학・인간학을 포괄하고, 정신철학은 윤리학・법철학・미학・종교철학을 포함한다.

264 채원배(蔡元培, 1869~1940)는 중국 근대의 철학자이자 교육자이다. 1907년 독일에 유학해 칸트철학을 공부했으며, 손문孫文 정부의 초대 교육부장관과 북경대학北京大學 총장 등을 역임했다.

【안설】 이런 정情 · 의意 · 지志의 여러 논의를 우리 학문(我家)의 위 학설과 아울러 비교 고찰해서 서로 계발해 밝히면, 응당 이익이 있을 것이다.

【謹按】 此情 · 意 · 志諸論, 並以參究我家以上之說, 而互相發明, 當有益也.

회프딩[265](18세기 말 덴마크인)이 『심리학개론』에서 말했다. "심리학은 정신의 과학이다. 정신은 일종의 비물질적 본체로 자기를 위해 존재하는 것이니, 완전하다는 증거가 아니겠는가? 인류의 정신은 우주 계통의 일부분이다. 우리가 철학을 형이상학으로 해석하여 우주의 원리를 추구하는데, 심리학은 모름지기 독립된 학문이 되어야 하며 철학의 일부분이 될 수 없다. 심리학의 위치는 자연과학 및 정신과학이 서로 만나는 지점에서 성립한다. 물질이 정신의 영향을 받으니, 물질 역시 응당 정신의 성질을 지닌다. 독일 심리학은 언제나 형이상학에 가깝고, 영미 심리학은 언제나 기계적 과학에 가깝다."

海甫(十八世紀末丹麥國人)『心理學槪論』曰: 心理學者, 精神之科學. 精神爲一種非物質的本體, 爲自己存在者, 非有完全之證據乎? 人類之精神, 乃宇宙係統之一部分. 吾人解哲學爲形而上學, 卽追究宇宙之原理, 則心理學必須爲獨立之學, 而不可爲哲學之一部分. 心理學之位置, 立於自然科學及精神科學相會之點, 物質受精神之影響, 則物質亦當帶精神的性質也. 德國心理學, 恒近於形而上學, 英國之心理學, 恒近於器械的科學.

---

265 하랄드 회프딩(Harald Høffding, 1843~1931)은 덴마크의 철학자이자 신학자로, 코펜하겐 대학의 교수를 역임했다. 1891년 회프팅은 『경험을 바탕으로 한 심리학 개요(Psychologie in Umrissen Auf Grundlage Der Erfahrung)』를 출간했는데, 1904년 로운데즈(Mary E. Lowndes)가 이를 영어로 번역해 『Outlines of psychology』라는 표제로 미국에서 출간했다. 그리고 1907년 왕국유王國維가 이 책의 영역본을 중국어로 번역해 『심리학개론心理學槪論』을 출간했다. 이 책은 서양심리학을 직접 번역해 중국에 소개한 최초의 과학심리학 저서이다.

【안설】 회프딩은 최근의 심리학 대가이다. 그가 심리의 본체(體)와 작용(用)을 논하는 것이 아주 복잡한데, 가장 정밀하고 적절한 것은 취할 만하다. 그러나 심리학이 독립된 학문이라는 주장은 취하지 않는다.

【謹按】 此是最近心理學大家. 其論心理體用甚複雜, 而最精切可取. 然主心理學獨立則不取也.

"심리학 상의 분류는 오늘날 삼분법이 통용되니, 곧 지식 · 감정 · 의지로 분류함이 그것이다. 아리스토텔레스 이후 심리학에서 사용한 '지식' 및 '의지'의 이분법을 (18세기) 독일 심리학자들이 모두 계승해 사용했다. 그러나 감정생활의 중요함을 살피는 것이 심리학의 분류에 큰 영향을 주었고, 칸트가 이런 삼분법을 응용한 뒤로부터 마침내 세상 사람들이 공인하는 바가 되었다."

心理學上之分類, 今日通用三分法, 卽分爲知識 · 感情 · 意志是也. 自雅里大德勒[266]以來, 心理學上所用知識及意志之二分法, (十八世紀)之德國心理學家皆承用之. 但視感情生活之重要, 心理學之分類上大有影響, 自汗德[267]應用此三分法後, 遂爲世人所公認.

"근세 초에 데카르트 및 그 제자들(토마스 윌리스,[268] 니콜라 말브랑슈[269] 등)이 처음으로 감정을 비롯한 일체의 다른 의식 현상이 모두 뇌수에 존재하다

---

266 '야리다더러雅里大德勒'는 '야리스두오더亞里士多德'와 함께 아리스토텔레스의 중국어 표기로 쓰였다.
267 '한더汗德'는 '캉더康德'와 함께 칸트의 중국어 표기로 쓰였다.
268 토마스 윌리스(威利斯, Thomas Willis, 1621~1675)는 영국의 신경해부학자로, 영국 왕립협회의 창립멤버이기도 했다.
269 니콜라 말브랑슈(馬爾白蘭休, Nicolas Malebranche, 1638~1715)는 프랑스의 기회원인론자, 철학자이다.

고 여기고, 근세 생리학설의 효시가 되었다. 하지만 고대의 '뇌'와 '마음'의 대립론, 그리고 '오성' 및 '감정'의 대립론은 실로 깨뜨리기 어려우니, 이 이론이 경험을 근거로 하기 때문이다. 뇌수는 지식의 소재지로 욕정과 조금도 상관이 없으니, 욕정의 유일한 위치는 내장內臟인 것이 틀림없다."

近世之初, 特嘉爾[270]及其弟子(威利斯, 馬爾白蘭休等)始以感情及一切他意識現象, 皆存於腦髓, 而爲近世生利[271]之嚆矢. 然古代腦與心之反對論, 與悟性及感情之反對論, 固不易遽破之, 以此論經驗爲根據故也. 腦髓者, 知識之所在地也, 與慾情毫不相關, 慾情之惟一位置內臟, 是也.

【안설】 서양 심리학자들은 근세에 이르러 뇌신경이 심리의 주된 요인이고, 욕심이 몸뚱이의 마음으로 귀결된다고 비로소 말했다. 역시 도가에서 '마음이 가라앉으면 정신이 살아난다'(心死神活)고 말하는 견해와 같다. 아! 서구학문이 발달하여 단번에 여기까지 이르렀도다!
【謹按】 西洋心理學家至近世始言腦神經爲心理之主要, 而慾心則歸諸肉團之心. 亦猶道家言心死神活之見也. 烏乎! 西學之發達, 一至於此乎.

"대뇌는 신경계통 건축의 주춧돌이다. 그 위치가 대뇌에 가까울수록 그 관계가 더욱 복잡하며, 포함하는 신경세포 및 섬유가 더욱 많다. 감각 작용이 대뇌 각 부분에 어떻게 존재하는지는 여전히 학자들이 연구하는 바이지만, 고상한 정신작용이 대뇌의 일정한 부분에 속박되지 않는다는 것은 그들이 공인하는 바이다. 대뇌가 하부신경(低神經)[272]에 대해 중심의 위치로 여러 중

---

270 '터지아어特嘉爾'는 '디카어笛卡兒'와 함께 데카르트의 중국어 표기로 쓰였다.
271 여기서 '利'는 『심리학개론心理學槪論』 원문에 따르면 '理'의 잘못된 표기이다.
272 여기서 '저신경低神經'의 의미는 분명치 않다. 다만 문맥상 대뇌에 대하여 그 기저의 여러 신경망을 아울러 가리키는 것으로 추정된다.

심의 활동을 제어하는 것이 틀림없다."

大腦者, 神經繫統之建築之樞石也. 其位置愈近於大腦者, 則其關係愈複
雜, 而所含之神經細胞及纖愈多. 感覺作用之存於大腦各部分者如何, 尙
爲學者所硏究, 高尙之精神作用之不縛於大腦一定之部分, 彼等之所同認
也. 大腦對低神經, 中心之位置也, 禁制諸中心之活動是也.

【안설】뇌신경이 심리의 체용이 되는 것이 이처럼 명백하다. 대뇌·소뇌·
숨골이 서로 연결되어 척수에 이른다. 척수의 양쪽으로 신경 31쌍이 있으
며, 몸 전체에 마치 실처럼 분포한다. 이 신경계통이 정신활동의 중앙기관
이다. 뇌신경 이론이 극히 복잡해서 다만 그 가장 긴요한 것만을 뽑아 취할
따름이다.

【謹按】腦神經爲心理之體用者, 如是明白. 有大腦小腦延髓相連結, 以及
於脊髓. 脊髓兩側, 有神經三十一對, 分布於周身如絲. 此神經系統, 爲
精神活動之中央機關也. 腦神經之論, 極其複雜, 故只揀取其最要者而已.

"유기체의 감각에서 가장 명백한 것은 미각·근육감각(筋覺)·청각인데,
촉각으로 잡다하게 뒤섞여서 결코 순일하다고 말할 수 없다. 노년에 도리어
유년의 일을 기억하면서 최근의 일을 반대로 망각하니, [눈이] 가까운 사물을
보지 못하듯이 기억 역시 그렇다. 그 뇌수의 활동에 새로운 이미지를 기억할
힘이 없음에 말미암아, 노년에 얻은 것이 쉽게 사라지기 때문이다."

有機感覺最明白者, 味覺·筋覺·聽覺, 多混以觸覺, 而決不能謂之純一
也. 暮年猶記幼年之事, 而近事則反忘之, 不能視近物, 記憶亦然. 由其腦
髓活動, 無保存新印象之力, 而晩年所得, 易於消解故也.

【안설】이런 미각 등의 이론은, 반드시 불교 교설에서 비롯하여 부연하지 않

을 수 없다. (서양철학에 인도 불교학을 수용한 것이 많다.) 오직 혼백 이론이 우리 유가의 해석과 조금 다르다. 사람에게 혼백이 있는데, 혼魂이 [사물을] 알고 백魄이 기억한다. 어려서는 백이 날마다 자라기 때문에 기억력이 강하고, 늙어도 잊지 않는다. 40세부터는 백이 먼저 쇠퇴하기 때문에 점차 건망증이 생긴다.

【謹按】此味覺等論, 未必不由佛說而加演者也.(西哲受印度佛學者多) 惟魂魄論與吾儒之解稍異. 人有魂魄, 魂以知之, 魄以記之. 少時魄日滿, 故記性强而至老不忘. 自四十魄先衰, 故漸至健忘也.

"본능의 위치는 아마도 중뇌中腦에 있는 듯하다. 순일한 정신력은 또한 수많은 정신력이 교차하며 움직이는 결과보다 평이하니, 따라서 유전하기 가장 쉬운 것으로 본능만 한 게 없다. 우리가 '신이 도래하는 불의 시대'(神來之火時)라고 말하면, 진정한 불의 관념이 간혹 우리 흉금에 떠오른다."[273]

本能之位置, 或當存於中腦也. 純一之精神力, 亦易於許多精神力交動之結果, 故遺傳之最易者莫如本能. 吾人說神來之火時, 眞正之火之觀念, 或浮於其胸次也.

【안설】대뇌, 중뇌, 소뇌, 숨골, 여러 신경의 허령한 지각이 가슴 속의 '몸뚱이의 마음'(肉團心)에 집중되어 작용하는 것이 분명하다.

【謹按】大中小腦連腦, 諸神經之虛靈知覺, 貫注於胷內之肉團心, 而爲用也明矣.

---

[273] 앞뒤 문장이 본래 별개의 글인데, 전병훈이 이를 한 문맥으로 결합해서 내용을 이해하기 다소 어렵다. '신이 도래하는 불의 시대'(神來之火時)란 본래 문예 중흥기의 열기를 은유하는 수사학적 표현인데, 회프팅은 사람들이 이 말을 할 때 마음에서 실제적인 불의 이미지(관념)를 떠올린다는 예시를 들었다.

"근세 유물론은 정신을 물질의 한 작용, 혹은 한 방면으로 여긴다. 이 이론은 오늘날에 실로 물질 및 세력의 불멸론 위에 구축되었을 뿐이다."

近世惟物論, 則以精神爲物質之一作用或一方面. 此論之在今日, 實築於物質及勢力之不滅論耳.

【안설】물질 고유의 힘이 동적인 힘(動力)과 정적인 힘(靜力)으로 나뉘고, 혹은 기계력·분자력·생력生力·활력活力·긴력緊力[274]으로 나뉘어 물질과 더불어 공진화共進化하며 변화해 생활력·반사력反射力·본능력本能力·감각력·지각력·감정능력(情能力)·논리력·의지력을 낳는다. 역학力學이 이에 심학心學을 보조한다. 심리의 능력(心理之能)이 우주를 관통하고 천지를 움직이는데, 더 나아가 말하면 거력拒力·흡력吸力·열력熱力[275]이 천지·일월을 서로 유지한다. 모든 유기체 동식물은, 어디 간들 생력生力[276]이 조성한 것이 아니겠는가? 그리하여 내가 태극에 능력이 있다고 일찍이 밝혔으니, 이것이 바로 마음의 힘(心力)이다. 학인들이 '힘의 이론'(力論)에서 도를 깨우칠 수 있다.

【謹按】物質固有之勢力. 分爲動力·靜力, 或分爲器械力·分子力·生力·活力·緊力, 與物質共進化, 變而生生活力·反射力·本能力·感覺力·知覺力·情能力·論理力·意志力. 力學乃爲心學之助. 心理之能洞貫宇宙·動天地, 進而言之, 拒力·吸力·熱力, 相維持天地日月. 凡有機體動植物, 何往非生力之所造成者耶? 是以余嘗發明太極有能力者, 是乃心力也. 學人於力論, 可以悟道矣.

"과학의 상상, 정신상의 자유는 단지 주어진 것이 결합된 원질原質에 머물

---

274 '긴력緊力'은 공간상 떨어진 물체끼리 서로 끌어다니는 힘으로, 곧 '인력引力'이다.
275 '거력拒力'은 밀어내는(저항하는) 힘, '흡력吸力'은 끌어들이는 힘, '열력熱力'은 열의 힘이다.
276 '생력生力'은 사물을 생성하는 힘, 혹은 살게 하는 힘을 가리킨다.

지 않으며 새로운 사물 관념을 구성한다. 뉴턴이 사과가 땅에 떨어지는 데서
비롯해 태양계의 근본 법칙의 관념을 구성한 것이 이것이다."

科學的想像, 精神上之自由, 不但存於結合所與之原質, 而成新個物觀念.
奈端[277]由蘋果之落地, 而搆成太陽系統之根本律之觀念, 是也.

【안설】 여기서 관념을 시험한 것은, 감각의 능력을 좇아 중력이 있음을 알았
던 것이다. 벤자민 프랭클린[278]은 종이연의 실험으로 전력을 알았다. 이는
모두 감각이 낳은 결과를 벗어나지 않으니, 심리로부터 얻어진 것이 아니겠
는가? 그런데 서양 학술만 이런 것이 아니다. 『선감仙鑒』에서 이르기를 묵적
墨翟이 나무 연(木鳶)을 만들어 공중을 날고, 또한 자전거(自行車)를 만들었다
고 한다. 조선 중엽에 세계에서 가장 먼저 활자를 능히 창조했고,[279] 장군
이순신이 거북선을 창조해 바다 가운데를 잠행하며 적을 격파했다. 이장손
李長孫이 진천뢰震天雷(그 제품이 지금 대포와 같다) 포탄(적진에 떨어지자
적이 이를 신기해하며 둘러쌌는데, 이때 폭파하여 탄이 흩어졌고 이로써 진
주성을 공파했다고 역사에 기록이 있다)을 처음 제작했으나,[280] 훗날 오히
려 전하지 않았다. 나라가 무력과 기술을 숭상하지 않았기 때문이다. 하지
만 여기서 중국과 한국인의 심령心靈과 심력心力도 매한가지임을 알 수 있다.
【謹按】 此試驗觀念者, 從感覺之力而知有重力, 福蘭苦靈[281]氏以紙鳶之

---

277 '나이두안奈端'은 '니우든牛頓'과 함께 뉴턴(Isaac Newton)의 중국어 표기로 쓰였다.
278 벤자민 프랭클린(Benjamin Franklin, 1706~1790)은 정치인, 과학자, 발명가, 언론인, 사회
    활동가 등의 온갖 직업을 겸하고 미국 건국에 큰 공을 세웠다.
279 우리나라의 활자(금속활자)는 고려 때부터 이미 사용되어 13세기의 세계에서 가장 오래된
    금속활자본 전적(『南明泉和尙頌證道歌』)이 전한다. 전병훈이 말한 조선 중엽의 활자는, 태
    종 때 주자소를 만들어(1403) 조선 최초의 금속활자를 제작하고(1407년), 세종이 금속활자
    의 백미인 '갑인자'를 창조한(1434) 등의 사례를 가리키는 것으로 보인다. 하지만 어떤 경
    우든 요하네스 구텐베르크(1397~1468)의 금속활자 발명(1447)보다는 앞선 발명품이다.
280 임진왜란 때 이장손李長孫이 비격진천뢰飛擊震天雷라는 포탄을 만들었다. 비격진천뢰에는
    폭발시간을 조절할 수 있는 목곡木谷이 들어 있었는데, 이것을 이장손이 발명했다고 한다.
    『조선왕조실록』「선조실록宣祖實錄」과 『징비록懲毖錄』에 기록이 있다.

試驗而知電力, 皆不外感覺所生之結果, 則非由心理而所得者耶? 然不特西學如是, 而『仙鑑』云墨翟造木鳶飛行空中, 又製自行車. 朝鮮中葉, 最先世界而能創造活字, 將軍李舜臣創造龜船, 潛行海中而破敵. 李長孫叛製震天雷(其制如今大砲)彈(入敵陣, 敵以爲神奇而圍觀之, 於是塊破而彈散, 以破晉州城, 史有焉.), 後仍無傳. 蓋國不尙武, 尙技故也. 然此可見華韓人之心靈心力之一班也.

"진화의 법칙은 분산(散)에서 집중(聚)으로, 혼란(混)에서 질서(畫)로, 한결 같음(一致)에서 온갖 다름(萬殊)으로 진행된다. 이에 정신생활이 마침내 우주생활과 서로 연결되고, 그 생활 가운데 일부분이 된다. 하지만 특별히 주의해야 마땅한 것은 개성화個性化의 사실이다. 우리 사람이란 유기체는 하나의 소우주이며, 어느 정도의 독립성이 있는 자이다."

進化之法則, 由散而聚, 由混而畫, 由一致而萬殊. 於是精神生活, 遂與宇宙生活相聯結, 而爲其生活中之一部分, 然當特別注意者, 則個性化之事實. 吾人之有機體, 乃一小宇宙, 而有某度之獨立性者也.

【안설】여기서 '마음의 본체'(心體) '하나의 소우주'를 말하니, 그 보는 바가 고원하고 광대한 것이 중국 및 한국의 성현과 어찌 다르겠는가? 아! 역시 정밀하고 상세하다. 서로 맞바꿔 상호보완할 점이 있으니, 결론에서 상세히 논하겠다.

【(秉薰)謹按】此云心體, 一小宇宙, 則其所見之高遠廣大, 蓋與華韓聖賢何以殊哉? 吁! 亦精細哉. 有可以互換相補之點, 則結論詳之.

---

281 '푸란커린福蘭克林'은 '푸란커린佛蘭克林'과 함께 프랭클린(Benjamin Franklin)의 중국어 표기로 쓰였다.

총결론

總結論

(도교와 유교를 응당 서로 보완해야 한다는 설은 이미 앞에 갖추어져 있고, 여기서는 단지 동서양과 신구新舊에 관해 논한다.)

(道與儒當互相補完之說已具於上, 此則只對東西新舊而論也.)

동·서 심학의 개요를 위 [심리철학] 편에 간략히 기재했다. 아! 하늘이 성인과 철인을 내니, 그 심령이 만사에 통하고 지혜가 밝아서 위아래로 천지와 함께 유행한다. 커서 비추지 않음이 없고, 세밀하여 갖추지 않음이 없다. 하늘을 계승하여 사람의 표준(人極)을 세웠으니, 곧 요·순이 서로 전한 정일精一의 심법이다. 공자·맹자의 극기복례에 미치고, 이로써 지금까지 이어졌다. 마음을 맑게 하고 욕심을 줄이며, 본마음을 지키고 천성을 길러 하늘을 섬기는 것이 심학의 요지이다. 오직 도가에서 뇌신경을 말한 것이 근세 서양 철학에서 신경을 새로 주창한 견해와 같다. 하지만 그들[서양]의 이론이 더욱 정미한 것은 그 연구의 추세가 다르기 때문이다. 대개 그 감각·촉각 등의 설은 불교 이론에서 말미암은 바가 많되, 더욱 상세하다. 그렇지만 [동서양]

모두 '정신'과 '의식'을 심리의 본체와 작용(體用)으로 삼고, 감정과 의지(情志)·지능(智力)·감각·관념을 큰 요지로 세우니, 이것이 곧 동·서양 심학 경험의 올바른 행보이다.

나는 '마땅히 서로 맞바꿔 상호 보완할 것을 말한다. 서양 학문은 아래부터 배워 위에 도달하는(下學上達) 우리의 법을 추가하여, 먼저 효제孝悌하는 떳떳한 윤리의 일에 마음의 힘을 다하고, 마음을 맑게 하고 욕심을 줄이며, 마음을 보존해 하늘을 섬기고 하늘에 효도해야 마땅하다. 또한 의당 원신元神·식신識神을 구별해서 연구하고, 이로써 마음을 기르고 참나를 이룸이 옳다. 우리 학문은 [서양에서] 정신·우주의 관점과 신경을 조리 있게 나누는 작용을 취하여 이를 한 덩어리로 만들고 이로써 [동·서양을] 합치하고 아울러야 마땅하니, 그러면 '원천심리학'이 비로소 원만하고 완미해진다고 말할 수 있다. 아! 우리 신·구 학인들이 어찌 또한 통융通融[282]함으로써 원만한 덕과 겸성을 이루는 것에 뜻을 세우지 않으리오.

정신학의 실제 증험은 이미 상편에서 기재한 바와 같다. 그리고 심학의 실제 증험 역시 위의 성인과 철인들이 모두 그랬던 것과 같다. 그런데 또한 세상을 다스리는(經世) 증거가 되는 심리학가도 있다. 가령 이윤은 백성의 고충을 보면 [자기가] 저잣거리에서 매를 맞는 듯이 여겼고, 주공은 정사를 살피느라 앉아서 아침을 기다렸고, 제갈량은 마음을 열어 본성을 깨달았고, 범희문范希文은 백성과 함께 근심하고 즐거워했고, 증국번曾國藩[283]은 학문이 밝고

---

282 '통융通融'은 회통會通·융합融合한다는 뜻이다. 이 용어는 '조제調劑', '합야일로合冶一爐', '통체학統體學', '합사가合四家' 등과 함께 동서고금의 학술을 하나로 만드는 것에 관한 전병훈의 철학 용어를 구성한다.

283 증국번(曾國藩, 1811~1872)은 19세기 말 중국의 학자이자 경세가였다. 대단히 박학다식했으며, 또한 뛰어난 도덕실천가로 명성이 높았다. 그의 관심은 자연질서부터 사회의 이법, 동식물에서 귀신의 활동까지 미치지 않는 바가 없었다.

마음이 깨끗했고, 이순신은 진심으로 나라에 보답했고, 잉글랜드는 참으로 개화했고,[284] 비스마르크는 교육 대중화를 결심했으니,[285] 어디를 간들 심리가 일상사에서 발동해 작용하지 않는 것이 있었겠는가? 그 공훈과 업적이 동·서 세계에 밝게 빛나는 자라면, 마음의 힘(心力)의 빛나는 불꽃(光燄)을 실행하지 않음이 없었다. 심학은 실행하는 경험이 더욱더 귀하니, 이와 같다.

　다만 정신과 심리가 지극해진다면, 이치에 통달해 성인의 자리에 오를 수 있다. [본심이] 본래 태양으로 밝게 빛나면『천부경』의 가르침과 같아서, 온갖 변화를 주재하면서도 본마음이 움직이지 않아 천지에 함께 참여할 수 있다.[286] 그러면 자유·평등·애국·구세救世가 어찌 원용하고 적절해지지 않겠는가? 그러니 먼저 참나를 이룬 뒤에 겸성兼聖을 다음 행보로 삼는다면, 여러 분야의 수많은 분과 학문을 막론하고, 어찌 심리 지식을 벗어나 학문하는 것이 있겠는가? 그러므로 심학을 통체학統體學[287]으로 삼고, 우리 하느님을 대하듯 고르게 실천함이 타당할 것이다! '도덕철학'으로 뒤를 잇는다.

東西心學之概要, 畧備於以上所編. 烏乎! 天生聖哲, 其心靈通明, 上下與天地同流, 大無不燭, 細無不該. 繼天以立人極, 即堯舜相傳之精一心法. 洎夫孔孟克復, 以至于今. 惟以淸心寡慾, 存心養性, 以事天爲心學之宗旨. 惟道家言腦神者, 與近世西哲之新唱神經之見同, 而他論愈精微者, 以其硏究趨向之不同故也. 蓋其感覺·觸覺等說, 多由佛論而愈詳細. 然

284　이는 잉글랜드의 종교개혁을 가리킨다.
285　비스마르크(Otto Eduard Leopold von Bismarck, 1815~1898)는 1872년부터 '문화투쟁'을 벌여 교육과 정치계에서 가톨릭 교회의 세력을 몰아내고 국가 중심의 국민교육체계가 정립되도록 했다.
286　'與天地參'은 본래『중용』에서 나온 말로, 성인의 덕이 진실하여 천지가 만물을 화육化育하는 일에 함께 참여한다거나, 혹은 하늘과 땅과 더불어 셋이 된다는 뜻으로 풀이된다.
287　마음의 학(心學)을 모든 학문의 총합인 '통체統體'의 학문으로 삼아야 한다는 뜻이다. 한데 그것은 '심리학'이라기보다 동아시아에 전통적인 심학心學, 내지는 심리철학을 가리킨다.

總以精神·意識, 爲心理之體用, 而情志·智力·感覺·觀念, 立爲大要, 則此乃東西心學經驗之矩步也. 余謂當互換相補者, 西學當添我下學上達之法, 先盡心力於孝悌彝倫之事, 而淸心寡慾, 存心以事天而孝天. 且當硏究元神·識神之別, 以養心成眞可也. 吾學當取其精神宇宙之觀, 神經條分之用, 以打成一團, 以合致而並做焉, 則可謂原天心理學, 始臻圓滿而完美者也. 嗟! 我新舊學人, 盍亦通融, 以成圓德兼聖, 立志乎哉. 精神學者實驗, 旣如上篇所載, 而心學之實驗, 亦如以上聖哲, 皆是也. 然又有經世之證據心理學家, 如伊尹之若撻乎市, 周公之坐而待旦, 諸葛之開心見性, 范希文之憂樂天下, 曾文正之學明心精, 李舜臣之盡心報國, 格蘭之眞開化, 俾士麥之決心敎育, 何往非心理之發用於行事者耶? 其勳業光明東西宇宙者, 罔非實行心力之光燄也. 凡心學者, 尤貴乎實行經驗, 如是哉. 但精神心理至到, 可以通理位聖, 而本太陽之昂明, 猶天符之訓, 宰制萬變而不動本, 可與天地參矣. 然則自由·平等·愛國·救世, 何往而不圓融適宜哉? 然先致眞我以後, 兼聖爲次第步趨, 毋論諸家百科之學, 安有出心理知識而爲學者耶? 故以心學爲統體學, 而均以實踐對我上帝可乎! 繼以道德哲學.

저자_ 전병훈(全秉薰, 1857~1927) ───────────────────────────

1857년 평안남도에서 태어나 유학을 공부하고 벼슬길에 올랐으나, 고종황제가 강제로 폐위되는 등 일제의 조선 침탈이 본격화되자 1907년 일본을 거쳐 중국으로 망명하였다. 이후 난징南京·광둥廣東 등을 거쳐 베이징北京에 거주하다가 1927년 사망하였다. 그는 19세기 말 조선에서 고명한 성리학자이자 관료였는데, 중국 망명 이후 한편으로는 도교 내단학을 연마하고 다른 한편으로는 서양 학문을 수용하여, 동아시아 전통 철학(유·불·도)과 서양철학을 아우르는 철학 체계를 구축하였다. 그는 전 세계에서 물질주의가 기승을 부리고 열강들이 각축하는 역사적 단계를 지나면, 지구 행성環球이 하나의 민주·공화 세계정부로 통일되고 항구적인 평화를 구가하는 정신문명 시대가 도래한다고 보았다. 20세기 초부터 2백 년 내에 이런 변화가 일어난다고 예견하고, 정신·심리·도덕·정치 네 방면에서 문명 전환에 필요한 철학 원리와 실천 방안을 논구하였다. 근대 개화기 중국 지식계와 정관계의 명사들이 그의 문하에 즐비하였고, 캉유웨이康有爲·옌푸嚴復 등의 저명한 사상가들이 그와 교류하며 서로 영향을 주고받았다. 1920년 베이징에서 출간한 『정신철학통편』이 그의 대표작이다.

역자_ 김성환(金晟煥) ─────────────────────────

1965년 서울에서 태어났으며, 고려대학교 철학과를 졸업하고 중국 베이징대학北京大學에서 철학석사(1996)와 철학박사(1999) 학위를 취득했다. 2001년부터 국립군산대학교 철학과 교수로 재직하며, 베이징대학 방문교수, 산시성陝西省사회과학원 특별 연구원 등을 역임했다. 동양철학을 전공하여 특히 동아시아의 신선사상과 도교를 주로 연구했으며, 『황로도탐원黃老道探源』(北京, 中國社會科學出版社, 2008), 『회남자』(살림, 2007) 등의 저서와 50여 편의 논문을 중국과 한국에서 출간했다. 2010년부터는 주로 전병훈 연구에 주력하여 『우주의 정오─서우曙宇 전병훈과 만나는 철학 그리고 문명의 시간』(소나무, 2016)을 저술했다. 이 책은 2017년 대한민국학술원 우수연구도서로 선정되었다. 지금은 전병훈의 정신철학을 국내외에 소개하고, 현대의 물질주의를 넘어서는 '도래할 시대를 위한 철학', 지금 여기에 기반을 두면서도 다시 새롭게 열어야 할 정신문명의 미래에 관해 논구하고 있다.